SCHÄFFER
POESCHEL

Sven Hayn / Georg Graf Waldersee

IFRS / US-GAAP / HGB im Vergleich

Synoptische Darstellung für den Einzel- und Konzernabschluss

4., überarbeitete Auflage

2003
Schäffer-Poeschel Verlag Stuttgart

Prof. Dr. Sven Hayn, Partner bei Ernst & Young, leitet die IFRS Gruppe in der Grundsatzabteilung (National Office) und lehrt im Studiengang Master in International Business Administration an der Hamburger Universität für Wirtschaft und Politik.

Georg Graf Waldersee, Partner bei Ernst & Young, ist Mitglied des Vorstands der Ernst & Young AG in Deutschland und der zentral-europäischen Geschäftsleitung.

Bibliografische Information Der Deutschen Bibliothek

Die Deutsche Bibliothek verzeichnet diese Publikation in der Deutschen Nationalbibliografie; detaillierte bibliografische Daten sind im Internet über <http://dnb.ddb.de> abrufbar.

Gedruckt auf säure- und chlorfreiem, alterungsbeständigem Papier.

ISBN 3-7910-2155-9

www.schaeffer-poeschel.de
info@schaeffer-poeschel.de

Einbandgestaltung: Willy Löffelhardt
Satz: Dörr + Schiller GmbH, Stuttgart
Druck und Bindung: Ebner & Spiegel GmbH, Ulm
Printed in Germany
Oktober 2003

Schäffer-Poeschel Verlag Stuttgart
Ein Tochterunternehmen der Verlagsgruppe Handelsblatt

Vorwort zur vierten Auflage

Kapitalmarktorientierte Mutterunternehmen mit einer Notierung an einem geregelten Markt in einem EU-Mitgliedstaat sind ab 2005 (2007) verpflichtet, ihren Konzernabschluss nach IFRS (International Financial Reporting Standards – vormals IAS (International Accounting Standards)) zu erstellen. Des Weiteren sind durch die Neuordnung der Marktsegmente an der Deutschen Börse die formalen Anforderungen an die IFRS Rechnungslegung erhöht worden.

Die internationale Rechnungslegung hat die Fortentwicklung der Rechnungslegung in Deutschland bereits in den letzten Jahren wesentlich bestimmt. Mit der Umsetzung der Mitgliedstaatenwahlrechte der EU-Verordnung stellt sich erstmals auch die Frage der Anwendung der IFRS im Einzelabschluss. Ebenso scheint eine Abstrahlungswirkung der IFRS Rechnungslegung auf nicht kapitalmarktonentierte Unternehmen – nicht nur im Konzernabschluss – sehr wahrscheinlich.

Eine Zukunft der US-GAAP (United States Generally Accepted Accounting Principles) scheint es demnach nur noch für die in den USA mit Wertpapieren notierten Unternehmen zu geben. Zugleich fallen indes auch diese Unternehmen in den Anwendungsbereich der EU-Verordnung, sofern ebenfalls eine Notierung in einem EU-Mitgliedstaat erfolgt.

Entscheidend für den Siegeszug der internationalen Standards sind aber nicht allein die regulatorischen Änderungen. IFRS sind die Standards, die der Markt heute verlangt. Folglich handelt es sich bei der Einführung der IFRS nicht um eine bloße Änderung der Rechnungslegungsgrundsätze, sondern um einen Meilenstein bei der Schaffung und Integration eines europäischen Finanzmarkts. Deshalb muss diese grundlegende Veränderung von der Unternehmensführung gelenkt werden, da sie sich auf das gesamte Unternehmen auswirkt. Daraus ergeben sich ebenso Implikationen für die Unternehmenssteuerung, die Integration des internen und externen Rechnungswesens, die Systeme und Prozesse, die Schulung der Mitarbeiter etc, wie aus der neu zu definierenden, unternehmensindividuellen Kommunikationsstrategie ggü den Marktteilnehmern. Mit der vorliegenden vierten Auflage der Synopse wollen wir wiederum einen Beitrag zur Unterstützung der Umstellung des Finanz- und Rechnungswesens auf internationale Rechnungslegungsgrundsätze leisten. Wir hoffen, dass sich das Buch weiterhin als steter Begleiter nicht nur in Umstellungsprozessen bewährt.

Auch diese Neuauflage wäre nicht ohne Unterstützung bei der Vorbereitung zustande gekommen. Unser Dank gilt in diesem Zusammenhang Frau WP Christiane Hold-Paetsch, Frau Ute Höfer, Frau Katrin Müller, Herrn CPA Hendrik Bartsch, Herrn Ingo Brötzmann, Herrn Martin Friedhoff, Herrn WP/StB Michael Grüne, Herrn Burkhard Kahre, Herrn CPA Frank Thomsen und Herrn CPA Mark Stecken. Des Weiteren danken wir Frau Ruth Kuonath für die umfassende, verlagsseitige Unterstützung.

Hamburg, 30. Juni 2003

Sven Hayn | Georg Graf Waldersee

Vorwort zur ersten Auflage

Vor wenigen Jahren waren die Begriffe US-GAAP und IAS hierzulande allein dem aktiven Sprachwortschatz weniger Rechnungslegungsbegeisterter vorbehalten. Allenfalls der Abschlussprüfer deutscher Tochterunternehmen, die in einen US-Konzernabschluss einbezogern wurden, hielt die US-GAAP nicht für tektonische Verschiebungen auf dem amerikanischen Kontinent.

Die ersten Notierungen von Wertpapieren deutscher Gesellschaften an der New Yorker Stock Exchange zwangen zu einer intensiveren Auseinandersetzung mit den US-GAAP. Andere international tätige Unternehmen mit Sitz des Mutterunternehmens in Deutschland wählten die IAS als Normensystem zur Internationalisierung der Konzernrechnungslegung. Kritiker hielten die US-GAAP und IAS seinerzeit eher für eine Modeerscheinung, die nicht lange währen würde. Heute offenbart bereits der flüchtige Blick in die Fachliteratur sowie Fachzeitschriften, dass kaum eine Ausgabe ohne einen Beitrag zu den US-GAAP und IAS erscheint.

Ergänzend zur Rechnungslegung nach HGB haben sich die US-GAAP und IAS bereits nach kurzer Zeit in der deutschen Rechnungslegungspraxis für den Konzernabschluss etabliert. Dies ist Ausdruck der wachsenden Bedeutung einer kapitalmarktorientierten Rechnungslegung auch in Deutschland.

Mittlerweile eröffnet das HGB für bestimmte Unternehmen die Möglichkeit, den Konzernabschluss ausschließlich nach international anerkannten Rechnungslegungsgrundsätzen zu erstellen. Parallel zu dieser Gesetzesänderung wurde mit dem DRSC ein privatrechtliches Normierungsgremium gegründet, dessen Rechnungslegungsgrundsätze künftig durch das BMJ bekannt gemacht werden.

Das vorliegende Buch stellt die wesentlichen Regelungen der US-GAAP, der IAS sowie des HGB synoptisch gegenüber. Bei der Entstehung wurden wir in vielfacher Hinsicht von unseren in- und ausländischen Kollegen unterstützt. Die Betreuung internationaler Mandate, von am neuen Markt notierten Mandanten, aber auch die verschiedenen Seminarveranstaltungen zur internationalen Rechnungslegung, die wir durchführen durften, haben als wesentlicher Input gewirkt. Unser besonderer Dank gilt den Herren Markus Büssing, Michael Isensee, Markus Modla sowie Crispin Teufel, die bei der Vorbereitung und drucktechnischen Umsetzung des Buches mitgewirkt sowie die Qualen des Druckfahnenlesens auf sich genommen haben. Des Weiteren gilt unser Dank Herrn WP Ulf Blaum für seine kritischen Anmerkungen bei der Durchsicht des Manuskripts.

Hamburg, 15. September 1999

Sven Hayn — Georg Graf Waldersee

Inhaltsverzeichnis

Kapitel 4: Einzelthemen

Kapitel 5: Konzernspezifische Vorschriften

Kapitel 6: Weitere Abschlussbestandteile sowie Zwischenberichterstattung

Abkürzungsverzeichnis

Abs	Absatz
Abschn	Abschnitt
ABO	Accumulated Benefit Obligation
abzgl	abzüglich
AcSEC	Accounting Standards Executive Committee
ADR	American Depositary Receipt(s)
ADS	American Depositary Share(s)
AfA	Absetzung für Abnutzung
AG	Aktiengesellschaft
AICPA	American Institute of Certified Public Accountants
AIN	Accounting Interpretation (des AICPA)
AktG	Aktiengesetz
APB	Accounting Principles Board Opinion No(s)
ARB	Accounting Research Bulletins
ARC	Accounting Regulatory Committee (der EU)
Art	Artikel, Article
ASR	Accounting Series Release
ass. Unt.	Assoziiertes Unternehmen
Aufl	Auflage
BC	Basis of Conclusion
Bd	Band
BDI	Bundesverband der Deutschen Industrie
bearb v	bearbeitet von
betr	Betreffend
BFH	Bundesfinanzhof
BGB	Bürgerliches Gesetzbuch
BGH	Bundesgerichtshof
BMF	Bundesministerium der Finanzen
BMJ	Bundesministerium der Justiz
BMWi	Bundesministerium für Wirtschaft
BörsG	Börsengesetz
BörsO	Börsenordnung für die Frankfurter Wertpapierbörse
BörsZulV	Börsenzulassungsverordnung
Bsp	Beispiel
bspw	beispielsweise
bzgl	bezüglich
bzw	beziehungsweise
ca	circa
CAP	Committee on Accounting Procedures
CGU	cash generating unit
Ch	Chapter
CON	Concept (des FASB)
CPA	Certified Public Accountant
DAX	Deutscher Aktienindex
demggü	demgegenüber
dergl	dergleichen
dh	das heißt
diesbzgl	diesbezüglich
DIHT	Deutscher Industrie- und Handelstag

DM	Deutsche Mark
DRSC	Deutsches Rechnungslegungs Standards Committee eV
DRS	Deutscher Rechnungslegungsstandard
dt	deutsch
DVFA/SG	Deutsche Vereinigung für Finanzanalyse und Anlageberatung eV/ Schmalenbach Gesellschaft – Deutsche Gesellschaft für Betriebswirtschaftslehre
E	Entwurf des DRSC
EC	European Community
ED	Exposure Draft (des FASB law des IASB)
E-DRS	Deutscher Rechnungslegungsstandard – Entwurf
EFRAG	European Financial Reporting Advisory Group
EG	Europäische Gemeinschaften
EGHGB	Einführungsgesetz zum Handelsgesetzbuch
EITF	Emerging Issues Task Force
einschl	einschließlich
endg	endgültig
entspr	entsprechend
EPS	Earnings Per Share
ERS	Entwurf IDW Stellungnahme zur Rechnungslegung
EStG	Einkommensteuergesetz
EStR	Einkommensteuer-Richtlinie
etc	et cetera
EU	Europäische Union
EuGH	Europäischer Gerichtshof
eV	eingetragener Verein
evtl	eventuell
F	Framework
f	folgende
ff	fortfolgende
FASB	Financial Accounting Standards Board
FIFO	first-in-first-out
FIN	FASB Interpretation No; auch: FASB Interpretations
Fn	Fußnote
Forts	Fortsetzung
Fr	Framework for the Presentation and Preparation of Financial Statements (des IASB)
FRR	Financial Reporting Release(s) (der SEC)
FRS	Financial Reporting Standard(s) (des ASB)
FTB	FASB Technical Bulletin No; auch: FASB Technical Bulletins
FuE	Forschung und Entwicklung
GAAP	Generally Accepted Accounting Principles
GEFIU	Gesellschaft für Finanzwirtschaft in der Unternehmensführung eV
gem	gemäß
GenG	Gesetz betreffend die Erwerbs- und Wirtschaftsgenossenschaften
GewESt	Gewerbeertragsteuer
ggf	gegebenenfalls
ggü	gegenüber
glA	gleicher Ansicht
GmbH	Gesellschaft mit beschränkter Haftung
GmbHG	Gesetz betreffend die Gesellschaften mit beschränkter Haftung
GoB	Grundsätze ordnungsmäßiger Buchführung
grds	grundsätzlich

GU	Gemeinschaftsunternehmen
GuV	Gewinn- und Verlustrechnung
HFA	Hauptfachausschuss des IDW
HGB	Handelsgesetzbuch
HGB-E	Handelsgesetzbuch-Entwurf (im Rahmen der Änderungen durch das KapAEG)
hM	herrschende Meinung
Hrsg	Herausgeber
iA	im Allgemeinen
IAPC	International Auditing Practices Committee (der IFAC)
IAS	International Accounting Standard(s) (des IASB)
IASC	International Accounting Standards Committee
IASB	International Accounting Standards Board
idR	in der Regel
idS	in diesem Sinne
IDW	Institut der Wirtschaftsprüfer in Deutschland eV
ieS	im engeren Sinne
IFAC	International Federation of Accountants
IFRS	International Financial Reporting Standards (des IASB)
IFRIC	International Financial Reporting Interpretations Committee (des IASB); Interpretation des International Financial Reporting Interpretations Committee (des IASB)
IG	Implementation Guidance
Inc	Incorporation
inkl	inklusive
insbes	insbesondere
IOSCO	International Organization of Securities Commissions
IPO	Initial Public Offering
IRC	Internal Revenue Code
iRd	im Rahmen der
iS	im Sinne
iSd	im Sinne der, des
iSe	im Sinne einer, eines
iSv	im Sinne von
ISA	International Auditing Standards (der IAPC)
iVm	in Verbindung mit
iW	im Wesentlichen
iwS	im weiteren Sinne; auch: in weitem Sinne
kA	keine Angabe
Kap	Kapitel
KapAEG	Kapitalaufnahmeerleichterungsgesetz
KapCoRiLiG	Kapitalgesellschaften- und Co -Richtlinie-Gesetz
KapGes	Kapitalgesellschaft (en)
KGaA	Kommanditgesellschaft auf Aktien
KonTraG	Gesetz zur Kontrolle und Transparenz im Unternehmensbereich
KSt	Körperschaftsteuer
lfd	laufende
LIFO	last-in-first-out
lt	laut
max	maximal

MD&A	Management's Discussion and Analysis of Financial Condition and Results of Operations
mind	mindestens
Nr	Nummer
NYSE	New York Stock Exchange
oä	oder ähnliche
OLG	Oberlandesgericht
P	Preface (zu den IAS)
pa	pro anno
PBO	Projected Benefit Obligation
PersG	Personengesellschaft
PHG	Personenhandelsgesellschaft
PublG	Publizitätsgesetz
R	Richtlinie
R&D	Research and Development
Reg	Regulation
Rev	revised
Rn	Randnummer
RS	Rechnungslegungsstandard
s	siehe
S	Seite
SA	Securities Act of 1933
sa	siehe auch
SAB	Staff Accounting Bulletins
SAS	AICPA Statement on Auditing Standards
SEA	Securities and Exchange Act of 1934
SEC	U.S. Securities and Exchange Commission
Sec, Secs	Section(s) (im SA oder SEA)
SFAC	Statement of Financial Accounting Concepts No. (des FASB)
SFAS	Statement of Financial Accounting Standards No.(s) (des FASB)
SIC	Standing Committee on Interpretations (des IASB); Interpretation des Standing Committee on Interpretations (des IASB)
SIC-D	Draft Interpretation des Standing Committee on Interpretations (des IASB)
so	siehe oben
sog	so genannte
SolZ	Solidaritätszuschlag
SOP	Statement of Position (des AICPA bzw. des FASB)
Sp	Spalte
SPE	Special Purpose Entity
su	siehe unten
TU	Tochterunternehmen
u	und
ua	unter anderem; auch: und andere
uä	und ähnliche
UITF	Urgent Issues Task Force (des ASB)
UmwG	Umwandlungsgesetz
US	United States

usw	und so weiter
va	vor allem
VAG	Versicherungsaufsichtsgesetz
VCI	Verband der chemischen Industrie eV
VIE	Variable Interest Entity
VJ	Vorjahr
Vol	Volume
Voraufl	Vorauflage
vs	versus
wg	wegen
WpHG	Wertpapierhandelsgesetz
WPK	Wirtschaftsprüferkammer
zB	zum Beispiel
zT	zum Teil
zzgl	zuzüglich
zZt	zur Zeit

Benutzerhinweise

In die synoptische Darstellung der US-GAAP, IFRS und des HGB sind alle bis zum 30. Juni 2003 verlautbarten Standards einbezogen worden. Dabei wurden bewusst diejenigen Standards, die in 2004 für Kalenderjahrunternehmen nicht mehr zur Anwendung kommen, nicht mehr dargestellt. Stattdessen finden Sie die Darstellung und Zitation derjenigen Standards, die im Geschäftsjahr 2004 anzuwenden sind. Sofern Sie bspw Details zu den alten Unternehmenszusammenschlussregeln nach US-GAAP, dh APB 16 und APB 17, nachschlagen wollen, verweisen wir Sie auf die Vorauflage.

Hinsichtlich der Zitation der IFRS bzw IAS wurde auf die Erweiterung der Nummerierung um den jeweiligen Status der Standards verzichtet. Sämtliche Verweise basieren stets auf den neuesten IFRSs bzw IASs, auch soweit zum Zeitpunkt der Veröffentlichung dieses Buches ein alter IAS ggf letztmalig angewendet werden kann. Daher ist bspw IAS 22 (rev. 1998), der auf Berichtsperioden anzuwenden ist, die nach dem 30. Juni 1999 beginnen, als IAS 22 zitiert worden. Auf den im Geschäftsjahr 1999 (bei Kalenderjahrunternehmen) letztmalig anwendbaren IAS 22 (rev. 1993) wurde infolgedessen nur noch punktuell eingegangen. Diese Vorgehensweise wurde für sämtliche Standards und Interpretationen der US-GAAP und der IAS gewählt.

Die Gliederung des Buches orientiert sich über die Darstellung der allgemeinen Bilanzierungs- und Bewertungsgrundsätze in erster Linie am Gliederungsschema der Bilanz entspr den Europäischen Richtlinien bzw dem HGB. Für die konzernspezifischen Besonderheiten und die anderen Abschlussbestandteile (GuV, Kapitalflussrechnung, Segmentberichterstattung etc) wurden gesonderte Kapitel gewählt.

Zur Stichwortsuche steht Ihnen einerseits das Stichwortverzeichnis zur Verfügung. Anderseits können Sie Ihre thematische Suche auch der beschriebenen Konzeption des Buches folgend anhand des ausführlichen Inhaltsverzeichnisses vornehmen.

Kapitel 1: Einführung

1 Grundlagen

In den vergangenen Jahren haben sich die Anforderungen an die externe Rechnungslegung entscheidend verändert. Auslöser dieser Entwicklung sind ua die

- Konzentration der internationalen Kapitalmärkte (ua durch den technologischen Fortschritt im Rahmen der Informations- und Datenverarbeitungstechnologie sowie durch geänderte Handelsformen),
- Globalisierung der Waren- und Dienstleistungsmärkte,
- zunehmende Globalisierung der unternehmerischen Tätigkeit,
- verstärkte Harmonisierung und Internationalisierung von Rechnungslegungsvorschriften,
- wertorientierten Steuerungs- und Leistungsbemessungssysteme.

Diese Entwicklungen werden durch ein wachsendes Informationsbedürfnis der Investoren flankiert. Es ist offenkundig, dass die Internationalisierungsstrategien eine Sogwirkung auch für mittelständische und kleine Unternehmen entfalten. Diese Sogwirkung konnte bisher durch die im Regelwerk des Neuen Marktes an der Frankfurter Wertpapierbörse geforderte Rechnungslegung nach US-Generally Accepted Accounting Principles (US-GAAP) oder International Financial Reporting Standards (IFRS; vormals International Accounting Standards – IAS) nachgewiesen werden. Durch die Neustrukturierung der Marktsegmente der Deutsche Börse AG zum 1. Januar 2003 werden die Anforderungen an die internationale Rechnungslegung weiter erhöht. Während im Marktsegment ›Prime Standard‹ bereits ab 2003 eine Rechnungslegung nach IFRS oder US-GAAP verpflichtend vorgesehen ist, ist auch im Marktsegment ›General Standard‹ ab 2005 nach IFRS zu berichten, da beide Marktsegmente einem geregelten Markt iSd EU Verordnung 1606/2002 (dh der IAS Verordnung) entsprechen.

In der Vergangenheit haben sich verschiedene Organisationen der Harmonisierung der Rechnungslegungsvorschriften verschrieben. Während die 4. und 7. EG-Richtlinie seit ihrer Verabschiedung grds nicht an die aktuellen Entwicklungen angepasst wurden und ihnen daher im Rahmen internationaler Börsennotierungen als Normensystem nur noch eine untergeordnete Rolle zukommt und die US-GAAP nicht zuletzt durch prominente Bilanzskandale in den USA einen Teil ihrer Reputation einbüßen mussten, stehen die IFRS insbes infolge der eindeutigen Entscheidung Europas für die IFRS heute im Mittelpunkt der Diskussion. Sowohl die US-GAAP als auch die IFRS sind durch investororientierte Zielsetzungen charakterisiert, unterscheiden sich jedoch deutlich in ihrer Akzeptanz.

Soweit die Notierung bzw der Handel eines Wertpapiers in den USA bezweckt wird, sind (derzeit) die US-GAAP verpflichtend anzuwenden. Der US-Kapitalmarkt ist unbestritten der weltweit bedeutendste und zugleich am höchsten entwickelte Kapitalmarkt. Die SEC sieht in der Qualität der Rechnungslegungsstandards eine wesentliche Voraussetzung für den Erfolg des US-Kapitalmarkts. Daher erkennt sie – derzeit – keine von den US-GAAP abweichenden Rechnungslegungsvorschriften als diesen gleichwertig an. Gleichwohl ist es die erklärte Zielsetzung des IASB sowie der IOSCO, die IFRS künftig als weltweit anerkanntes Normensystem auszuloben. Die SEC hat bereits 1996 nachfolgende Voraussetzungen für die Gleichwertigkeit der IAS/IFRS gestellt und diese fortan stets nachdrücklich wiederholt (SEC-Issue 96–67):

(a) Existenz eines vollständigen und allgemein anerkannten Regelwerkes,
(b) fachliche Qualität, die zu Vergleichbarkeit und Transparenz führt, sowie das Erfordernis vollständiger Anhangangaben und
(c) strenge Auslegung und Anwendung.

Die IOSCO, der internationale Dachverband der Wertpapier- und Börsenaufsichtsstellen, will durch ihre Tätigkeit verstärkt auf die Kompatibilität und Transparenz der Kapitalmärkte, insbes der Börsenzulassungsmodalitäten sowie kontinuierlichen Berichterstattungserfordernisse, ua durch die Förderung der IAS, einwirken. Die IOSCO, zu deren gewichtigsten Mitgliedern die SEC zählt, erlässt keine eigenen Rechnungslegungsregeln, sondern will die IFRS unterstützen, soweit diese die Anforderungen an ein vollständiges Regelungswerk erfüllen. Zu diesem Zweck haben sich die IOSCO und das seinerzeitige IASC 1995 auf ein gemeinsames Arbeitsprogramm zur Vervollständigung der IAS (heute: IFRS) durch das IASC geeinigt, das das IASC im Dezember 1998 mit der Verabschiedung von IAS 39 vollendet hat. Im Mai 1999 hat sich die IOSCO nunmehr (wiederum) für eine zweistufige Unterstützung einzelner IASs ausgesprochen und weicht damit vom ursprünglichen Anspruch der Unterstützung des ›Gesamtpakets der IAS‹ ab. Mittlerweile haben die 30 ›IAS 2000‹, dh die im Kalenderjahr 2000 veröffentlichten IASs und

Interpretationen (SIC), die grundsätzliche Unterstützung durch die IOSCO erfahren. Trotz ihrer Empfehlung zur Anwendung der IAS stellt es die IOSCO ihren Mitgliedern, dh den nationalen Aufsichtsgremien für den Wertpapierhandel, gleichwohl frei,

- weitere Überleitungen (ua zu nationalem GAAP),
- Angaben und Erläuterungen oder
- Interpretationen

zu fordern. In Ausnahmefällen können die einzelnen IOSCO-Mitglieder sogar ein Verbot der Anwendung einzelner IAS-Grundsätze vorsehen. Die Option zu weitergehenden Interpretationen bezieht sich dabei sowohl auf die Einschränkung bestehender Wahlrechte innerhalb der IAS (benchmark vs allowed alternative treatment) als auch die Verabschiedung eigener Auslegungsleitsätze im Fall von Regelungslücken. Die politisch überaus bedeutsame Unterstützung der IAS durch die IOSCO hat praktisch bislang keine Erleichterungen hervorbringen können. Ob die SEC es Auslandsunternehmen ermöglichen wird, anstelle eines Abschlusses in Übereinstimmung mit US-GAAP – respektive einer entspr Überleitung – die IAS/IFRS anzuwenden, ist trotz der IOSCO Empfehlung, die von der SEC mitgetragen wird, zweifelhaft.

Zugleich hat sich das FASB in seiner ›Vision of the International Accounting System of the future‹ für einen International Standard Setter (ISS) ausgesprochen, der internationale Rechnungslegungsgrundsätze entwickelt und verlautbart. Das vom ISS zu verabschiedende Normensystem soll sodann gleichermaßen durch die nationalen Normierungsgremien, nationale Aufsichts- und Regulierungsbehörden sowie andere nationale Überwachungsstellen in seiner Anwendung für multinationale Kapitalnotierungen unterstützt werden.

Die SEC hat im Februar 2000 ein Concept Release veröffentlicht, das ua Fragen erörtert zur Anforderung an die Vollständigkeit eines Rechnungslegungssystems, die strikte Anwendung und Interpretation verabschiedeter Rechnungslegungsstandards, die Funktion eines Normierungsgremiums bei der Verabschiedung von Interpretationen, die Rolle der Aufsichtsbehörden bei der Auslegung und Durchsetzung von Rechnungslegungsnormen sowie mögliche Ansätze einer Anerkennung der IFRS im Rahmen von Cross Border Offering. Zugleich thematisiert die Bundesbehörde Abweichungen der IFRS zu den US-GAAP. Diese beziehen sich – nicht abschließend – auf

- Abweichungen von einzelnen IAS/IFRS zur Vermittlung einer zutreffenderen Darstellung der Vermögens-, Finanz- und Ertragslage (true and fair view override; IAS 1),
- die alternativ zulässige Methode der Neubewertung von Sachanlagen (IAS 16),
- die Nichtpassivierung bestimmter Pensionsverpflichtungen entspr den einschlägigen Übergangsregelungen (IAS 19),
- die Kompensation von Restrukturierungsaufwendungen durch die Auflösung eines passivischen Unterschiedsbetrags aus der Kapitalkonsolidierung (sog negativer Goodwill; IAS 22),
- die Aktivierung von Entwicklungskosten für selbst erstellte immaterielle Vermögenswerte (IAS 38),
- die Wertaufholungspflicht bei Wegfall der Gründe für eine vorgenommene außerplanmäßige Abschreibung (IAS 36),
- Vorschriften zum Abgang von Finanzanlagen (IAS 39) sowie
- Anpassung der Anschaffungskosten von Vermögenswerten im Zeitpunkt des Zugangs, die mittels Hedging gegen bestimmte Risiken gesichert wurden (IAS 39).

Vor dem Hintergrund einer möglichen Anerkennung der IFRS besteht eine besondere Sorge der SEC in der potentiellen Benachteiligung US-amerikanischer Firmen, für die nach wie vor die US-GAAP maßgeblich bleiben, während Auslandsgesellschaften die vermeintlich einfacher anzuwendenden und in ihren Angabepflichten (noch) weniger umfassenden IAS anwenden könnten.

Des Weiteren hinterfragt die SEC zunehmend die normenkonforme Anwendung des IFRS in Abschlüssen, die als Ausgangsbasis für eine Überleitungsrechnung dienen. So stellt der Staff der SEC in verschiedenen Reden fest: »The SEC staff has noted a number of situations involving reconciling items that appear to be the result of non-compliance with IAS and not the result of a difference between IAS and US-GAAP. As such, there should not be a reconciling item. In many of these situations, the registrant asserted that the application of IAS was insignificant or immaterial; yet they were significant enough to be identified as a reconciling item in the US-GAAP reconciliation. The US-GAAP reconciliation cannot be used in lieu of full compliance with the IASC standards.«

Im Januar 2001 konnte das neue IASB seine Arbeit aufnehmen und hat das IASC ersetzt. Die Struktur des IASB ua mit einer Stiftung als tragender Organisation hat deutlich zur Unabhängigkeit des IASB beigetragen und wird in der Diskussion der Zusammenarbeit mit anderen Standard-Setting Bodies, vornehmlich dem FASB, eine entscheidende Rolle spielen.

Im Oktober 2002 haben sich die IASB und der FASB sodann im sog. »Norwalk Agreement« auf eine Zusammenarbeit geeinigt, um eine Konvergenz der globalen Rechnungslegungsvorschriften zu erreichen. Im Memorandum of Understanding haben beide Standard-Setter insbes folgende Vorgehensweise vereinbart:

- Konvergenz der Standards durch Entwicklung eines »high quality« Global Standards sowohl für grenzüberschreitende als auch inländische Rechnungslegung,
- gemeinsames kurzfristiges Projekt zur Reduzierung bestehender Unterschiede in Bereichen, die nicht durch laufende Projekte abgedeckt werden,
- Identifizierung von Bereichen, bei denen die Konvergenz am besten durch ein gemeinsames Projekt der Boards erreicht werden kann,
- Koordination der zukünftigen Arbeitsprogramme zur Beseitigung der am 1. Januar 2005 noch bestehenden Unterschiede sowie der Zusammenarbeit der bestehenden Task Forces bei der Entwicklung/ Überarbeitung von Standards.

Beide Organisationen sprechen sich für einen globalen Rechnungslegungsstandard aus. Neben der angestrebten weiteren Überarbeitung der bestehenden Regelungen bis zum Jahr 2004 im Hinblick auf die Aufhebung von Wahlrechten, die internationale Konvergenz von Rechnungslegungsnormen und die allgemeine Verbesserung der Qualität der IFRS bildet die Durchsetzung und Einhaltung (enforcement) der IFRS nach wie vor eine Herausforderung an das IASB.

Demgegenüber hat die EU-Kommission von den jeweiligen Mitgliedsstaaten zu einer weiteren Harmonisierung kein Mandat erhalten und verfolgt seit 1995 eine ›neue‹ Strategie im Hinblick auf die internationale Harmonisierung. Diese Neuausrichtung hat ua eine verstärkte Einbringung der Kommission in die Arbeit beim IASB sowie eine offene Unterstützung der IFRS bei gleichzeitiger Zurückhaltung ggü den US-GAAP zur Folge. Um die Europäische Rechnungslegung IAS-konform zu halten, ist die 4. EG-Richtlinie dahingehend geändert worden, dass eine Marktbewertung von Finanzinstrumenten (mark-to-market) ermöglicht wird (KOM (2000) 80 endg). Des Weiteren hat die Kommission mit der Modernisierungs-Richtlinie (KOM (2002) 259 endg – 2002/0112 (COD)) sowie der Transparenz-Richtlinie (KOM (2003) 138 endg) und Prospekt-Richtlinie (KOM (2003) 432 endg) jüngst Rechtsakte zur weiteren Harmonisierung des Gesellschaftsrechts sowie des Kapitalmarktrechts vorgelegt. Desgleichen hat die US Administration mit dem Sarbanes-Oxley Act of 2002 Regelungen zum Schutz von Anlegern durch genauere und verlässlichere wertpapierrechtliche Publizitätspflichten verabschiedet (→ *Exkurs: Neuere Entwicklungen zur Corporate Governance und zum Anlegerschutz*)

Im Juni 2000 hat die EU-Kommission in einer Mitteilung an den Rat und das Europäische Parlament ihre künftige Rechnungslegungsstrategie bekannt gegeben (COM (2000) 359 final). Diese Strategie, die der Verwirklichung eines einheitlichen, effizienten und wettbewerbsfähigen Wertpapiermarktes in der EU dient, nennt nachfolgende Zielsetzungen:

(a) verpflichtende Anwendung der IFRS im Konzernabschluss kapitalmarktorientierter Unternehmen beginnend ab 2005,
(b) Einführung eines Mitgliedsstaatenwahlrechts, das die freiwillige oder obligatorische Anwendung der IFRS im Konzernabschluss nicht kapitalmarktorientierter Unternehmen und in den Einzelabschlüssen vorsieht,
(c) Etablierung eines Komitologieverfahrens zur vereinfachten Verabschiedung von Rechtsakten im Bereich des Bilanzrechts,
(d) Einrichtung eines wirksamen Enforcement Prozesses zur einheitlichen Umsetzung und Anwendung der IFRS, einer effizienten und qualitativ hochwertigen Abschlussprüfung sowie einer stärkeren Koordinierung der Aufsicht durch die Regulierungsbehörden (insbes im Zusammenarbeit mit CESAR – Committee of European Securities Regulators)
(e) Modernisierung der EU-Rechnungslegungsvorschriften, die weiterhin die Grundlage für die Rechnungslegung der ›Gesellschaften mit beschränkter Haftung‹ in Europa darstellen können ohne in Konflikt zu den IAS zu stehen.

Mit der EU Verordnung zur Anwendung der IAS (1606/2002) setzt die Kommission die Hauptbereiche ihrer Strategie um. Die Verordnung richtet sich unmittelbar an die Unternehmen und bedarf vorbehaltlich der in der Verordnung aufgeführten Mitgliedstaatenwahlrechte keiner nationalen Transformation. Die EU Verordnung, die für Geschäftsjahre, die am oder nach dem 1. Januar 2005 beginnen, gilt, differenziert folgende Pflicht- und Wahlanwendungsbereiche:

- Anwendungsbereich I (Art 4 der VO):
  Konsolidierte Abschlüsse von kapitalmarktorientierten Gesellschaften (Pflicht)
- Anwendungsbereich II (Art 5 der VO):
  Konsolidierte Abschlüsse von nicht kapitalmarkt-orientierten Gesellschaften (Mitgliedstaatenwahlrecht I) sowie Einzelabschluss (Mitgliedstaatenwahlrecht II)
- Anwendungsbereich III (Art 9 der VO):
  Übergangsvorschriften für bestimmte US-GAAP Anwender sowie bestimmte Schuldtitel-Emittenten (sog Regelung 2007).

Im Gegensatz zum HGB verwendet die EU Verordnung den Terminus ›kapitalmarktorientiertes Unternehmen‹ und versteht hierunter Mutterunternehmen, die zum Bilanzstichtag Wertpapiere ausgegeben haben (Aktien, Zertifikate, die Aktien vertreten, Schuldverschreibungen, Genussscheine, Optionsscheine) und in einem Mitgliedstaat der EU zum Handel in einem geregelten Markt zugelassen sind.

Unter die engen Anwendungsvoraussetzungen der Regelung 2007, die als erweiterte Übergangsfrist als politischer Kompromiss zustande gekommen ist, fallen Unternehmen, die

- US-GAAP als Rechnungslegungsgrundlage für das Reporting im Inland anwenden (dh keine Überleitungsrechnung) und zugleich eine Börsennotierung an einem organisierten Markt im Ausland, der US-GAAP verpflichtend vorschreibt, nachweisen, oder
- ausschließlich Schuldpapiere in einem EU-Mitgliedstaat emittiert haben.

In den Pflichtanwendungsbereich der 2005 Regelung fallen – vor der Osterweiterung der EU im Jahre 2004 – bereits ca 7.000 Gesellschaften, während etwa weitere 3.000 Gesellschaften infolge der Schuldemission 2007 folgen werden. Die Anzahl der US-GAAP Anwender, die unter die Regelung 2007 fallen, beträgt nur etwa 200.

Aus den Anwendungsbereichen der EU Verordnung kann nachfolgende Vier-Felder Matrix bzgl. Umsetzung der Mitgliedstaatenwahlrechte in Deutschland abgeleitet werden:

Abbildung: Vier-Felder-Matrix

»4-Felder-Matrix«

	Einzelabschluss	Konzernabschluss
Kapitalmarktorientierte Unternehmen	HGB oder IFRS?	IFRS
Nichtkapitalmarktorientierte Unternehmen	HGB oder IFRS?	HGB ode r IFRS?

Das Bundesministerium der Justiz und das Bundesministerium der Finanzen haben sich im Februar 2003 in einem Maßnahmenkatalog zur Stärkung der Unternehmensintegrität und des Anlegerschutzes für eine weitreichende Weitergabe der Mitgliedstaatenwahlrechte der Verordnung ausgesprochen. Die Nutzung der 2007 Regelung wird für US-GAAP Bilanzierer indes nur ermöglicht, sofern diese am 11. September 2002 (Tag der Verkündigung der EU-Verordnung im Amtsblatt) bereits die Anforderungen erfüllt haben. Eine Anwendung der IFRS im Einzelabschluss wird im Rahmen eines reinen Publikationsabschlusses erwogen. Damit verbleibt für Unternehmen, die die befreiende Veröffentlichung eines IFRS Einzelabschlusses erwägen, zumindestens vorerst die Verpflichtung zur Erstellung und ggf Prüfung eines HGB-Einzelabschlusses mit seinen Funktionen im Rahmen des Gesellschafts-, Handels-, Zivilrechts etc sowie als Ausgangspunkt der steuerlichen Gewinnermittlung erhalten.

Erste Zweifelsfragen haben sich hinsichtlich des Anwendungsbereichs der EU Verordnung ergeben, die in nachfolgende Fallgruppen differenziert werden können:

Fall 1: Kapitalmarktorientierter Teilkonzern eines Inlandskonzerns

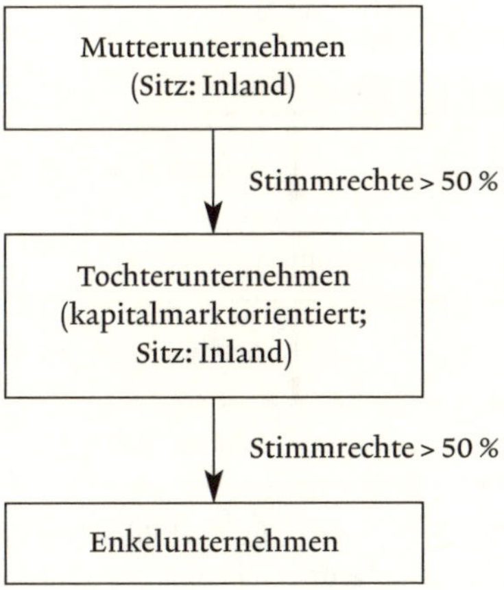

Art 4 der EU-Verordnung definiert kapitalmarktorientierte Unternehmen als Mutterunternehmen, deren Wertpapiere in einem EU-Mitgliedstaat zum Handel in einem geregelten Markt iSd Richtlinie über Wertpapierdienstleistungen zugelassen sind. Infolgedessen fällt allein die Zwischenholding in den Pflichtanwendungsbereich der Verordnung. Im Gegensatz zur Verordnung fällt auch das inländische Mutterunternehmen in den Anwendungsbereich des § 292 a HGB.

Fall 2: Kapitalmarktorientierter Teilkonzern eines Auslandskonzerns

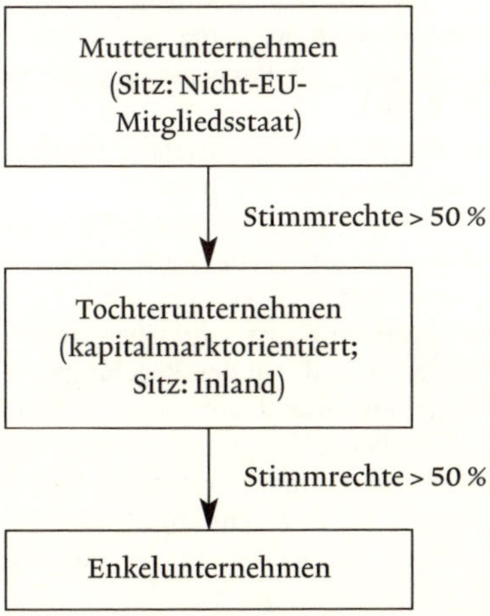

Mit dem TransPuG wurde § 291 Abs 3 HGB insofern neugefasst, als eine Notierung im Amtlichen Handel zur Verpflichtung zur Erstellung eines Teilkonzernabschlusses führt. Die Bundesregierung plant, mit der Umsetzung der Modernisierungs-Richtlinie im Sommer 2003 einen Gesetzesentwurf vorzulegen, der die Teilkonzernrechnungslegungspflicht auf alle Börsensegmente iSd Art 4 der EU Verordnung zu IAS ausdehnt. Demnach kann das ausländische Mutterunternehmen zukünftig keinen befreienden Konzernabschluss – bspw nach US GAAP – mehr erstellen.

Fall 3: Kapitalmarktorientierter Auslandskonzern mit inländischem Teilkonzern

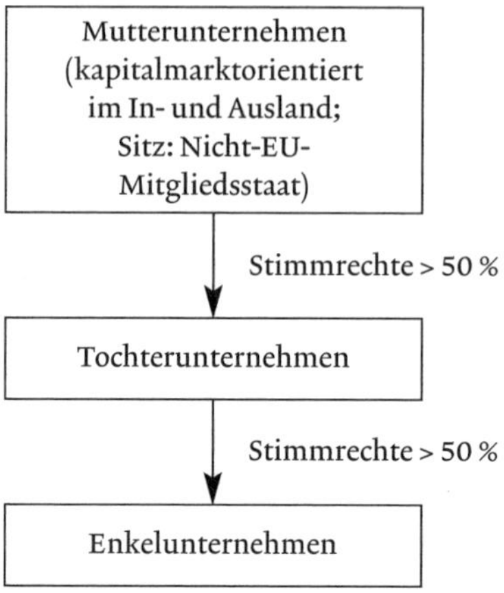

Die EU Verordnung ändert die Vorschriften der 7. EG-Richtlinie hinsichtlich der Anforderungen an die Konzernbefreiungsverordnung nicht. Infolgedessen kann der Auslandskonzern weiterhin einen befreienden Konzernabschluss bspw nach US-GAAP erstellen. Dieses wird faktisch infolge fehlender enforcement Mechanismen auch bei einer inländischen Börsennotierung dieses Auslandskonzerns gelten, obgleich auch dieser in den Pflichtanwendungsbereich der EU-Verordnung zu IAS fällt.

Insgesamt sollen die Bestimmungen der IAS-Verordnung die EG-Bilanzrichtlinien ergänzen, jedoch nicht ersetzen. Daher dürfen die IFRS nur dann angewandt werden, wenn sie

- die Grundanforderungen der EG-Bilanzrichtlinien erfüllen, dh dass ihre Anwendung ein den tatsächlichen Verhältnissen entsprechendes Bild der wirtschaftlichen Unternehmenslage vermittelt;
- dem nicht näher spezifizierten »europäischen öffentlichen Interesse« entsprechen;
- die grundlegenden Kriterien der Informationsqualität (Verständlichkeit, Erheblichkeit, Verlässlichkeit und Vergleichbarkeit) erfüllen, die als Voraussetzung für den Informationsnutzen der Abschlüsse für die Adressaten gelten; und
- nach Übernahme als Kommissionsverordnung vollständig in allen Amtssprachen der EU im Amtsblatt der Europäischen Gemeinschaft veröffentlicht werden.

Mit Hilfe des sog Komitologieverfahrens werden sämtliche IASB-Standards auf ihre Übereinstimmung mit den oben genannten vier Kriterien geprüft. Dabei ist ausdrücklich keine Schaffung EU-spezifischer internationaler Rechnungslegungsstandards bezweckt. Um die Loslösung der in der EU anzuwendenden Standards von denen des IASB zu vermeiden, ist vorgesehen, dass ein Standard entweder in der vom IASB verabschiedeten Fassung oder gar nicht durch den Regelungsausschuss übernommen wird.

Im März 2001 wurde die European Financial Reporting Advisory Group (EFRAG) gegründet, deren Aufgabe es ist, die Arbeit der technischen Ebene im Anerkennungsverfahren zu koordinieren und voranzutreiben. Die Arbeit dieser Expertengruppe konzentrierte sich in den ersten beiden Jahren ihres Bestehens auf die Kommentierung und die Anerkennung der IASB Standards, Stellungnahmen und Entwürfe. Dabei wurden alle bereits bestehenden IAS zur Anerkennung empfohlen, bei den aktuellen Entwürfen oder Diskussionsbeiträgen der IASB und des IFRIC wurde kein deutlicher Widerspruch zu den EU-Bilanzrichtlinien gesehen. Da die EU-Kommission im Standards Advisory Council und im IFRIC als Beobachter teilnimmt und die EFRAG in den Entscheidungsprozess des IASB eingebunden ist, sind nach hM materielle Konflikte zwischen den Bestimmungen des IASB und den EU-Bilanzrichtlinien auch zukünftig nicht zu erwarten. Die sich ankündigenden Konflikte bzgl ED IAS 32/39 sollen durch die Veröffentlichung eines überarbeiteten Entwurfs im Sommer 2003 behoben werden. Mit Hilfe des Komitologieverfahrens konnte sich die EU-Kommission der drohenden Gefahr der Abhängigkeit von den Normierungsentscheidungen der IASB entziehen.

Im Rahmen des Komitologieverfahrens sieht die Verordnung die Einsetzung eines Accounting Regulatory Committee (ARC) als einem politischen Gremium vor, das durch Vertreter der Mitgliedstaaten besetzt wird und dessen Vorsitz ein Kommissionsvertreter innehat. Die EU-Kommission schlägt dem ARC einen Vorschlag zur Anerkennung oder Ablehnung von IAS/IFRS nach Konsultation mit EFRAG vor. Das ARC soll sodann innerhalb eines Monats mit qualifizierter Mehrheit über den Kommissionsvorschlag entscheiden. Nach Zustimmung zur Anerkennung eines IFRS soll die EU-Kommission die Anwendung der jeweiligen Normen mittels Verordnung erlassen.

Der deutsche Gesetzgeber ist – wie die Gesetzgeber anderer europäischer Staaten – dem Wunsch der Wirtschaft gefolgt und hat mit dem KapAEG eine – vorerst bis 2004 zeitlich befristete – Öffnungsklausel in das HGB eingefügt (§ 292 a HGB). Die Befreiungsnorm kann von Mutterunternehmen genutzt werden, die einen organisierten Markt iSd § 2 Abs 5 WpHG (amtlicher Handel, geregelter Markt sowie Neuer Markt) durch von ihnen oder einem ihrer Tochterunternehmen ausgegebene Wertpapiere iSd § 2 Abs 1 Satz 1 WpHG in Anspruch nehmen. Für die Anwendung genügt es, dass die Zulassung zum Handel an einem organisierten Markt beantragt worden ist. Die EU Verordnung löst ab dem 1. Januar 2005 die Befreiungsnorm des § 292 a HGB quasi ab. Zugleich erwägt der Gesetzgeber jedoch eine befristete Verlängerung für (a) Unternehmen mit abweichendem Wirtschaftsjahr sowie (b) Unternehmen, die unter die sog Regelung 2007 fallen.

Gem § 292 a HGB sind diese Mutterunternehmen von der Pflicht zur Erstellung eines Konzernabschlusses nach HGB befreit, wenn

1. das Mutterunternehmen und seine Tochterunternehmen unbeschadet der §§ 295 u 296 HGB (→ *Einbeziehungsverbote*; → *Einbeziehungswahlrechte*) in den Konzernabschluss einbezogen werden,
2. der Konzernabschluss und Konzernlagebericht nach international anerkannten Rechnungslegungsgrundsätzen aufgestellt werden, die im Einklang mit den Bilanzrichtlinien der EU stehen,
3. die Aussagekraft der nach international anerkannten Rechnungslegungsgrundsätzen aufgestellten Unterlagen der Aussagekraft eines nach den einschlägigen Vorschriften des HGB aufgestellten Konzernabschlusses und Konzernlageberichts gleichwertig ist,
4. im Konzernanhang oder den Erläuterungen die angewandten Rechnungslegungsgrundsätze genannt sowie die vom deutschen Recht abweichenden Bilanzierungs-, Bewertungs- und Konsolidierungsmethoden erläutert werden,
5. der befreiende Konzernabschluss und Konzernlagebericht von einem nach § 318 HGB bestellten Abschlussprüfer geprüft und die Erfüllung der Befreiungsbedingungen bestätigt wird.

Die Anforderungen an die Sprache, Währung sowie Prüfung und Offenlegung des Konzernabschlusses und Konzernlageberichts werden durch die Befreiungsvorschriften nicht berührt. Ein die Öffnungsklausel in Anspruch nehmendes Unternehmen muss bei der Offenlegung ausdrücklich darauf hinweisen, dass es sich um einen nicht nach deutschem Recht aufgestellten Konzernabschluss und Konzernlagebericht handelt (§ 292 Abs 1 Satz 2 HGB).

Die Befreiung ist – wie angeführt – an das Einklangerfordernis zu den EG-Richtlinien sowie an das Gleichwertigkeitserfordernis hinsichtlich der Aussagefähigkeit zu einem Konzernabschluss nach HGB geknüpft. Wenngleich für beide unbestimmten Rechtsbegriffe überwiegend eine Gesamtbetrachtung anstelle einer Einzelabweichungsanalyse gefordert wird, stellen diese Begriffe gleichwohl eine Anwendungshürde dar. Seitens der EU-Kommission wurden in der Vergangenheit bereits verschiedene sog Kompatibilitätsstudien zwischen den IAS und EG-Richtlinien durchgeführt. Die Studien kommen grds zu dem Ergebnis, dass die IAS mit zwei als unwesentlich eingestuften Abweichungen richtlinienkonform seien. Zu ähnlichen Erkenntnissen gelangt das DRSC (Deutsches Rechnungslegungs Standards Committee) sowohl hinsichtlich der IAS als auch der US-GAAP (DRS 1).

Die vom Standardisierungsrat des DRSC verabschiedeten DRS 1 bis DRS 13 sind vom BJM im Bundesanzeiger bekannt gemacht worden. In der Bilanzierungspraxis ist eine starke Akzeptanz der DRS zu verzeichnen. Soweit Unternehmen im Konzernabschluss die DRS nicht anwenden und hierüber im Anhang des Weiteren nicht gesondert berichten, ist dieser Umstand im Bericht des Abschlussprüfers gesondert hervorzuheben.

Während DRSs 2 u 3 als relativ unproblematisch zu qualifizieren sind, zeigt sich das Konfliktpotential weitaus deutlicher in Bezug auf DRS 1. Das DRSC hat in weiteren Standards teilweise die gesetzlich bestehenden Wahlrechte eingeschränkt (so bspw in DRS 4 hinsichtlich der Behandlung des Geschäfts- oder Firmenwerts). Des Weiteren konnte das DRSC in Einzelbereichen seine Ansichten nicht in einem DRS formulieren, da die vorgeschlagene Behandlung einzelner Bilanzierungssachverhalte nicht als mit dem HGB in Übereinstimmung zu charakterisieren ist. In diesen Fällen ergänzen jeweils gesonderte Anhänge die DRS mit einschlägigen Hinweisen und Vorschlägen zur Änderung der gesetzlichen Normen.

Abweichend von den in DRS 1 geäußerten Ansichten des DRSC stellt der HFA diverse Abweichungen zwischen dem HGB und den IAS fest und fordert eine explizite Bezugnahme auf DRS 1 im Rahmen des Bestätigungsvermerks des Abschlussprüfers. Der HFA hat sich in jüngerer Zeit mehrfach zu Themen der internationalen Rechnungslegung geäußert. Die nachfolgende Aufzählung enthält wesentliche Verlautbarungen des HFA zu Fragen der Anwendung von US-GAAP und IAS sowie der Bestätigung eines internationalen Abschlusses:

HFA-Verlautbarung: Übernahme von Versorgungsverpflichtungen nach FAS 106 im nach handelsrechtlichen Grundsätzen aufzustellenden Konzernabschluss, in: WPg 94, S. 26–27.

HFA 1/1995: Kapitalflussrechnung als Ergänzung des Jahres- und Konzernabschlusses, gemeinsame Stellungnahme des HFA und des Arbeitskreises »Finanzierungsrechnung« der Schmalenbach-Gesellschaft – Deutsche Gesellschaft für Betriebswirtschaft eV, in: WPg 95, S. 210–213.

HFA-Verlautbarung: Bestätigung der Übereinstimmung eines handelsrechtlichen Konzernabschlusses mit den IASC-Standards, in: WPg 1995, S. 705–706.

HFA-Verlautbarung: Bestätigungsbericht zur Übereinstimmung eines handelsrechtlichen Konzernabschlusses mit den IASC-Standards, in: WPg 1996, S. 73.

HFA-Verlautbarung: Bestätigungsvermerk zu einem befreienden Konzernabschluss nach § 292 a HGB, in: WPg 1998, S. 428–429.

HFA-Verlautbarung: Abweichungen zwischen den Rechnungslegungsstandards des IASC und den Vorschriften des HGB, in: WPg 1998, S. 70–72.

IDW-Verlautbarung: Abweichungen zwischen den Rechnungslegungsstandards des IASC und der 4. und 7. EG-Richtlinie, in: WPg 1998, S. 183–188.

IDW-RS HFA 2: Einzelfragen zur Anwendung von IAS, in: WPg 1999, S. 591–601, WPg 2001, S. 849–852, WPg 2002, S. 387–391, WPg 2003, S. 422–425 (Entwurf der Fortsetzung 5), WPg 2003, S. 663–668.

IDW-RS HFA 3: Bilanzierung von Verpflichtungen aus Altersteilzeitregelungen nach IAS und nach handelsrechtlichen Vorschriften, in: WPg 1998, S. 1063–1065 (Stellungnahme).

IDW-RS HFA 9: Einzelfragen der erstmaligen Anwendung von IAS 39, in : WPg 2002, S. 819–841, WPg 2002, S. 1264–1270

IDW-RH HFA 1.001: Ende des Wertaufhellungszeitraumes bei der Aufstellung und Prüfung eines erstmaligen IAS-Abschlusses, in: WPg 2000, S. 380.

IDW-RH HFA 1.002: Auswirkung des gespaltenen Körperschaftsteuersatzes auf die Bilanzierung latenter Steuern nach IAS 12, in: FN 2000, S. 1–4.

IDW-RH HFA 1.003: Rechnungslegungshinweis zur erstmaligen Anwendung von IAS im Quartalsabschluss, in: FN 2002, S. 127–129.

HFA-Entwurf: Zur Währungsumrechnung im Konzernabschluss; in: WPg 1998, S. 549–555.

Die beständige Fortentwicklung der IAS und US-GAAP erfordert eine lfd Auseinandersetzung mit diesen Rechnungslegungsstandards. Aktualisierte Informationen zur internationalen Rechnungslegung stellen nachfolgende Internet-Adressen bereit:

http://www.de.ey.com
http://www.aicpa.org
http://www.fasb.org
http://www.sec.gov
http://www.iasb.org.uk
http://www.iosco.org.ca
http://www.idw.de
http://www.drsc.de
http://www.europa.eu.int/comm/internal_market/de/company/index.htm
http://www.efrag.org

2 Exkurs: Neuere Entwicklungen zur Corporate Governance und zum Anlegerschutz

Am 30. Juli 2002 hat der US-amerikanische Präsident George Bush das neue Artikelgesetz »Sarbanes-Oxley Act of 2002« – kurz SOA – unterschrieben, das seitdem in Kraft ist. Das Gesetz bezweckt nach der dem Gesetzestext vorangestellten Begründung den Schutz von Anlegern durch genauere und verlässlichere wertpapierrechtliche Publizitätspflichten, indem insbesondere die Vorstände von Unternehmen und die Abschlussprüfer stärker in die Pflicht genommen werden.

Vom Gesetz betroffen sind alle bei der SEC registrierten Unternehmen. Damit fallen auch alle deutschen Unternehmen unter das neue Gesetz, die den US-amerikanischen Kapitalmarkt in Anspruch nehmen. Aber auch deutsche Tochtergesellschaften dieser »listed companies« werden betroffen sein.

Der SOA hat die regulatorischen Rahmenbedingungen des US-Kapitalmarktes nachhaltig verändert; für deutsche Emittenten bedeutet dies, dass sie neben den heimatlichen Vorschriften zum Wertpapierhandel auch die Vorschriften des SOA als hinzukommendes Regelwerk zu beachten haben. So wurde durch Titel I (§§ 101–109) des SOA ein Public Company Accounting Oversight Board (PCAOB) als Berufsaufsichtsbehörde für die Wirtschaftsprüfer gegründet. Damit entfaltet der SOA auch extraterritoriale Auswirkungen auf ausländische Abschlussprüfer, erlaubt er doch der SEC den Rückgriff auf die Arbeitspapiere dieser Wirtschaftsprüfer.

§ 301 des dritten Abschnitts des SOA (§§ 301–308) verlangt zwingend die Errichtung eines Audit Committee, nach § 302 muss die Unternehmensleitung (CEO und CFO) in Verbindung mit dem quartalsweisen und jährlichen Reporting bestätigen, dass die Angaben in der Berichterstattung vollständig sind und den tatsächlichen wirtschaftlichen Verhältnissen des Unternehmens entsprechen. Die erhöhten Publizitätspflichten des Titels IV (§§ 401–409) des SOA werden insbesondere durch die zwingende Einrichtung eines funktionsfähigen internen Kontrollsystems (IKS) und dessen Dokumentation begründet (§ 404). Der Wirtschaftsprüfer wird verpflichtet, das interne Kontrollsystem zu beurteilen und darüber zu berichten.

In Deutschland sind vergleichbare Regelungen im Deutsche Corporate Governance Kodex vom Februar 2002 (letztmalig geändert im Mai 2003) niedergelegt. Das Bundesministerium der Justiz und das Bundesministerium der Finanzen haben sich in ihrem Maßnahmenkatalog vom Februar 2003 zur Stärkung der Unternehmensintegrität und des Anlegerschutzes für die Einführung einer privatrechtlich organisierten Enforcement-Instanz unter staatlicher Aufsicht in Deutschland ausgesprochen. Dieser Enforcement-Instanz sollen dabei folgende Aufgaben zukommen:

- nicht-staatliche Trägerorganisation und nicht-staatliche Finanzierung;
- Schaffung wirksamer Eingriffsmöglichkeiten für das Bundesaufsichtsamt für Finanzdienstleistungen (BAFin) in Zusammenarbeit mit diesem Gremium;
- umfassende Information des Kapitalmarktes über Ergebnisse;
- Recht auf Anordnung von Sonderprüfungen und Berichtigungen;
- Zusammenarbeit mit Staatsanwaltschaft, Börsenaufsicht und WP-Kammer für etwaige ergänzende Sanktionierungen.

Die EU Kommission hat am 21. Mai 2003 eine Mitteilung zur Stärkung der Abschlussprüfung (Dokument Markt 2003/10826) verabschiedet, in deren Mittelpunkt die Modernisierung der 8. EG-Richtlinie sowie die Einsetzung eines Regelungsausschusses zur Abschlussprüfung stehen.

Kapitel 2: Übergang auf internationale Rechnungslegungsstandards

1 Regelungen zur erstmaligen Anwendung von IFRS im Überblick

1.1 Zielsetzung

Das IASB hat am 19. Juni 2003 mit IFRS 1 seinen ersten Standard veröffentlicht. Vor dem Hintergrund, dass eine Vielzahl von Ländern in den nächsten Jahren International Financial Reporting Standards (IFRSs) für die Rechnungslegung von Unternehmen einführen wird und die Anwendung von IFRS für kapitalmarktorientierte Unternehmen im Konzernabschluss seitens der EU Kommission verpflichtend vorgesehen ist, erschien es notwendig, einen Standard zu erarbeiten, der den Unternehmen den Übergang von nationalem Bilanzrecht auf IFRSs erleichtert und gleichzeitig den Bilanzadressaten hilft, die Effekte des Wechsels der Rechnungslegung zu verstehen. IFRS 1 »First-time adoption of International Financial Reporting Standards« ersetzt die bisherige Interpretation SIC 8 und tritt für Geschäftsjahre, die am oder nach dem 1. Januar 2004 beginnen, in Kraft. Eine vorzeitige Anwendung wird empfohlen.

IFRS 1 legt den Grundstein für die gesamte heutige und künftige Darstellung der Vermögens-, Finanz- und Ertragslage eines Unternehmens nach IFRS. Diese Basis hat weitreichende Auswirkungen über die externe Berichterstattung hinaus auf das interne Berichtswesen, die IT Systeme, Vergütungsmodelle, Kreditratings und vieles mehr (→ *Übergang auf internationale Rechnungslegungsstandards aus der Business Perspektive*).

Der Standard IFRS 1 erklärt, wie ein Unternehmen seinen Jahres- bzw. Konzernabschluss auf IFRSs umstellen muss. Es soll sichergestellt werden, dass der erste Abschluss in Übereinstimmung mit IFRS qualitativ hochwertige Informationen bereitstellt, die folgenden Gesichtspunkten dienen (IFRS 1.1):

- Transparenz für Abschlussadressaten und interperiodische Vergleichbarkeit,
- Eignung als Startpunkt für die IFRS Rechnungslegung,
- Wahrung des Kosten-/Nutzenverhältnisses bei der Bereitstellung von Informationen.

1.2 Anwendungsbereich

IFRS 1 gilt für alle Unternehmen, die erstmals den Jahresabschluss nach IFRS aufstellen und bei denen dieser Abschluss einen expliziten und uneingeschränkten Hinweis auf die Übereinstimmung mit IFRS enthält (Anwendungshinweis).

Als Erstanwender gelten Unternehmen, die (IFRS 1.2 ff)

- einen Konzernabschlusses nach HGB veröffentlicht haben sowie
  - eine IFRS-Überleitung oder
  - einen dualen Abschluss ohne Anwendungshinweis oder
  - einen Anwendungshinweis für ausgewählte, nicht aber alle IFRS oder
  - IFRS zur Schließung von Anwendungslücken im nationalen Recht nutzen,
- bislang einen IFRS-Abschluss nur für den internen Gebrauch aufgestellt haben,
- IFRS-Daten von Tochterunternehmen lediglich für Konsolidierungszwecke erhalten haben (reporting package),
- keine Vorjahresvergleichsangaben veröffentlicht haben.

Als Nicht-Erstanwender gelten Unternehmen, die

- in Vorjahren (neben dem HGB-Abschluss) einen vollständigen IFRS-Abschluss oder
- einen dualen Abschluss mit Anwendungshinweis oder
- einen IFRS-Abschlusses mit Anwendungshinweis (selbst bei eingeschränktem Bestätigungsvermerk) aufgestellt und veröffentlicht haben.

1.3 Wesentliche Regelungen

Ein Unternehmen muss IFRS 1 für die Erstellung des ersten IFRS-Abschlusses anwenden. Dabei müssen im ersten IFRS-Abschluss für alle dargestellten Geschäftsjahre die IFRSs angewendet werden, die am Bilanzstichtag der Berichtsperiode gültig sind. Den Ausgangspunkt der Umstellung bildet die Erstellung einer IFRS-Eröffnungsbilanz für die früheste Vergleichsperiode, die ein Unternehmen in seinem ersten IFRS-Abschluss präsentiert (IFRS 1.7).

Für die Erstellung der Eröffnungsbilanz gelten folgende grundsätzlichen Anforderungen (IFRS 1.10):

- Die Umstellung muss retrospektiv erfolgen, dh es müssen alle Vermögenswerte und Schulden bis zur erstmaligen Erfassung in der Bilanz zurückverfolgt werden (Konzept der vollständigen retrospektiven Anwendung).
- Vermögenswerte und Schulden sind entsprechend den Regelungen der IFRSs zu bilanzieren.
- Es müssen alle nach IFRSs geforderten Anhangangaben im Abschluss enthalten sein.
- Die in den Standards enthaltenen Übergangsregelungen gelten nicht für Erstanwender (IFRS 1.9). Eine Ausnahme von dieser Regel besteht allein für die Übergangsregelungen in IAS 39 »Financial Instruments: *Recognition and Measurement*«.
- Alle aus der Umstellung der Rechnungslegung resultierenden Änderungen sind in der Eröffnungsbilanz erfolgsneutral mit den Rücklagen zu verrechnen.
- Die Umstellung ist anhand von Überleitungsrechnungen des Eigenkapitals und der Gewinn- und Verlustrechnung im Anhang darzustellen und zu erläutern.

Abbildung: Relevante Perioden

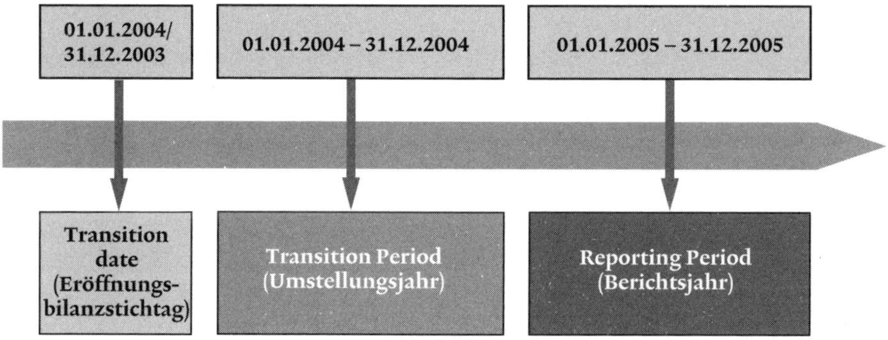

Nach IFRS 1 ist ausschließlich die rückwirkende Anwendung der am Ende des aktuellen dargestellten (bspw 31. 12. 2005) Geschäftsjahres in Kraft befindlichen Standards in der Eröffnungsbilanz vorgesehen. Von diesem Grundsatz existieren drei verpflichtende und sechs optionale Ausnahmen.

1.4 Verpflichtende Abweichungen von der rückwirkenden Anpassung

In den im Folgenden dargestellten Bereichen sieht IFRS 1 eine verpflichtende Abweichung von der retrospektiven Anpassung vor.

1.4.1 Ausbuchung finanzieller Vermögenswerte und Schulden

Sofern ein Erstanwender vor dem 1. 1. 2001 (Beginn der verpflichtenden Anwendung von IAS 39) bestimmte finanzielle Vermögenswerte und Schulden im Sinne von IAS 39 im nationalen Recht ausgebucht hat, dürfen diese Positionen gem IFRS 1.27 nicht in die IFRS-Eröffnungsbilanz übernommen werden. Dies gilt indes nicht für die damit in Zusammenhang stehenden derivativen Instrumente und sonstigen Vorteile, die nach der Ausbuchung zurückbehalten wurden und am IFRS-Eröffnungsbilanzstichtag noch bestehen (IFRS 1.27(a)). Ebenso berührt die Nichterfassung von finanziellen Vermögenswerten bzw. Schulden im Falle einer Ausbuchung unter nationalem Recht vor dem 1. 1. 2001 grundsätzlich nicht die Frage einer möglichen Konsolidierungspflicht von Objektgesellschaften (sog *special purpose entities*) im Sinne von SIC-12 (IFRS 1.27(b)).

1.4.2 Sicherungszusammenhänge

Zum Umstellungsstichtag sind alle Derivate zum Zeitwert zu bewerten und alle nach HGB abgegrenzten Erträge und Aufwendungen aus der Bilanzierung der Derivate zu eliminieren. Die Eröffnungsbilanz nach IFRS soll darüber hinaus keine Sicherungszusammenhänge (Hedges) beinhalten, die am Eröffnungsbilanzstichtag nicht die Kriterien des Hedge-Accounting nach IAS 39 erfüllen.

In der IFRS-Eröffnungsbilanz sind grundsätzlich sämtliche derivativen Finanzinstrumente im Sinne von IAS 39 mit den Zeitwerten (fair value) anzusetzen (IFRS 1.28(a)) und alle im nationalen Recht in Zusammenhang mit derivativen Finanzinstrumenten abgegrenzten Erträge und Aufwendungen auszubuchen (IFRS 1.28(b)). Des Weiteren dürfen gem IFRS 1.29 Sicherungszusammenhänge, die nicht die in IAS 39 definierten restriktiven Voraussetzungen am Bilanzstichtag erfüllen, nicht in der IFRS-Eröffnungsbilanz abgebildet werden. Auf alle übrigen Sicherungszusammenhänge sind gem IFRS 1.30 am Bilanzstichtag der IFRS-Eröffnungsbilanz die Übergangsregelungen des IAS 39 analog anzuwenden.

1.4.3 Schätzungen

Die Thematik der Wertaufhellung ist vor allem im Rahmen der erstmaligen IFRS-Anwendung von erheblicher Bedeutung, da zwischen dem Erstellungsdatum der IFRS-Eröffnungsbilanz (sog *date of transition*) und dem Zeitpunkt der erstmaligen Erstellung des IFRS-Abschlusses ein Zeitraum von mehr als zwei Jahren liegt. In diesem Zeitraum können sich insbes Einschätzungen und Annahmen, die man zum Zeitpunkt der Bilanzerstellung nach nationalem Recht vorgenommen hat, durch Wertaufhellung ändern (va Zinssatzeinschätzungen, Marktpreisverhältnisse, Risikoeinschätzungen, Restrukturierungserfordernisse, Impairmenteinschätzungen). IFRS 1.31 sieht jedoch vor, dass die zum *date of transition* für Zwecke der Bilanzerstellung nach nationalem Recht erfolgten Schätzungen unverändert auch in der IFRS-Eröffnungsbilanz anzuwenden sind, es sei denn, eine damalige Schätzung unterlag objektiv nachweisbar einem (wesentlichen) Fehler (*error*). Unterschiede in den Bilanzierungs- und Bewertungsgrundsätzen zwischen dem bisher angewendeten und dem IFRS-Rechnungslegungssystem sind dagegen zu berücksichtigen (IFRS 1.32).

Gleichwohl bestätigt IFRS 1.33 in den Fällen, in denen nach nationalem Recht zum Erstellungszeitpunkt der IFRS-Eröffnungsbilanz keine Schätzungen notwendig waren, den allgemeinen Wertaufhellungsgrundsatz in IAS 10, da hier diese Schätzungen »shall reflect conditions that existed at the date of transition to IFRSs«. Die Regelungen zur Berücksichtigung wertaufhellender Tatsachen gelten gem IFRS 1.34 auch für das Ende der im Rahmen der erstmaligen IFRS-Anwendung zu veröffentlichenden Vergleichsperiode.

Neue Erkenntnisse nach dem Umstellungsstichtag sind somit nicht in der IFRS-Eröffnungsbilanz, sondern erfolgswirksam im folgenden Berichtsjahr zu berücksichtigen. Damit ist IDW RH HFA 1.001 im Rahmen der Anwendung von IFRS 1 nicht mehr kompatibel!

1.5 Optionale Ausnahmen vom Grundsatz der rückwirkenden Anwendung

In den folgenden Bereichen besteht ein Wahlrecht zwischen der retrospektiven Anpassung und einer anderen Vorgehensweise. Entgegen ED 1 können diese Wahlrechte einzeln ausgeübt werden. Die Ausübung der Wahlrechte ist im Anhang zu erläutern.

1.5.1 Unternehmenszusammenschlüsse

Unternehmenszusammenschlüsse können

- nicht retrospektiv, dh keine Anpassung der Kapitalkonsolidierung, oder
- retrospektiv ab einem vom Erstanwender zu bestimmenden Stichtag, dh Anpassung aller Unternehmenszusammenschlüsse ab diesem Stichtag,

behandelt werden.

Die für die Praxis wohl bedeutendste Erleichterungsvorschrift dürfte die Ausnahmeregelung bzgl. der buchhalterischen Abbildung vergangener Unternehmenszusammenschlüsse (*business combinations*) darstellen. Damit wird dem Erstanwender gem IFRS 1.15 ein Wahlrecht an die Hand gegeben, die für Unternehmenszusammenschlüsse maßgeblichen Vorschriften des IAS 22 nicht retrospektiv, sondern prospektiv anzuwenden. Folglich können in der IFRS-Eröffnungsbilanz die sich nach nationalem Recht ergebenden Wertansätze im Wesentlichen fortgeführt werden. Dieses Wahlrecht kann jedoch nicht individuell für jeden zurückliegenden Unternehmenszusammenschluss einzeln ausgeübt werden, so dass die Möglichkeit eines cherry picking innerhalb dieses Themenbereiches ausgeschlossen wird. In diesem Zusammenhang erlaubt IFRS 1 lediglich die Bestimmung eines beliebigen Stichtages, ab dem die IFRS-Vorschriften retrospektiv anzuwenden sind (IFRS 1.B1).

Während die im nationalen Recht angewandte Art des Unternehmenszusammenschlusses im Falle der Ausübung des Wahlrechts einer prospektiven Anwendung der IASB-Vorschriften beizubehalten ist (zB Erwerb, Interessenzusammenführung, umgekehrter Erwerb etc; IFRS 1.B2(a)), sind am Eröffnungsbilanzstichtag aus diesen Unternehmenszusammenschlüssen zugegangene Vermögenswerte und Schulden gegenüber der nach nationalem Recht erstellten Stichtagsbilanz ggf zu korrigieren.

Vermögensgegenstände und Schulden, die nach den vorherigen Rechnungslegungsgrundsätzen nicht bilanziert wurden, die aber nach IFRS dem Grunde nach bilanziert werden müssen, sind zu identifizieren und zu bilanzieren. Nach IFRS nicht ansatzfähige Bilanzpositionen sind gem IFRS 1.B2(c) entsprechend zu korrigieren, wobei in diesem Kontext generell danach zu differenzieren ist, ob es sich um nicht ansatzfähige immaterielle Vermögensgegenstände im Sinne von IAS 38, oder ob es sich um andere nicht ansatzfähige Bilanzpositionen handelt. Während erstere mit dem Goodwill zu verrechnen sind (IFRS 1.B2(c)(i)), dürfen letztere ausschließlich gegen die Gewinnrücklagen gebucht werden (IFRS 1.B2(c)(ii)). Umgekehrt ist gem IFRS 1.B2(b) ebenso zu prüfen, ob im nationalen Recht bislang nicht angesetzte Vermögenswerte und Schulden nunmehr unter IFRS ansatzpflichtig werden (zB im Falle einer Leasingtransaktion, die im nationalen Recht als operating lease und unter Anwendung von IFRS als finance leases iSv IAS 17 zu beurteilen ist; IFRS 1.B2(f)). Sich hieraus ergebende Differenzen sind erfolgsneutral mit den Gewinnrücklagen zu verrechnen; eine Verrechnung mit dem Goodwill ist unzulässig (IFRS 1.B2(b)). Außerdem sind die bisher im Rahmen eines Unternehmenszusammenschlusses angesetzten Vermögenswerte und Schulden gem IFRS 1.B2(d) immer dann in der IFRS-Eröffnungsbilanz auf den Zeitwert anzupassen, wenn eine solche Bewertung von einzelnen IASB-Standards gefordert wird (bspw Erfordernis zu Zeitwertbilanzierung nach IAS 39); auch diese Differenzen sind erfolgsneutral mit den Gewinnrücklagen zu verrechnen. Bei allen vorzunehmenden Korrekturbuchungen sind ggf latente Steuern und Minderheitenanteile zu berücksichtigen (IFRS 1.B2(k)).

Der nach nationalem Recht fortgeführte Goodwill kann zum Zeitpunkt der Erstellung der IFRS-Eröffnungsbilanz grundsätzlich unverändert fortgeführt werden. Anpassungen sind (ausnahmsweise) nur dann notwendig, wenn im Zuge der Erstkonsolidierung immaterielle Vermögensgegenstände angesetzt wurden, die die Ansatzvoraussetzungen gem IAS 38 nicht erfüllen (IFRS 1.B2(g)(i)), wenn Anpassungen aufgrund des Eintritts von Ereignissen notwendig werden, für die zuvor Kaufpreisberichtigungen vorgenommen wurden (IFRS 1.B2(g)(ii)) oder wenn sich ein sog *goodwill impairment* unter Anwendung von IAS 36 ergibt (IFRS 1.B2(g)(iii)). Ein derartiger Impairment-Test ist von IFRS-Erstanwendern in diesem Fall zwingend durchzuführen, dh auch dann, wenn keine Anzeichen im Sinne von IAS 36.8 f. vorliegen. Eine Anpassung des Goodwills kommt jedoch nicht in Betracht, wenn er im nationalen Recht erfolgsneutral mit den Gewinnrücklagen verrechnet wurde (IFRS 1.B2(i)), dh die erfolgsneutrale Verrechnung des Geschäfts- oder Firmenwerts gem § 301 iVm 309 HGB wird in der Eröffnungsbilanz nach IFRS nicht korrigiert.

1.5.2 Bestimmte Teile des Anlagevermögens

Da die im nationalen Recht angewendeten wirtschaftlichen Abschreibungsdauern und Abschreibungsmethoden häufig nicht mit IAS 16 übereinstimmen (zB aufgrund steuerlich motivierter Abschreibungsmethoden und -dauern sowie Sonderabschreibungen), sind im Rahmen der erstmaligen Erstellung eines IFRS-Abschlusses generell die fortgeführten Buchwerte des gesamten Sachanlagevermögens im Sinne von IAS 16 zu ermitteln. Für bestimmte Teile des Anlagevermögens (Sachanlagen (IAS 16), als Finanzinvestitionen gehaltene Immobilien (IAS 40) und immaterielle Vermögensgegenstände, die die Neubewertungsvoraussetzungen nach IAS 38 erfüllen) kann der Wertansatz am Umstellungsstichtag daher vereinfachend ermittelt werden durch (IFRS 1.16 u 18)

- die retrospektive Anwendung der IFRS, oder
- eine Zeitwertermittlung zum Umstellungsstichtag (sog *deemed costs*), die als Basis für die künftige Abschreibung dienen.

Die Ermittlung der Zeitwerte dürfte insbes im Bereich der Gebäude, aber auch bei langlebigen Anlagen und Maschinen, zur Aufdeckung von stillen Reserven und damit zur Stärkung des Eigenkapitals führen.

Dieser Wertansatz gilt dann als neue Bemessungsgrundlage für die weiteren planmäßigen und außerplanmäßigen Abschreibungen. Die Ausübung des Wahlrechts hat für alle Gesellschaften und für alle Gegenstände einer Anlagenklasse einheitlich zu erfolgen. Die Anwendung von Zeitwerten in der Eröffnungsbilanz hat nicht die Bewertung der Anlagen zu Zeitwerten gem der allowed alternative (siehe IAS 16, 38 u 40) in den Folgeperioden zur Folge.

Eine Bewertung zu Marktpreisen wird in praxi indes vor allem dann in Betracht kommen, wenn in Verbindung mit Sonderereignissen (zB Privatisierung etc) eine Zeitbewertung erfolgte (IFRS 1.19).

1.5.3 Leistungen an Arbeitnehmer (iW Pensionsrückstellungen)

Bei der erstmaligen Anwendung der IFRS können die versicherungsmathematischen Gewinne oder Verluste aus der Zeit vor dem Umstellungsstichtag wie folgt berücksichtigt werden:

- retrospektiv, dh, die seit der Verabschiedung des Planes angefallenen versicherungsmathematischen Gewinne und Verluste sind nur insoweit zu berücksichtigen wie sie außerhalb des Korridors gem IAS 19 angefallen sind, oder
- kumuliert, dh die versicherungsmathematischen Gewinne und Verluste, die vor dem Umstellungsstichtag angefallen sind, werden in voller Höhe berücksichtigt.

Wird bei der Ermittlung der Pensionsverpflichtungen der sog Korridoransatz iSv IAS 19.92 gewählt, sind die versicherungsmathematischen Gewinne und Verluste gem IFRS 1.20 grundsätzlich in einen vortragsfähigen (sog *unrecognized portion*) und in einen berücksichtigungspflichtigen Teil (sog *recognized portion*) aufzugliedern. IFRS 1.20 räumt dem Erstanwender in diesem Kontext ein Wahlrecht zur Realisierung aller kumulierten versicherungsmathematischen Gewinne und Verluste in der IFRS-Eröffnungsbilanz ein und erlaubt somit quasi einen sog *fresh start*. Die Option kann auch dann in Anspruch genommen werden, wenn der Korridoransatz im Rahmen der späteren IFRS-Bilanzierung Anwendung findet. Gleichwohl muss dieses Wahlrecht für sämtliche Pläne einheitlich ausgeübt werden – ein cherry picking innerhalb dieses Themenbereiches ist unzulässig.

1.5.4 Differenzen aus der Fremdwährungsumrechnung im Konzernabschluss

Gem IAS 21 sind kumulierte Währungsumrechnungsdifferenzen aus einer Beteiligung an einem ausländischen Geschäftsbetrieb als separater Bestandteil des Eigenkapitals auszuweisen und erst im Falle eines Verkaufes erfolgswirksam zu realisieren. IFRS 1.22(a) gewährt das Wahlrecht,

- die Währungsumrechnung retrospektiv vorzunehmen, dh einen Währungsausgleichsposten zu ermitteln, oder
- den Währungsausgleichsposten zum Umstellungsstichtag mit Null anzusetzen und Gewinne oder Verluste aus einer späteren Veräußerung um die Währungseffekte aus der Zeit vor dem Umstellungsstichtag zu bereinigen (fresh start).

Wird von der Option Gebrauch gemacht, enthalten gem IFRS 1.22(b) die Gewinne/Verluste aus späteren Veräußerungen der ausländischen Tochterunternehmen allein erfolgsneutral abgegrenzte Fremdwährungsumrechnungsdifferenzen, die nach dem Übergang auf die IFRS-Bilanzierung entstanden sind.

1.5.5 Strukturierte Produkte

Gem IAS 32 sind strukturierte Produkte, die als Finanzinstrumente emittiert wurden, zu Beginn der Laufzeit in eine Eigenkapital- und eine Fremdkapitalkomponente aufzugliedern.

Für solche strukturierten Produkte, deren Fremdkapitalanteil zum Umstellungsstichtag nicht mehr ausstehend ist, kann nach IFRS 1.23

- das Eigenkapital in zwei Bestandteile zerlegt werden (Gewinnvortrag als kumulierte Zinsen auf das Fremdkapital und das eigentliche Eigenkapital), oder
- eine Unterteilung in diese zwei Bestandteile unterlassen werden.

1.5.6 Vermögenswerte und Verbindlichkeiten von Tochtergesellschaften, assoziierten Unternehmen und Gemeinschaftsunternehmen

Sofern einzelne Tochtergesellschaften, assoziierte Unternehmen oder Gemeinschaftsunternehmen ihren ersten Einzel- oder Teilkonzernabschluss zu einem abweichenden Stichtag als das ultimative Mutterunternehmen auf IFRS veröffentlichen, können die IFRS Werte aus dem Einzelabschluss korrigiert um die einschlägigen Konsolidierungsbuchungen sowie Effekte aus der Erstkonsolidierung nach IAS 22 beibehalten werden, sofern die IFRS Umstellung zeitlich derjenigen des ultimativen Mutterunternehmens vorgelagert ist (IFRS 1.25). Erfolgt die eigenständige IFRS Rechnungslegung mittels Veröffentlichung eines vollständigen IFRS Abschlusses durch Tochtergesellschaften, assoziierte Unternehmen oder Gemeinschaftsunternehmen indes zu einem späteren Zeitpunkt, können die nach IFRS 1 ermittelten Buchwerte gemäß Eröffnungsbilanzstichtag des ultimativen Mutterunternehmens beibehalten werden (IFRS 1.24)

Abbildung: Zeitliches Auseinanderfallen der Erstanwendung im Konzern

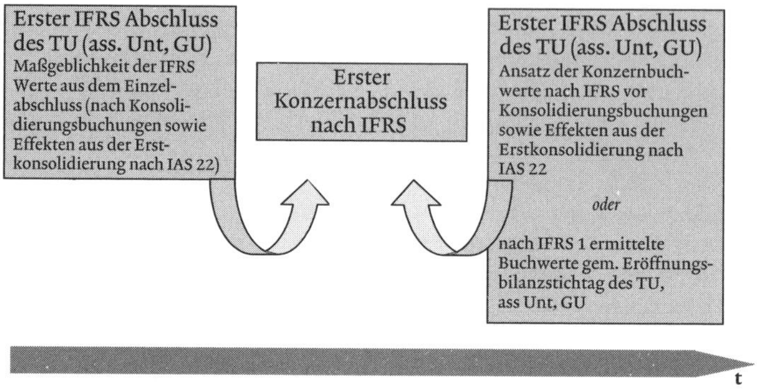

1.6 Fortentwicklung von IFRS 1

Im Laufe des Jahres 2003 sowie in 2004 wird das IASB das Normensystem weiterhin erheblich überarbeiten und ergänzen. Das IASB wird dabei auf einer Einzelfallbasis entscheiden, ob zukünftige bzw. überarbeitete IFRS von Erstanwendern prospektiv oder retrospektiv anzuwenden sind. Diese Änderungen werden automatisch Rückwirkungen auf den Übergang von HGB auf IFRS haben, da die am aktuellen Bilanzstichtag gültigen IFRS bei der erstmaligen Anwendung der Regelungen maßgeblich sind. Ein stabiles Normensystem wird erst 2005 in Kraft sein.

Die EU Kommission berät im Spätsommer 2003 erstmals über die Anerkennung einzelner Standards und Interpretationen. Dieser europarechtlich bedeutsame Anerkennungsprozess ist in der EU Verordnung ebenso vorgesehen wie die offizielle Übersetzung der IFRS und der bisherigen IAS in alle Amtssprachen der EU.

Bei der europaweiten Einführung der IFRS handelt es sich nicht um eine bloße Änderung der Rechnungslegungsgrundsätze, sondern um einen Meilenstein bei der Schaffung und Integration eines europäischen Finanzmarkts. Deshalb muss diese grundlegende Veränderung von der Unternehmensführung gelenkt werden, da sie sich auf das gesamte Unternehmen auswirkt – sowohl auf das interne als auch auf das externe Unternehmensumfeld. Neben den Mitarbeitern und Anteilseignern wird die Unternehmensleitung künftig gehalten sein, in der gemeinsamen Rechnungslegungssprache ›IFRS‹ ua mit Kreditgebern, Analysten, Geschäftspartnern, Journalisten sowohl über das Finanz- als auch Nichtfinanzumfeld zu kommunizieren.

1.7 Darstellung und Angaben

IFRS 1 formuliert besonders hohe Anforderungen an die Darstellung und Angaben im Zusammenhang mit der erstmaligen Anwendung von IFRS.

Ein Unternehmen muss die Auswirkungen der erstmaligen IFRS Anwendung auf die Vermögens-, Finanz- und Ertragslage mittels nachfolgender Darstellungen sowohl für die erste Zwölfmonatsberichtsperiode als auch im Rahmen von Zwischenabschlüssen angeben:

- Überleitung des Eigenkapitals nach HGB auf das Eigenkapital nach IFRS,
- Überleitung des Jahresergebnisses nach HGB auf das Jahresergebnis nach IFRS,
- für den Fall, dass das Unternehmen bei der Erstellung der Eröffnungsbilanz nach IFRS erstmalig Wertminderungen erfasst oder zurückgenommen hat, müssen die gem IAS 36 verpflichtenden

Angaben gemacht werden, wenn das Unternehmen diese Wertänderungen in dem Jahr beginnend mit dem Datum der Umstellung auf IFRS vorgenommen hätte.

Die Angabepflichten für die erste Zwölfmonatsperiodendarstellung nach IFRS können graphisch wie folgt zusammengefasst werden:

	01.01.04	31.12.04	31.12.05
Bilanz		×	×
Erfolgsrechnung		×	×
Eigenkapitalveränderungsrechnung		×	×
Kapitalflussrechnung		×	×
Überleitung des Eigenkapitals	×	×	
Überleitung des Jahreserfolgs		×	

Während IFRS 1.6 keine Veröffentlichung der Eröffnungsbilanz vorsieht, legt die Implementation Guidance dieselbe zumindestens nahe (IG 63 ff zu IFRS 1).

Die Angabepflichten für den ersten Quartalabschluss nach IFRS können graphisch wie folgt zusammengefasst werden:

	31.03.05	31.12.04	31.03.04	01.01.04
Bilanz	×	×		
Erfolgsrechnung	×		×	
Eigenkapitalveränderungsrechnung	×		×	
Kapitalflussrechnung	×		×	
Überleitung des Eigenkapitals		×	×	×
Überleitung des Jahreserfolgs		×	×	

Die EU Verordnung sieht die IFRS Rechnungslegung ab dem 1. Januar 2005 vor. Damit werden die praktischen Erfordernisse verdeutlicht, da zum Zeitpunkt der Veröffentlichung des ersten IFRS Quartalsabschlusses die Vorjahresvergleichswerte (hier: 2004) bereits ermittelt worden sein müssen. Weitere erhöhte Anforderungen an den ersten Quartalsabschluss nach IAS 34 stellen sich infolge eines fehlenden, vorangehenden Volljahresabschlusses nach IFRS, auf den insbes im Rahmen der ausgewählten, erläuternden Anhangangaben (IAS 34.15 ff) verwiesen werden kann. Inwieweit eine RH HFA 1.003 vergleichbare Regelung anzuwenden sein kann, bleibt dahin gestellt.

Enthält der Jahresabschluss nach IFRS Mehrjahresvergleiche, deren Inhalt zum Teil noch nach HGB ermittelt wurde, so muss das Unternehmen:

- die nach HGB ermittelten Informationen deutlich als nicht IFRS-konform hervorheben und
- die wesentlichen erforderlichen Anpassungen angeben, die für eine Bilanzierung nach IFRS erforderlich wären, ohne diese dabei zu quantifizieren.

1.8 Synoptische Darstellung der wesentlichen Änderungen von IFRS 1 im Vergleich zu ED 1

Im Gegensatz zum Entwurf des Standards (ED 1), der im Juli 2002 veröffentlicht wurde, sieht IFRS 1 eine Reihe von Neuerungen vor, die nachfolgend gegenübergestellt werden.

ED 1	IFRS 1
1. Darstellung von Vorjahresvergleichsperioden	
• Sofern der erste IFRS Abschluss mehr als eine Vorjahresperiode enthält, müssen auch die weiteren Vorjahresinformationen IFRS entsprechen	• Sofern der erste IFRS Abschluss mehr als eine Vorjahresvergleichsperiode enthält, müssen die weiteren Vorjahresinformationen IFRS nicht entsprechen – Eindeutiger Hinweis, dass HGB-Zahlen ausgewiesen werden – Qualitative Angabe wesentlicher Überleitungspositionen von HGB auf IFRS
2. Konzeption der retrospektiven Anwendung von IFRS	
• Zwei Varianten: – Retrospektive Anwendung der am Berichtsdatum des ersten IFRS-Abschlusses gültigen IFRS, verbunden mit wenigen expliziten Ausnahmen (vereinfachte Erstanwendung) – Anwendung der am jeweiligen Abschlussstichtag gültigen IFRS ohne Gewährung entsprechender Ausnahmen (SIC 8 – Ansatz)	• Eine Variante: – Retrospektive Anwendung der am Berichtsdatum des ersten IFRS-Abschlusses gültigen IFRS, verbunden mit wenigen expliziten optionalen und verpflichtenden Ausnahmen
3. Ausnahmen von der Grundkonzeption	
• Wenige explizite Ausnahmen • Anwendung aller Ausnahmen, sofern zutreffend • Beschränkung einzelner Ausnahmen bei »unverhältnismäßigen Kosten oder Aufwendungen« – als angemessenen definierte Anschaffungs-/Herstellungskosten bei Sachanlagen – als angemessen definierte Anschaffungskosten in Unternehmenszusammenschlüssen – Leistungen an Arbeitnehmer – Differenzen aus Fremdwährungsumrechnung im Konzern	• Sechs optionale Ausnahmen • Drei verpflichtende Ausnahmen • Aufgabe der Anwendungsvoraussetzung »unverhältnismäßige Kosten oder Aufwendungen« zur Nutzung der Ausnahmen

ED 1	IFRS 1

4. Unternehmenszusammenschlüsse

4.1. Rückwirkende Anwendung von IAS 22

ED 1	IFRS 1
• Unter der Vorgehensweise nach der vereinfachten Erstanwendung erfolgt keine rückwirkende Anwendung von IAS 22 auf frühere Unternehmenszusammenschlüsse*	• Wahlrecht zur Änderung früherer Unternehmenszusammenschlüsse*, damit diese IAS 22 entsprechen • Bei Nutzung des Wahlrechts zur retrospektiven Anwendung von IAS 22 sind alle nach diesem Datum erfolgten Unternehmenszusammenschlüsse ebenfalls gem IAS 22 abzubilden

* frühere Unternehmenszusammenschlüsse = Unternehmenszusammenschlüsse, die zeitlich vor der erstmaligen Anwendung von IFRS erfolgten

4.2. Gem HGB nicht angesetzte Vermögenswerte und Schulden

ED 1	IFRS 1
• Ansatz dieser Vermögenswerte und Schulden in der IFRS-Eröffnungsbilanz mit Null (*deemed cost*)	• Ansatz dieser Vermögenswerte und Schulden in der IFRS-Eröffnungsbilanz in Höhe des Betrags, den die IFRS im Einzelabschluss des Tochterunternehmens vor Erstkonsolidierung vorsehen (relevant insbesondere für Finanzierungsleasing)

4.3. Negativer Goodwill

ED 1	IFRS 1
• Kein Ansatz eines passivischen Unterschiedsbetrags aus der Erstkonsolidierung in der IFRS-Eröffnungsbilanz	• Keine explizite Regelung

4.4. Sonstiges

ED 1	IFRS 1
	• Klarstellungen ua zu Kaufpreisanpassungen, erworbenen FuE-Aktivitäten sowie Unterschiedsbeträgen, die nach HGB erfolgsneutral das Konzerneigenkapital gekürzt haben

5. Finanzinstrumente

5.1. Ausbuchung finanzieller Vermögenswerte und Schulden

ED 1	IFRS 1
• Ansatz aller gem HGB ausgebuchten finanziellen Vermögenswerte und Schulden, die die Abgangsvoraussetzungen gem IFRS nicht erfüllen	• Keine Korrektur der nach HGB vor dem 1. 1. 2001 ausgebuchten finanziellen Vermögenswerte und Schulden • Keine Ausnahmeregelungen hinsichtlich bereits bestehender SPE

ED 1	IFRS 1

5.2. Sicherungszusammenhänge (*hedge accounting*)

• ED 1 spiegelt die Übergangsvorschriften gem IAS 39 in der Fassung des Entwurfs des überarbeiteten IAS 39 zu Sicherungszusammenhängen wider	• Verbot der Abbildung von Sicherungszusammenhängen, die gem HGB zulässig sind, nicht jedoch die Voraussetzungen gem IAS 39 erfüllen • IFRS 1 enthält die Übergangsvorschriften gem IAS 39 in der aktuellen Fassung der IAS 39 zu Sicherungszusammenhängen

2 Regelungen zur erstmaligen Anwendung von US-GAAP im Überblick

APB 20.27 ff verlangt die vollständige retrospektive Umstellung von einem non-US-GAAP Normensystem auf US-GAAP ohne signifikante Erleichterungsvorschriften. Demnach müssen alle Vermögenswerte und Schulden bis zur erstmaligen Erfassung in der Bilanz zurückverfolgt und entsprechend der jeweilig zu dem Zeitpunkt gültigen Standards behandelt werden. Daneben sind die gesonderten Übergangsvorschriften zu beachten.

Einzig die SEC hat in Item 17 und 18 zu Form 20-F kleinere Erleichterungen beim Übergang von IAS auf US-GAAP zugelassen. Diese betreffen ua IAS 7 (Kapitalflussrechnung), IAS 21 (Fremdwährungsumrechnung) sowie ausgewählte Teile von IAS 22 (Unternehmenszusammenschlüssen). Die in Rede stehenden IAS entsprechen diesbzgl entweder den US-Vorschriften oder weisen im Einzelfall strengere Vorschriften auf, die infolgedessen als US-GAAP konform anzusehen sind.

3 Übergang auf internationale Rechnungslegungsstandards aus der Business Perspektive

Bei der europaweiten Einführung der IFRS* handelt es sich nicht um eine bloße Änderung der Rechnungslegungsgrundsätze, sondern um einen Meilenstein bei der Schaffung und Integration eines europäischen Finanzmarkts. Die EU Verordnung reflektiert in diesem Zusammenhang lediglich die allgemeinen Marktanforderungen. Deshalb muss diese grundlegende Veränderung von der Unternehmensführung gelenkt werden, da sie sich auf das gesamte Unternehmen auswirkt – sowohl auf das interne als auch auf das externe Unternehmensumfeld: ua Buchhaltung, Berichtswesen, Finanzkommunikation, interne Performance-Messung, Kreditverträge, Informationssysteme, Steuern, Aus- und Fortbildung und natürlich auf die Bewertung des Unternehmens. Neben den Mitarbeitern und Anteilseignern wird die Unternehmensleitung künftig gehalten sein, in der gemeinsamen Rechnungslegungssprache ›IFRS‹ ua mit Kreditgebern, Analysten, Geschäftspartner, Journalisten sowohl über das Finanz- als auch Nichtfinanzumfeld zu kommunizieren.

Hierzu muss sich die Unternehmensleitung bereits heute Gedanken machen und untersuchen, wie sich die IFRS auf ihre internen und externen Finanzdaten auswirken werden. Ein integrierter Umstellungsprozess kann sich bei größeren Umstellungen oftmals über einen Zeitraum von 18 Monaten erstrecken, während weniger komplexe Umstellungen zwischen 6 und 12 Monaten in Anspruch

* Wenngleich im Folgenden nur auf IFRS eingegangen wird, gelten die grundsätzlichen Ausführungen zu den Auswirkungen der Einführung internationaler Rechnungslegungsgrundsätze auf das Business ebenso für US-GAAP.

nehmen. Neben dem aktuellen Umstellungsjahr sind stets die Vorjahre einzubeziehen. Folglich darf die Unternehmensleitung keinesfalls dem Trugschluss aufsitzen, sich erst in ein oder zwei Jahren mit IFRS beschäftigen zu müssen.

Die Einführung von IFRS ist keine bloße Umsetzung geänderter gesetzlicher Anforderungen. Die Märkte fordern diese Informationen und die Einführung der IFRS ist mithin eine logische Konsequenz. Die einzige pragmatische Lösung zur Antizipierung der Informationsbedürfnisse und Reaktion auf die Anforderungen der Märkte lautet daher: mehr Informationen, und zwar transparenter, in kürzeren Zeitabständen und in einem schnelleren Datenzugriff.

Abbildung: Wachsendes Markterfordernis zu transparenteren Informationen

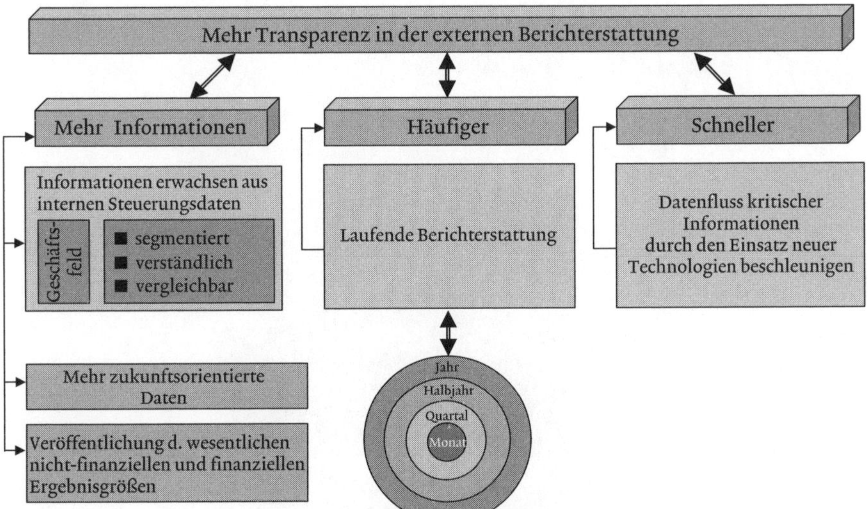

Die Umsetzung einer so komplexen Änderung hat wegen ihres multidisziplinären Charakters Auswirkungen auf die Wahrnehmung und Bewertung eines Unternehmens durch die Märkte. Folglich müssen sich die Unternehmen in die Lage versetzen, Nutzen aus der Schaffung des europäischen Markts ziehen zu können. Die Unternehmen wollen keine Vielzahl von Rechnungslegungssystemen. Solange steuerliche und einzelgesellschaftliche Rechnungslegungsanforderungen in Deutschland unberührt bleiben, bieten die IFRS gleichwohl für alle Unternehmen einen Anlass zur Angleichung des internen und externen Reportings auf Konzernebene, für einheitliche Performance-Indikatoren und auch einen Anlass zur Überprüfung von Gemeinkostenzuschlägen und anderen Pauschalierungen. Der Vorteil eines schnellen Zugriffs auf qualitativ hochwertigere Daten kann nur realisiert werden, sofern die Daten und Informationen nur ein einziges Mal zu verarbeiten sind, um sie anschließend sowohl für die Anforderungen des internen als auch des externen Berichtswesens zu verwenden.

Bei der Umstellung handelt es sich nicht allein um eine Frage der Technik. Sie räumt dem Management die Chance ein, die Einschätzung und Beurteilung des Unternehmens durch Investoren, andere Interessengruppen und Wettbewerber von Grund auf zu ändern. Die IFRS werden sich auf alle wichtigen Entscheidungen eines Unternehmens auswirken; daher muss das Management antizipieren können, wie das Unternehmen anschließend durch den Markt beurteilt wird.

Die IFRS-Umstellung gibt Unternehmen die Chance

- das interne Berichtssystem so einzurichten, dass das Rechnungswesen und die Erstellung von Jahresabschlüssen nach den neuen Vorschriften reibungslos funktionieren und wichtige interne Informationen zur Unternehmenssteuerung generiert werden,
- die Maßstäbe für die Bewertung der Gesamtunternehmensleistung sowie der Führungskräfte insbesondere im Hinblick auf die Steigerung des Shareholder Value zu verbessern,
- die Kommunikation der Ertrags- und der Finanzlage und weiterer Performance-Indikatoren des Unternehmens gegenüber Analysten, Investoren und anderen Interessengruppen zu verbessern,

- das Unternehmen mit anderen globalen Wettbewerbern zu vergleichen, über regionale und Ländergrenzen zu schauen und dadurch ein umfassenderes und tiefergehendes Verständnis der Stellung des Unternehmens im Markt zu erlangen,
- die Kapitalkosten zu senken.

Abbildung: Einflusssphären

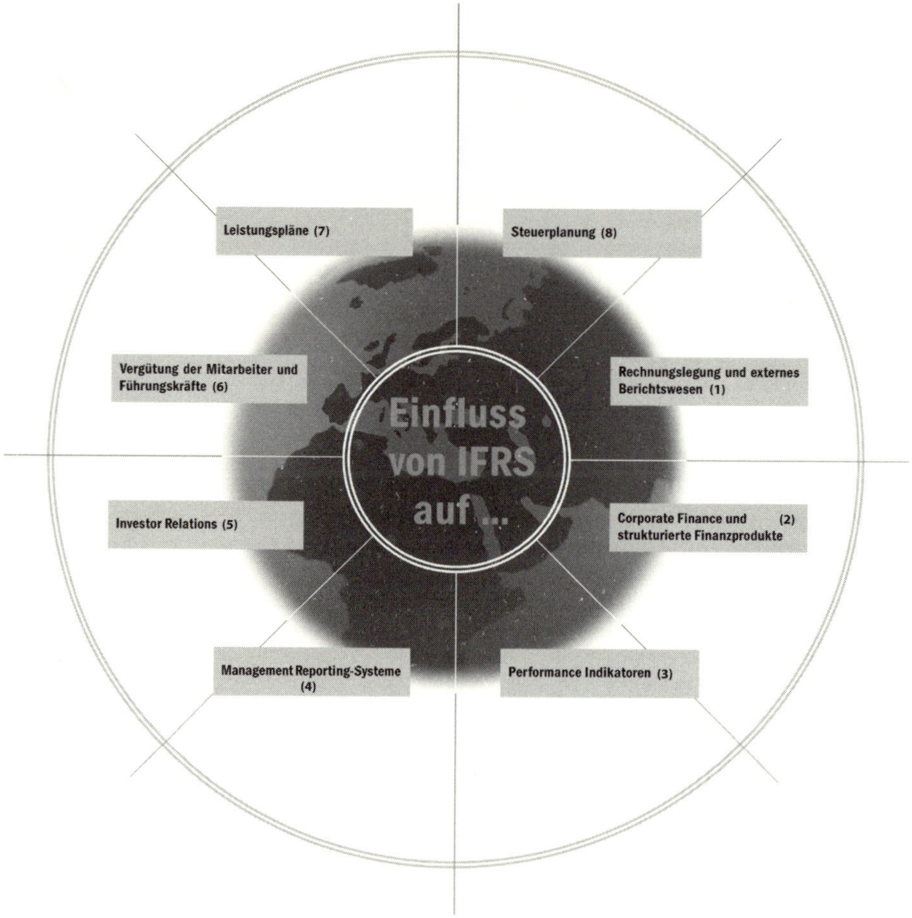

Die IFRS Einführung hat organisatorische, personelle, kommunikative, rechtliche und andere Auswirkungen und stellt dabei nicht nur eine reine Änderung des Zahlenwerks durch neue Bilanzierungs- und Bewertungsmethoden dar. Vielmehr ist die Umstellung ein multidisziplinäres Projekt mit Konsequenzen für alle wesentlichen internen und externen Unternehmensbereiche. Daher bildet das Financial Reporting zwar den Nukleus und einen Hauptbereich im Rahmen des Übergangs auf IFRS, der weitreichende Änderungen bei der Jahresabschlusserstellung mit sich bringt.

Der Einfluss der IFRS auf einzelne Unternehmensbereiche wird im Folgenden kurz dargestellt:

(1) Rechnungslegung und externes Berichtswesen

Die IFRS-Einführung wird weitreichende Änderungen bei der Jahresabschlusserstellung mit sich bringen. Hiervon können Ansatz, Bewertung oder Angabepflichten – häufig aber auch alle drei – betroffen sein. Umfassende Änderungen werden insbesondere in den folgenden Bereichen eintreten:

- Die Segmentberichterstattung ist wesentlich umfangreicher und muss ua Angaben zu Umsätzen, Gewinnen und Vermögen je Segment enthalten.
- Bisherige Absicherungsstrategien werden aufgrund der Regelungen von IAS 39 möglicherweise unwirksam. Zudem verlangt IAS 39, dass derivative und andere Finanzinstrumente zum beizulegenden Zeitwert zu bewerten sind. Dies führt zu einer höheren Volatilität der Erträge.
- Die Konsolidierungsvorschriften sehen vor, dass einige zuvor nicht konsolidierungspflichtige Beteiligungen nun in den Konsolidierungskreis aufgenommen werden müssen.
- Die Möglichkeit zur Bilanzierung von Unternehmenszusammenschlüssen nach der Interessenzusammenführungsmethode wird erheblich eingeschränkt, möglicherweise sogar untersagt. Vermögenswerte und Schulden aus den meisten Unternehmenszusammenschlüssen werden zum beizulegenden Zeitwert bewertet. Der dabei entstehende Geschäfts- oder Firmenwert wird nach den derzeitigen Vorschriften ergebniswirksam abgeschrieben.
- Die Kriterien für den Ansatz immaterieller Vermögenswerte, insbesondere der selbsterstellten, unterscheiden sich vom HGB; Unternehmen müssen einen Ansatz für die Folgebewertung auswählen.
- Latente Steuern sind für Ansatz- und/oder Bewertungsunterschiede zwischen Buchwerten und den korrespondierenden Steuerwerten abzugrenzen (»balance sheet approach«). Diese Methode weicht von der üblichen Vorgehensweise gemäß HGB ab.
- Einzelne IFRS-Regelungen können sich besonders auf bestimmte Branchen auswirken. Dies betrifft zB die Positionen Verbindlichkeiten aus Versicherungsverträgen und langfristige Fertigungsaufträge.

(2) **Corporate Finance und strukturierte Finanzprodukte**
- Bei geplanten, neuen Kapitalmarkttransaktionen werden Unternehmen bereits heute von Investmentbanken und Risikokapitalgebern aufgefordert, IFRS-Zahlen vorzulegen.
- Die bessere Transparenz und Vergleichbarkeit für Investoren kann sich in günstigeren Zinssätzen widerspiegeln und die Attraktivität für Investoren erhöhen. Um von diesen Chancen profitieren zu können, müssen Unternehmen erklären können, warum sich die Ergebnisse nach IFRS mitunter weniger vorteilhaft als nach der bisherigen Rechnungslegung darstellen.
- Falls aus der Umstellung auf IFRS auch eine Restrukturierung von einzelnen Geschäftsbereichen resultiert, kann es im Einzelfall erforderlich sein, zumindest einige der bestehenden Finanzierungsvereinbarungen zu überprüfen und diese gegebenenfalls neuzufassen.
- Unternehmen, die einen größeren Unternehmensbereich ausgliedern möchten, werden möglicherweise während der Due Diligence von dem potenziellen Erwerber aufgefordert, Jahresabschlüsse vorzulegen, die IFRS-konform sind.
- Beizulegende Zeitwerte und Bewertungsmodelle werden unter den IFRS an Bedeutung gewinnen. Hierzu zählen bspw die Bewertung materieller und immaterieller Vermögenswerte bei Unternehmenszusammenschlüssen, die Durchführung von Wertminderungstests und die Bewertung aktienbasierter Mitarbeitervergütungen.
- Unternehmen, die strukturierte Finanzprodukte einsetzen oder verkaufen, müssen sicherstellen, dass die Auswirkungen der IFRS-Umstellung auf die Rechnungslegung und das Berichtswesen sowohl für bestehende als auch für neue Produkte, deren Verwendung oder Verkauf geplant ist, berücksichtigt werden.

(3) **Performance-Indikatoren**
- Das Management muss verstehen, inwieweit sich die Einschätzung der Unternehmens-Performance sowohl intern als auch durch den Markt aufgrund der Anwendung von IFRS verändert und eine Kommunikationsstrategie gegenüber den Anteilseignern sowie anderen Adressaten festlegen.
- Nach IFRS erfolgt die Bewertung häufig zu Zeitwerten; zudem werden bislang bestehende Geschäftspraktiken wie beispielsweise die Bilanzierung von Sicherungsgeschäften möglicherweise nur noch eingeschränkt eingesetzt werden können. Aus diesen Gründen können die ausgewiesenen Gewinne von dem vom Markt wahrgenommenen Geschäftserfolg erheblich abweichen. Die Bewertungsmaßstäbe, anhand derer die Gesamtunternehmensleistung sowie der Führungskräfte gemessen werden, müssen deshalb überprüft werden.

(4) Management-Reporting-Systeme

- Rechnungslegungs- und Berichtssysteme müssen in der Lage sein, aussagekräftige und einheitliche Daten zur Erstellung von Abschlussinformationen zu generieren. Die Systeme müssen darüber hinaus in der Lage sein, neue Informationen für die erforderlichen Angaben, zB Segmentinformationen, Zeitwerte von Finanzinstrumenten und Leistungen an Arbeitnehmer, bereit zu stellen. Zugleich wird die Notwendigkeit zur Bereitstellung von Abschlussdaten für die Zwecke des Einzelabschlusses – im In- und Ausland – voraussichtlich vorerst bestehen bleiben. Daher müssen die Rechnungslegungs- und Berichtssysteme ebenfalls in der Lage sein, weiterhin die local GAAP Daten bereitzustellen. Dieses bezieht teilweise auch die Pflichtformate in einzelnen Ländern ein. So ist ua in Italien und Frankreich eine Darstellung der Erfolgsrechnung nach dem Format des Umsatzkostenverfahrens für Zwecke des Einzelabschlusses nicht zulässig.
- Werden Rechnungslegungs- und Berichtssysteme modifiziert und weiter entwickelt, um IFRS-konforme Informationen zu generieren, sollten Unternehmen die Sicherheit ihrer IT-Systeme verbessern, um das Risiko von Geschäftsunterbrechungen zu minimieren und insbesondere betrügerische Handlungen, Cyber-Terrorismus und Datenverfälschungen zu verhindern.

(5) Investor Relations

- Nachdem die Umstellung auf IFRS erfolgt ist, werden Unternehmen wahrscheinlich feststellen, dass viele ihrer Stakeholder das Unternehmen in einem ganz anderen Licht sehen. Unternehmen sehen sich der Herausforderung gegenüber, Investoren zu finden und an sich zu binden, wenn sie sich bei Investitionsentscheidungen auf Daten stützen, die zum ersten Mal über die Landesgrenzen hinweg mit Daten anderer Unternehmen vergleichbar sind.
- Zum ersten Mal werden Informationen nach Segmenten veröffentlicht; deshalb spielen die Ergebnisse der einzelnen Segmente eine größere Rolle. Das Management muss in der Lage sein, seine strategischen Pläne, die Gründe für die Unterschiede zwischen der früheren und der jetzigen Unternehmensleistung und die Auswirkungen auf die wichtigsten Kennzahlen und Performance-Indikatoren überzeugend zu erläutern.
- Unternehmen sollte auch bewußt sein, dass sie eine Überleitung zwischen der Gewinn- und Verlustrechnung des Vorjahres und der angepassten Gewinn- und Verlustrechnung nach IFRS erstellen und veröffentlichen müssen. Eine frühzeitige Auseinandersetzung mit diesem Thema versetzt das Management in die Lage, Unterschiede in der Rechnungslegung im Voraus zu erkennen und diese mit Analysten und anderen Jahresabschlussadressaten zu diskutieren.

(6) Vergütung der Mitarbeiter und Führungskräfte

- Die Höhe der Vergütung, die im Rahmen von zielabhängigen Vergütungssystemen für Führungskräfte und Mitarbeiter bestimmt wird, kann nach IFRS anders ausfallen, da das Geschäftsergebnis des Unternehmens erheblich von dem bisherigen Geschäftsergebnis abweicht. Möglicherweise müssen die Vergütungspläne in größerem Umfang modifiziert werden, um die Leistung für den Erfolg des Unternehmens nach den neuen Bilanzierungsvorschriften entsprechend zu honorieren.
- Die Angaben zu aktienbasierten Vergütungen weisen nach IFRS einen höheren Detaillierungsgrad auf und werden so Investoren, Kunden, Betriebsräten und anderen Interessengruppen zugänglich gemacht. Dies bedeutet einen Eingriff in die Privatsphäre der betroffenen Personen. Darüber hinaus werden Vorschläge zur Änderung der Bestimmungen diskutiert, die vorsehen, dass diese Vergütungspläne aufwandswirksam zu erfassen sind.

(7) Leistungspläne

- Pensionen und Leistungen nach Beendigung des Arbeitsverhältnisses und Verbindlichkeiten aus diesen Leistungen werden anders als nach den bisher geltenden Rechnungslegungsvorschriften berechnet. Verbindlichkeiten, die zuvor nicht ausgewiesen wurden, müssen nun erfasst werden. Auf eine etwaige Unterdotierung der Leistungen muss in den Anhangerläuterungen hingewiesen werden.
- Die IFRS stellen sämtliche Bestandteile des Pensionsaufwands und des Aufwands für Altersversorgung in den Mittelpunkt der Betrachtung. In vielen Unternehmen wird es im Hinblick darauf, wie mit solchen Vereinbarungen zukünftig umgegangen werden soll, erheblichen Diskussionsbedarf geben.

(8) **Steuerplanung**

- Die gründliche Überprüfung der bestehenden Steuerplanungsstrategien ist von besonderer Bedeutung, da festgestellt werden muss, inwieweit diese Strategien mit den durch die IFRS-Umstellung erfolgten Änderungen im Unternehmen harmonieren.
- Die steuerlichen Auswirkungen der IFRS-Umstellung auf den Jahresabschluss – ebenso wie Steuerrisiken und (aufsichts-)rechtliche Aspekte – sollten im Hinblick auf jegliche Art von Unternehmenszusammenschlüssen, strukturierten Finanzprodukten oder anderen größeren Geschäftsinitiativen untersucht werden.

Insgesamt erfordert die Umstellung auf IFRS eine Vorgehensweise entsprechend einer konsistenten und umfassenden Umstellungsmethodologie. Dabei sind insbes an das Projektmanagement besonders erhöhte Anforderungen zu stellen. Nachfolgendes Schaubild zeigt zusammenfassend einen typisierten Zeitplan einer IFRS Einführung auf.

Abbildung: Typisierter Zeitplan einer IFRS Einführung

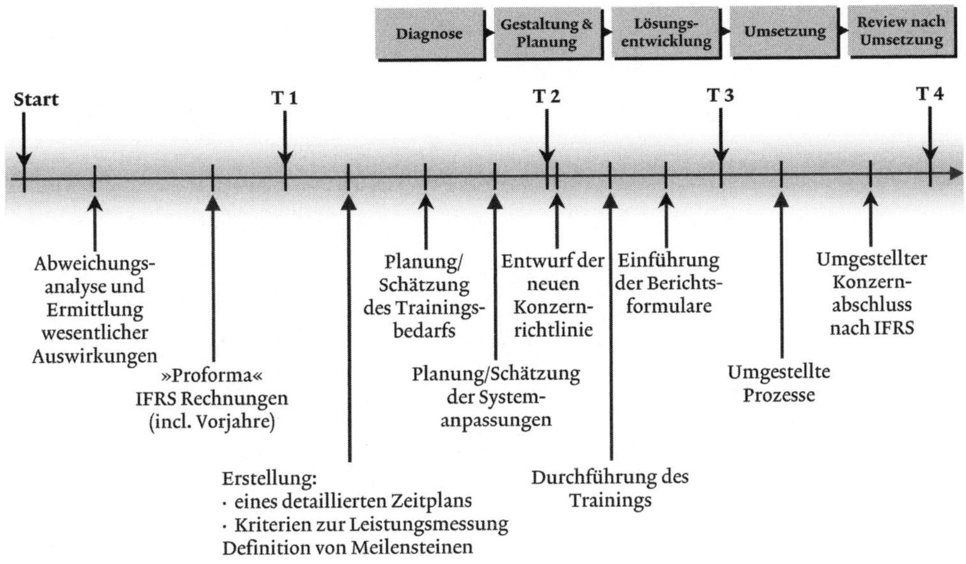

Die Einführung von IFRS ist eine Herausforderung für das gesamte Unternehmen. Sie ist nicht nur ein Projekt. Sie steht für eine grundlegende Veränderung.

Kapitel 3: Bilanzierungs- und Bewertungsgrundsätze

Kriterium	US-GAAP

Rahmenbedingungen

Kriterium	US-GAAP
Standard Setting Bodies	In den USA wird die Normierung iW durch den private sector wahrgenommen. Neben der US- Wertpapier- und Börsenaufsichtsbehörde (SEC) sind folgende privatrechtliche Normierungsgremien aktiv: • FASB, • EITF (des FASB), • AICPA. Das CAP und das APB wurden 1959 bzw 1973 aufgelöst.
Vorschriften und Verlautbarungen	Die US-Vorschriften sind in Vorschriften für börsennotierte und nicht börsennotierte Unternehmen einerseits sowie Normen für Unternehmen und öffentliche sowie gemeinnützige Einrichtungen andererseits zu differenzieren. Die wesentlichen Vorschriften für Unternehmen sind in • SFAS, • APB Opinions, • ARB, • Konsenspositionen der EITF sowie • SOP des AICPA geregelt. Des Weiteren haben alle Normierungsgremien Interpretationen, das FASB darüber hinaus Technical Bulletins sowie Implementation Guidelines erlassen. Unternehmen mit SEC-registrierten Wertpapieren (im folgenden SEC-berichtspflichtige Unternehmen) haben zudem ua die Vorschriften der • Regulation S-X (Accounting Regulation), • Regulation S-K (Disclosure Regulation), • Releases der SEC sowie • Staff Accounting Bulletins zu beachten. Sämtliche SEC–Verlautbarungen setzen die Vorschriften der US-Wertpapiergesetze um, zu deren wesentlichen der • Securities Act (1933) und der • Securities Exchange Act (1934) zählen. Um die Anwendung zu operationalisieren, hat die SEC im Rahmen des Integrated Disclosure System Forms (ua Form 10-K, 10-Q, 20-F) verabschiedet, die die Einzelvorschriften getrennt für US- und Auslandsgesellschaften sowie entspr den Anforderungen (Primär- vs Sekundärhandel sowie Jahresrechnung vs Quartalsrechnung und ad hoc Berichterstattung) aufführen. Die SEC nimmt ua mittels Rules, Regulations, Releases, Forms sowie den SAB Legislativfunktionen wahr und

IAS/IFRS	HGB
Sämtliche Verlautbarungen (Standards und Interpretationen) des IASB bedürfen der Verabschiedung bzw Genehmigung durch das Board des IASB, das somit als Normierungsgremium dient. IRd Anerkennung der IASB-Standards durch die EU-Verordnung zur Anwendung der IAS/IFRS ab 2005 ist zudem ein Anerkennungsverfahren durch die EU-Kommission vorgesehen (»endorsement«), das von einem politischen Ausschuss (»Regelungsausschuss«) unterstützt wird.	Handelsrechtliche Vorschriften bedürfen der gesetzlichen Fixierung bzw der richterlichen Auslegung. Somit fungieren der Gesetzgeber sowie die höchstrichterliche Rechtsprechung des BGH und des BFH durch Normierung mittels Rechtssätzen als Standard Setter. Das DRSC hat sich zwischenzeitlich als eigenständiges Normierungsgremium etablieren können. Gleichwohl sind seine materiellen Aufgaben iW auf die Interpretation bestehender GoB für die Zwecke der Konzernrechnungslegung beschränkt. Mit der Bekanntmachung (§ 342 Abs 2 HGB) eines DRS durch das BMJ soll bei Anwendung des Standards die Beachtung der die Konzernrechnungslegung betr GoB vermutet werden.
Die wesentlichen Vorschriften sind in • IAS/IFRS sowie • SIC/IFRIC–Interpretationen geregelt. Das IASC hat • ein Framework for the Preparation and Presentation sowie • ein Preface zu den IAS verlautbart, das inzwischen vom IASB übernommen wurde. In Einzelfällen wurden Hintergrundmaterialien sowie Anwendungsleitlinien zu einzelnen IAS veröffentlicht.	Vorbehaltlich rechtsform- und größenspezifischer Vorschriften in anderen Gesetzen (ua AktG, GmbHG, PublG, GenG, VAG etc) sind sämtliche handelsrechtlichen Vorschriften im HGB niedergelegt. Neben den gesetzlichen Vorschriften kommt der höchstrichterlichen Rechtsprechung eine erhebliche Bedeutung zu. Aufgrund des Prinzips der → *Maßgeblichkeit* und seiner Umkehrung kommen auch rein steuerliche Vorschriften handelsrechtlich zur Anwendung..

Kriterium	US-GAAP
Vorschriften und Verlautbarungen (Forts)	ergänzt die vom private sector verabschiedeten Rechnungslegungsnormen. Den Verlautbarungen des FASB sowie seiner Vorgängergremien kommt der substantial authoritative support der SEC zu (ASR 280).
Hierarchy of GAAP	AU Sec 411 (vormals SAS 69) unterscheidet vier Kategorien von GAAP, die sowohl die offiziell verlautbarten als auch die dem allgemeinen Handelsbrauch entspr (non-promulgated) beinhalten. Dabei kommt den GAAP der Kategorie A die höchste, denen der Kategorie D entspr die niedrigste Bindungswirkung zu (House of GAAP): Kategorie A: • SFAS und FIN des FASB, • Opinions des APB, • ARB des CAP. Kategorie B: • Technical Bulletin soweit vom FASB genehmigt, • Industry Audit and Accounting Guides des AICPA, • SOP des AICPA. Kategorie C: • Practice Bulletins des AcSEC soweit vom FASB genehmigt, • Konsenspositionen der EITF. Kategorie D: • Rechnungslegungsinterpretationen und Implementation Guidelines des AICPA, soweit von den Mitarbeitern des FASB veröffentlicht, • Implementation Guidelines des FASB, • FAS 3 Staff Positions • allgemein anerkannte und vorherrschende Grundsätze allgemeiner oder branchenspezifischer Natur. Nicht in die Kategorie D fällt die Other Accounting Literature (CON, AICPA Issue Paper, IAS, GASB Statements, Interpretations und Technical Bulletins, sonstige offiziell verlautbarte Stellungnahmen, AICPA Technical Practice Aid, Lehrbücher, Handbücher sowie Fachaufsätze), die im Ausnahmefall fehlender Rechnungslegungsgrundsätze zu Rate gezogen werden können (AU Sec 411.16). Im Rahmen der Neuausrichtung der Normierungsgremien besteht die Aufgabe des AcSEC künftig vor allem darin, branchenspezifische Regelungen zu entwickeln.
Geltungsbereich	SEC-berichtspflichtige Unternehmen müssen verpflichtend die US-GAAP anwenden. Diese Anforderung trifft auf US-Gesellschaften und Auslandsunternehmen gleichermaßen zu. Dies gilt auch größtenteils für die Neuerungen, die sich aus dem Sarbanes-Oxley Act ergeben. Die US-GAAP sind ferner verbindlich, soweit das bundesstaatliche Gesellschaftsrecht – in Ausnahmefällen – die Erstellung und Hinterlegung von Abschlüssen verlangt. US-GAAP kommen regelmäßig freiwillig für

IAS/IFRS	**HGB**
Das Normensystem des IASB kennt prinzipiell keine voneinander abweichenden Hierarchieebenen. Die SIC/ IFRIC interpretieren Sachverhalte primär im Rahmen bestehender IAS/IFRS eigenständig, ohne neue Sachverhalte zu normieren. Ein Abschluss darf jedoch nur als mit den IAS/IFRS übereinstimmend bezeichnet werden, wenn er allen Anforderungen der einzelnen Standards und der einzelnen Interpretationen genügt (IAS 1.11). In sehr seltenen Ausnahmefällen sind Abweichungen von bestimmten Standards möglich, falls kein den tatsächlichen Verhältnissen entsprechendes Bild der Vermögens-, Finanz- und Ertragslage vermittelt werden kann (IAS 1.13 → *Grundsatz der getreuen Darstellung*). Diese Ausnahmeregelung ist äußerst restriktiv anzuwenden. Das Framework ist explizit nicht als Standard verankert worden. Es konstituiert eine konzeptionelle Grundlage für die IAS/IFRS und ist heranzuziehen, wenn für ein bestimmtes Rechnungslegungsproblem entweder kein Standard existiert oder ein solcher keine eindeutige Aussage zulässt. Im Fall von Aussagekollisionen geht ein IAS/IFRS dem Framework vor. Ggf sind auch die Ausführungen anderer Standardsetter heranzuziehen (IAS 1.22(c)).	Grundsätzlich sind die gesetzlichen Einzelvorschriften zu beachten. Hierzu gehören die kodifizierten GoB (z.B. §§ 243 Abs 2, 252 Abs 1 Nr 1–6 HGB). Darüber hinaus sind die nicht-kodifizierten GoB zu beachten (§§ 243 Abs 1, § 264 Abs 2 Satz 1, § 297 Abs 2 Satz 2 HGB). Die Bindungswirkung der DRS des DRSC ist – auch nach der Bekanntmachung der ersten DRS durch das BMJ – strittig. Gesellschaften haben jedoch Abweichungen von den DRS anzugeben bzw ihre Abschlussprüfer haben im Prüfungsbericht auf Abweichungen einzugehen: • Soweit ein DRS unbestimmte Rechtsbegriffe oder ungeregelte Rechnungslegungsbereiche ausfüllt oder Meinungsunterschiede in der Literatur entscheidet, führt dessen Nichtbeachtung zu Einwendungen im Bestätigungsvermerk. • Sofern ein gesetzliches Wahlrecht abweichend von einem DRS ausgeübt wird, begründet dies keine Einwendung im Bestätigungsvermerk. In solchen Fällen hat ein Hinweis im Prüfungsbericht zu erfolgen (IDW EPS 450.113). Infolge der knappen gesetzlichen Anforderungen sowie ihrer höchstrichterlichen Auslegung hat sich in Deutschland – anders als in den USA sowie im Anwendungsbereich der IAS / IFRS – eine breite Sekundärliteratur, insbes in Form von handels-, gesellschafts- und steuerrechtlichen Kommentaren, herausgebildet. Den Verlautbarungen des HFA (sowie anderer Ausschüsse) des IDW kommt in der Praxis die Stellung von GoB zu. Weicht der Rechnungslegende von den Verlautbarungen ab, so wird der Abschlussprüfer idR darüber zu berichten haben. Somit sind die Verlautbarungen des IDW formal nur vom Abschlussprüfer, faktisch indes auch von den Unternehmen anzuwenden. Verschiedene Verbände, darunter der BDI, der DIHT, die GEFIU sowie die Schmalenbach-Gesellschaft äußern sich in unregelmäßigen Abständen zu handelsrechtlichen Fragestellungen und wirken somit an der Entwicklung neuer GoB oder der Interpretation bestehender GoB mit.
Soweit die IAS/IFRS nicht in nationales Recht transformiert wurden oder anstelle des nationalen Rechts gelten bzw einzelne Börsenordnungen die Anwendung erfordern, kommen sie auf rein freiwilliger Basis zur Anwendung. IAS/IFRS werden derzeit genutzt • als Grundlage für die nationalen Rechnungslegungsbestimmungen, • als internationaler Orientierungsrahmen bei der Entwicklung nationaler Vorschriften,	Sämtliche Kaufleute sind verpflichtet, nach den Vorschriften des Dritten Buches des HGB Handelsbücher zu führen und in diesen ihre Handelsgeschäfte und die Vermögenslage nach den GoB ersichtlich zu machen (§ 238 HGB). Das HGB differenziert zwischen • allgemeinen Vorschriften für sämtliche Kaufleute (§§ 238–263 HGB), • ergänzenden Vorschriften für KapGes sowie Personenhandelsgesellschaften, bei denen unmittelbar oder mittelbar keine natürliche Person persönlich haftender

Kriterium	US-GAAP
Geltungsbereich (Forts)	nicht börsennotierte Unternehmen zur Anwendung.
Zielgruppe sowie allgemeine Zielsetzung der Rechnungslegung	Die Zielsetzung der Rechnungslegung besteht in der Information gegenwärtiger und potentieller Investoren, Kreditoren und anderer Adressaten, um ihnen eine Grundlage zur Fassung von Investitions-, Kreditvergabe- und ähnlicher Entscheidungen zu liefern (CON 1.34 ff). Indes wird gegenwärtigen und künftigen Anteilseignern und Kreditgebern ein umfassendes und repräsentatives Informationsinteresse beigemessen (CON 1.34ff)
Einfluss des Steuerrechts auf handelsrechtliche Vorschriften (Maßgeblichkeit)	Es besteht eine strenge Trennung von ›handelsrechtlicher‹ Rechnungslegung und steuerlicher Gewinnermittlung. Da diese völlig abweichenden Zielsetzungen dienen, sind beide Rechenwerke komplett voneinander abgekoppelt. Im Ausnahmefall der steuerlichen Anwendung des LIFO → *Verbrauchsfolgeverfahren* existiert eine (partielle) umgekehrte Maßgeblichkeit (sog LIFO Conformity Rule).

IAS/IFRS	HGB
• von Börsen, Aufsichtsorganen und vergleichbaren Behörden, soweit IAS/IFRS anerkannt werden, • von länderübergreifenden Organen, • von Unternehmen. Die IOSCO empfiehlt ihren Mitgliedern die Anerkennung der IAS/IFRS. Die IOSCO Resolution zur Unterstützung der IAS/IFRS sieht indes auch weitreichende Möglichkeiten von zusätzlichen Anforderungen seitens ihrer Mitglieder vor. Die Europäische Kommission hat zudem durch die EU-Verordnung zur Anwendung der IAS/IFRS beschlossen, dass die EU-Mitgliedstaaten Kapitalgesellschaften mit börsennotierten Eigen- oder Fremdkapitaltiteln einen Konzernabschluss nach IAS/IFRS ab 2005 (in Ausnahmefällen 2007) verpflichtend vorschreiben. Die Übernahme dieser Verpflichtung für andere Konzern- oder für Einzelabschlüsse bleibt Mitgliedstaatenwahlrecht.	Gesellschafter ist (im folgenden: sowie PHG iSd § 264 a HGB) • für den Einzelabschluss (§§ 264–289 HGB), • für den Konzernabschluss (§§ 290–315 HGB), • ergänzenden Vorschriften für eingetragene Genossenschaften (§§ 336–339 HGB), • ergänzenden Vorschriften für Kredit- und Finanzdienstleistungsinstitute (§§ 340–340a HGB), • ergänzenden Vorschriften für Versicherungsunternehmen und Pensionsfonds (§§ 341–341p HGB). Die PHG iSd § 264a HGB sind für die Zwecke der Rechnungslegung, Prüfung und Offenlegung der KapGes gleichgestellt.
Zweck eines IAS/IFRS Abschlusses ist es »Informationen über die Vermögens- und Finanzlage, die Ertragskraft und die Cashflows eines Unternehmens bereitzustellen, die für die breite Palette der Adressaten nützlich sind, um wirtschaftliche Entscheidungen zu treffen.« (IAS 1.5) Der Abschluss wendet sich an folgende derzeitige und potentielle Adressaten (F.9): Investoren; Arbeitnehmer; Kreditgeber; Lieferanten und andere Gläubiger; Kunden; Regierungen und ihre Institutionen und die Öffentlichkeit. Indes wird gegenwärtigen und künftigen Investoren ein umfassendes und repräsentatives Informationsinteresse beigemessen, da sie dem Unternehmen Risikokapital zur Verfügung stellen. Die Entscheidungsnützlichkeit von Informationen wird primär nach den Informationsinteressen der Investoren beurteilt (vgl. F.10).	Das HGB stellt keine singuläre Adressatengruppe in den Mittelpunkt, vielmehr wird versucht, einen Interessenausgleich zwischen den verschiedenen Gruppen zu erreichen. Aus der Dominanz des Vorsichtsprinzips im Rahmen der GoB sowie der Funktionen der einzelgesellschaftsrechtlichen Rechnungslegung im Rahmen der Besteuerung und der Ausschüttungsbemessung sind die handelsrechtlichen Vorschriften eher von den Ermittlungen des unbedenklich ausschüttungsfähigen Gewinns getragen. Gläubiger(-schutz)interessen werden mithin im Zweifel höher gewichtet als reine Eignerinteressen. Da dem Konzernergebnis weder eine Steuer- noch eine Ausschüttungsbemessungsfunktion zukommt, dient dieser allein der Informationsvermittlung.
Die IAS/IFRS sind völlig losgelöst von (nationalen) steuerlichen Vorschriften anzuwenden. Daher ist eine Übernahme rein steuerrechtlich beeinflusster Werte in einen Abschluss gem IAS/IFRS grds ausgeschlossen.	Für den Einzelabschluss gilt neben der Maßgeblichkeit der handelsrechtlichen Rechnungslegung für die steuerliche Gewinnermittlung in vielen Fällen die sog umgekehrte Maßgeblichkeit. Die Option zur Übernahme rein steuerlich motivierter erhöhter Absetzungen und → *steuerliche Mehrabschreibungen* (§ 254 HGB) sowie der Ausweis eines→ *Sonderpostens mit Rücklageanteil* (§§ 247 Abs 3, 279, 281 HGB) zeugen ebenso von dieser Verknüpfung, wie die – früher zulässige – Unterlassung von Zuschreibungen bei → *Wertaufholungen* (§ 280 Abs 2 HGB). Im Konzernabschluss, dem nicht die Funktion der Bemessungsgrundlage für die Besteuerung zukommt, dürfen rein steuerlich motivierte Wertansätze nicht beibehalten werden. Aufgrund steuerrechtlicher Maßnahmen zur »Verbreiterung« der Bemessungsgrundlage (insb. Einschränkung der Rückstellungsbildung für drohende Verluste, Jubiläen, Altersteilzeit, Abzinsung langfristiger Schulden etc) wurde das Prinzip der Maßgeblichkeit in den letzten Jahren allerdings zunehmend aufgelöst.

Kriterium	US-GAAP
Maßgeblichkeit für die Ausschüttungsbemessung	Weder dem Einzel- noch dem Konzernabschluss kommt formal eine Ausschüttungsbemessungsfunktion zu.
Verhältnis von Einzel- und Konzernabschluss (Ersetzungsfunktion vs Ergänzungsfunktion)	Allein der Konzernabschluss liefert den Abschlussadressaten entscheidungsnützliche Informationen. Soweit nicht privatrechtliche Vereinbarungen oder im Ausnahmefall bundesstaatliche Vorschriften eine Erstellung verlangen, ersetzt der Konzernabschluss den Einzelabschluss.

Abschlussbestandteile (Rechnungslegungsinstrumente)

Jahresabschluss	Ein sog vollständiger Abschluss (full set of financial statements) setzt sich aus folgenden Abschlussbestandteilen zusammen (CON 5.13): • Bilanz, • GuV, • Kapitalflussrechnung, • Gesamtleistung (Statement of Comprehensive Income), • Eigenkapitalveränderungsrechnung, • Ergänzende Anhangerläuterungen sowie -rechnungen. Unternehmen mit börsennotierten Wertpapieren sowie Unternehmen im Zulassungsprozess haben darüber hinaus • die Kennzahlen Ergebnis je Aktie sowie • eine Segmentberichterstattung offenzulegen. SEC-berichtspflichtige Unternehmen sind ua • zu weiteren Detailangaben innerhalb der Anhangerläuterungen, • zu einer Management's Discussion and Analysis of Financial Condition and Results of Operations, • zur Angabe ausgewählter Finanzdaten der letzten fünf Jahre, • zur Angabe von Höchst- und Tiefstkursen der emittierten Wertpapiere verpflichtet.
Sonstige Rechnungslegungsinstrumente – Lagebericht – Anlagespiegel	SEC-berichtspflichtige Unternehmen müssen eine Management's Discussion and Analysis of Financial Condition and Results of Operations (MD&A) veröffentlichen. Die MD&A enthält Kommentierungen des Unternehmens zur Liquidität, zur Investitionstätigkeit und den Kapitalressourcen sowie dem Ergebnis der Geschäftstätigkeit. Neben einer Darstellung des Ge-

IAS/IFRS	HGB
Eine Ausschüttungsbemessungsfunktion ist weder für den Einzelabschluss noch für den Konzernabschluss vorgesehen.	Dem Einzelabschluss kommt die Funktion der Ausschüttungsbemessung zu.
Die IAS/IFRS beziehen sich gleichermaßen auf den Einzel- als auch den Konzernabschluss, soweit nicht einzelne Vorschriften explizit auf ein Rechenwerk abstellen.	Trotz wachsender Bedeutung des Konzernabschlusses knüpfen sich alle zivil-, gesellschafts- und steuerrechtlichen Ansprüche an den Einzelabschluss. Der Konzernabschluss ergänzt den Einzelabschluss iS seiner spezifischen Informationsfunktion.

Ein sog vollständiger Abschluss (complete set of financial statements) setzt sich aus folgenden Abschlussbestandteilen zusammen (IAS 1.7): • Bilanz, • GuV, • Aufstellung, die entweder – sämtliche Eigenkapitalveränderungen oder – Eigenkapitalveränderungen, die nicht auf Kapitaleinzahlungen der oder Ausschüttungen an die Eigentümer zurückzuführen sind, enthält, • Kapitalflussrechnung, • Bilanzierungs- und Bewertungsmethoden sowie erläuternder Anhangangaben. Ein Lagebericht ist nicht explizit als Pflichtbestandteil vorgesehen (→ *Lagebericht*). Unternehmen mit börsennotierten Wertpapieren sowie Unternehmen im Zulassungsprozess haben darüber hinaus • die Kennzahlen Ergebnis je Aktie (IAS 33.1) sowie • eine Segmentberichterstattung (IAS 14.2) offenzulegen. Unternehmen, deren Abschluss mit den IAS/IFRS in Einklang steht, haben diese Tatsache anzugeben. Die unvollständige Anwendung der IAS/IFRS und SIC/IFRIC–Interpretationen steht dieser Angabe entgegen (IAS 1.11).	Für Nicht-KapGes – mit Ausnahme von PHG iSd § 264 a HGB – setzt sich der Jahresabschluß aus (§ 242 Abs 3 HGB) • der Bilanz und • der GuV zusammen. KapGes sowie PHG iSd § 264 a HGB haben den Jahresabschluss um (§§ 264 Abs 1, 264 a, 264 b HGB) • einen Anhang zu erweitern, der mit der Bilanz und der GuV eine Einheit bildet, sowie • einen Lagebericht aufzustellen. Kleine KapGes sowie kleine PHG iSd § 264 a HGB brauchen keinen Lagebericht aufzustellen. Unter bestimmten Voraussetzungen (ua Verlustübernahme gem § 302 AktG) können KapGes von der erweiterten Rechnungslegung für KapGes befreit werden, sofern die Gesellschaft ein Tochterunternehmen eines nach § 290 HGB bzw § 11 PublG zur Konzernrechnungslegung verpflichteten Mutterunternehmens ist (§ 264 Abs 3 u 4 HGB). Für PHG iSd § 264 a HGB gelten vergleichbare Regelungen (§ 264b HGB). Der Konzernabschluss kapitalmarktorientierter Unternehmen besteht des Weiteren aus (§ 297 Abs 1 HGB): • einer Kapitalflussrechnung, • einer Segmentberichterstattung sowie • einem Eigenkapitalspiegel. Mutterunternehmen heißen kapitalmarktorientierte Mutterunternehmen, wenn sie einen organisierten Markt iSd § 2 Abs 5 WpHG durch von ihnen oder einem ihrer Tochterunternehmen ausgegebene Wertpapiere iSd § 2 Abs 1 Satz 1 WpHG in Anspruch nehmen oder wenn die Zulassung solcher Wertpapiere zum Handel an einem organisierten Markt beantragt worden ist.
Unternehmen wird empfohlen, außerhalb des Abschlusses einen Bericht über die Unternehmenslage durch die Unternehmensleitung zu veröffentlichen, der die wesentlichen Merkmale der Vermögens-, Finanz- und Ertragslage des Unternehmens sowie die wichtigsten Unsicherheiten beschreibt und erläutert, denen sich das Unternehmen gegenübersieht (IAS 1.8).	Mittelgroße und große KapGes (sowie PHG iSd § 264 a HGB) müssen einen Lagebericht erstellen (§ 264 Abs 1 HGB). Der Konzernlagebericht darf mit dem Lagebericht des Mutterunternehmens zusammengefasst werden (§ 315 Abs 3 HGB). Dem Lagebericht kommt die ergänzende Aufgabe zu, losgelöst von den einzelnen Posten des Jahresabschlusses, das Gesamtbild des Unternehmens true

Kriterium	US-GAAP
Sonstige Rechnungslegungsinstrumente (Forts) – Lagebericht – Anlagespiegel	schäftsverlaufes und der Lage des Unternehmens ist auf Entwicklungen einzugehen, die zum Verständnis der Vermögens-, Finanz- und Ertragslage notwendig sind. Zur Darstellung der voraussichtlichen Entwicklung des Unternehmens wird lediglich ermutigt (Reg S-K Item 303). Nach dem Sarbanes-Oxley Act enthält die MD&A auch Erläuterungen zum internen Kontrollsystem, zu kritischen Rechnungslegungsgrundsätzen uam.
Befreiungen – Größenabhängige – Sonstige	Größenabhängige Befreiungen in bezug auf Erstellung, Prüfung oder Offenlegung des Abschlusses sind nicht vorgesehen. Es bestehen jedoch Erleichterungen in jenen Fällen, in denen das Unternehmen keine Wertpapiere öffentlich notiert hat (ua SFAS 131 (Segmentberichterstattung), SFAS 128 (Ergebnis je Aktie) und APB 28 (Zwischenberichterstattung)).
Ereignisse nach dem Abschlussstichtag	Es werden wertbegründende von werterhellenden Ereignissen unterschieden. Werterhellende Sachverhalte führen zu entspr Anpassungen der dargestellten Abschlusswerte, während für wertbegründende Tatbestände keine Anpassungen zulässig sind (SFAS 1, 12). Wesentliche Geschäftsvorfälle und Unternehmenszusammenschlüsse nach dem Abschlussstichtag sind anzugeben und zu erläutern; Unternehmenszusammenschlüsse sind detailliert zu quantifizieren (SFAS 141).
Zwischenberichterstattung	Die Pflicht zur unterjährigen Rechnungslegung leitet sich aus den SEC-Regulations sowie der jeweiligen Börsenordnung her. Die SEC hat diesbzgl die Anforderungen in Form 10-Q (für US-Gesellschaften) zusammengefasst. Auslandsgesellschaften müssen Form 8-K einreichen. APB 28 kommt sowohl für SEC-berichtspflichtige Unternehmen als auch im Rahmen der freiwilligen unter-

IAS/IFRS	HGB
Für das Sachanlagevermögen und den Goodwill ist ein detaillierter Anlagenspiegel auszuweisen (IAS 1.73 iVm 16.66, 22.88 u 91;→ *Anlagenspiegel*). Das IASB wird Anfang 2004 einen Verlautbarungsentwurf zu seinem Projekt »Reporting Financial Performance« veröffentlichen. Der zu verabschiedende IFRS soll für am oder nach dem 1. Januar 2006 beginnende Geschäftsjahre verpflichtend anzuwenden sein.	and fair darzustellen sowie auf die Risiken der künftigen Entwicklung einzugehen. Ferner soll der Lagebericht eingehen auf 1. Vorgänge von besonderer Bedeutung nach dem Abschlussstichtag, 2. die voraussichtliche Entwicklung, 3. den Bereich Forschung und Entwicklung sowie 4. bestehende Zweigniederlassungen. KapGes sowie PHG iSd § 264 a HGB haben einen Anlagenspiegel auszuweisen; analoges gilt für den Konzernabschluss (§§ 268 Abs 2, 298 Abs 1 HGB;→ *Anlagenspiegel*). Die Verpflichtung zur Erstellung, Prüfung und Offenlegung eines Konzernanlagenspiegels und des Konzernlageberichts bleiben durch die Inanspruchnahme der Öffnungsklausel des § 292a HGB unberührt.
Größenabhängige Befreiungen in Bezug auf Erstellung, Prüfung oder Offenlegung des Abschlusses sind nicht vorgesehen. Es bestehen jedoch Erleichterungen in jenen Fällen, in denen das Unternehmen keine Wertpapiere öffentlich notiert (IAS 14 (Segmentberichterstattung), IAS 33 (Ergebnis je Aktie) und IAS 34 (Zwischenberichterstattung)).	Für den Einzelabschluss werden die drei Größenklassen klein, mittelgroß und groß unterschieden. Die größenabhängigen Erleichterungen beziehen sich ua auf • verlängerte Erstellungsfristen (§ 264 Abs 1 HGB), • Verzicht auf bestimmte Anhangangaben (§ 288 HGB), • Erleichterungen hinsichtlich der Offenlegung und Prüfung (§§ 316 Abs 1, 326, 327 HGB), • Erstellungspflicht eines Lageberichts (§ 264 Abs 1 HGB) und • Befreiung von der Erstellung eines Konzernabschlusses und Konzernlageberichts. Eine Inanspruchnahme eines organisierten Marktes iSd § 2 Abs 5 WHG durch die Notierung von Wertpapieren oder die Beantragung ihrer Zulassung von der Gesellschaft – bzw von in den Konzernabschluss einbezogenen Unternehmen – führt stets zur Eingruppierung als große KapGes bzw steht der Befreiung von der Erstellung eines Konzernabschlusses und Konzernlageberichts entgegen (§§ 267 Abs 3, 293 Abs 5 HGB).
Es werden wertbegründende von werterhellenden Ereignissen unterschieden. Werterhellende Sachverhalte führen zu entspr Anpassungen der dargestellten Abschlusswerte, während für wertbegründende Tatbestände keine Anpassungen zulässig sind (IAS 10.7 u 9). Wesentliche Geschäftsvorfälle nach dem Abschlussstichtag sind anzugeben, zu erläutern und die finanziellen Auswirkungen, soweit möglich, zu bestimmen (IAS 10.20).	Es werden wertbegründende von werterhellenden Ereignissen unterschieden. Werterhellende Sachverhalte führen zu entspr Anpassungen der dargestellten Abschlusswerte, während für wertbegründende Tatbestände keine Anpassungen zulässig sind (§ 252 Abs 2 Nr 4 HGB). Wesentliche Geschäftsvorfälle nach dem Abschlussstichtag sind von KapGes sowie PHG iSd § 264 a HGB im Lagebericht (Konzernlagebericht) anzugeben und zu erläutern (§§ 289 Abs 2 Nr 1, 315 Abs 2 Nr 1 HGB).
Das IASB verpflichtet kein Unternehmen zur unterjährigen Rechnungslegung. Soweit diese durch nationales Gesetz bzw Börsenverordnungen gefordert wird bzw die Zwischenberichterstattung freiwillig erfolgt, sind die Vorschriften gem IAS 34 maßgeblich (→ *unterjährige Rechnungslegung*).	Die Pflicht zur Zwischenberichterstattung auf Halbjahresbasis leitet sich aus dem BörsG iVm der BörsZulV her (→ unterjährige Rechnungslegung). Die Deutsche Börse AG wird künftig von börsennotierten Gesellschaften statt einer Halbjahresberichtserstattung eine Quartalsberichterstattung verpflichtend fordern. DRS 6 enthält Anforderungen an die Zwischenberichterstattung von Mutterunternehmen und ist allein auf den

Kriterium	US-GAAP
Zwischenberichterstattung (Forts)	jährigen Berichterstattung zur Anwendung (→ *unterjährige Rechnungslegung*).
Ad-hoc-Mitteilungen	Die Verpflichtung zu Ad-hoc-Mitteilungen gilt für SEC-berichtspflichtige Unternehmen.

Gliederungsvorschriften

Gliederungsgrundsätze – Vorschriften für alle Kaufleute – Ergänzende Vorschriften für KapGes	Zu den allgemeinen Gliederungsgrundsätzen zählen • der Grundsatz der Klarheit und Übersichtlichkeit der Darstellung, • der Grundsatz der Darstellungsstetigkeit und Vergleichbarkeit, • der Grundsatz der substance over form, • der Grundsatz der Wesentlichkeit. Hieraus resultieren • die Angabepflicht von Vergleichsdaten, • die Option zur Zusammenfassung einzelner Posten, • die Option zur weiteren Untergliederung, • die Option zur Umbenennung, • die Option zur Streichung von Leerposten. Eine rechtsformspezifische Differenzierung der Gliederungsvorschriften ist nicht vorgesehen. • In der Bilanzierungspraxis haben sich abweichende, branchenspezifische Mindestschemata herausgebildet.
– Bilanzidentität	Im Einzelfall ist eine Durchbrechung des Grundsatzes der Bilanzidentität zulässig bzw gefordert. In Ausnahmefällen ist zudem die Anpassung der Vorjahresvergleichsdaten verpflichtend (APBs 20, 30, SFAS 131).
– Vorjahresangaben	Die Vergleichbarkeit erfordert die Angabe von entspr Vorjahreszahlen (ARB 43 Ch 2). SEC-berichtspflichtige Unternehmen haben für die Bilanz die Vorjahreswerte, für die GuV, die Kapitalflussrechnung sowie die Eigenkapitalveränderungsrechnung jeweils die Werte der letzten beiden Vorjahre anzugeben. Ebenso müssen für sämtliche zahlungsstrom- und zeitraumbezogenen quantitativen Angaben im Anhang jeweils die Vergleichswerte der letzten beiden Jahre ausgewiesen werden.
– Mitzugehörigkeitsvermerk	Es ist kein vergleichbares Erfordernis vorgesehen.

IAS/IFRS	HGB
	Konzernabschluss anzuwenden (→ *unterjährige Rechnungslegung*).
Das IASB hat keine gesonderten Vorschriften zu Ad-hoc-Mitteilungen verabschiedet.	Die Verpflichtung zu Ad-hoc-Mitteilungen leitet sich in erster Linie aus dem BörsG iVm der BörsZulV her.

Zu den allgemeinen Gliederungsgrundsätzen zählen (IAS 1.20 ff) • der Grundsatz der Klarheit und Übersichtlichkeit der Darstellung, • der Grundsatz der Darstellungsstetigkeit und Vergleichbarkeit, • der Grundsatz der substance over form, • der Grundsatz der Wesentlichkeit. Hieraus resultieren • die Angabepflicht von Vergleichsdaten, • die Option zur Zusammenfassung einzelner Posten, • die Option zur weiteren Untergliederung, • die Option zur Umbenennung, • die Option zur Streichung von Leerposten. Eine rechtsformspezifische Differenzierung der Gliederungsvorschriften ist nicht vorgesehen. Kreditinstitute und ähnliche Institutionen haben die Sonderregel gem IAS 30 zusätzlich zu beachten.	Die Gliederungsgrundsätze der • Klarheit und • Übersichtlichkeit gelten ebenso für alle Kaufleute wie die Verpflichtung zur Beachtung der GoB bei der Aufstellung (§ 243 Abs 1 u 2 HGB). Zu den weiteren Gliederungsgrundsätzen für KapGes sowie PHG iSd § 264 a HGB zählen • der Grundsatz der Darstellungsstetigkeit und Vergleichbarkeit und • der Grundsatz der Wesentlichkeit. Gesetzlich sind weiterhin geregelt (§ 265 HGB): • die Angabepflicht von Vergleichsdaten, • die Option zur Zusammenfassung einzelner Posten, • die Option zur Erweiterung des Gliederungsschemas, • die Option zur weiteren Untergliederung, • die Option zu Umbenennungen, • die Option zur Streichung von Leerposten. Die Gliederungsgrundsätze werden rechtsformspezifisch um detaillierte Pflichtschemata ergänzt (§§ 266, 275 HGB). Für die Unternehmen bestimmter Geschäftszweige sind teilweise Formblätter vorgeschrieben (§ 330 HGB).
Im Einzelfall ist eine Durchbrechung des Grundsatzes der Bilanzidentität zulässig bzw gefordert (IAS 1.27). Werden Darstellung oder Struktur von Abschlussposten geändert, sind regelmäßig auch die Werte der Vorperiode anzupassen. Art, Betrag und Grund für jede Strukturänderung sind anzugeben (IAS 1.40).	Es gilt der Grundsatz der Bilanzidentität (§ 252 Abs 1 Nr 1 HGB). Abweichungen, die der Vergleichbarkeit entgegenstehen, sind ebenso wie Änderungen der Vorjahreswerte im Anhang angabe- und erläuterungspflichtig (§ 265 Abs 2 Satz 2 u 3 HGB).
Die Vergleichbarkeit erfordert die Angabe von entspr Vorjahreszahlen. Für verbale und beschreibende Informationen sind Vergleichsinformationen anzugeben, soweit diese für das Verständnis des Abschlusses der lfd Periode von Bedeutung sind (IAS 1.38).	KapGes sowie PHG iSd § 264 a HGB haben für jeden Posten der Bilanz sowie GuV die entspr Vorjahresvergleichsdaten anzugeben (§ 265 Abs 2 Satz 1 HGB).
Es ist kein vergleichbares Erfordernis vorgesehen.	Fällt ein Vermögensgegenstand oder eine Schuld unter mehrere Bilanzposten, ist die Mitzugehörigkeit zu anderen Posten bei dem entsprechenden Posten oder im Anhang anzugeben (§ 265 Abs 3 HGB).

Kriterium	US-GAAP
Gliederungsschemata und -konzeptionen – Mindestgliederungen	Rechtsformspezifische Differenzierungen sind nicht vorgesehen. Allein für SEC-berichts-pflichtige Unternehmen existieren weitreichende Mindestvorschriften (Reg S-X Rule 5–01 ff). Wesentliche Posten müssen im Jahresabschluss separat offengelegt werden. Unwesentliche Posten können mit anderen Posten gleicher Art und Funktion zusammengefasst werden. Branchenspezifische Differenzierungen sind üblich.
– Bilanz	Handels- und Industrieunternehmen gliedern die Aktiva üblicherweise nach der abnehmenden Liquidität, während die Passiva nach der zunehmenden Laufzeit angeordnet sind. Für bestimmte Industriezweige existieren Einzelregelungen. Für SEC-berichtspflichtige Unternehmen sind Mindestgliederungszeilen fixiert (Reg S-X Rule 5–02). Der Bilanzausweis ist sowohl in Staffel- als auch in Kontoform (Regelfall) zulässig. Üblicherweise wird die Bilanz nach erfolgter Gewinnverwendung aufgestellt.
-- Differenzierung von kurz- und langfristigem Vermögen/kurz- und langfristigen Schulden	Im Regelfall unterteilen gewerblich tätige Unternehmen die Aktiva in kurz- und langfristige Vermögenswerte. Die Differenzierung orientiert sich am Wiedergeldwerdungsprozess oder – vereinfachend – an der Jahresregel. Generell erfolgt eine Orientierung am working capital (ARB 43 Ch 3A). Überschreitet der Wiedergeldwerdungsprozess in bestimmten Geschäftszweigen die Jahresperiode, dient der längere Zeitraum der Fristigkeitsunterteilung. Unternehmen in spezialisierten Industriezweigen, für die die Unterscheidung zwischen kurzfristig und langfristig als nicht relevant erachtet wird, können auf eine Fristigkeitsunterscheidung verzichten. SEC-berichtspflichtige Unternehmen müssen Posten, die 10% der jeweiligen kurz- oder langfristigen Vermögenswerte-/Schuldenkategorie oder 5% der Bilanzsumme übersteigen, gesondert in der Bilanz angeben (Reg S-X Rule 5–02).

IAS/IFRS	HGB
Rechtsformspezifische Differenzierungen sind nicht vorgesehen. Die Gliederungsvorschriften der Bilanz und GuV sind als Mindestanforderungen konzipiert (IAS 1.66 u 75). Wesentliche Posten müssen im Jahresabschluss separat offengelegt werden. Unwesentliche Posten können mit anderen Posten ähnlicher Art und Funktion zusammengefasst werden (IAS 1.29). IAS 30 determiniert jedoch gesonderte Gliederungsanforderungen für Kreditinstitute und ähnliche Institutionen. Ähnliches gilt für landwirtschaftliche Betriebe (IAS 41).	Die allgemeinen Vorschriften für alle Kaufleute sehen keine gesonderten Gliederungsvorschriften vor. In der Bilanzierungspraxis wenden Nicht-KapGes, die nicht unter den Anwendungsbereich des PublG fallen, oftmals freiwillig die strengeren Vorschriften für KapGes an. Für KapGes sowie PHG iSd § 264 a HGB gelten die gesetzlich vorgeschriebene, detaillierte (Pflicht-)Gliederungsschemata gem § 266 HGB (Bilanz) bzw § 275 HGB (GuV). Kleine KapGes sowie kleinen PHG iSd § 264 a HGB ist ein Ausweis auf höherem Aggregationsniveau gestattet (§ 266 Abs 1 Satz 3 HGB). Die Pflichtgliederungsschemata zählen zu den Pflichtanforderungen der 4. EG-Richtlinie. Für PHG iSd § 264 a HGB bestehen weitere gesonderte Gliederungsvorschriften bspw bei den Eigenkapitalposten (§ 264c HGB).
IAS 1.66 führt die auszuweisenden Mindestposten auf. Die Gliederung der Aktiva kann sich entweder am Prinzip der zu- oder abnehmenden Liquidität orientieren (IAS 1.53). Bzgl der Passiva steht die Anordnung von Eigen- und Fremdkapital gem der Laufzeit dem Jahresabschlussersteller frei (IAS 1.66). In der Bilanzierungspraxis ist häufig eine Gliederung nach dem Liquiditätskonzept zu finden. Diese Gliederung gilt als mit den EG-Richtlinien vereinbar (DRS 1.119) Der Bilanzausweis ist sowohl in Staffel- als auch in Kontoform zulässig. Die Bilanz kann sowohl nach teilweiser als auch nach erfolgter Gewinnverwendung aufgestellt werden. Soweit der Verwendungsbeschluss erst nach dem Abschlussstichtag, aber vor der Veröffentlichung des Abschlusses getroffen wird, ist die auszuschüttende Dividende nicht in die Verbindlichkeiten umzugliedern, sondern im Eigenkapital oder den Anhangerläuterungen gesondert anzugeben (IAS 10.11 f).	§ 266 HGB fixiert das bilanzielle Pflichtgliederungsschema. Eine strenge Orientierung am Liquiditäts- oder Laufzeitenkriterium erfolgt nicht. Nicht-KapGes können die Bilanz grds in Konto- oder Staffelform darstellen; KapGes sowie PHG iSd § 264 a HGB haben die Kontoform zu verwenden. Die Bilanz kann sowohl vor, als auch nach teilweiser bzw nach erfolgter Gewinnverwendung aufgestellt werden (§ 270 Abs 2 HGB).
Jedes Unternehmen hat entspr der Art seiner Geschäftstätigkeit zu bestimmen, ob es kurzfristige und langfristige Vermögenswerte sowie kurzfristige und langfristige Schulden als getrennte Gliederungsgruppen in der Bilanz darstellt oder nicht (IAS 1.53). Unabhängig von der gewählten Darstellungsvariante sind die im Folgejahr nicht fälligen Beträge stets gesondert anzugeben (IAS 1.54). Die Differenzierung von kurz- und langfristigen Vermögenswerten und Schulden orientiert sich am Wiedergeldwerdungsprozess oder – vereinfachend – an der Jahresregel (IAS 1.57, 60). Zur Erfüllung des Einklangserfordernisses gem § 292 a HGB muss der befreiend wirkende IAS Konzernabschluss eine Differenzierung in kurz- und langfristige Aktiva vornehmen (DRS 1.119 u 193).	Das Gesetz schreibt für alle Kaufleute eine Unterteilung der Aktiva in Anlage- und Umlaufvermögen vor. Als Umlaufvermögen sind jene Vermögensgegenstände auszuweisen, die nicht dazu bestimmt sind, dem Geschäftsbetrieb dauernd zu dienen (§ 247 Abs 2 HGB). KapGes sowie PHG iSd § 264 a HGB müssen für Forderungen und Verbindlichkeiten eine Fristigkeitsunterteilung vornehmen (§ 268 Abs 4 u 5 HGB). Diese erfolgt im Regelfall im Anhang.

Kriterium	US-GAAP
-- Differenzierung von kurz- und langfristigem Vermögen/kurz- und langfristigen Schulden (Forts)	Zur Erfüllung des Einklangserfordernisses gem § 292 a HGB muss der befreiend wirkende US-GAAP Konzernabschluss eine Differenzierung in kurz- und langfristige Aktiva vornehmen (DRS 1.119 u 193).
-- Minderheiten	SEC-berichtspflichtige Unternehmen weisen den Ausgleichsposten für die Anteile anderer Gesellschafter außerhalb des Konzerneigenkapitals gesondert aus. Der Minderheitenanteil am Jahresergebnis kürzt den Konzernjahresüberschuss/-fehlbetrag. Nicht berichtspflichtige Unternehmen können grds einen anderen Ausweis wählen.
– Gewinn- und Verlustrechnung	Für die Darstellungen der GuV ist das Umsatzkostenverfahren die vorherrschende Praxis. SEC-berichtspflichtige Unternehmen müssen das Umsatzkostenverfahren anwenden (Reg S-X Rule 5–03). Die GuV kann sowohl in einem single-step-format als auch dem aussagefähigeren, am Erfolgsspaltungskonzept orientierten multiple-step-format dargestellt werden. Von einer Darstellung in Kontoform sollte abgesehen werden. Innerhalb des Ergebnisses der lfd Geschäftstätigkeit sind das operative und das nicht-operative Ergebnis gesondert auszuweisen. Der sich daran anschließende Ausweis der Ertragsteuern bezieht sich allein auf das Ergebnis der lfd Geschäftstätigkeit. Auf nach-Steuerbasis erfolgt der gesonderte Ausweis • des Ergebnisses aus der Einstellung von Geschäftsbereichen, • des außerordentlichen Ergebnisses, • des Minderheitenanteils am Ergebnis, • der kumulierten Auswirkungen infolge von Änderungen der angewandten Rechnungslegungsgrundsätze. Soweit SEC-berichtspflichtige Unternehmen im Rahmen der Umsatzerlöse mehrere Erfolgsquellen gesondert aufführen, sollten diese 10% der Gesamtumsätze übersteigen. Die Herstellungskosten sind korrespondierend zu den Umsätzen auf die Erfolgsquellen aufzuteilen.
-- Zusätzliche Angaben beim Umsatzkostenverfahren	Es ist insbes seitens der SEC-berichtspflichtigen Unternehmen üblich, bestimmte Primäraufwendungen nicht in der funktionalen Gliederung zu zeigen sondern diese im Anhang gesondert aufzuführen. Dieses gilt bspw für die Periodenabschreibungen oder Forschungs- und Entwicklungskosten, die stets in der GuV oder im Anhang gesondert anzugeben sind (APB 18.5, SFAS 2.13). Zu den weiteren Angaben zählen Zinsaufwendungen, als Teil der Anschaffungs- oder Herstellungskosten aktivierte Zinsen, Erträge aus at equity bewerteten Beteiligungen sowie Fremdwährungserfolge (APB 30.11, SFAS 34.22, APB 18.19ff, SFAS 52.30).

IAS/IFRS	HGB
Der Ausgleichsposten für die Anteile anderer Gesellschafter ist außerhalb des Konzerneigenkapitals gesondert darzustellen. Der Minderheitenanteil am Jahresergebnis kürzt den Konzernjahresüberschuss/-fehlbetrag. (IAS 1.66 u 75; IAS 27.26).	Der Ausgleichsposten für die Anteile anderer Gesellschafter ist innerhalb des Konzerneigenkapitals gesondert darzustellen (§ 307 Abs 1 HGB). Der Minderheitenanteil am Jahresergebnis kürzt den Konzernjahresüberschuss/-fehlbetrag nicht, sondern ist im Anschluss daran gesondert auszuweisen (§ 307 Abs 2 HGB).
Die GuV kann sowohl in der Gliederungskonzeption des Gesamtkosten- als auch des Umsatzkostenverfahrens dargestellt werden (IAS 1.77). IAS 1.75 führt die auszuweisenden Mindestposten auf; einzelne IAS/IFRS fordern sachverhaltsbezogen eine weitere Untergliederung bzw gesonderte Angabe. Die Darstellung kann sowohl in Konto- als auch Staffelform erfolgen. Ein gesonderter Ausweis auf nach-Steuerbasis außerhalb des Ergebnisses der gewöhnlichen Geschäftstätigkeit ist für • das außerordentliche Ergebnis, • das Ergebnis aus der Einstellung von Geschäftsbereichen sowie • den Minderheitenanteil am Ergebnis obligatorisch (IAS 1.75, 8.11, 35.27 ff). Erfolgswirksam verrechnete Forschungs- und Entwicklungskosten sind unabhängig vom gewählten Gliederungskonzept entweder in der GuV oder im Anhang anzugeben (IAS 38.115).	KapGes sowie PHG iSd § 264 a HGB können die GuV sowohl in der Gliederungskonzeption des Gesamtkosten- als auch des Umsatzkostenverfahrens darstellen (§ 275 HGB). Nicht-KapGes – mit Ausnahme von PHG iSd § 264 a HGB – können die GuV grds in Konto- oder Staffelform darstellen; KapGes sowie PHG iSd § 264 a HGB haben die Staffelform zu verwenden. Aufwendungen und Erträge sind nach dem Bruttoprinzip unsaldiert auszuweisen (§ 246 Abs 2 HGB). Neben dem Ergebnis aus der gewöhnlichen Geschäftstätigkeit wird auch das außerordentliche Ergebnis vor Ertrag- und sonstigen Steuern dargestellt (§§ 275, 277 Abs 4 HGB). Weitere gesonderte Ausweisvorschriften sind nicht vorgesehen. Abweichungen vom gesetzlichen Gliederungsschema sind innerhalb des Rahmens gem § 265 Abs 4 bis 8 HGB zulässig. Es gilt der Grundsatz der Darstellungsstetigkeit (§ 265 Abs 1 HGB). Eine Erweiterung des Gliederungsschemas ist im Fall von Aufwendungen und Erträgen aus Gewinngemeinschaften, Gewinn- oder Teilgewinnabführungsverträgen bzw aus Verlustübernahmen geboten. Kleine und mittlere KapGes (sowie PHG iSd § 264 a HGB) dürfen die Posten gem § 275 Abs 2 Nr 1 bis 5 (Gesamtkostenverfahren) bzw Abs 3 Nr 1 bis 3 und 6 HGB (Umsatzkostenverfahren) zu einem Posten »Rohergebnis« zusammenfassen (§ 276 HGB).
Unternehmen, die das Umsatzkostenverfahren anwenden, haben zusätzliche Informationen über die Art der Aufwendungen, einschl des Aufwands für planmäßige und außerplanmäßige Abschreibungen sowie Personalaufwand, anzugeben (IAS 1.83).	KapGes sowie PHG iSd § 264 a HGB, die das Umsatzkostenverfahren anwenden, müssen die Personalaufwendungen und die Materialaufwendungen gem Gesamtkostenverfahren angeben (§ 285 Nr 8 HGB).

Kriterium	US-GAAP
-- Gewinn je Aktie	Eine Angabepflicht der Earnings Per Share (EPS) im Anschluss an die GuV besteht allein für Unternehmen mit börsennotierten Wertpapieren. Unternehmen, die freiwillig diese Kennzahlen ausweisen, müssen SFAS 128 beachten. In Abhängigkeit von der Kapitalstruktur der Gesellschaft sind neben den einfachen (basic) ggf auch die verwässerten (diluted) EPS auszuweisen (→ *Ergebnis je Aktie*).
– Gesamtleistung (comprehensive income)	Die Gesamtleistung ist entweder (a) im Anschluss an die GuV, (b) innerhalb der → *Eigenkapitalveränderungsrechnung* oder (c) in einem eigenständigen, gesonderten Abschlusselement darzustellen (SFAS 130.22).
– Kapitalflussrechnung	Die Kapitalflussrechnung muss in die drei Aktivitätsformate • Mittelzu-/-abflüsse aus operativer Tätigkeit, • Mittelzu-/-abflüsse aus investiver Tätigkeit, • Mittelzu-/-abflüsse aus Finanztätigkeit gegliedert sein. Die Gesamtveränderung ist zur Änderung der Zahlungsmittel und Zahlungsmitteläquivalente (Finanzmittelfonds) während der Berichtsperiode überzuleiten (SFAS 95; → *Kapitalflussrechnung*).
– Eigenkapitalveränderungsrechnung	Ein fixes Gliederungsschema für die Eigenkapitalgliederung besteht nicht. Mind für die folgenden Posten sind sämtliche Änderungen während der Periode gesondert abzubilden (ARB 43 Ch 1A u B, APB 12.9 f, CON 5.55 ff): • das gezeichnete Kapital, • die Kapitalrücklage, • das comprehensive income bzw die in das comprehensive income eingehenden Eigenkapitalveränderungen und • die erwirtschafteten Rücklagen.

<table>
<tr><th>IAS/IFRS</th><th>HGB</th></tr>
<tr><td>Eine Angabepflicht der Earnings Per Share (EPS) im Rahmen der GuV besteht allein für Unternehmen mit börsennotierten Wertpapieren sowie für Unternehmen im Zulassungsprozess. Unternehmen, die freiwillig diese Kennzahlen ausweisen, müssen IAS 33 beachten. In Abhängigkeit der Kapitalstruktur der Gesellschaft sind neben den einfachen (basic) ggf auch die verwässerten (diluted) EPS auszuweisen (→ Ergebnis je Aktie).</td><td>Es besteht handelsrechtlich kein Erfordernis zum Ausweis eines Ergebnisses je Aktie.
In der Bilanzierungspraxis weist eine Vielzahl der bilanzierenden Unternehmen ein Ergebnis je Aktie nach DVFA/SG aus.</td></tr>
<tr><td>Die nicht erfolgswirksam erfassten Bestandteile der Gesamtleistung sind gesondert innerhalb des Eigenkapitals bzw der → Eigenkapitalveränderungsrechnung oder als eigenständiges, gesondertes Abschlusselement auszuweisen (IAS 1.86 b, Appendix).</td><td>Während das Handelsrecht keine Ausweispflicht für das Gesamtergebnis vorsieht, ist gem DRS 7 die Entwicklung des Konzerngesamtergebnisses im Konzernanhang darzustellen. Erfolgsneutrale Veränderungen der Gesamtleistung (»übriges Konzernergebnis«) sind gesondert abzubilden (DRS 7.14; → Eigenkapitalveränderungsrechnung).</td></tr>
<tr><td>Die Kapitalflussrechnung muss in die drei Aktivitätsformate
• Mittelzu-/-abflüsse aus operativer Tätigkeit,
• Mittelzu-/-abflüsse aus investiver Tätigkeit,
• Mittelzu-/-abflüsse aus Finanztätigkeit
gegliedert sein. Die Gesamtveränderung ist zur Änderung der Zahlungsmittel und Zahlungsmitteläquivalente (Finanzmittelfonds) während der Berichtsperiode überzuleiten. (IAS 7; → Kapitalflussrechnung).</td><td>Eine Kapitalflussrechnung zählt grds nicht zu den Pflichtbestandteilen des Abschlusses nach HGB. Eine Kapitalflussrechnung ist eigenständiger Bestandteil im Konzernabschluss eines kapitalmarktorientierten Unternehmens (§ 297 Abs 1 HGB).
Der Gesetzgeber hat kein Ausweisformat für die Konzern-Kapitalflussrechnung bestimmt. DRS 2 orientiert sich eng an SFAS 95 und IAS 7 und unterscheidet ebenfalls die drei Aktivitätsformate der operativen, investiven und Finanztätigkeit (→ Kapitalflussrechnung).
Das DRSC hat darüber hinaus mit DRS 2–10 Sondervorschriften für Kreditinstitute bzw mit DRS 2–20 für Versicherungen verabschiedet.</td></tr>
<tr><td>Mind für die folgenden Posten sind sämtliche Änderungen während der Periode gesondert abzubilden (IAS 1.86):
• das Jahresergebnis,
• die einzelnen Beträge, die direkt gegen das Eigenkapital verrechnet wurden,
• die kumulierten Beträge aus Auswirkungen des → Wechsels der Rechnungslegungspolitik und Korrekturen → gravierender Fehler, die erfolgsneutral verrechnet wurden,
• die Kapitaltransaktionen mit Aktionären und Dividendenausschüttungen,
• eine Überleitung des Saldos des Jahresergebnisses vom Beginn auf das Ende der Berichtsperiode,
• eine Überleitung der einzelnen Kapital- und Rücklagenposten vom Beginn auf das Ende der Berichtsperiode.
Die letzten drei Informationen können auch im Anhang ausgewiesen werden.
Im Appendix zum IAS 1 werden zwei alternative Schemata zur Eigenkapitalveränderungsrechnung empfohlen.</td><td>Eine gesonderte Eigenkapitalveränderungsrechnung bzw ein Eigenkapitalspiegel zählt nicht zu den Pflichtbestandteilen eines Abschlusses nach HGB. Ein Eigenkapitalspiegel ist eigenständiger Bestandteil des Konzernabschlusses eines kapitalmarktorientierten Unternehmens (§ 297 Abs 1 HGB).
AG und KGaA müssen die Veränderung der Kapital- und Gewinnrücklagen sowie eine Ergebnisverwendungsrechnung aufstellen (§§ 152, 158, 278 Abs 3 AktG).
DRS 7 fordert die Angabe der Entwicklung des Konzerneigenkapitals und des Konzerngesamtergebnisses im Konzerneigenkapitalspiegel (DRS 7.6 sowie Anlage zu DRS 7). Abzubilden sind Veränderungen nachfolgender Posten:
• gezeichnetes Kapital des Mutterunternehmens,
• nicht eingeforderte ausstehende Einlagen des Mutterunternehmens,
• Kapitalrücklage,
• erwirtschaftetes Konzerneigenkapital,
• eigene Anteile, die zur Einziehung bestimmt sind,
• kumuliertes übriges Konzernergebnis, soweit es auf die Gesellschafter des Mutterunternehmens entfällt,
• eigene Anteile, die nicht zur Einziehung bestimmt sind,</td></tr>
</table>

Kriterium	US-GAAP
– Eigenkapitalveränderungsrechnung (Forts)	
– Segmentberichterstattung	Unternehmen mit öffentlich gehandelten Wertpapieren haben eine Segmentberichterstattung auszuweisen. Die Segmentierung orientiert sich am internen Berichtssystem (sog management approach). Angabepflichtig sind • Angaben zur Bestimmung der operativen Segmente sowie der Produkte und Dienstleistungen, • Informationen über das Segmentergebnis, das Segmentvermögen sowie die Bewertungsgrundlagen, • Informationen über wesentliche (dominante) Kunden sowie • der Exportumsatz (SFAS 131; → *Segmentberichterstattung*).
– Ergänzende und erläuternde Anhangangaben	Hierunter fallen folgende Angaben: (a) Detailinformationen zu aggregierten (Wert-) angaben in den einzelnen Abschlussbestandteilen, (b) Erläuterungen der angewandten Rechnungslegungsgrundsätze und der Rechnungslegungspolitik, (c) Verbalerläuterungen zu Geschäftsvorfällen und anderen Transaktionen, die im Abschluss ihren Niederschlag finden, (d) Verbalerläuterungen zu Geschäftsvorfällen und anderen Transaktionen, die im Abschluss nicht ihren Niederschlag finden, (e) weitere Angaben und Erläuterungen zu spezifischen Vorkommnissen, die zur vollständigen Erfüllung der Abschlusszielsetzung notwendig sind und (f) formale Angaben ua zu Sitz und Rechtsform der Gesellschaft, Bezügen der Geschäftsleitung. Transaktionen mit und Beziehungen zu verbundenen Parteien sind gesondert angabepflichtig (→ *Related Parties*). SEC-berichtspflichtige Unternehmen haben diverse weitere finanzielle und nicht-finanzielle Angaben auszuweisen. Die wesentlichsten Angabeerfordernisse sind für US-Gesellschaften in Form 10-K und für Auslandsgesellschaften in Form 20-F niedergelegt.

IAS/IFRS	HGB
	• Eigenkapital der Minderheitsgesellschafter (davon (1) Minderheitenkapital und (2) kumuliertes übriges Konzernergebnis, soweit es auf die Minderheitsgesellschafter entfällt).
Unternehmen mit öffentlich gehandelten Wertpapieren sowie Unternehmen im Zulassungsprozess haben eine Segmentberichterstattung auszuweisen (IAS 14.3). Die Segmentierung orientiert sich grds am internen Berichtssystem (sog soft management approach). Es sind primäre (Geschäftsfeld oder geographisches Segment) und sekundäre Berichtsformate (in Abhängigkeit des primären Segments) zu differenzieren. Angabepflichtig sind (für das primäre und sekundäre Berichtsformat in abweichender Darstellungstiefe): • Angaben zur Bestimmung der – operativen und geographischen – Segmente sowie der Produkte und Dienstleistungen, • Informationen über das Segmentergebnis und das Segmentvermögen, • Informationen über wesentliche (dominante) Kunden, • Angaben zu den Verrechnungspreisen sowie Änderungen der Verrechnungspreise (IAS 14; → *Segmentberichterstattung*).	KapGes sowie PHG iSd § 264 a HGB müssen ihre Umsatzerlöse im Einzel- und Konzernabschluss nach Tätigkeitsbereichen und geographischen Märkten aufteilen (§§ 285 Nr 4, 314 Abs 1 Nr 4 HGB). Eine Segmentberichterstattung ist eigenständiger Bestandteil des Konzernabschlusses eines kapitalmarktorientierten Unternehmens (§ 297 Abs 1 HGB). Der Gesetzgeber hat keine Vorschriften betr die Segmentierung sowie die Angabeerfordernisse bestimmt. DRS 3 fordert eine Segmentierung entspr dem management approach. Angabepflichtig sind: • Angaben zur Segmentabgrenzung, • Informationen über die Segmentumsätze, das Segmentergebnis, das Segmentvermögen, die Segmentschulden, • Angaben zu den Verrechnungspreisen zwischen den Segmenten, • Erläuterungen (DRS 3; → *Segmentberichterstattung*). Das DRSC hat darüber hinaus mit DRS 3-10 Sondervorschriften für Kreditinstitute bzw mit DRS 3-20 für Versicherungen verabschiedet.
Hierunter fallen folgende Angaben (IAS 1.91 ff): (a) Informationen über die Grundlagen der Aufstellung des Abschlusses und die besonderen Bilanzierungs- und Bewertungsmethoden, (b) Informationen, die von IAS/IFRS verlangt werden und an keiner anderen Stelle im Abschluss dargestellt werden, (c) zusätzliche Informationen, die nicht in den anderen Abschlussbestandteilen dargestellt werden, aber für die Darstellung eines den tatsächlichen Verhältnissen entspr Bildes notwendig sind, (bspw die Übernahme von Aufgaben der öffentlichen Hand und der damit verbundenen Rechte und Pflichten (SIC 29)), (d) Sitz und die Rechtsform des Unternehmens, das Land, in dem es als juristische Person registriert ist und die Adresse des eingetragenen Sitzes, (e) eine Beschreibung der Art der Geschäftstätigkeit des Unternehmens und seiner Hauptaktivitäten, (f) Name des Mutterunternehmens und des obersten Mutterunternehmens des Konzerns, (g) entweder die Anzahl der Arbeitnehmer am Ende der Periode oder im Durchschnitt der Periode. Transaktionen mit und Beziehungen zu verbundenen Parteien sind gesondert angabepflichtig (→ *Related Parties*).	Hierunter fallen folgende Angaben: (a) allgemeine Angaben zur Bilanzierung und Bewertung sowie zur Währungsumrechnung, (b) Erläuterungen zur Bilanz sowie GuV, (c) zusätzliche Angaben zur Erreichung der Generalnorm, (d) Haftungsverhältnisse und sonstige finanzielle Verpflichtungen, (e) Beziehungen zu verbundenen Unternehmen, (f) Organe, Organkredite und Aufwendungen für Organbezüge, (g) Angabe der – nach Gruppen getrennten – durchschnittlichen Anzahl der während des Geschäftsjahres beschäftigten Arbeitnehmer, (h) Angabe von Name, Sitz, Beteiligungsquote, Eigenkapital und letztem Jahresergebnis von Unternehmen, an denen die KapGes oder eine für deren Rechnung handelnde Person mind 20% der Anteile besitzt. (i) Angabe von börsennotierten Aktiengesellschaften, dass die Entsprechenserklärung zum Corporate Governance Kodex nach § 161 AktG gemacht wurde. Kapitalmarktorientierte Mutterunternehmen sollen Transaktionen mit und Beziehungen zu verbundenen Parteien gesondert angeben (DRS 11.3 und 11.7.; → *Related Parties*).

Kriterium	US-GAAP
– Anlagenspiegel	Es besteht kein gesondertes Erfordernis zur Erstellung eines separaten Anlagenspiegels. Wesentliche Informationen sind aufgrund der Bruttodarstellung bzw Erläuterung zum Anlagevermögen (ua kumulierte Abschreibungen) ersichtlich. Hierzu zählt für jede wesentliche Sachanlagekategorie die Angabepflicht 1. der kumulierten Abschreibungen, 2. der Abschreibungen des Geschäftsjahres, 3. der aktivierten Zinsen. SEC-registrierte Unternehmen müssen zudem eine zusammenfassende Analyse der Transaktionen im Sachanlagevermögen ausweisen und die Behandlung von Aufwendungen für Reparaturen und Instandhaltung sowie Gewinne und Verluste aus dem Abgang, der Stillegung und der wesentlichen Verbesserung von Vermögenswerten des Anlagevermögens erläutern.

Formale Anforderungen

Sprache	Anforderungen an die Sprache bestehen allein für SEC-berichtspflichtige Unternehmen, die der SEC ihren Abschluss in englischer Sprache einzureichen haben. Die SEC hat in jüngerer Zeit ihre Anforderungen an eine verständliche und nachvollziehbare englische Ausdrucksweise (plain English) sowohl für US- als auch für Auslandsgesellschaften erhöht.
Währung	Anforderungen an die Währung bestehen allein für SEC-berichtspflichtige Unternehmen, die der SEC ihren Abschluss in der jeweiligen Berichtswährung einzureichen haben. Für Auslandsunternehmen ist eine sog convenience translation zulässig (Reg S-K Item 210.3–20(b)). Für die erstmalige Anwendung des Euro als Berichtswährung gelten Sondervorschriften (EITF D-71).
Stichtag des Abschlusses	Mit Ausnahme der Sondervorschriften bzgl des Abschlusses im Konzern (3-Monats-Regel; → *unterschiedliche Stichtage im Konzern*) existieren keine gesonderten Regelungen, zu welchem Stichtag (Datum) der jeweilige Abschluss verpflichtend zu erstellen ist. Der Konzernabschlussstichtag stimmt stets mit dem Abschlussstichtag des Mutterunternehmens überein (→ *Verhältnis von Einzel- und Konzernabschluss).*
Fristen der Erstellung	Abschlussinformationen haben entspr dem Grundsatz der Zeitnähe nur dann Entscheidungsrelevanz, soweit sie innerhalb eines angemessenen Zeitraumes nach dem Abschlussstichtag zugänglich sind (CON 2.56 f). Konkrete Fristen sind nicht fixiert. SEC-berichtspflichtige US-Unternehmen müssen der SEC ihren Jahresabschluß (Form 10-K) für nach dem 15. Dezember 2002 beginnende Geschäftsjahre inner-

IAS/IFRS	HGB
Für jede Gruppe von Sachanlagen sind nachfolgende Bewegungen gesondert anzugeben (IAS 16.60 e): 1. Zugänge, 2. Abgänge, 3. Erwerbe durch Unternehmenszusammenschlüsse, 4. Erhöhungen oder Verminderungen aufgrund von Neubewertungen, 5. außerplanmäßige Abschreibungen, 6. Zuschreibungen wg Wertaufholungen, 7. planmäßige und kumulierte Abschreibungen, 8. Nettoumrechnungsdifferenzen aufgrund der Stichtagskursumrechnung ausländischer Tochterunternehmen und 9. sonstige Bewegungen (bspw Umbuchungen).	KapGes sowie PHG iSd § 264 a HGB müssen im Einzel- und Konzernabschluss für das gesamte Anlagevermögen – zzgl ggf aktivierter Ingangsetzungs- und Erweiterungsaufwendungen – in der Bilanz oder im Anhang die Entwicklung anhand nachfolgender Posten aufzeigen 1. Zugänge, 2. Abgänge, 3. Umbuchungen und Zuschreibungen, 4. kumulierte Abschreibungen. Zudem sind die Geschäftsjahresabschreibungen im Abschluss gesondert auszuweisen (§§ 268 Abs 2, 298 Abs 1 HGB). Das Einklangserfordernis gem § 292 a HGB erfordert einen konsolidierten Anlagespiegel iSv Art 15 Abs 3 der 4. EG-Richtlinie (DRS 1.125 u 195).

Die IAS/IFRS enthalten als supranationale Rechnungslegungsstandards keine Vorschriften betr die Aufstellung des Jahresabschlusses in einer bestimmten Sprache.	Der Jahresabschluss – und Konzernabschluss – ist in deutscher Sprache aufzustellen (§ 244 HGB).
Die IAS/IFRS enthalten als supranationale Rechnungslegungsstandards keine Vorschriften betr die Aufstellung des Jahresabschlusses in einer bestimmten Währung. Es ist indes zu begründen, falls ein Unternehmen nicht die Währung des Landes verwendet, in dem es seinen Sitz hat oder wenn es eine von der Bewertungswährung abweichende Berichtswährung wählt (IAS 21.4, SIC 19.5 u 9 f).	Der Jahresabschluss – und Konzernabschluss – ist in Euro aufzustellen (§ 244 HGB).
Mit Ausnahme der Sondervorschriften bzgl des Abschlusses im Konzern (3-Monats-Regel) existieren keine gesonderten Regelungen, zu welchem Stichtag (Datum) der jeweilige Abschluss verpflichtend zu erstellen ist.	Mit Ausnahme der Sondervorschriften bzgl des Abschlusses im Konzern (3-Monats-Regel) existieren keine gesonderten Regelungen, zu welchem Stichtag (Datum) der jeweilige Abschluss verpflichtend zu erstellen ist. Der Konzernabschlussstichtag ist der Stichtag des Jahresabschlusses des Mutterunternehmens (§ 299 Abs 1 HGB).
Abschlussinformationen haben entspr dem Grundsatz der Zeitnähe nur dann Entscheidungsrelevanz, soweit sie innerhalb eines angemessenen Zeitraumes nach dem Abschlussstichtag zugänglich sind (F 43, IAS 1.52). Der Jahresabschluss ist daher spätestens sechs Monate nach Abschluss des Geschäftsjahres zu veröffentlichen, soweit nationale Vorschriften nicht kürzere Erstellungsfristen vorschreiben (IAS 1.52).	Für den Abschluss und Lagebericht gelten nachfolgende Erstellungsfristen innerhalb des Geschäftsjahres für das vergangene Geschäftsjahr (§§ 264 Abs 1, 290 Abs 1 HGB, 5 u 13 PublG): • Einzelabschluss: – mittelgroße und große KapGes, PHG iSd § 264 a HGB, sowie Unternehmen nach PublG: 3 Monate, – kleine KapGes sowie kleine PHG iSd § 264 a HGB:

Kriterium	US-GAAP
Fristen der Erstellung (Forts)	halb der folgenden Fristen einreichen: • 1. GJ: 90 Tage • 2. GJ: 75 Tage • 3. GJ: 60 Tage Für Auslandsunternehmen mit SEC-registrierten Wertpapieren gilt eine Frist von 180 Tagen.
Prüfung	Für SEC-berichtspflichtige Unternehmen besteht eine Prüfungspflicht. Für Unternehmen, die nicht unter die SEC-Regularien fallen, aber dennoch einen US-GAAP Abschluss erstellen, gelten etwaige vertragliche Regelungen.
Offenlegung	Es existiert keine bundesstaatliche Bestimmung zur Offenlegung. Die Einreichung der Abschlussdokumente bei der SEC entspricht faktisch der Offenlegung. Die SEC schreibt nach dem 4. November 2002 auch ausländischen Unternehmen vor, ihren Berichtspflichten unter Verwendung des »Electronic Data Gathering, Analysis and Retrieval System (EDGAR)« nachzukommen.
Befreiungsvorschriften	Es bestehen keine gesonderten Befreiungsvorschriften.

IAS/IFRS	HGB
	6 Monate. • Konzernabschluss: 5 Monate. Darüber hinaus können Börsenvorschriften verschärfte Offenlegungsfristen verlangen, bspw für Unternehmen des Prime Standards der Deutschen Börse AG eine 4-Monats-Frist für die Offenlegung des Konzernabschlusses.
Die IAS/IFRS unterstellen implizit eine Prüfung des Abschlusses. Gesonderte Regelungen bzgl einer Prüfungspflicht enthalten die IAS/IFRS nicht. Dies resultiert (a) aus der Aufgabenteilung von IASB (Rechnungslegung) und IFAC (Prüfung) sowie (b) der Tatsache, dass eine Erstellungs-, Prüfungs- und Offenlegungspflicht allein den nationalen Anforderungen oder den Regularien einzelner Aufsichtsorgane entspringt.	Der Jahresabschluss und der Lagebericht von KapGes (sowie von PHG iSd § 264 a HGB), die nicht klein iSd gesetzlichen Definition sind, sind durch einen Abschlussprüfer zu prüfen (§ 316 HGB); dies gilt analog für den Konzernabschluss und –lagebericht. Abschlussprüfer können Wirtschaftsprüfer und Wirtschaftsprüfungsgesellschaften sowie – bei mittelgroßen GmbH und PHG iSd § 264a HGB – auch vereidigte Buchprüfer und Buchprüfungsgesellschaften sein (§ 319 HGB). Prüfungspflichtig sind stets der Jahresabschluss mit Anhang und Lagebericht sowie sie ergänzende Bestimmungen des Gesellschaftsvertrags oder der Satzung. In die Prüfung des Jahresabschlusses ist die Buchführung einzubeziehen (§ 317 HGB). Nicht-KapGes, die unter das PublG fallen, müssen ihren Jahresabschluss analog den handelsrechtlichen Vorschriften prüfen lassen (§ 6 PublG).
Es bestehen keine gesonderten Regelungen zur Offenlegung. Im Zweifel gelten die jeweiligen nationalen Anforderungen.	Der geprüfte Jahres- und Konzernabschluss von KapGes (§ 325 HGB) und publizitätspflichtigen Gesellschaften anderer Rechtsformen (§ 9 PublG) ist beim zuständigen Handelsregister einzureichen. Die Offenlegung erstreckt sich bei KapGes und im Konzern zudem auf den Lagebericht, den Bericht des Aufsichtsrates und – grds mit Ausnahme von GmbH – die Ergebnisverwendung sowie bei prüfungspflichtigen Gesellschaften den Bestätigungs- oder Versagungsvermerk. Das PublG verweist auf die entspr Vorschriften des HGB, die sinngem anzuwenden sind. Börsennotierte Gesellschaften haben außerdem die Entsprechenserklärung gem § 161 AktG einzureichen. Nach der Einreichung der bezeichneten Unterlagen zum Register haben die Gesellschaften im Bundesanzeiger bekannt zu machen, bei welchem Handelsregister und unter welcher Nummer diese Unterlagen eingereicht worden sind. Große KapGes haben die bezeichneten Unterlagen zunächst im Bundesanzeiger bekannt zu machen und die Bekanntmachung unter Beifügung der bezeichneten Unterlagen sodann dem zuständigen Handelsregister einzureichen. Für kleine und mittelgroße KapGes (und PHG iSd § 264 a HGB) sowie Personenhandelsgesellschaften und Einzelkaufleute sieht das Gesetz Erleichterungen vor (§§ 326, 327 HGB).
Es bestehen grds keine gesonderten Befreiungsvorschriften. Allein im Bereich der Erstellung eines Konzernabschlusses kann ein Mutterunternehmen eine Teilkonzernholding bei annähernd oder vollständigem	Es bestehen folgende Kategorien von Befreiungsvorschriften: 1. rechtsformspezifische Befreiungen, 2. größenabhängige Befreiungen (§§ 267, 293 HGB),

Kriterium	US-GAAP
Befreiungsvorschriften (Forts)	

Grundsätze ordnungsmäßiger Rechnungslegung/Rahmengrundsätze

Status von Rahmengrundsätzen	Das Conceptual Framework bildet keinen Bestandteil der US-GAAP (Vorwort zu CON). Die in den CON herausgestellten Konzepte können mit den Zielen einzelner Verlautbarungen unvereinbar sein. Die Rahmengrundsätze determinieren • die Zielsetzung der Abschlusserstellung, • die qualitativen Abschlussanforderungen (diese bilden faktisch das Grundsatzsystem), • die Definitionen sowie Vorschriften zum Ansatz und der Bewertung der Abschlussbestandteile und • die Kapital- und Kapitalerhaltungskonzepte.
Grundsatz der getreuen Darstellung (fair presentation)	Die fair presentation ist kein Grundsatz der Rechnungslegung, sondern ein Grundsatz der Abschlussprüfung (SAS 69 sowie AICPA, Rule 203 of the Code of Professional Conduct). Der CPA hat zu bestätigen, ob die Rechnungslegung der fair presentation der wirtschaftlichen Lage des Unternehmens entspricht (AICPA, Sec 508.08 h). Aus dieser Stellung wird dem Grundsatz der fair presentation eine overriding function beigemessen, die ihm formal jedoch nicht zukommt. Die Voraussetzung zur Bestätigung der fair presentation bildet die Erfüllung der Grundsätze der → *Relevanz* und → *Verlässlichkeit*.
Informationsfunktion (decision usefulness)	Die Zielsetzungen der Rechnungslegung erwachsen primär aus den Informationsbedürfnissen der externen Adressaten, denen ein Rechtsanspruch fehlt, interne Daten einzusehen und die daher auf die Informationen, die das Management bereitstellt, angewiesen sind. Die Zielsetzung richtet sich aus an (CON 1.32 ff): • Informationen, die nützlich sind für Investitions- und Kreditvergabeentscheidungen, • Informationen, die nützlich sind, um Cash Flow Prognosen zu erstellen und • Informationen über die Ressourcen des Unternehmens, die wichtigsten Lieferanten und Unternehmensveränderungen.

IAS/IFRS	HGB
Kapitalanteil von der Teilkonzernrechnungslegung befreien (IAS 27.8).	3. Erstellung befreiender Konzernabschlüsse (§§ 291–292 a HGB). Die Befreiungen beziehen sich auf die Art, die Fristen und den Umfang der Erstellung, Prüfung, Offenlegung und den Offenlegungsort.

Das Rahmenkonzept des IASB ist kein IAS/IFRS und definiert keine Grundsätze für bestimmte Fragen der Bewertung oder von Angaben. Es gilt ggü einem IAS/IFRS oder SIC/IFRIC stets nachrangig. Die Rahmengrundsätze determinieren • die Zielsetzung der Abschlusserstellung, • die qualitativen Abschlussanforderungen (diese bilden faktisch das Grundsatzsystem), • die Definitionen sowie Vorschriften zum Ansatz und der Bewertung der Abschlussbestandteile und • die Kapital- und Kapitalerhaltungskonzepte.	Die Rahmengrundsätze sind zT gesetzlich kodifiziert. Die kodifizierten GoB verbinden mit den nicht kodifizierten GoB ihre grds Stellung als unbestimmte Rechtsbegriffe. Im Entwurf eines Rahmenkonzeptes determiniert das DRSC für Konzernabschlüsse • die Zielsetzung der Rechnungslegung, • die Generalnorm (Einblicksnorm), • die Informations- u Gewinnermittlungsgrundsätze, • die Bestandteile der Rechnungslegung, • den Ansatz, die Erfassung und die Erläuterung im Abschluss, • die Bewertung, • die Gliederung der Bestandteile der Rechnungslegung, • die Publizitätsvorschriften.
Die Anwendung der grundlegenden qualitativen Anforderungen sowie der Einzelvorschriften der IAS/IFRS und SIC/IFRIC–Interpretationen führt im Regelfall zu einem Abschluss, der ein den tatsächlichen Verhältnissen entspr Bild der Unternehmenslage vermittelt (F 46). Von den Einzelvorschriften kann bzw muss in äußerst seltenen Fällen abgewichen werden, soweit die Unternehmensleitung zu der Auffassung gelangt, dass die Befolgung der Einzelvorschrift irreführend wäre und der Abschluss daher kein den tatsächlichen Verhältnissen entspr Bild vermittelt (overriding function). Die Abweichung ist anzugeben (→ *Relevanz* und→ *Verlässlichkeit*), materiell zu begründen und ihre Auswirkungen sind zu quantifizieren (IAS 1.13).	Die Befolgung der gesetzlichen Vorschriften führt zu einem Abschluss, der unter Beachtung ein den tatsächlichen Verhältnissen entspr Bild der Vermögens-, Finanz- und Ertragslage vermittelt (§§ 264 Abs 2, 297 Abs 2 HGB). Soweit die Beachtung der gesetzlichen Vorschriften sowie der GoB diesen Zweck nicht erreicht, sind im Anhang gesonderte Angaben zu machen (sog Abkoppelungsthese). Damit ist der Grundsatz der getreuen Darstellung unter den GoB-Vorbehalt gestellt. Ihm kommt keine overriding function zu (lex specialis derogat legi generali). Die Vermittlung eines den tatsächlichen Verhältnissen entspr Bildes der Vermögens-, Finanz- und Ertragslage ist vom Abschlussprüfer zu bestätigen (§ 322 Abs 1 HGB).
Die Zielsetzung eines Abschlusses ist es, Informationen über die Vermögens- und Finanzlage, die Ertragslage und die Mittelzu- und -abflüsse eines Unternehmens bereitzustellen, die für eine weite Gruppe von Adressaten nützlich sind, um wirtschaftliche Entscheidungen zu treffen.	Die Informationsfunktion wird bei Jahresabschlusserstellung und –offenlegung implizit erfüllt, ist indes nicht expressis verbis kodifiziert. Der Konzernabschluss hingegen dient ausschließlich der Information der Abschlussadressaten. Vorschriften zur Konzernrechnungslegung (z. B. Schuldenkonsolidierung, § 303 HGB) führen zur Abbildung der wirtschaftlichen Einheit unter Eliminierung konzerninterner Geschäftsvorfälle.

Kriterium	US-GAAP
Periodenabgrenzung	Der Grundsatz der Periodenabgrenzung ist in CON 6 beschrieben. Danach sind Aufwendungen und Erträge des Geschäftsjahres unabhängig von den Zeitpunkten der entspr Zahlungen im Jahresabschluss zu berücksichtigen (CON 6.139 ff). Aus dem Grundsatz der Periodenabgrenzung leiten sich der Grundsatz der sachlichen und zeitlichen Abgrenzung (matching principle) und das Realisationsprinzip ab. Die Anwendung des matching principle erlaubt indes keinen Ausweis von Bilanzposten, die nicht die Definitionen für → *Vermögenswerte* und → *Schulden* erfüllen. Der Grundsatz zählt nicht zu den qualitative characteristics.
Going Concern	Bei der Bilanzierung dem Grunde und der Höhe nach ist von der Fortführung der Unternehmenstätigkeit auszugehen (CON 1.42), sofern dem nicht tatsächliche oder rechtliche Gegebenheiten entgegenstehen. Für abgehende Teileinheiten sind spezielle Bewertungs- und Ausweisvorschriften niedergelegt (SFAS 144).
Relevanz	Informationen sind relevant, wenn sie dem Adressaten entweder (CON 5.73): • helfen, Prognosen über die Auswirkungen vergangener, gegenwärtiger oder zukünftiger Ereignisse zu fällen oder • dazu beitragen, frühere Erwartungen zu korrigieren. Die Zeitnähe ist eine Voraussetzung der Entscheidungsrelevanz (CON 2.46). Gemeinsam mit der → *Verlässlichkeit* bildet die Relevanz faktisch den Grundsatz der fair presentation. Es ist nicht zu rechtfertigen, entscheidungsrelevante Informationen wegzulassen, nur weil diese für einige Adressaten schwer verständlich sind bzw nicht in die Entscheidungsfindung einbezogen werden (CON 1.34 ff).
Verlässlichkeit	Informationen sind verlässlich, wenn sie (CON 5.75) • objektiv iSv intersubjektiv nachprüfbar sind, • messbar sind und • ausschließlich den zugrundeliegenden Sachverhalt würdigen und nicht die aus diesem zu erwartenden wirtschaftlichen Konsequenzen. Rechnungslegungsinformationen gelten als (Kommunikations-)mittel, die ihren Zweck nur dann erfüllen, wenn sie für den Abschlussadressaten verständlich sind (CON 2.40 ff), wobei angemessene Rechnungslegungskenntnisse seitens des Adressaten vorausgesetzt werden.

IAS/IFRS	HGB
Der Grundsatz der Periodenabgrenzung ist in IAS 1 und im Framework niedergelegt. Demnach sind Geschäftsvorfälle und andere Ereignisse zu erfassen, wenn sie auftreten und nicht, wenn Zahlungsmittel oder Zahlungsmitteläquivalente zugehen oder bezahlt werden (IAS 1.26, F 22). Aus dem Grundsatz der Periodenabgrenzung leiten sich der Grundsatz der sachlichen und zeitlichen Abgrenzung (matching principle) und das Realisationsprinzip ab. Die Anwendung des matching principle erlaubt indes keinen Ausweis von Bilanzposten, die nicht die Definition für → *Vermögenswerte* und → *Schulden* erfüllen. Das matching principle bildet mit dem Grundsatz des → *Going Concern* eine der Rechnungslegung zugrunde liegende Annahme.	Der Grundsatz der Periodenabgrenzung ist in § 252 Abs 1 Nr 5 HGB kodifiziert. Danach sind Aufwendungen und Erträge des Geschäftsjahres unabhängig von den Zeitpunkten der entspr Zahlungen im Jahresabschluss zu berücksichtigen. Der Grds der Periodenabgrenzung steht in engem Zusammenhang mit dem Grds der Abgrenzung der Sache und der Zeit nach.
Bei der Bilanzierung dem Grunde und der Höhe nach ist von der Fortführung der Unternehmenstätigkeit auszugehen (IAS 1.23, F 23), sofern dem nicht tatsächliche oder rechtliche Gegebenheiten entgegenstehen. Für abgehende Teileinheiten sind spezielle Ausweisvorschriften niedergelegt (IAS 35).	Bei der Bewertung ist von der Fortführung der Unternehmenstätigkeit auszugehen, sofern dem nicht tatsächliche oder rechtliche Gegebenheiten entgegenstehen (§ 252 Abs 1 Nr 2 HGB). Für abgehende Teileinheiten bestehen grds keine speziellen Normen.
Informationen gelten dann als relevant, wenn sie die wirtschaftlichen Entscheidungen der Adressaten (iSd Investoren) beeinflussen, indem sie ihnen bei der Beurteilung vergangener, derzeitiger oder zukünftiger Ereignisse helfen oder ihre Beurteilungen aus der Vergangenheit bestätigen oder korrigieren. Die Relevanz wird durch die Art der Information sowie ihre → *Wesentlichkeit* determiniert (F 26 ff). Informationen zu komplexen Themen, die aufgrund ihrer Relevanz für wirtschaftliche Entscheidungen der Adressaten im Abschluss enthalten sein müssen, dürfen jedoch nicht allein deswegen weggelassen werden, weil sie für bestimmte Adressaten zu schwer verständlich sein könnten (F 25).	Der Grundsatz der Relevanz zählt nicht zu den kodifizierten GoB, wird jedoch im Entwurf des Rahmenkonzeptes des DRSC als Entscheidungsrelevanz explizit erwähnt (Tz. 19).
Die Verlässlichkeit bildet die Grundlage für die Nützlichkeit von Informationen. Informationen gelten dann als verlässlich, wenn sie keine wesentlichen Fehler enthalten, nicht verzerrt sind und sich die Adressaten darauf verlassen können, dass sie glaubwürdig darstellen, was sie vorgeben darzustellen oder was vernünftigerweise inhaltlich von ihnen erwartet werden kann (F 31).	Der Grundsatz der Verlässlichkeit zählt nicht zu den kodifizierten GoB, entspricht aber iW dem (ebenfalls nicht) kodifizierten Grundsatz der Richtigkeit. Demnach müssen die Regeln für die Abbildung des wirtschaftlichen Geschehens objektiv, dh intersubjektiv nachprüfbar sein. Gem Entwurf zum Rahmenkonzept des DRSC sind Informationen verlässlich, wenn sie eindeutig und fehlerfrei sind (Tz. 24). Dieser Grundsatz kann ggf dazu führen, dass entscheidungsrelevante Informationen aufgrund fehlender Verlässlichkeit nicht iRd Konzernabschlusses veröffentlicht werden dürfen. Der Grundsatz der Verständlichkeit zählt nicht zu den kodifizierten GoB, entspricht aber iW dem kodifizierten Grundsatz der Klarheit und Übersichtlichkeit (§ 243 Abs 2 HGB).

Kriterium	US-GAAP
Vergleichbarkeit	Die Entscheidungsnützlichkeit von Abschlussinformationen wird erhöht, soweit die Daten • mit vergleichbaren Daten und Angaben anderer Unternehmen sowie • mit vergleichbaren Daten und Angaben des bilanzierenden Unternehmens verglichen werden können. Comparability umfasst daher sowohl die zwischenbetriebliche Vergleichbarkeit als auch die Ansatz- und Bewertungsstetigkeit (CON 2.111 ff).
Wesentlichkeit	Es existiert keine Definition, wohl aber eine Beschreibung des Grundsatzes der Wesentlichkeit, der allgemeingültig ist. Die Wesentlichkeit bildet eine Nebenbedingung der Abschlusserstellung (CON 2.123 ff). Ein Geschäftsvorfall gilt als wesentlich, wenn er im Zusammenhang mit Vorgängen steht, die ein durchschnittlich vorsichtiger Investor wissen muss oder denen eine Relevanz im Zusammenhang mit Wertpapiertransaktionen der Gesellschaft beizumessen ist. Dh ein Geschäftsvorfall, der Entscheidungsrelevanz entfaltet, sobald er falsch oder gar nicht abgebildet wird, ist wesentlich. Dies trifft auf Abschlussposten zu, wenn die Korrektur eines bisherigen unterlassenen oder falschen Ansatzes (und Ausweises) zu einer Änderung der aus dem Abschluss abgeleiteten Entscheidungen führt. Das ausschließliche Abstellen auf bestimmte quantitative Schwellenwerte zur Bestimmung der Wesentlichkeit bei der Abschlusserstellung und -prüfung ist nach Ansicht der SEC verfehlt. Ebenso kann ua die bewusste unzutreffende Anwendung eines Statement nicht mittels Verweises auf den Grundsatz der Wesentlichkeit gerechtfertigt werden (SAB 99).
Wirtschaftlichkeit (cost/benefit constraint)	Allein Informationen, deren Entscheidungsnutzen die Kosten der Informationsbereitstellung übersteigen, sind in den Abschluss aufzunehmen. (CON 2.133 ff).
Industry practice	Abweichungen von der strengen Anwendung der US-GAAP können in einigen Fällen durch die Eigenheiten, die in den Branchen oder Industriezweigen vorherrschen, in denen die Gesellschaft operiert, existieren. Verschiedene industry practices verbunden mit non-promulgated GAAP sind häufig anzutreffen.

IAS/IFRS	HGB
Die Entscheidungsnützlichkeit von Abschlussinformationen wird erhöht, soweit die Daten • mit vergleichbaren Daten und Angaben anderer Unternehmen sowie • vergleichbaren Daten und Angaben des bilanzierenden Unternehmens im Zeitablauf verglichen werden können. Comparability umfasst daher sowohl die zwischenbetriebliche Vergleichbarkeit als auch die Ansatz- und Bewertungsstetigkeit (F 39 ff, IAS 1.27 ff). Sofern einzelne IAS/IFRS Wahlrechte beinhalten, sind diese stetig und auf sämtliche Transaktionen einheitlich auszuüben, es sei denn, der IAS/IFRS schreibt vor oder erlaubt eine bestimmte Kategorisierung der Sachverhalte, für die unterschiedliche Methoden zulässig sein können (SIC-18). Die Stetigkeit umfasst zudem die Ausweisstetigkeit (IAS 1.40).	Im HGB ist der Grundsatz der formellen und materiellen Stetigkeit kodifiziert: • die formelle Stetigkeit ist gegeben, wenn die in § 252 Abs 1 Nr 1 HGB geforderte Bilanzidentität und die in § 243 Abs 2 HGB implizit geforderte Bezeichnungs-, Gliederungs- und Ausweisstetigkeit eingehalten werden, • die materielle Stetigkeit bezieht sich (allein) auf die in § 252 Abs 1 Nr 6 HBG kodifizierte Bewertungsstetigkeit. In begründeten Ausnahmefällen ist nach § 252 Abs 2 HGB eine Durchbrechung der Stetigkeit zulässig. Die angewandten Konsolidierungsmethoden sollen stetig beibehalten werden. Abweichungen sind in Ausnahmefällen zulässig (§§ 297 Abs 2 S 2 u 3, 313 Abs 1 HGB). Entspr DRS 13 umfasst die Stetigkeit die Ausweisstetigkeit (DRS 13.22).
Es existiert keine Definition, wohl aber eine Beschreibung des Grundsatzes der Wesentlichkeit, der allgemeingültig ist. Die Wesentlichkeit konkretisiert die qualitative Anforderung der Relevanz (F 29 f). Eine Information ist wesentlich, wenn ihr Weglassen oder ihre fehlerhafte Darstellung die auf Basis des Abschlusses getroffenen wirtschaftlichen Entscheidungen der Adressaten (iSd Investoren) beeinflussen kann. Die Wesentlichkeit ist von der Größe des Postens oder des Fehlers abhängig, der sich nach den besonderen Umständen des Weglassens oder der fehlerhaften Darstellung ergibt. Somit ist die Wesentlichkeit eher eine Schwelle oder ein Grenzwert und weniger eine primäre qualitative Anforderung, die eine Information haben muss, um nützlich zu sein (IAS 1.31 iVm F 29 f).	Der Grundsatz der Wesentlichkeit zählt nicht zu den kodifizierten GoB. Das Gesetz nimmt punktuell Bezug auf diesen Grundsatz (bspw §§ 296, 304 HGB). In der Bilanzierungspraxis kommt der Grundsatz allgemeingültig unter den einschränkenden Restriktionen des Vorsichtsprinzips und Vollständigkeitsgebots zur Anwendung. Einzelne Konsolidierungsmaßnahmen können mit Verweis auf den Grundsatz der Wesentlichkeit unterbleiben (→ *konzernspezifische Vorschriften*).
Grds gilt für die Bereitstellung von Informationen im Jahresabschluss, dass der Nutzen aus der Offenlegung dieser Informationen höher sein soll als die Kosten für deren Bereitstellung (F 44). Insgesamt ist die Kosten/Nutzen Abwägung iW eine Ermessensfrage.	Der Grundsatz der Wirtschaftlichkeit zählt nicht zu den kodifizierten GoB. Das Gesetz nimmt punktuell Bezug auf diesen Grundsatz (bspw §§ 296 Abs 1 Nr 2, 304 Abs 2 HGB).
Infolge der Charakteristika spezieller Geschäftszweige (derzeit Finanz- und Kreditinstitute und Agrarwirtschaft; geplant: Versicherungen) ist teilweise eine branchenspezifische Rechnungslegung vorgesehen.	Infolge der Charakteristika spezieller Geschäftszweige (iW Kreditinstitute und Versicherungen) ist teilweise eine branchenspezifische Rechnungslegung vorgesehen.

Kriterium	US-GAAP
Abschlusselemente	
Vermögensgegenstand/Vermögenswert (asset)	Als Vermögenswerte sind wahrscheinliche, zukünftige wirtschaftliche Vorteile, die von einem Unternehmen oder einer vergleichbaren Einheit gehalten oder kontrolliert werden und das Ergebnis einer vorangegangenen Transaktion oder eines Ereignisses darstellen, definiert (CON 6.25). Der Terminus ›wahrscheinlich‹ wird in seiner allgemein gültigen und nicht mit einer speziellen Rechnungslegungs- oder technischen Bedeutung angewendet.
Schuld (liability)	Schulden sind wahrscheinliche, zukünftige wirtschaftliche Mittelabflüsse aus bestehenden Verpflichtungen zum Transfer von Vermögenswerten oder der Erbringung von Dienstleistungen, die aus vorangegangenen Transaktionen oder Ereignissen resultieren (CON 6.35). Der Terminus ›wahrscheinlich‹ wird wiederum in seiner allgemeingültigen und nicht mit einer speziellen Rechnungslegungs- oder technischen Bedeutung angewendet. FIN 45 sieht ggf auch die Passivierung von Garantien vor.
Eigenkapital	Eigenkapital oder Nettovermögenswert ist der Restbetrag der Vermögenswerte eines Unternehmens, der nach Abzug aller Schulden verbleibt (CON 6.49).
Rechnungsabgrenzungsposten	Rechnungsabgrenzungsposten sind nicht als eigenständiges Abschlusselement vorgesehen. Grds erfolgt keine Differenzierung zwischen transitorischen und antizipativen Posten der Rechnungsabgrenzung. Der Ausweis erfolgt im Zweifel unter den übrigen Vermögenswerten oder übrigen Schulden.
Bilanzierungshilfen	Bilanzierungshilfen sind nicht als eigenständige Abschlusselemente vorgesehen.

IAS/IFRS	HGB
Ein Vermögenswert ist eine in der Verfügungsmacht des Unternehmens stehende Ressource, die ein Ergebnis von Ereignissen der Vergangenheit darstellt und von der erwartet wird, dass dem Unternehmen aus ihr ein künftiger wirtschaftlicher Nutzen zufließt (F 49 a). Ein Vermögenswert wird in der Bilanz erfasst, wenn es wahrscheinlich ist, dass der künftige wirtschaftliche Nutzen dem Unternehmen zufließen wird, und wenn seine Anschaffungs- oder Herstellungskosten oder ein anderer Wert verlässlich ermittelt werden kann (F 89).	Der Vermögensgegenstandsbegriff zählt zu den unbestimmten Rechtsbegriffen. Nach hM bildet die selbständige Verwertbarkeit das Hauptkriterium der abstrakten Bilanzierungsfähigkeit (Objektivierung). Ein Bilanzansatz ist jedoch nur gerechtfertigt, soweit der Vermögensgegenstand dem Bilanzierenden auch sachlich und personell zugerechnet werden kann. Bloße Möglichkeiten, Chancen oder rein tatsächliche Vorteile erfüllen die Aktivierungsvoraussetzungen nicht.
Eine Schuld ist eine gegenwärtige Verpflichtung des Unternehmens aus vergangenen Ereignissen, von deren Erfüllung erwartet wird, dass aus dem Unternehmen Ressourcen abfließen, die wirtschaftlichen Nutzen verkörpern (F 49 b). Eine Schuld wird in der Bilanz erfasst, wenn wahrscheinlich ist, dass sich aus der Erfüllung einer gegenwärtigen Verpflichtung ein direkter Abfluss von Ressourcen ergibt, die wirtschaftlichen Nutzen enthalten, und dass der Erfüllungsbetrag verlässlich ermittelt werden kann (F 91).	Der Schuldbegriff zählt zu den unbestimmten Rechtsbegriffen, wobei der Terminus Schuld die Begriffe Verbindlichkeiten und Rückstellungen subsumiert. Nach hM muss der Schuldbegriff wirtschaftlich gefasst sein und sollte nachfolgende wesentliche Merkmale beinhalten: (a) Vorliegen einer wirtschaftlichen Belastung, (b) Existenz einer Leistungsverpflichtung, (c) Quantifizierbarkeit der Leistung, (d) selbständige Bewertbarkeit.
Eigenkapital ist der nach Abzug aller Schulden verbleibende Restbetrag der Vermögenswerte des Unternehmens (F 49 c).	Als Eigenkapital wird der Unterschied zwischen den Bilanzwerten der Vermögensgegenstände, Bilanzierungshilfen und aktiven Rechnungsabgrenzungsposten gegenüber den Bilanzwerten von Rückstellungen, Verbindlichkeiten, Sonderposten mit Rücklageanteil und passiven Rechnungsabgrenzungsposten bezeichnet. Eine laufende Verlustteilnahme, die Nachrangigkeit im Konkurs sowie die Dauerhaftigkeit der Kapitalüberlassung gelten als charakteristische Merkmale des Eigenkapitals.
Rechnungsabgrenzungsposten sind nicht als eigenständiges Abschlusselement vorgesehen. Grds erfolgt keine Differenzierung zwischen transitorischen und antizipativen Posten der Rechnungsabgrenzung. Der Ausweis erfolgt im Zweifel unter den übrigen Vermögenswerten oder übrigen Schulden.	Als Rechnungsabgrenzungsposten sind Ausgaben (Einnahmen) vor dem Abschlussstichtag auszuweisen, soweit sie Aufwand (Ertrag) für eine bestimmte Zeit nach diesem Tag darstellen. Unter den aktiven Rechnungsabgrenzungsposten dürfen ferner unter gesonderten Voraussetzungen als Aufwand berücksichtigte Zölle, Verbrauchsteuern sowie Umsatzsteuer auf Vorräte ausgewiesen werden (§ 250 HGB). Ein Disagio darf ebenfalls in die Rechnungsabgrenzungsposten aufgenommen werden (§§ 250 Abs 3, 268 Abs 6 HGB).
Bilanzierungshilfen sind nicht als eigenständige Abschlusselemente vorgesehen. Aufgrund der breiteren Asset-Definition sind Bilanzierungshilfen gem HGB (insb. der Geschäfts- oder Firmenwert und latente Steuerguthaben) idR bereits als Vermögenswerte erfasst.	Als Bilanzierungshilfe dürfen Ingangsetzungs- und Erweiterungsaufwendungen (§ 269 HGB), aktive latente Steuern im Einzelabschluss (§ 274 Abs 2 HGB), Aufwendungen für die Währungsumstellung auf den Euro (Art 44 Abs 1 EGHGB) und der Ausgleichsbetrag nach dem Altfahrzeug-Gesetz (Art 53 Abs 2 EGHGB) aktiviert werden.

Kriterium	US-GAAP
Bilanzierungshilfen (Forts)	
Gesamtleistung (comprehensive income)	Die Gesamtleistung umfasst alle Änderungen des Reinvermögens (Eigenkapital) während einer Periode, die nicht auf Transaktionen mit den Anteilseignern (bspw durch Kapitalerhöhungen oder Dividendenausschüttungen) zurückzuführen sind (CON 6.70).
Erträge (revenues)/Aufwendungen (expenses)	Erträge (Aufwendungen) sind Zahlungsmittelzuflüsse (-abflüsse) aus Vermögenswerten oder der Erfüllung (dem Eingehen) von Verpflichtungen während der Berichtsperiode aus der Lieferung oder Herstellung von Waren, der Einbringung von Dienstleistungen oder anderen Tätigkeiten, die zu den fortgeführten, wesentlichen oder zentralen Geschäftstätigkeiten zählen. Den Erfolgsüberschuss (income, teilweise auch: earnings) bildet der Saldo aus Umsatzerlösen/-erträgen und Aufwendungen sowie Gewinnen und Verlusten (CON 6.78 u 80). Terminologisch wird das Begriffspaar revenues und expenses von gains und losses differenziert. Letztere beschreiben nicht-operative Erfolgsbeiträge (CON 6.82 u 83).

Grundsätze des Bilanzansatzes

Vollständigkeitsgebot	Der Grundsatz der Verlässlichkeit impliziert die Vollständigkeit der Informationen in den Grenzen der Wesentlichkeit und Wirtschaftlichkeit (CON 2.76).
Saldierungsverbot	Saldierungen von Aktiv- und Passivposten der Bilanz sind grds nicht zulässig. Sofern ein Recht(-sanspruch) zur Aufrechnung besteht, ist in Ausnahmefällen eine Aufrechnung zulässig (ARB 43, Chap 3B). FIN 39.5 bestimmt diesbzgl folgende Voraussetzungen: (a) bestimmbare Werte in gegenseitigem Schuldverhältnis, (b) Rechtsanspruch zur Aufrechnung besteht seitens des berichtenden Unternehmens, (c) Absicht zur Aufrechnung besteht, (d) Rechtsanspruch ist juristisch durchsetzbar. Des Weiteren darf aufgerechnet werden, sofern ein Statement die Saldierung zulässt bzw fordert (so bspw bei latenten Steuerschulden und –forderungen entspr ua der Fristigkeit). Das generelle Saldierungsverbot gilt ebenso für Aufwendungen und Erträge.

IAS/IFRS	HGB
	Der Geschäfts- oder Firmenwert sowie das Disagio werden in Teilen des Schrifttums ebenfalls den Bilanzierungshilfen zugerechnet.
Die Gesamtleistung umfasst alle Änderungen des Reinvermögens (Eigenkapital) während einer Periode, die nicht auf Transaktionen mit den Anteilseignern (bspw durch Kapitalerhöhungen oder Dividendenausschüttungen) zurückzuführen sind (IAS 1.86).	Die Gesamtleistung ist im HGB nicht als eigenständiges Abschlusselement vorgesehen.
Erträge (Aufwendungen) umfassen verschiedene Arten von positiven (negativen) Erfolgsbeiträgen, welche im oder außerhalb des Rahmen(s) der gewöhnlichen Tätigkeit eines Unternehmens anfallen (F 74 u 78). Terminologisch wird das Begriffspaar revenues und expenses von gains und losses differenziert. Letztere beschreiben vorwiegend nicht-operative Erfolgsbeiträge (F 74 u 78).	Erträge (Aufwendungen) sind nicht legal definiert. Als Ertrag werden alle bewerteten Vermögensmehrungen einer Rechnungsperiode bezeichnet. Als Aufwand wird der einer Rechnungslegungsperiode zuzurechnende Verbrauch von Gütern und Dienstleistungen bezeichnet (siehe auch E-Rahmenkonzept des DRSC, Tz. 75 ff.).

Damit die im Abschluss enthaltenen Informationen verlässlich sind, müssen sie in den Grenzen von Wesentlichkeit und Wirtschaftlichkeit vollständig sein. Ein Weglassen kann dazu führen, dass die Informationen falsch oder irreführend und somit hinsichtlich ihrer Relevanz unzuverlässig und mangelhaft sind (F 38).	Der Jahresabschluss hat sämtliche Vermögensgegenstände, Schulden, Rechnungsabgrenzungsposten, Aufwendungen und Erträge zu enthalten, soweit gesetzlich nichts anderes bestimmt ist (§ 246 Abs 1 HGB).
Saldierungen von Aktiv- und Passivposten der Bilanz sind nur in jenen Fällen zugelassen, in denen dieses von einem IAS/IFRS verlangt oder erlaubt wird (IAS 1.33). Erträge und Aufwendungen dürfen nur saldiert werden, wenn (IAS 1.34): (a) ein IAS/IFRS dieses verlangt oder erlaubt, (b) Gewinne, Verluste und damit verbundene Aufwendungen die aus denselben oder ähnlichen Transaktionen oder Ereignissen stammen, nicht wesentlich sind. Im Fall einer Saldierung sind die Beträge mit Beträgen ähnlicher Art und Funktion iSd IAS 1.29 zusammenzuziehen.	Posten der Aktivseite dürfen nicht mit Posten der Passivseite, Aufwendungen nicht mit Erträgen sowie Grundstücksrechte nicht mit Grundstückslasten verrechnet werden (§ 246 Abs 2 HGB). Teilweise lässt das Gesetz eine ausweistechnische Saldierung im Rahmen der bilanziellen Abbildung zu. Des Weiteren ist unter den Voraussetzungen gegenseitiger sowie gleichartiger Leistungen, die entstanden und begründet (iSv fällig) sowie nicht einredebehaftet sind, eine Aufrechnung gem § 387 ff BGB zulässig.

Kriterium	US-GAAP
Ansatzstetigkeit	Es gilt der streng zu interpretierende Grundsatz der Stetigkeit *(→ Vergleichbarkeit)*.

Grundsätze der Bewertung

Periodisierung (inkl Realisations- u Imparitätsprinzip)	Erträge und Gewinne sind zu bilanzieren, wenn sie realisierbar oder realisiert sind (SAB 101). Teilweise schreiben die US-GAAP eine Tageswertbilanzierung oder die Erfolgsrealisierung nach dem Leistungsfortschritt vor. Voraussichtliche (unrealisierte) Verluste sind zu antizipieren, wenn der Verlusteintritt wahrscheinlich ist und angemessen geschätzt werden kann. Aufwendungen und Erträge sind unabhängig vom Zeitpunkt ihrer Zahlung zu berücksichtigen.
Einzelbewertung und Stichtagsprinzip	Der Grundsatz der Einzelbewertung ist nicht explizit formuliert, lässt sich aber aus dem Rahmenkonzept und einzelnen Verlautbarungen ableiten, wie bspw die außerplanmäßige Abschreibung langfristiger Anlagen. Im Bereich der Vorratsbewertung, der Forderungsbewertung, sowie der Bewertung von Finanzinstrumenten etc sind aus Vereinfachungsgründen Abweichungen von der Einzelbewertung zulässig.
Vorsichtsprinzip	Das Vorsichtsprinzip soll sicherstellen, dass Unsicherheiten und Risiken aus bilanzwirksamen Vorgängen angemessen berücksichtigt werden (CON 2.91). Eine Unterbewertung der Vermögenswerte oder des Unternehmenserfolgs kann mit Verweis auf das Vorsichtsprinzip nicht gerechtfertigt werden (CON 2.93).
Bewertungsstetigkeit	Es gilt der streng zu interpretierende Grundsatz der Stetigkeit *(→ Vergleichbarkeit)*.
Wirtschaftliche Betrachtungsweise (substance over form)	Die Bilanzierung und Bewertung wird durch den wirtschaftlichen Gehalt eines Geschäftsvorfalles und nicht

IAS/IFRS	HGB
Es gilt der streng zu interpretierende Grundsatz der Stetigkeit (IAS 1.40→ *Vergleichbarkeit*).	Es gilt der Grundsatz der Bilanzidentität sowie der Stetigkeit (§ 252 Abs 1 Nr 1 u Nr 6 HGB; → *Vergleichbarkeit*).

Erträge und Gewinne sind zu bilanzieren, wenn sie realisierbar oder realisiert sind. Teilweise schreiben die IAS/IFRS eine Tageswertbilanzierung oder die Erfolgsrealisierung nach dem Leistungsfortschritt vor. Voraussichtliche (unrealisierte) Verluste aus schwebenden Geschäften sind zu antizipieren, wenn der Verlusteintritt wahrscheinlich ist und angemessen geschätzt werden kann. Aufwendungen und Erträge sind unabhängig vom Zeitpunkt ihrer Zahlung zu berücksichtigen (F22).	Das Realisations- und Imparitätsprinzip sind gesetzlich kodifiziert (§ 252 Abs 1 Nr 4 HGB). Es besteht eine enge Verknüpfung zum Vorsichtsprinzip. Dem matching principle kommt im Zweifel eine geringere Bedeutung zu. Aufwendungen und Erträge sind unabhängig vom Zeitpunkt ihrer Zahlung zu berücksichtigen (§ 252 Abs 1 Nr 5 HGB).
Der Grundsatz der Einzelbewertung ist nicht explizit formuliert, lässt sich aber aus dem Rahmenkonzept und einzelnen Verlautbarungen ableiten, wie bspw die außerplanmäßige Abschreibung langfristiger Anlagen. Im Bereich der Vorratsbewertung, der Forderungsbewertung sowie der Bewertung von Finanzinvestitionen etc sind aus Vereinfachungsgründen Abweichungen von der Einzelbewertung zulässig.	Die Vermögensgegenstände und Schulden sind zum Abschlussstichtag einzeln zu bewerten (§ 252 Abs 1 Nr 3 HGB). Ausnahmen vom Grundsatz der Einzelbewertung bestehen für • die Gruppenbewertung von Vorräten (§ 240 Abs 4 HGB), • die Verbrauchsfolgeverfahren bei Vorräten (§ 256 HGB), • die Festbewertung von Sachanlagen sowie Roh-, Hilfs- und Betriebsstoffen (§ 240 Abs 3 HGB), • bei Unmöglichkeit der Einzelbewertung, wie bspw bei der Pauschalwertberichtigung von Forderungen, Rückstellungen für Gewährleistungsverpflichtungen. Alle bis zum Stichtag eingetretenen Wertveränderungen sind in der Bilanz zu berücksichtigen (§§ 242 Abs 3, 252 Abs 1 Nr 3 HGB). Werterhellende Sachverhalte sind von wertbegründenden zu unterscheiden (→ *Ereignisse nach dem Abschlussstichtag*). Das Wahlrecht zur Abschreibung auf den nahen Zukunftswert stellt eine Durchbrechung des Stichtagsprinzips dar (§ 253 Abs 3 S 3 HGB).
Das Vorsichtsprinzip soll sicherstellen, dass Unsicherheiten und Risiken aus bilanzwirksamen Vorgängen angemessen berücksichtigt werden (F 37, IAS 1.20). Allerdings gestattet eine vorsichtige Vorgehensweise nicht, stille Reserven zu legen oder Rückstellungen überzubewerten, den bewusst zu niedrigen Ansatz von Vermögenswerten oder Erträgen oder den bewusst zu hohen Ansatz von Schulden oder Aufwendungen (F 37).	Es ist vorsichtig zu bewerten (§ 252 Abs 1 Nr 4 HGB). Dem Vorsichtsprinzip kommt im Rahmen der → *Zielgruppe* die überragende Bedeutung zu.
Es gilt der streng zu interpretierende Grundsatz der Stetigkeit (→ *Vergleichbarkeit*).	Es gilt der Grundsatz der Stetigkeit (§ 252 Abs 1 Nr 1 u Nr 6 HGB; → *Vergleichbarkeit*).
Geschäftsvorfälle sind im Jahresabschluss im Hinblick auf eine verlässliche Darstellung gem ihrem tatsächli-	Der Grundsatz der wirtschaftlichen Betrachtungsweise ist weder in der 4. EG-Richtlinie noch im HGB kodifiziert. Im

Kriterium	US-GAAP
Wirtschaftliche Betrachtungsweise (substance over form) (Forts)	durch seine rechtliche Strukturierung bestimmt. Die wirtschaftliche Betrachtungsweise ist aufgrund der Redundanz zum Grundsatz der → *Verlässlichkeit* im Conceptual Framework nicht gesondert beschrieben (CON 2.160).

Abschlussänderungen/Durchbrechung der Stetigkeit

Gründe	Stetigkeitsdurchbrechungen und Änderungen der Rechnungslegungspolitik können vier Ursachen zugeordnet werden (APB 20.6): (a) Wechsel der Rechnungslegungsmethoden/-politik, (b) Änderungen von Rechnungslegungsannahmen, (c) Veränderungen der Berichtseinheit und (d) Korrektur von Fehlern. Eine Stetigkeitsdurchbrechung kann aber auch durch die Neueinführung bzw Änderung von Verlautbarungen hervorgerufen werden (bspw SAB 101, SFAS 133, 141, 142).
Gravierende Fehler	Sowohl die Art als auch die Bedeutung des Fehlers entscheiden über die Klassifizierung (APB 20.13). Die Korrektur erfolgt retrospektiv erfolgsneutral durch eine Anpassung der Eröffnungsbilanzwerte der Gewinnrücklagen (APB 9.36). Ebenso ist bei der Umstellung der Rechnungslegung auf US-GAAP vorzugehen.
Wechsel der Rechnungslegungspolitik	Die Effekte aus der retrospektiven Anwendung geänderter Rechnungslegungsprinzipien (bilanzpolitische Änderungen) sind grds im Jahr des Wechsels kumuliert als Gesamteffekt (cumulative effect method) gesondert erfolgswirksam zu erfassen (APB 20.20). Für die Vorperioden sind zusätzliche pro forma Angaben auszuweisen, soweit diese ermittelbar sind (APB 20.21 u 25). Eine erfolgsneutrale Korrektur ist nur in den abschließend genannten Ausnahmefällen gem APB 20.9 (bspw Wechsel von der Lifo-Methode) zulässig. Im Rahmen der erstmaligen Anwendung neuer SFAS, SOPs oder EITFs sind vielfach gesonderte Übergangsvorschriften niedergelegt.

IAS/IFRS	HGB
chen wirtschaftlichen Gehalt und nicht allein gem der rechtlichen Gestaltung zu bilanzieren und darzustellen (F 35).	Einzelfall kann die juristische Form dem wirtschaftlichen Sachverhalt vorgehen (→ *Sale-and-leaseback-Transaktionen*). IA geht die wirtschaftliche Betrachtungsweise jedoch der juristischen Form vor.
Stetigkeitsdurchbrechungen und Änderungen der Rechnungslegungspolitik können drei Ursachen zugeordnet werden: (a) Wechsel der Rechnungslegungsmethoden/-politik (IAS 8.41 ff), (b) Änderungen von Rechnungslegungsannahmen (IAS 8.23 ff) und (c) Korrektur von Fehlern (IAS 8.31 ff). Eine Durchbrechung der Stetigkeit ist zulässig, wenn (IAS 1.27 a) • eine bedeutende Änderung von Geschäftsvorfällen vorliegt oder • ein Vergleich der Bilanzen der letzten Jahre zu dem Ergebnis führt, dass ein Wechsel zu einer angemesseneren Darstellung führt.	Stetigkeitsdurchbrechungen und Änderungen der Rechnungslegungspolitik können vier Ursachen zugeordnet werden: (a) Wechsel der Rechnungslegungsmethoden/-politik, (b) Änderungen von Rechnungslegungsannahmen, (c) Korrektur von Fehlern und (d) gewichtige Gründe bei gleichzeitiger Fehlerfreiheit des Abschlusses. Entspr DRS 13 kommt dagegen eine Stetigkeitsdurchbrechung ua nur in folgenden Ausnahmefällen in Betracht (DRS 13.8): • Änderung der rechtlichen Gegebenheiten, • Anpassung an geänderte oder neue DRS, • verbesserte Darstellung der Vermögens-, Finanz- und Ertragslage, • Anpassung an Konzernbilanzierung bei erstmaliger Einbeziehung.
IAS 8 differenziert für die Korrektur • die erfolgsneutrale retrospektive Änderung unter – sofern praktikabel – Berücksichtigung geänderter Vorjahreswerte (benchmark treatment; IAS 8.34) und • die erfolgswirksame retrospektive Änderung ohne Anpassung der Vorjahreswerte jedoch unter – sofern praktikabel – ergänzender Angabe geänderter pro forma Vorjahreswerte (allowed alternative treatment; IAS 8.38).	Eine Bilanzberichtigung bei fehlerhaften Bilanzansätzen ist auch nach Feststellung des Jahresabschlusses zulässig und im Falle eines nichtigen Jahresabschlusses zwingend geboten (IDW RS HFA 6.6 u 16). Entspr DRS 13 sind Fehler aus Vorperioden im Regelfall in der lfd Periode zu korrigieren. Bilanzberichtigungen sind geboten, sofern die Darstellung der Vermögens-, Finanz- und Ertragslage der Vorperioden ohne entspr Berichtigung beeinträchtigt ist (DRS 13.26).
IAS 8 differenziert für die Korrektur • die erfolgsneutrale – sofern praktikabel – retrospektive Änderung unter – sofern praktikabel – Berücksichtigung geänderter Vorjahreswerte (benchmark treatment; IAS 8.49) und • die erfolgswirksame – sofern praktikabel – retrospektive Änderung ohne Anpassung der Vorjahreswerte jedoch unter – sofern praktikabel – ergänzender Angabe geänderter pro forma Vorjahreswerte (allowed alternative treatment; IAS 8.54). Im Rahmen der erstmaligen Anwendung neuer IAS sind vielfach gesonderte Übergangsvorschriften niedergelegt. Die Umstellung der Rechnungslegung auf IAS/IFRS erfordert die retrospektive erfolgsneutrale Anpassung der Eröffnungsbilanzwerte der Gewinnrücklagen, soweit nicht einzelne spezifische Übergangsregelungen eine abweichende Vorgehensweise vorsehen (IFRS 1).	Ein Wechsel der Rechnungslegungspolitik führt in der Periode des Wechsels zu einer erfolgswirksamen prospektiven Anpassung der jeweiligen Abschlussposten. Es gilt der strenge Bilanzzusammenhang (§ 252 Abs 1 Nr 1 HGB). Entspr DRS 13 sind die Effekte aus Änderungen der angewandten Bilanzierungsgrundsätze in Vorjahreseffekte und das lfd Geschäftsjahr betreffende Effekte zu unterteilen und erfolgswirksam zu erfassen. Die Vorjahre betr Effekte sind in einer gesonderten Zeile ›Auswirkungen aus der Änderung der angewandten Bilanzierungsgrundsätze‹ auszuweisen (DRS 13.11 f). Für die wesentlichen Posten der Vorperioden sind proforma Angaben zu machen und zu erläutern (DRS 13.14).

Kriterium	US-GAAP
Änderungen von Annahmen und Schätzungen	Änderungen von Annahmen und Schätzungen sind prospektiv und erfolgswirksam zu berücksichtigen (APB 20.31). Ein Wechsel der Abschreibungsmethoden stellt einen → *Wechsel der Rechnungslegungspolitik* dar (APB 20.23).

Zusammensetzung einzelner Wertmaßstäbe

Zusammensetzung der Anschaffungskosten	Es existiert keine übergreifende, allgemeine Definition der Anschaffungskosten. Die Anschaffungskosten umfassen den Kaufpreis sowie Aufwendungen, die der Versetzung in den betriebsbereiten Zustand sowie der vorgesehenen Verwendung zurechenbar sind. Anschaffungspreisminderungen (ua Rabatte, Boni, Skonti) kürzen die Anschaffungskosten. Besonderheiten gelten für die → *Anschaffungskosten beim Tausch*. Unabhängig von der Finanzierung und den Zahlungsmodalitäten entsprechen die Anschaffungskosten jeweils dem Bargeld- bzw Zeitwertäquivalent. Soweit ein Vermögenswert die Voraussetzungen an einen qualifizierten Vermögenswert erfüllt, erhöhen die → *Fremdkapitalkosten* die Anschaffungskosten (SFAS 34.12). Abweichend von der obigen Definition sind für die Vermögenskategorien getrennt folgende Besonderheiten zu beachten: • bei Finanz- und Kapitalanlagen sind Courtagen und sonstige Abgaben und Gebühren Teil der Anschaffungskosten, • bei finanziellen Vermögenswerten und Schulden sind Transaktionskosten in die Anschaffungskosten einzubeziehen, • bei Sachanlagen erhöhen bestimmte Rückbau- und Entsorgungsverpflichtungen und dergl, soweit für die Verpflichtungen eine Passivierung erfolgt, die Anschaffungskosten (SFAS 143).
– Nachträgliche Anschaffungskosten	Soweit der ursprüngliche Leistungsgrad eines bereits aktivierten Vermögenswerts durch nachträgliche Ausgaben ausgedehnt wird, sind diese als nachträgliche

IAS/IFRS	HGB
Änderungen von Annahmen und Schätzungen sind prospektiv und erfolgswirksam in der Periode der Änderung zu berücksichtigen und zwar im selben Posten der GuV, für den die Schätzung ursprünglich erfolgt ist (IAS 8.26 u 28). Ein Wechsel der Abschreibungsmethoden fällt in diese Kategorie von Änderungen.	Änderungen von Annahmen und Schätzungen sind in der Periode, in der die Aufwendung erfolgt, erfolgswirksam zu berücksichtigen (DRS 13.20). Ein Wechsel der Abschreibungsmethoden fällt in diese Kategorie von Änderungen.

Es existiert keine übergreifende, allgemeine Definition der Anschaffungskosten. IAS 2 und IAS 16 definieren die Anschaffungskosten als Kaufpreis (einschl Einfuhrzölle und nicht erstattungsfähige Erwerbssteuer) zzgl Aufwendungen, die der Versetzung in den betriebsbereiten Zustand sowie der vorgesehenen Verwendung zurechenbar sind. Rabatte, Boni und Skonti mindern den Anschaffungspreis (IAS 2.7 f, 16.14.ff, 38.24). Besonderheiten gelten für die → *Anschaffungskosten beim Tausch.* Unter bestimmten Voraussetzungen können → *Fremdwährungsdifferenzen* in die Anschaffungskosten einbezogen werden (IAS 2.9, 21.22 iVm SIC-11). Abweichend von der obigen Definition sind für die Vermögenskategorien getrennt folgende Besonderheiten zu beachten: • bei qualifizierten Vermögenswerten besteht ein einmaliges und einheitlich auszuübendes Wahlrecht zur Aktivierung von → *Fremdkapitalkosten* (IAS 23.11 iVm SIC-2), • bei den Sachanlagen erhöhen die erwarteten Aufwendungen für Abbruch, Rückbau oder Entsorgung, soweit für diese Verpflichtungen Rückstellungen passiviert wurden, die Anschaffungskosten (IAS 16.15 e), • bei den Vorräten zählen nicht-produktionsbezogene Gemeinkosten zu den Anschaffungskosten, soweit sie dazu dienen, den Vermögenswert an seinen derzeitigen Ort und in seinen derzeitigen Zustand zu versetzen (IAS 2.13), • bei finanziellen Vermögenswerten und Schulden sind Transaktionskosten in die Anschaffungskosten einzubeziehen (IAS 39.17 u 66) • bei als Finanzinvestitionen gehaltenen Immobilien sind Honorare und Gebühren für die Rechtsberatung sowie auf die Übertragung der Immobilie anfallende Steuern und andere Transaktionskosten Teil der Anschaffungskosten (IAS 40.17 f).	Anschaffungskosten umfassen sämtliche Aufwendungen, die angefallen sind, um den Vermögensgegenstand zu erwerben und ihn in einen betriebsbereiten Zustand zu versetzen. Hierzu zählen auch die Anschaffungsnebenkosten sowie nachträgliche Anschaffungskosten. Die Anschaffungskosten sind um Preisminderungen zu kürzen (§ 255 Abs 1 HGB). Interne Gemeinkosten gehen nicht in die Anschaffungskosten ein. Besonderheiten gelten für die → *Anschaffungskosten beim Tausch.*
Soweit der ursprüngliche Leistungsgrad eines bereits aktivierten Vermögenswerts durch nachträgliche Ausgaben ausgedehnt wird, sind diese als nachträgliche	Nachträgliche Anschaffungskosten sind zu aktivieren, soweit bspw eine andere als die bisherige Nutzung durch wesentliche Umbauten oder Verbesserungen ermöglicht

Kriterium	**US-GAAP**
– Nachträgliche Anschaffungskosten (Forts)	Anschaffungskosten zu aktivieren; im Falle der Wiederherstellung eines ursprünglichen Nutzenpotentials durch entspr Verminderung der kumulierten Abschreibungen. Erhaltungsaufwendungen zählen nicht zu den nachträglichen Anschaffungskosten.
– Anschaffungskosten beim Tausch	Beim Tausch gleichartiger Vermögenswerte entsprechen die Anschaffungskosten grds dem Buchwert des übertragenen Vermögenswerts; es erfolgt keine Erfolgsrealisierung. Unabhängig von der Zugangsbewertung ist jedoch eine Wertminderung (→ *außerplanmäßige Abschreibung*) zu prüfen. Beim Tausch nicht gleichartiger Vermögenswerte wird der zugehende Vermögenswert mit dem Stichtagszeitwert des abgehenden Vermögenswerts, korrigiert um Barzahlungen oder sonstige Entgelte, bewertet. Aus dem Tausch resultierende Gewinne oder Verluste sind unter bestimmten Umständen sofort erfolgswirksam zu vereinnahmen (APB 29.18 ff). Für Tauschgeschäfte im Zusammenhang mit Umsatzgeschäften gelten strenge Sonderregeln (EITF 99–17). Beim Erwerb eines Vermögenswerts durch die Ausgabe von Aktien oder anderen Wertpapieren bestimmen sich die Anschaffungskosten nach dem → *Stichtagszeitwert* des jeweils hingegebenen Vermögenswerts (SFAS 141.20; EITF 99–12).
Zusammensetzung der Herstellungskosten	Es existiert keine übergreifende, allgemeine Definition der Herstellungskosten. Die Herstellungskosten sind generell als produktionsbezogene Vollkosten definiert. Ansatzwahlrechte bestehen nicht. Die Herstellungskosten im Vorratsvermögen setzen sich wie folgt zusammen (ARB 43 Ch 4.3): • Materialeinzelkosten, • Fertigungseinzelkosten, • variable und fixe Material- und Fertigungsgemeinkosten (auf Basis der Normalbeschäftigung), • Sonderkosten der Fertigung. Nicht in die Herstellungskosten einzubeziehen sind: • Verwaltungsgemeinkosten (es sei denn, sie tragen dazu bei, die Vorräte an ihren derzeitigen Ort und in ihren derzeitigen Zustand zu versetzen), • Vertriebskosten, • Forschungs- und Entwicklungskosten, • Fremdkapitalkosten (Regelfall), • Zwischengewinne, • unüblich hohe Kosten (zB Ausschuss), • Kosten vor der eigentlichen Produktion, • Anlaufverluste, • Lagerkosten (soweit sie nicht für den Produktionsprozess erforderlich sind), • Leerkosten. Bei qualifying assets sind→ *Fremdkapitalkosten* Bestandteil der Herstellungskosten. Soweit Aufträge der Langfristfertigung (→ *langfristige*

IAS/IFRS	HGB
Anschaffungskosten zu aktivieren (IAS 16.24, 38.60, SIC-23.5 a). Erhaltungsaufwendungen zählen nicht zu den nachträglichen Anschaffungskosten (SIC-23.5).	wird. Erhaltungsaufwendungen zählen nicht zu den nachträglichen Anschaffungskosten.
Beim Tausch gleichartiger Vermögenswerte entsprechen die Anschaffungskosten dem Buchwert des übertragenen Vermögenswerts; es erfolgt keine Erfolgsrealisierung (IAS 16.22). Unabhängig von der Zugangsbewertung ist jedoch eine Wertminderung (→ *außerplanmäßige Abschreibung*) zu prüfen. Beim Tausch nicht gleichartiger Vermögenswerte wird der zugehende Vermögenswert mit dem Stichtagszeitwert des abgehenden Vermögenswerts, korrigiert um Barzahlungen oder sonstige Entgelte, bewertet (IAS 16.21). Aus dem Tausch resultierende Gewinne oder Verluste sind sofort erfolgswirksam zu vereinnahmen. Beim Erwerb eines Vermögenswerts durch die Ausgabe von Aktien oder anderen Wertpapieren, bestimmen sich die Anschaffungskosten nach dem → *Stichtagszeitwert* des jeweils hingegebenen Vermögenswerts (IAS 39.66). Bzgl des Tauschs von Werbeleistungen siehe SIC 31.	Die Anschaffungskosten beim Tausch sind gesetzlich nicht geregelt. Grds sind drei Methoden für zulässig zu erachten: • Buchwertfortführung, • Gewinnrealisierung, • erfolgsneutrale Behandlung. Der Ansatz sonstiger Zwischenwerte ist ebenso abzulehnen wie eine Gewinnrealisierung aus überwiegend bilanzpolitisch motivierten Tauschvorgängen.
Es existiert keine übergreifende, allg Definition der Herstellungskosten. Die Herstellungskosten sind generell als produktionsbezogene Vollkosten definiert. Mit Ausnahme der → *Fremdkapitalkosten* sowie → *Fremdwährungsdifferenzen* bestehen keine Ansatzwahlrechte. Die Herstellungskosten im Vorratsvermögen setzen sich wie folgt zusammen (IAS 2.7 ff): • Materialeinzelkosten, • Fertigungseinzelkosten, • variable und fixe Material- und Fertigungsgemeinkosten (auf Basis der Normalbeschäftigung), • Sonderkosten der Fertigung. Nicht in die Herstellungskosten einzubeziehen sind: • Verwaltungsgemeinkosten (es sei denn, sie tragen dazu bei, die Vorräte an ihren derzeitigen Ort und in ihren derzeitigen Zustand zu versetzen), • Vertriebskosten, • Forschungs- und nicht aktivierte Entwicklungskosten, • Zwischengewinne, • unüblich hohe Kosten (zB Ausschuss), • Kosten vor der eigentlichen Produktion, • Anlaufverluste, • Lagerkosten (soweit sie nicht für den Produktionsprozess erforderlich sind), • Leerkosten. Sowohl → *Fremdkapitalkosten* als auch → *Fremdwährungsdifferenzen* können die Herstellungskosten erhöhen.	Die Herstellungskosten sind als Aufwendungen definiert, die durch den Verbrauch an Gütern und die Inanspruchnahme von Diensten für die Herstellung eines Vermögensgegenstands, seine Erweiterung oder für eine über seinen ursprünglichen Zustand hinausgehende wesentliche Verbesserung entstehen (§ 255 Abs 2 Satz 1 HGB). Zu den Pflichtbestandteilen zählen: • Materialeinzelkosten, • Fertigungseinzelkosten, • Sondereinzelkosten der Fertigung. Diese bilden die sog Wertuntergrenze zu Teilkosten. Als Wahlbestandteile führt das Gesetz nachfolgende Posten auf (§ 255 Abs 2 Satz 3 u 4, Abs 3 HGB): • Materialgemeinkosten, • Fertigungsgemeinkosten, • durch die Fertigung veranlasster Werteverzehr, • Kosten der allgemeinen Verwaltung, • Aufwendungen für soziale Einrichtungen des Betriebs, • Aufwendungen für freiwillige soziale Leistungen, • Aufwendungen für betriebliche Altersversorgung, • Fremdkapitalzinsen. Diese dürfen angesetzt werden, wenn sie • angemessen, • notwendig, • durch die Herstellung veranlasst und • auf den Zeitraum der Herstellung bezogen sind. Vertriebskosten dürfen nicht in die Herstellungskosten einbezogen werden.

Kriterium	US-GAAP
– Zusammensetzung der Herstellungskosten (Forts)	*Auftragsfertigung*) gem der completed-contract method bewertet werden, dürfen Kosten der allgemeinen Verwaltung sowie Vertriebskosten in die Herstellungskosten einbezogen werden (SOP 81–1.87).
Fremdkapitalkosten	Die Sondervorschriften zu den Fremdkapitalkosten sind nur auf qualifizierte Vermögenswerte anzuwenden. Hierunter sind Vermögenswerte zu subsumieren, für deren Anschaffung oder Herstellung ein beträchtlicher Zeitraum erforderlich ist, um sie in ihren beabsichtigten gebrauchs- oder verkaufsfähigen Zustand zu versetzen. Für eine Aktivierung qualifizieren sich demnach (SFAS 34.9): • Vermögenswerte, die für die Nutzung im Unternehmen erstellt werden, • Vermögenswerte, die separat zur Vermietung oder Veräußerung erstellt werden, sowie • at equity bewertete Beteiligungen, bei denen ein in der start-up Phase befindliches Beteiligungsunternehmen die zugeflossenen Zahlungsmittel zur Anschaffung eines qualifying asset nutzt (SFAS 58.5). Fremdfinanzierungskosten sind nicht für Vermögenswerte des Vorratsvermögens aus Massen- und Serienfertigung zu aktivieren. Ebenso sind keine Fremdfinanzierungskosten für Vermögenswerte zu aktivieren, die bereits genutzt werden oder zur Nutzung zur Verfügung stehen. Gleiches gilt für Vermögenswerte, die zur Gewinnerzielung genutzt werden und diese Phase kein notwendiger Schritt zur Erlangung des betriebsnotwendigen Zustands ist (bspw bei Grund und Boden). In diesen Fällen ist indes zu prüfen, ob die Zinsen einen Teil des Anschaffungspreises bilden. Soweit die Voraussetzungen nach SFAS 34 erfüllt sind, besteht eine Aktivierungspflicht; in allen anderen Fällen besteht ein Aktivierungsverbot. Finanzierungsnebenkosten zählen ebenfalls zu den Finanzierungskosten. Vertragsabschluss-, Rechtsberatungs- und andere direkte Kosten, die iVm der Ausgabe von Schuldpapieren entstehen, sind indes als Abgrenzungsposten innerhalb des langfristigen Vermögens auszuweisen und über die Laufzeit des Schuldpapiers abzuschreiben oder aufwandswirksam zum Zeitpunkt des Endes der Verpflichtung zu erfassen.
Einbeziehung von Fremdwährungseffekten (Fremdwährungsdifferenzen)	Geschäftsvorfälle in Fremdwährung sind bei der Zugangsbuchung zum Transaktionskurs in die Berichtswährung umzurechnen. In den Folgeperioden erfolgt die Umrechnung monetärer Posten zum Stichtagskurs. Nicht monetäre Posten, die in einer Fremdwährung fällig sind, werden bis zur Zahlung bzw Begleichung mit dem Transaktionskurs umgerechnet. Für die Sonderfälle • der Absicherung der Beteiligung an einem ausländischen Tochterunternehmen (SFAS 133.42) sowie • der langfristigen, konzerninternen Fremdwäh-

IAS/IFRS	HGB
Die Sondervorschriften zu den Fremdkapitalkosten sind nur auf qualifizierte Vermögenswerte anzuwenden. Hierunter sind Vermögenswerte zu subsumieren, für deren Anschaffung oder Herstellung ein beträchtlicher Zeitraum erforderlich ist, um sie in ihren beabsichtigten gebrauchs- oder verkaufsfähigen Zustand zu versetzen (IAS 23.4). Vermögenswerte der Serien- oder Massenfertigung sind keine qualifizierten Vermögenswerte iSv IAS 23. Zu den Fremdkapitalkosten zählen Zinsen und weitere im Zusammenhang mit der Aufnahme von Fremdkapital angefallene Kosten, wie bspw im Rahmen der Finanzierung vereinbarte Agios bzw Disagios, sonstige Nebenkosten, die mit der Kreditaufnahme im Zusammenhang stehen (bspw Vermittlungsgebühren), Zinsanteil der Leasingraten im Rahmen von Leasinggeschäften sowie bei Finanzierungen in Fremdwährung entstandene Währungseffekte. Für die Behandlung von Fremdkapitalkosten bei qualifizierten Vermögenswerten differenziert IAS 23 • die aufwandswirksame Erfassung (benchmark treatment; IAS 23.7) und • die Aktivierung im Rahmen der Anschaffungs- und Herstellungskosten (allowed alternative treatment; IAS 23.11). SIC-2 verpflichtet zur vertikal und horizontal stetigen Anwendung, dh, die gewählte Vorgehensweise ist stetig auf sämtliche qualifizierten Vermögenswerte anzuwenden.	Für die Aktivierung von Fremdkapitalzinsen im Rahmen der Herstellungskosten sieht § 255 Abs 3 HGB ein Wahlrecht vor. Dieses Wahlrecht ist auf Zinsen für Fremdkapital, das zur Finanzierung des Herstellungsvorganges verwendet wird, beschränkt. Die Aktivierung von Fremdfinanzierungskosten nach IAS 23 oder SFAS 34, die durch die Finanzierung des Erwerbs oder der Fertigung eines Vermögensgegenstandes entstehen, erfüllt nach Ansicht des DRSC das Einklangerfordernis des § 292 a HGB (DRS 1.62 u 135).
Geschäftsvorfälle in Fremdwährung sind bei der Zugangsbuchung zum Transaktionskurs in die Berichtswährung umzurechnen (IAS 21.9). In den Folgeperioden erfolgt die Umrechnung wie folgt (IAS 21.11): • monetäre Posten in Fremdwährung sind zum Stichtagskurs umzurechnen), • nicht-monetäre Posten, die zu historischen Kosten in einer Fremdwährung bewertet werden, sind mit dem Transaktionskurs umzurechnen und • nicht-monetäre Posten, die mit ihrem beizulegenden Zeitwert (→ *Neubewertung*; → *Stichtagszeitwert*)	Geschäftsvorfälle in Fremdwährung sind bei der Zugangsbuchung zum Transaktionskurs in die Berichtswährung umzurechnen. In Folgeperioden dürfen Kursgewinne nicht, müssen Kursverluste dagegen grds berücksichtigt werden (imparitätische Abgrenzung). Für Fremdwährungsverbindlichkeiten gilt entspr das Höchstwertprinzip. Eine Bewertung der kurzfristigen Vermögensgegenstände und Schulden zu Stichtagskursen ist trotz formalem Verstoß gegen das Realisationsprinzip für zulässig zu erachten (IDW RS HFA 2.18). Dies gilt jedoch nicht für langfristige Forderungen und Verbindlichkeiten sowie für andere Ver-

Kriterium	US-GAAP
Einbeziehung von Fremdwährungseffekten (Fremdwährungsdifferenzen (Forts)	rungsgeschäfte zwischen vollkonsolidierten verbundenen Unternehmen bzw mit gem der Equity-Methode einbezogenen Unternehmen (SFAS 52.20; sog Nettoinvestitionen) sind Umrechnungserfolge erfolgsneutral (im Wege des other comprehensive income; → *Gesamtleistung*) zu erfassen. Gewinne und Verluste aus Kursänderungen sind erfolgswirksam zu erfassen (SFAS 52.15).
Öffentliche Zuwendungen	Zuwendungen sind unter den Verbindlichkeiten auszuweisen, solange die an die Zuwendungsgewährung geknüpften Voraussetzungen noch nicht erfüllt sind. Sobald die Voraussetzungen erfüllt werden, ist bis zur Realisierung eine Forderung in Höhe der Zuwendung auszuweisen, soweit die Mittel noch nicht zugegangen sind. Zuwendungen, einschl nicht-monetärer Zuwendungen, sind mit dem beizulegenden Zeitwert zu bewerten und in den Folgeperioden planmäßig zu erfassen. Erfolgt die Zuwendung durch die Gewährung eines unverzinslichen oder niedrig verzinslichen Darlehens, ist die Verbindlichkeit mit dem Marktzins zu diskontieren. Soweit der Erwerb eines Vermögenswerts gefördert werden soll, kürzt die Zuwendung entweder die Anschaffungs- oder Herstellungskosten bzw ist passivisch als → *Sonderposten für/aus Subventionen* auszuweisen.

IAS/IFRS	HGB
in einer Fremdwährung bewertet werden, sind mit dem Kurs, der zum Zeitpunkt der Ermittlung des Wertes gültig war, umzurechnen. Die Umrechnungsdifferenzen sind grds als Aufwand oder als Ertrag in der Periode zu erfassen, in der sie entstanden sind, mit Ausnahme der folgenden Fälle, in denen die Umrechnungsdifferenz als Eigenkapital anzusetzen und erst zum Zeitpunkt der Veräußerung als Aufwand oder Ertrag zu erfassen ist (IAS 21.17 u 19, IAS 39.164): • Umrechnungsdifferenzen aus einem monetären Posten, der iW als Teil einer Nettoinvestition in eine wirtschaftlich selbständige, ausländische Einheit anzusehen ist, • Umrechnungsdifferenzen aus einer Fremdwährungsschuld aus einem Kurssicherungsgeschäft einer Nettoinvestition in eine wirtschaftlich selbständige, ausländische Teileinheit, • Absicherung der Beteiligung an einem ausländischen Tochterunternehmen. Für den Sonderfall von Umrechnungsdifferenzen, • die aus einer erheblichen Abwertung oder dem Verfall einer Währung resultieren, gegen die bzw den praktisch keine Sicherungsgeschäfte möglich sind, und • die Schulden betreffen, die nicht beglichen werden können und • die direkt aus einem kurz zuvor erfolgten Erwerb von in Fremdwährung fakturierten Vermögenswerten resultieren, sieht IAS 21 (noch) die Option zur Einbeziehung dieser Differenzen in die Anschaffungskosten vor (allowed alternative; IAS 21.21 iVm SIC-11). Der angepasste Buchwert ist auf den niedrigeren der beiden Werte aus dem Wiederbeschaffungswert und dem aus dem Verkauf oder der Nutzung des Vermögenswerts erzielbaren Betrag begrenzt.	mögensgegenstände und Schulden (IDW RS HFA 2.19) Die nach IAS 21 bzw SFAS 52 vorgeschriebene Umrechnung von Fremdwährungsforderungen und -verbindlichkeiten zum Stichtagskurs sowie die ergebniswirksame Behandlung der Wertänderungen erfüllen nach Ansicht des DRSC das Einklangserfordernis des § 292 a HGB (DRS 1.66 u 144).
Zuwendungen der öffentlichen Hand, einschl nichtmonetärer Zuwendungen, sind mit dem beizulegenden Zeitwert zu bewerten und in Folgeperioden planmäßig zu erfassen (IAS 20.7 iVm 20.12), dies gilt unabhängig davon, ob ein spezifischer Zusammenhang mit betrieblichen Tätigkeiten besteht (SIC-10). Eine Erfassung hat jedoch nur dann zu erfolgen, wenn eine angemessene Sicherheit dafür besteht, dass (a) das Unternehmen die damit verbundenen Bedingungen erfüllen wird und dass (b) die Zuwendungen gewährt werden. IAS 20 differenziert Zuwendungen für Vermögenswerte und ertragsbezogene Zuwendungen: • Zuwendungen für Vermögenswerte sind in der Bilanz entweder als passivische Abgrenzung (→ *Sonderposten für/aus Subventionen*) darzustellen oder bei der Feststellung des Buchwertes des Vermögens-	Eine gesetzliche Regelung der Bilanzierung von Zuwendungen besteht nicht. Grds kommt gem HFA 1/1984 für nicht rückzahlbare Zuwendungen für Vermögensgegenstände die (a) Kürzung der Anschaffungs- oder Herstellungskosten oder (b) die passivische Abgrenzung mittels eines gesondert zu bildenden Sonderpostens in Frage. Einkommensteuerlich besteht ferner die Option der sofortigen erfolgswirksamen Vereinnahmung. Unbedingt rückzahlbare Zuwendungen sind stets als Verbindlichkeiten auszuweisen. Bedingt rückzahlbare Zuwendungen sind in Abhängigkeit der Bedingung zu bilanzieren. Soweit eine aufschiebende Bedingung an die Zuwendungsgewährung geknüpft ist, erfolgt der Ausweis bis zum Wegfall der Bedingung als

Kriterium	US-GAAP
Öffentliche Zuwendungen (Forts)	Soweit eine Zuwendung wahrscheinlich rückzahlbar wird, ist in Höhe des Zuwendungsbetrags eine Verbindlichkeit auszuweisen.
Stichtagszeitwert	Der Stichtagszeitwert ist der Betrag, zu dem zwischen sachverständigen, vertragswilligen und voneinander unabhängigen Geschäftspartnern ein Vermögenswert getauscht oder eine Schuld beglichen werden kann. Im Regelfall entspricht der Stichtagszeitwert dem Börsen- oder Marktwert bzw einem aus diesem abgeleiteten Wert. In Einzelfällen ist der Stichtagszeitwert als Barwert zu ermitteln.
Neubewertung	Eine Neubewertung ist mit Ausnahme von Sanierungsfällen sowie im Zuge der → *Erstkonsolidierung* nicht zulässig.
– Häufigkeit der Neubewertungen	
– Umfang der Neubewertungen	
– Einstellungen in die/Fortschreibungen der Neubewertungsrücklage	

IAS/IFRS	HGB
werts abzusetzen (IAS 20.24). • Ertragsbezogene Zuwendungen sind erfolgswirksam zu vereinnahmen und entweder als Ertrag oder als Kürzung der entspr Aufwendungen auszuweisen (IAS 20.29). Soweit eine Zuwendung rückzahlbar ist bzw wird, ist zuerst die passivische Abgrenzung aufzulösen und danach ein ggf verbleibender Restbetrag erfolgswirksam zu verrechnen. Soweit Zuwendungen für Vermögenswerte die Anschaffungs- oder Herstellungskosten gekürzt haben, ist eine Wertaufholung unter Berücksichtigung der kumulierten Abschreibungen, wie sie sich ohne Kürzung um Zuwendungen ergeben hätten, vorzunehmen (IAS 20.32).	Verbindlichkeit. Im Fall einer aufhebbaren Bedingung scheidet eine Realisierung bis zum Wegfall der Bedingung grds aus. Insbes scheidet in diesem Fall eine Kürzung der Anschaffungs- oder Herstellungskosten aus. Ertragsbezogene Zuwendungen sind grds erfolgswirksam zu vereinnahmen und als Ertrag auszuweisen. Eine alternative Kürzung der entspr Aufwendungen ist nicht vorzunehmen.
Der Stichtagszeitwert ist der Betrag, zu dem zwischen sachverständigen, vertragswilligen und voneinander unabhängigen Geschäftspartnern ein Vermögenswert getauscht oder eine Schuld beglichen werden kann. Im Regelfall entspricht der Stichtagszeitwert dem Börsen- oder Marktwert bzw einem aus diesem abgeleiteten Wert. In Einzelfällen ist der Stichtagszeitwert als Barwert zu ermitteln.	Der Stichtagszeitwert ist der Betrag, zu dem zwischen sachverständigen, vertragswilligen und voneinander unabhängigen Geschäftspartnern ein Vermögenswert getauscht oder eine Schuld beglichen werden kann. Im Regelfall entspricht der Stichtagszeitwert dem Börsen- oder Marktwert bzw einem aus diesem abgeleiteten Wert. In Ausnahmefällen ist der Stichtagszeitwert als Barwert zu ermitteln.
Das Anlagevermögen darf im Rahmen der Folgebewertung nach erstmaliger Erfassung entweder • zu fortgeführten historischen Anschaffungs- oder Herstellungskosten (benchmark treatment) oder • zu Tageswerten (Neubewertung; allowed alternative treatment) bewertet werden. Der Neubewertungsbetrag entspricht dem einem Anlagewert beizulegenden Zeitwert am Tage der Neubewertung abzgl nachfolgender kumulierter planmäßiger Abschreibungen und nachfolgender kumulierter Wertminderungsaufwendungen (IAS 16.29 u 37 f). Die Neubewertung ist für immaterielle Vermögenswerte an das Vorhandensein eines aktiven Marktes gebunden (IAS 38.64 u 72 f.).	Eine Neubewertung ist mit Ausnahme von Umwandlungsfällen sowie im Zuge der → *Erstkonsolidierung* nicht zulässig.
Neubewertungen haben mit hinreichender Regelmäßigkeit zu erfolgen (IAS 16.29, 38.64). Für Vermögenswerte des Sachanlagevermögens gilt eine alle drei oder fünf Jahre vorgenommene Neubewertung als ausreichend; bei signifikanten Abweichungen vom aktuellen Restwert ist eine erneute Bewertung in kurzen Zeitabständen – im Zweifel jährlich – geboten (IAS 16.32).	
Neubewertungen sind nur für die ganze Gruppe des Anlagevermögens, zu dem der Gegenstand gehört, zulässig (IAS 16.34, 38.70).	
In Höhe der Differenz zwischen den fortgeführten Anschaffungs- oder Herstellungskosten und dem Stichtagszeitwert ist im Eigenkapital eine gesonderte Neubewertungsrücklage auszuweisen. Allerdings ist eine	

Kriterium	US-GAAP
– Einstellungen in die/Fortschreibungen der Neubewertungsrücklage (Forts)	
– Realisierung der Neubewertungsrücklage/Abgang neubewerteter Anlagewerte	
Abschreibung	Abschreibung ist kein Prozess der Bewertung, sondern der Verteilung des gesamten Abschreibungsvolumens in Höhe der Anschaffungskosten eines Vermögenswerts über dessen geschätzte Nutzungsdauer (ARB 43 Ch 9). Das Abschreibungsvolumen eines Gegenstands des Sachanlagevermögens ist auf systematischer Grundlage über dessen Nutzungsdauer zu verteilen. Die Abschreibungsmethode hat dem Verbrauch des wirtschaftlichen Nutzens des Vermögenswerts durch das Unternehmen zu entsprechen. Die Abschreibungen für jede Periode sind als Aufwand zu erfassen, soweit sie nicht in die Buchwerte anderer Vermögenswerte einzurechnen sind. Bestimmte immaterielle Vermögenswerte mit unbestimmter Nutzungsdauer unterliegen nicht der planmäßigen Abschreibung (SFAS 142.16, 18).
– Planmäßige Abschreibung	Als Verfahren der planmäßigen Abschreibung stehen grds • die lineare Methode, • die degressive Methode, • die digitale Abschreibung sowie die annuitätische Methode und • die leistungsabhängige Abschreibung zur Verfügung. Insgesamt dominiert die lineare Methode in der Bilanzierungspraxis. Die Abschreibung beginnt im Zugangsmonat (ratierliche Abschreibung). Eine pauschalierte Ganzjahresabschreibung (bei Zugang während der ersten 6 Monate des Geschäftsjahres) bzw Halbjahresabschreibung (bei Zugang während der letzten 6 Monate) ist grds für zulässig zu erachten. In der US-Bilanzierungspraxis kommt in diesen Fällen jedoch verstärkt die mid-quarter Abschreibung zur Anwendung. Wg der Pflicht (bei Unternehmen mit SEC registrierten Wertpapieren) zur unterjährigen Rechnungslegung kommen derartige Vereinfachungsregelungen zumeist eingeschränkt zur Anwendung.

IAS/IFRS	HGB
Erhöhung aufgrund einer Neubewertung als Ertrag zu erfassen, soweit sie eine in der Vergangenheit als Aufwand erfasste Abwertung desselben Vermögenswerts aufgrund einer Neubewertung rückgängig macht (IAS 16.37 u 56, 38.76, 36.104). Eine Verminderung aufgrund einer Neubewertung ist direkt mit einer zugehörigen Neubewertungsrücklage zu verrechnen, soweit sie den Betrag der entspr Neubewertungsrücklage nicht übersteigt (IAS 16. 38, 38.77). Die Neubewertung kann zu temporären Differenzen führen, auf die latente Steuern abzugrenzen sind. IAS 36 gilt bei Anwendung der Neubewertungsmethode entsprechend.	
Beim Abgang des Anlageguts ist die Neubewertungsrücklage erfolgsneutral in die Gewinnrücklagen umzugliedern (IAS 16.39, 38.78).	
Abschreibung ist kein Prozess der Bewertung, sondern die Verteilung des gesamten Abschreibungsvolumens in Höhe der Anschaffungskosten eines Vermögenswerts über dessen geschätzte Nutzungsdauer. Das Abschreibungsvolumen eines Gegenstands des Sachanlagevermögens ist auf systematischer Grundlage über dessen Nutzungsdauer zu verteilen. Die Abschreibungsmethode hat dem Verbrauch des wirtschaftlichen Nutzens des Vermögenswerts durch das Unternehmen zu entsprechen. Die Abschreibungen für jede Periode sind als Aufwand zu erfassen, soweit sie nicht in die Buchwerte anderer Vermögenswerte einzurechnen sind (IAS 16.41).	Abschreibung ist kein Prozess der Bewertung, sondern die Verteilung des gesamten Abschreibungsvolumens eines Vermögenswerts über dessen geschätzte Nutzungsdauer. Das Abschreibungsvolumen eines Gegenstands des Sachanlagevermögens ist auf systematischer Grundlage über dessen Nutzungsdauer zu verteilen. Die Abschreibungsmethode hat dem Verbrauch des wirtschaftlichen Nutzens des Vermögenswerts durch das Unternehmen zu entsprechen. Faktisch erfolgt die Abschreibung unter der Zielsetzung der Steueroptimierung. Die Abschreibungen für jede Periode sind als Aufwand zu erfassen, soweit sie nicht in die Buchwerte anderer Vermögenswerte einzurechnen sind.
Als Verfahren der planmäßigen Abschreibung stehen grds alle Abschreibungsmethoden zur Verfügung. Explizit werden • die lineare Abschreibungsmethode, • die degressive Abschreibungsmethode und • die leistungsabhängige Abschreibungsmethode (nicht für immaterielle Vermögenswerte) erwähnt (IAS 16.47, 38.96). Die Abschreibung beginnt im Zugangsmonat (ratierliche Abschreibung). Eine pauschalierte Ganzjahresabschreibung (bei Zugang während der ersten 6 Monate des Geschäftsjahres) bzw Halbjahresabschreibung (bei Zugang während der letzten 6 Monate) ist grds für zulässig zu erachten. Wg der Pflicht (bei börsennotierten Unternehmen) zur unterjährigen Rechnungslegung kommen derartige Vereinfachungsregelungen zumeist eingeschränkt zur Anwendung.	Das Gesetz verlangt die planmäßige Abschreibung des abnutzbaren Anlagevermögens (§ 253 Abs 2 HGB). Konkrete Methoden der planmäßigen Abschreibung führt das Gesetz ebenso wenig wie die entspr Nutzungsdauern auf. Die handelsrechtliche Abschreibung ist methodisch stark steueroptimal ausgeprägt. So folgt der anfänglichen degressiven Abschreibung zu steuerlichen Höchstsätzen in der Periode der Übergang auf die lineare Methode, in der die lineare Abschreibung die degressive übersteigt. Die steuerliche Vereinfachungsregel die sog Halbjahresabschreibung (R44 Abs 2 Satz 3 EStR) zählt handelsrechtlich mittlerweile zu den GoB.

Kriterium	US-GAAP
-- Nutzungsdauerbestimmung	Das Abschreibungsvolumen eines Gegenstands des Sachanlagevermögens ist auf systematischer Grundlage über dessen Nutzungsdauer zu verteilen. Die Abschreibungsmethode hat dem Verbrauch des wirtschaftlichen Nutzens des Vermögenswerts durch das Unternehmen zu entsprechen. Die Nutzungsdauerbestimmung erfolgt anhand • physischer Faktoren, wie normalem Verschleiß und Verbrauch sowie einsatzbedingter Abnutzung und • funktionaler Faktoren, wie technischer Veralterung und verminderter Anwendbarkeit. Bei immateriellen Vermögenswerten sind die zeitliche, vertragliche oder rechtliche Limitierung von Nutzungsrechten, die erwartete Nutzung im Unternehmen oder innerhalb einer Gruppe von Vermögenswerten sowie weitere Faktoren zu würdigen (SFAS 142.11).
-- Abschreibungsvolumen	Das Abschreibungsvolumen eines abschreibungsfähigen Vermögenswerts setzt sich aus den historischen Anschaffungs- oder Herstellungskosten abzgl des geschätzten Restwerts zusammen. Bei immateriellen Vermögenswerten wird ein Restbuchwert von Null vermutet (SFAS 142.13).
-- Überprüfung der Nutzungsdauer	Die Nutzungsdauer eines Gegenstands des Anlagevermögens ist regelmäßig zu überprüfen. Bestimmte immaterielle Vermögenswerte sind während der Nutzung ggf von einer planmäßigen Abschreibung auszusetzen; ebenso ist der umgekehrte Sachverhalt möglich (SFAS 142.14, 16).
-- Methodenwechsel	Ein Wechsel der Abschreibungsmethode ist gem APB 20 als → *Wechsel der Rechnungslegungspolitik* zu klassifizieren. Die gewählte Abschreibungsmethode ist von Periode zu Periode stetig anzuwenden, sofern nicht geänderte Umstände einen Wechsel rechtfertigen. Dieser ist nur zulässig, soweit die erhöhte Aussagekraft des Abschlusses durch die Anwendung der neuen Methode die Stetigkeitsdurchbrechung rechtfertigt. Die sog gebrochene Abschreibung ist als Kombinationsverfahren keine eigenständige Abschreibungsmethode. Der Wechsel von der degressiven zur linearen Methode ist in diesem Fall vor dem Hintergrund von Wesentlichkeitserwägungen zu würdigen.
- Außerplanmäßige Abschreibung	Es bestehen allgemeine Regeln zur außerplanmäßigen Abschreibung für langfristige Vermögenswerte

IAS/IFRS	HGB
Die Nutzungsdauer eines abschreibungsfähigen Vermögenswerts ist unter Beachtung der folgenden Faktoren zu schätzen: • voraussichtliche physische Abnutzung, • Veralterung und • rechtliche oder andere Einschränkungen hinsichtlich der Nutzung des Vermögenswerts. Das Abschreibungsvolumen eines immateriellen Vermögenswerts ist planmäßig über seine bestmöglich geschätzte Nutzungsdauer zu verteilen. Es existiert die widerlegbare Vermutung, wonach die Nutzungsdauer eines immateriellen Vermögenswerts zwanzig Jahre ab dem Zeitpunkt der Nutzungsverfügbarkeit des Vermögenswerts nicht überschreiten wird. Die planmäßige Abschreibung beginnt, wenn der Vermögenswert zur Nutzung zur Verfügung steht (IAS 38.79). Für immaterielle Vermögenswerte ohne bestimmbare (Rest-) Nutzungsdauer plant das IASB, die planmäßige Abschreibung zugunsten einer aperiodischen Wertfortführung (Impairment Only-Ansatz) abzuschaffen (ED 3; → *Goodwill*)	Die Festlegung der Nutzungszeiten zur Ermittlung der planmäßigen Abschreibungen auf das Sachanlagevermögen orientiert sich in der Bilanzierungspraxis iA an den AfA-Tabellen der Finanzverwaltung. Soweit keine Werte gem diesen Nutzungsdauertabellen zur Verfügung stehen, erfolgt die Abschreibung tendenziell über kürzere Zeiträume als die wirtschaftliche Nutzungsdauer.
Das Abschreibungsvolumen eines abschreibungsfähigen Vermögenswerts setzt sich aus den historischen Anschaffungs- oder Herstellungskosten oder einem anderem Betrag, der anstelle der Anschaffungs- oder Herstellungskosten im Abschluss angesetzt worden ist, abzgl des geschätzten Restwertes zusammen (IAS 36.5). Bei immateriellen Vermögenswerten wird regelmäßig ein Restbuchwert von Null vermutet (IAS 38.91).	Das Abschreibungsvolumen eines abschreibungsfähigen Vermögensgegenstands sind die historischen Anschaffungs- oder Herstellungskosten. Im Regelfall wird ein Restwert nicht gesondert berücksichtigt.
Die Nutzungsdauer eines Gegenstands des Sachanlagevermögens ist periodisch, diejenige des immateriellen Vermögens mindestens jährlich zu überprüfen. Wenn die Erwartungen erheblich von früheren Schätzungen abweichen, sind die Abschreibungsmethode und die Nutzungsdauer anzupassen (IAS 16.49, 38.94).	Eine regelmäßige Überprüfung der Nutzungsdauer ist gesetzlich nicht geregelt.
Ein Wechsel der Abschreibungsmethode ist als eine Änderung von Schätzungen iSv IAS 8 anzusehen und durch Korrektur des Abschreibungsaufwandes für lfde und künftige Perioden zu berücksichtigen (IAS 16.52, 38.94). Die gewählte Abschreibungsmethode ist von Periode zu Periode stetig anzuwenden, sofern nicht geänderte Umstände einen Wechsel rechtfertigen. Soweit sich der erwartete Abschreibungsverlauf des Vermögenswerts wesentlich geändert hat, ist eine andere Abschreibungsmethode zu wählen, um dem veränderten Verlauf Rechnung zu tragen.	Ein Wechsel der Abschreibungsmethode ist durch Korrektur des Abschreibungsaufwands für lfd und künftige Perioden zu berücksichtigen. Ein Methodenwechsel ist nur in begründeten Ausnahmefällen zulässig (§ 252 Abs 2 HGB).
Das Erfordernis eines außerplanmäßigen Wertminderungsbedarfs ist zu prüfen, sofern ein Anhaltspunkt	Soweit der beizulegende Wert am Bilanzstichtag den Buchwert des Vermögensgegenstands unterschreitet, sind

Kriterium	US-GAAP
– Außerplanmäßige Abschreibung (Forts)	(SFAS 144) sowie Sonderregeln für immaterielle Vermögenswerte, die keiner planmäßigen Abschreibung unterliegen (SFAS 142). Das Erfordernis eines außerplanmäßigen Wertminderungsbedarfs ist zu prüfen, sofern Anhaltspunkte dafür vorliegen, dass der Buchwert eines langfristigen Vermögenswerts nicht wiedererlangt werden kann. Anhaltspunkte für eine mögliche Wertminderung erwachsen aus (SFAS 144.8): • einem drastischen Absinken des Marktpreises, • einem wesentlichen Einsatz- oder Nutzenwechsels sowie einer wesentlichen physischen Änderung des Vermögenswerts, • einer wesentlichen nachteiligen Veränderung der Umweltbedingungen (rechtliche Rahmenbedingungen, Marktentwicklungen oder Maßnahmen von Regulierungs- oder Aufsichtsbehörden), • einer wesentlichen Überschreitung der Anschaffungs- oder Herstellungskosten, • einem Periodenverlust iVm einer Verlusthistorie oder erwarteten negativen künftigen Erfolgsbeträgen aus dem betrachteten Vermögenswert in Zusammenhang mit der Nutzung des Vermögenswerts zur Erwirtschaftung positiver Einkünfte, • einer Einschätzung, den Vermögenswert wahrscheinlich erheblich vor dem ursprünglichen Ende der erwarteten Nutzungsdauer zu veräußern oder anderweitig abgehen zu lassen.
-- Anwendungsbereiche	SFAS 144 ist nicht anzuwenden auf (SFAS 144.5): • Goodwill, • immaterielle Vermögenswerte, die nicht planmäßig abgeschrieben werden, • langfristige Kundenbeziehungen bei Finanzinstrumenten, • Finanzinstrumente, • deferred policy acquisition costs, • latente Steueransprüche, • bestimmte Erdgas- und Erdölvorkommen sowie • bestimmte branchenspezifische Vermögenswerte ua in der Musik- und Filmindustrie sowie der Softwarebranche. Zudem differenziert SFAS 144 die Regeln zur außerplanmäßigen Abschreibung bzgl • langfristiger Vermögenswerte, die künftig weiterhin genutzt werden sollen, und • einzelner langfristiger Vermögenswerte, die veräußert oder anderweitig abgehen werden sollen (→ *discontinued operations* bei Veräußerung von Teileinheiten) Für Vermögenswerte, die veräußert werden sollen, besteht die Notwendigkeit einer außerplanmäßigen Abschreibung für den Fall, dass der erzielbare Verkaufspreis abzgl anfallender Verkaufskosten den Buchwert

<table>
<tr><th>IAS/IFRS</th><th>HGB</th></tr>
<tr><td>dafür vorliegt, dass ein Vermögenswert wertgemindert sein kann. Wenn ein solcher Anhaltspunkt vorliegt, hat das Unternehmen den erzielbaren Betrag des Vermögenswerts zu schätzen (IAS 36.8). Als Anhaltspunkte sind mind die nachfolgenden Informationsquellen zu berücksichtigen (IAS 36.9):
<ul>
<li>externe Informationsquellen:
<ol>
<li>unüblich gesunkener Marktwert,</li>
<li>signifikante nachteilige Veränderungen der Umweltbedingungen (technischer Fortschritt, Marktentwicklungen, Gesetzesänderungen etc),</li>
<li>gestiegene Marktzinssätze oder andere Marktrenditen,</li>
<li>der Buchwert des Reinvermögens übersteigt die Börsenkapitalisierung,</li>
</ol></li>
<li>interne Informationsquellen:
<ol>
<li>Überalterung oder physische Beschädigung,</li>
<li>signifikant nachteilige Veränderungen der Einsatzmöglichkeiten,</li>
<li>Hinweis aus internem Berichtswesen auf geringere wirtschaftliche Leistungsfähigkeit.</li>
</ol></li>
</ul>
Die Werthaltigkeit immaterieller Vermögenswerte ist ohne Erfüllung obiger Anzeichen mindestens am Ende jedes Geschäftsjahres zu prüfen, sofern diese ursprünglich länger als 20 Jahre planmäßig abgeschrieben werden (IAS 38.99).</td>
<td>außerplanmäßige Abschreibungen vorzunehmen.
Im Anlagevermögen treten die außerplanmäßigen Abschreibungen neben die planmäßigen Wertminderungen. Eine außerplanmäßige Abschreibungspflicht im Anlagevermögen ist erst bei dauerhafter Wertminderung zwingend (sog gemildertes Niederstwertprinzip; § 253 Abs 2 Satz 3 HGB). KapGes sowie PHG iSd § 264 a HGB dürfen nur die Finanzanlagen bei bereits vorübergehender Wertminderung außerplanmäßig abschreiben (§§ 253 Abs 2 iVm 279 Abs 2 HGB).
Allerdings besteht ein faktisches Wahlrecht bei steuerlich niedrigerem Teilwert gem §§ 279 Abs 2 iVm 254 HGB (umgekehrte Maßgeblichkeit).
Für Vermögensgegenstände des Umlaufvermögens gilt dagegen stets das strenge Niederstwertprinzip (§ 253 Abs 3 HGB).
Gründe für eine außerplanmäßige Abschreibung resultieren aus
<ul>
<li>außergewöhnlicher technischer (Substanzverzehr, Verschleiß) oder wirtschaftlicher Abnutzung (technischer Fortschritt, Nachfragerückgang),</li>
<li>sinkenden Wiederbeschaffungskosten oder</li>
<li>selbst verschuldeten bzw in Kauf genommenen Wertminderungen (bewusster Erwerb zu überhöhten Anschaffungskosten).</li>
</ul></td></tr>
<tr><td>IAS 36 ist nicht anzuwenden auf (IAS 36.1):
<ul>
<li>Vorräte (IAS 2),</li>
<li>Vermögenswerte, die aus Fertigungsaufträgen entstehen (IAS 11),</li>
<li>latente Steueransprüche (IAS 12),</li>
<li>Vermögenswerte, die aus Aufwendungen für Altersversorgung entstehen (IAS 19),</li>
<li>finanzielle Vermögenswerte (IAS 32),</li>
<li>als Finanzinvestition gehaltene Immobilien, die zum Stichtagszeitwert bewertet werden (IAS 40)</li>
</ul>
Zur Veräußerung bestimmte Sachanlagen, die nicht mehr genutzt werden, sind zu jedem Abschlussstichtag stets einem Werthaltigkeitstest zu unterziehen (IAS 16.59).</td>
<td>Es bestehen mit Ausnahme der differenzierten Vorgehensweise für das Anlage- und Umlaufvermögen keine Begrenzungen des Anwendungsbereichs.</td></tr>
</table>

Kriterium	US-GAAP
-- Anwendungsbereiche (Forts)	des Vermögensgegenstands unterschreitet. Als Verkaufskosten werden in SFAS 144.35 ausdrücklich Kommissionen, Rechtsgebühren und andere Kosten genannt, die im Zusammenhang mit der Eigentumsübertragung stehen. Bei den in diese Kategorie fallenden Vermögenswerten wird die planmäßige Abschreibung sofort ausgesetzt. Eine Eingruppierung setzt ua voraus, dass die betr Vermögenswerte nach der Beschlussfassung zur Veräußerung jederzeit sofort verkauft werden können (SFAS 144.30). Für Vermögenswerte, die voraussichtlich anderweitig abgehen (ua Stilllegung, Tausch, Einbringung) sind die allgemeinen Vorschriften für Vermögenswerte, die nach wie vor genutzt werden sollen, anzuwenden (SFAS 144.27).
-- Bestimmung des niedrigeren Vergleichswerts	Der Wertminderungstest bzgl langfristige Vermögenswerte, die künftig weiterhin genutzt werden sollen, erfolgt durch Gegenüberstellung des Buchwerts und der undiskontierten künftigen Mittelzu- und -abflüsse. Sofern dieser Wert unterhalb des Buchwerts liegt, erfolgt eine außerplanmäßige Abschreibung auf den Stichtagszeitwert.
-- Nettoveräußerungswert/Stichtagszeitwert	Der Stichtagszeitwert ist wie folgt zu bestimmen (SFAS 144.22): 1. aus dem öffentlich festgestellten Marktpreis eines vorhandenen Markts, 2. mittels Schätzung auf der Basis vergleichbarer Vermögenswerte, 3. mittels Schätzung durch Bewertungstechniken.
-- Nutzungswert (IAS)/Bewertungstechniken (US-GAAP)	Schätzungen der erwarteten zukünftigen Mittelzu- und -abflüsse sollen auf der besten Schätzung basieren, die auf Annahmen und Prognosen beruht. Bei der Entwicklung von Schätzungen der erwarteten zukünftigen Mittelzu- und -abflüsse sind alle verfügbaren Informationen einzubeziehen. Die Gewichtung dieser Faktoren muss objektiv nachvollziehbar sein. Soweit eine Bandbreite möglicher Mittelzu- und -abflüsse besteht, erfolgt die Gewichtung mittels der Eintrittswahrscheinlichkeit der Zahlungsströme (SFAS 144.23 f). Alternativ kann das Risiko auch im Zins berücksichtigt werden (CON 7.39 ff). Welche Komponenten in die möglichen Mittelzu- und -abflüsse einbezogen bzw nicht einbezogen werden sollen, wird durch Einzelregelungen bestimmt (zB EITF 95–23 über die Berücksichtigung von Kosten zur Wiederherstellung von Betriebsgeländen und von Kosten für Umweltschäden).
-- Wertminderung	Die potenzielle Wertminderung ist in zwei Schritten zu prüfen. Soweit eine Wertminderung aus den angeführten Gründen vorliegen könnte, sind im ersten Schritt

IAS/IFRS	HGB
Der Buchwert ist dem erzielbaren Betrag gegenüberzustellen, wobei der erzielbare Betrag als der höhere der beiden Beträge aus Nettoveräußerungswert und Nutzungswert eines Vermögenswerts definiert ist (IAS 36.5).	Als Vergleichswert fungiert der nicht legal definierte beizulegende Wert. Dieser entspricht im Regelfall dem Markt- oder Börsenpreis, wobei dieser in Abhängigkeit des zu prüfenden Vermögensgegenstands aus dem Absatz- oder dem Beschaffungsmarkt abzuleiten ist. Für bestimmte Vorräte gilt zudem das Prinzip des doppelten Minimums. Bei der Bewertung von Beteiligungen und immateriellen Vermögensgegenständen ist grds auf den Ertragswert abzustellen.
Der Nettoveräußerungswert ist der Betrag, der durch den Verkauf eines Vermögenswerts in einer Transaktion zu Marktbedingungen zwischen sachverständigen, vertragswilligen Parteien nach Abzug der Veräußerungskosten erzielt werden könnte (IAS 36.5).	Der Nettoveräußerungswert ist der Betrag, der durch den Verkauf eines Vermögensgegenstands in einer Transaktion zu Marktbedingungen zwischen sachverständigen, vertragswilligen Parteien nach Abzug der Abgangsaufwendungen erzielt werden könnte.
Der Nutzungswert ist der Barwert der geschätzten künftigen Mittelzu- und -abflüsse, die aus der fortgesetzten Nutzung eines Vermögenswerts und seinem Abgang am Ende seiner Nutzungsdauer erwartet werden (IAS 36.5). Bei der Ermittlung des Nutzungswertes müssen die Cash-Flow-Prognosen (IAS 36.27): (a) auf vernünftigen und vertretbaren Annahmen, (b) auf den jüngsten von der Unternehmensleitung genehmigten Finanzplänen/Vorhersagen (grds max 5 Jahre) und, (c) wenn sie jenseits des Planungshorizonts liegen, grds auf Extrapolationen unter Anwendung einer gleichbleibenden oder rückläufigen Wachstumsrate beruhen. Zur Diskontierung ist ein Zinssatz vor Steuern heranzuziehen, der die gegenwärtigen Marktbewertungen über den Zinseffekt und die spezifischen Risiken eines Vermögenswerts widerspiegelt (IAS 36.48).	Eine Barwertbetrachtung ist mit Ausnahme des Ertragswertverfahrens zur Beteiligungsbewertung nicht vorgesehen.
Nur wenn der erzielbare Betrag eines Vermögenswerts geringer als sein Buchwert ist, ist der Vermögenswert erfolgswirksam auf seinen erzielbaren Betrag abzu-	Eine außerplanmäßige Abschreibung ist erfolgswirksam vorzunehmen, soweit der beizulegende Wert gem Niederstwertprinzip den Buchwert unterschreitet.

Kriterium	US-GAAP
-- Wertminderung (Forts)	die künftigen undiskontierten Mittelzu- und -abflüsse zzgl eines erwarteten Veräußerungserlöses dem Buchwert gegenüberzustellen. Liegt dieser Vergleichswert unterhalb des Buchwerts, ist im zweiten Schritt ein Wertminderungsverlust in Höhe des Unterschiedsbetrags zwischen dem Buchwert und dem → *Stichtagszeitwert* zu bestimmen und erfolgswirksam zu erfassen.
-- Anpassung der planmäßigen Abschreibungen	Der planmäßige Abschreibungsaufwand künftiger Perioden ist anzupassen. Der Buchwert nach außerplanmäßiger Abschreibung fungiert als neue Anschaffungs- und Herstellungskostenbasis (SFAS 144.15).
-- Zahlungsmittelgenerierende Einheit (CGU)/ Gruppe von Vermögenswerten	Falls es nicht möglich ist, die Mittelzu- und -abflüsse für einen einzelnen Vermögenswert zu bestimmen, sind Vermögenswerte zu einer Gruppe zusammenzufassen. Eine Bewertungseinheit ist diesbzgl die kleinste identifizierbare Gruppe von Vermögenswerten, die Mittelzu- und -abflüsse aus der fortgesetzten Nutzung erzeugt, die größtenteils unabhängig von den Mittelzu- und -abflüssen anderer Vermögenswerte oder einer Gruppe von Vermögenswerten ist. Bzgl der Zusammensetzung der Gruppe gilt der Stetigkeitsgrundsatz (SFAS 144.10).
-- Goodwill	Der Goodwill sowie die übrigen immateriellen Vermögenswerte, die keiner planmäßigen Abschreibung unterliegen, sind nach SFAS 142 mindestens jährlich auf ihre Werthaltigkeit zu überprüfen. Die Analyse erfolgt auf der Basis einer an der Segmentberichterstattung angelehnten Ebene der Berichtseinheit. In einem ersten Schritt sind die Buchwerte der Berichtseinheit ihrem Stichtagszeitwert gegenüber zu stellen. Liegt dieser Vergleichswert unterhalb des Buchwerts, ist in einem zweiten Schritt der Stichtagszeitwert im Rahmen einer fiktiven Kaufpreisallokation entspr den Regeln zur Erstkonsolidierung auf die Vermögenswerte und Schulden aufzuteilen. Der verbleibende Restbetrag bildet den implizierten Stichtagszeitwert des Goodwill. Soweit dieser unterhalb des Buchwerts liegt, ist auf den implizierten Stichtagszeitwert erfolgswirksam abzuschreiben (SFAS 142.18 ff). Die übrigen immateriellen Vermögenswerte, die keiner planmäßigen Abschreibung unterliegen, sind mindestens jährlich durch Gegenüberstellung mit ihren Stichtagszeitwerten auf ihre Werthaltigkeit zu prüfen. In Höhe der Differenz des niedrigeren Stichtagszeit-

IAS/IFRS	HGB
schreiben (IAS 36.58 f). Übersteigt der Wertminderungsaufwand den Buchwert, ist der Restbetrag als Schuld zu passivieren, soweit ein anderer IAS dieses verlangt (IAS 36.61). Der Wertminderungsaufwand kürzt bei neubewerteten Anlagen indes die Neubewertungsrücklage (→ *Neubewertung*). Entschädigungen für die Wertminderung oder den Verlust von Gegenständen des Sachanlagevermögens sind als einzelne wirtschaftliche Ereignisse gesondert zu bilanzieren (SIC-14.4) und gehen daher nicht in die Bestimmung von Wertminderungen ein.	
Der planmäßige Abschreibungsaufwand künftiger Perioden ist anzupassen (IAS 36.62).	Der planmäßige Abschreibungsaufwand künftiger Perioden ist anzupassen.
Falls es nicht möglich ist, den erzielbaren Betrag für den einzelnen Vermögenswert zu schätzen, hat ein Unternehmen den erzielbaren Betrag der cash-generating unit (CGU) zu bestimmen, zu der der Vermögenswert gehört (IAS 36.65). Eine CGU ist die kleinste identifizierbare Gruppe von Vermögenswerten, die Mittelzu- und –abflüsse aus der fortgesetzten Nutzung erzeugen, die größtenteils unabhängig von den Mittelzu- und -abflüssen anderer Vermögenswerte oder anderer Gruppen von Vermögenswerten sind (IAS 36.5). Bzgl der Zusammensetzung der CGU gilt der Stetigkeitsgrundsatz (IAS 36.71).	Die außerplanmäßige Abschreibung ist gem dem Grundsatz der Einzelbewertung für jeden Vermögensgegenstand separat durchzuführen.
Der Goodwill ist planmäßig und darüber hinaus ggf außerplanmäßig abzuschreiben. Soweit sich ein Goodwill auf eine CGU bezieht, hat ein Unternehmen 1. einen ›Bottom-up‹ Test und 2. einen ›Top-down‹ Test durchzuführen. Im Zuge des ‚Bottom-up' Tests ist zu ermitteln, ob der Buchwert des Goodwill auf einer vernünftigen und stetigen Basis der zu prüfenden CGU zugeordnet werden kann. Dieser ist der CGU zur Überprüfung der Wertminderung hinzuzurechnen, soweit dieser Test erfüllt wird. Der ›Top-down‹ Test ist zusätzlich durchzuführen, soweit Zuordnung des Goodwill gem ›Bottom-up‹ Test nicht möglich ist, wobei auf die nächst größere CGU abzustellen ist, der der Goodwill im obigen Sinne zuzurechnen ist. Dieser zusätzliche ›Top-Down‹ Test überprüft – neben der Wertminderung der kleineren Einheit – eine Wertminderung des Goodwill. Die Überprüfung der kleineren CGU ohne Goodwill-Zurechnung auf Wertminderung bleibt bestehen (IAS 36.80). Das IASB plant, analog zu den US-GAAP die planmäßige	Der Goodwill ist wertzuberichtigen, soweit bspw die künftige Ertragslage keine positiven Ergebnisse erwarten lässt. Wenngleich der bilanzielle Charakter des Goodwill (Bilanzierungshilfe, Vermögensgegenstand oder Posten besonderer Art) umstritten ist, wird eine außerplanmäßige Abschreibung auf der Basis des Vorsichtsprinzips gerechtfertigt.

Kriterium	US-GAAP
-- Goodwill (Forts)	werts zum Buchwert ist erfolgswirksam eine außerplanmäßige Abschreibung zu erfassen (SFAS 142.17). Es gilt in beiden Fällen ein Zuschreibungsverbot (SFAS 142.17, 21).
-- Gemeinschaftliche Vermögenswerte	Es existieren keine Sonderregelungen für gemeinschaftliche Vermögenswerte.
-- Wertminderung einer zahlungsmittelgenerierenden Einheit (CGU)	Der Goodwill ist einer Vermögenswertgruppe nur dann zuzuordnen, wenn dieser der Berichtseinheit entspricht oder sie umfasst (SFAS 144.12). Ein Wertminderungsverlust kürzt die langfristigen Vermögenswerte innerhalb der Einheit anteilig auf der Basis ihrer Buchwerte, wobei die Kürzung nicht zur Unterschreitung des individuellen Stichtagszeitwerts führen darf (SFAS 144.14).
- Wertaufholung	Für langfristige Vermögenswerte, die weiterhin betrieblich genutzt werden sollen, besteht ein Zuschreibungsverbot (SFAS 144.15). Für langfristige Vermögenswerte, die zur Veräußerung bestimmt sind, gilt dagegen ein Zuschreibungsgebot, sofern die Gründe für die außerplanmäßige Abschreibung entfallen sind (SFAS 144.37).
-- Bei einzelnen Vermögenswerten	Im Regelfall besteht ein Zuschreibungsverbot.

IAS/IFRS	HGB
Abschreibung für den Goodwill und andere immaterielle Vermögenswerte ohne bestimmbare (Rest-) Nutzungsdauer abzuschaffen. Stattdessen sollen periodische Werthaltigkeitstests des Vermögenswertes bzw der CGU durchgeführt u ggf auf den niedrigeren beizulegenden Wert des Goodwill bzw immateriellen Vermögenswert abgeschrieben werden (ED 3).	
Gemeinschaftliche Vermögenswerte sind Vermögenswerte mit Ausnahme des Goodwill, die zu den künftigen Mittelzu- und -abflüssen sowohl der zu prüfenden CGU als auch anderer CGUs beitragen. Für gemeinschaftliche Vermögenswerte ist ein ›Bottom-up‹ Test bzw die Kombination aus ›Bottom-up‹ und ›Top-down‹ Test analog zum Goodwill durchzuführen (IAS 36.86).	Die Überprüfung der Werthaltigkeit gemeinschaftlicher Vermögensgegenstände erfolgt gem dem Grundsatz der Einzelbewertung.
Die Wertminderungsvorschriften bzgl einzelner Vermögenswerte gelten analog (IAS 36.86 u 93); ein Wertminderungsverlust ist jedoch in der folgenden Reihenfolge zu verteilen: 1. Kürzung des Goodwill, der der CGU zugeordnet werden kann, 2. anteilige Kürzung der übrigen Vermögenswerte der CGU auf Basis der Buchwerte. Die Zuordnung je Vermögenswert innerhalb der CGU ist jedoch auf die folgenden Beträge begrenzt (IAS 36.88 f): 1. seinen Nettoveräußerungswert (sofern bestimmbar), 2. seinen Nutzungswert (sofern bestimmbar) und 3. Null.	Es sind keine entspr Regelungen vorgesehen.
An jedem Bilanzstichtag ist zu prüfen, ob Anhaltspunkte dafür vorliegen, dass ein in Vorperioden erfasster Wertminderungsaufwand nicht länger besteht oder sich vermindert haben könnte. Diesbzgl sind die angeführten externen und internen Informationsquellen analog zu prüfen (IAS 36.95 f).	Für KapGes sowie PHG iSd § 264 a HGB besteht ein Wertaufholungsgebot; für die übrigen Nicht-KapGes ein Wertaufholungswahlrecht. Die erfolgswirksame Zuschreibung ist auf jenen Betrag höchstbegrenzt, der sich bei fortgeführten Anschaffungs- oder Herstellungskosten ohne Vornahme der entspr außerplanmäßigen Abschreibung ergeben hätte (§§ 280 Abs 1, 253 Abs 5 HGB). Bisher konnte eine Zuschreibung unter Berufung auf § 280 Abs 2 HGB stets vermieden werden. Geänderte steuerliche Vorschriften (Steuerentlastungsgesetz 1999/2000/2002) setzen diese Vorschrift außer Kraft. Der Verzicht auf Wertaufholungen nach SFAS 144 (vormals SFAS 121), kann das Einklangserfordernis des § 292 a HGB verletzen (DRS 1.140)
Es besteht nur dann eine Zuschreibungspflicht, wenn sich eine Änderung in den Schätzungen ergeben hat, die bei der Bestimmung des erzielbaren Betrags herangezogen werden. In diesem Fall ist der Buchwert des Vermögenswerts erfolgswirksam auf seinen erzielbaren Betrag, maximal jedoch auf seinen fortgeführten Buchwert ohne Erfassung eines Wertminderungsverlusts, zu erhöhen (IAS 36.99 u 102).	Die Zuschreibungsregeln beziehen sich gem dem Grundsatz der Einzelbewertung auf einzelne Vermögensgegenstände.

Kriterium	US-GAAP
-- Bei einzelnen Vermögenswerten (Forts)	
-- Bei einer zahlungsmittelgenerierenden Einheit (CGU)	Im Regelfall besteht ein Zuschreibungsverbot.
-- Goodwill	Es besteht ein Zuschreibungsverbot.
-- Anpassung der planmäßigen Abschreibungen	Wg des Zuschreibungsverbots sind die planmäßigen Abschreibungen nicht anzupassen.
- Weitere Abschreibungen -- Steuerliche Mehrabschreibungen	Es ist kein Einfluss von steuerrechtlich motivierten Abschreibungen vorgesehen.
-- Sonstige Abschreibungen	Es existieren neben der planmäßigen sowie der außerplanmäßigen Abschreibung keine weiteren Abschreibungen. Einige Sonderregelungen (ua → *Immaterielles Anlagevermögen;→ im Rahmen von Unternehmenszusammenschlüssen erworbene Entwicklungsleistungen*) entsprechen faktisch sonstigen Abschreibungen. Aus Gründen der Wirtschaftlichkeit können geringwertige Wirtschaftsgüter, sofern sie branchenbezogen wg ihrer Häufigkeit nicht wesentlich sind, im Zugangsjahr sofort abgeschrieben werden.

IAS/IFRS	HGB
Die Zuschreibung neubewerteter Vermögenswerte ist nur in Höhe des in Vorperioden erfolgswirksamen Wertminderungsverlusts erfolgswirksam zu erfassen (→ *Neubewertung*).	
Abweichend zur Wertaufholung bei einzelnen Vermögenswerten ist ein Goodwill vorbehaltlich der Sondervorschriften zur → *Wertaufholung/ Goodwill* nicht zuzuschreiben.	Die Zuschreibungsregeln beziehen sich gem dem Grundsatz der Einzelbewertung auf einzelne Vermögensgegenstände.
Prinzipiell darf ein Goodwill nicht zugeschrieben werden. Ein Ausnahme besteht, soweit (IAS 36.109): 1. der Wertminderungsaufwand durch ein spezielles externes Ereignis von außergewöhnlicher Art verursacht wurde, von dem nicht erwartet wird, dass es sich wiederholt, und 2. nachfolgende externe Ereignisse eingetreten sind, die den Effekt dieses Ereignisses umgekehrt haben.	Während eine außerplanmäßige Abschreibung trotz des umstrittenen bilanziellen Charakters des Goodwill auf der Basis des Vorsichtsprinzips stets gerechtfertigt werden kann, ist eine Zuschreibung ausgeschlossen.
Nach der Erfassung einer Zuschreibung ist der Abschreibungsaufwand der künftigen Perioden entspr anzupassen (IAS 36.106).	Der planmäßige Abschreibungsaufwand künftiger Perioden ist anzupassen.
Es ist kein Einfluss von steuerrechtlich motivierten Abschreibungen vorgesehen.	Für KapGes sowie PHG iSd § 264 a HGB können Abschreibungen auch vorgenommen werden, um Vermögensgegenstände des Anlage- oder Umlaufvermögens mit dem niedrigeren Wert anzusetzen, der auf einer nur steuerrechtlich zulässigen Abschreibung beruht (§§ 254, 279 Abs 1 HGB). Buchungstechnisch kürzen sie entweder die betr Vermögensgegenstände (aktivische Kürzung) oder sind in den Sonderposten mit Rücklageanteil einzustellen und über die Nutzungsdauer des Vermögensgegenstandes aufzulösen (passivische Abgrenzung; § 281 HGB).
Es existieren neben der planmäßigen sowie der außerplanmäßigen Abschreibung keine weiteren Abschreibungen. Aus Gründen der Wirtschaftlichkeit können geringwertige Wirtschaftsgüter, sofern sie branchenbezogen wg ihrer Häufigkeit nicht wesentlich sind, im Zugangsjahr sofort abgeschrieben werden.	Neben der Vereinfachungsregel gem R44 EStR (Halbjahresregelung) zählt die Abschreibung geringwertiger Wirtschaftsgüter (§ 6 Abs 2 Satz 1 EStG) mittlerweile zu den GoB. Ferner dürfen auf Vermögensgegenstände des Umlaufvermögens Abschreibungen auf den nahen Zukunftswert vorgenommen werden (§ 253 Abs 3 Satz 3 HGB). Für Vermögensgegenstände des Sachanlagevermögens sowie Roh-, Hilfs- und Betriebsstoffe kann unter bestimmten Voraussetzungen eine Festbewertung vorgenommen werden (§ 240 Abs 3 HGB). Nicht-KapGes – mit Ausnahme von PHG iSd § 264 a HGB – dürfen darüber hinaus auch Abschreibungen im Rahmen der vernünftigen kaufmännischen Beurteilung vornehmen (§ 253 Abs 4 HGB).

Kapitel 4: Einzelthemen

Kriterium	US-GAAP
Aktivierte Sonderaufwendungen	
Aufwendungen für die Unternehmensgründung	Es besteht grds ein Ansatzverbot. Für start-up Unternehmen gelten Sonderregelungen (SFAS 7), die sich ausschließlich auf erweiterte Angabepflichten beziehen. IPO-Kosten kürzen die Kapitalrücklage auf einer nach-Steuerbasis (SFAS 109.36 c; → *Eigenkapital*).
Aufwendungen für die Ingangsetzung und Erweiterung des Geschäftsbetriebs	Es besteht ein Aktivierungsverbot. Aufwendungen für die Ingangsetzung und Erweiterung des Geschäftsbetriebs sind sofort erfolgswirksam zu erfassen (SOP 98–5.12). Ausnahmen bestehen unter engen Voraussetzungen im Falle eines schuldrechtlichen Vergleichsverfahren, aus dem durch die Neubewertung des Vermögens ein Mehrwert entsteht (SOP 90–7). Für Vorlaufkosten im Zusammenhang mit langfristigen Lieferverpflichtungen bestehen Sonderregelungen. Aufwendungen für Spezialwerkzeuge sind unter bestimmten Voraussetzungen zu aktivieren (EITF 99–5).
Immaterielle Vermögenswerte	
Definition	Ein bilanzierungspflichtiger immaterieller Vermögenswert ist dadurch gekennzeichnet, dass er eindeutig identifizierbar, ohne physische Substanz und nichtmonetär ist. Immaterielle Vermögenswerte sind als eigenständige Vermögenswerte außerhalb des Goodwill auszuweisen, sofern sie • durch vertragliche oder andere Rechtsansprüche begründet werden oder • sie theoretisch verwertbar sind. Es besteht keine Notwendigkeit zu einer eigenständigen Verwertbarkeit. Gleichwohl sind einige immaterielle Vorteile ex definitione dem Goodwill zuzurechnen; bspw Mitarbeiterstamm, gewerkschaftlicher Organisationsgrad, günstige öffentliche Verträge (SFAS 141.39, Appendix A).
Aktivierungsvoraussetzungen	Es ist der Erwerb von immateriellen Vermögenswerten im Rahmen und außerhalb eines Unternehmenszusammenschlusses zu unterscheiden. Eine Aktivierung ist indes in beiden Fällen nach der Definition immaterieller Vermögenswerte bestimmt (SFAS 142.4, 141.39) Dabei ist es unerheblich, ob die immateriellen Vermögenswerte selbst erstellt oder erworben wurden. Kosten für die Entwicklung, den Erhalt oder die Wiederherstellung von immateriellen Vermögenswerten, die

IAS/IFRS	HGB
Es besteht ein Aktivierungsverbot, wenn diese Ausgaben nicht in den Anschaffungs- oder Herstellungskosten eines den Sachanlagen aus IAS 16 zuzuordnenden Postens enthalten sind (IAS 38.57 a). IPO-Kosten kürzen die Kapitalrücklage auf einer nach-Steuerbasis (SIC-17; → *Eigenkapital*).	Es besteht ein Aktivierungsverbot (§ 248 Abs 1 HGB). IPO-Kosten sind erfolgswirksam zu erfassen und werden idR als außerordentlicher Aufwand ausgewiesen (→ *Eigenkapital*).
Es besteht ein Aktivierungsverbot. Aufwendungen für die Ingangsetzung und Erweiterung des Geschäftsbetriebs sind sofort erfolgswirksam zu erfassen (IAS 38.57 a).	Es besteht ein Aktivierungswahlrecht als Bilanzierungshilfe (§ 269 Satz 1 HGB). Im Aktivierungsfall ist der Posten im Anhang zu erläutern und in jedem folgenden Geschäftsjahr zu mind einem Viertel abzuschreiben (§ 282 HGB). Der Ausweis erfolgt als separater Posten vor dem Anlagevermögen. In Höhe der aktivierten Ingangsetzungs- und Erweiterungsaufwendungen besteht eine Ausschüttungssperre (§ 269 Satz 2 HGB).
Ein bilanzierungspflichtiger immaterieller Vermögenswert ist dadurch gekennzeichnet, dass er eindeutig identifizierbar, ohne physische Substanz und nichtmonetär ist. Daneben muss der Vermögenswert für die Erschaffung von Erzeugnissen oder Dienstleistungen, für die Vermietung an Dritte bzw für die Nutzung durch die eigene Verwaltung verwendet werden (IAS 38.7).	Gem § 266 HGB werden die immateriellen Vermögensgegenstände des Anlagevermögens in drei Gruppen gegliedert: • Konzessionen, gewerbliche Schutzrechte und ähnliche Rechte und Werte sowie Lizenzen an solchen Rechten und Werten, • Geschäfts- oder Firmenwert und • geleistete Anzahlungen. Eine Legaldefinition existiert nicht. DRS 12 definiert immaterielle Vermögenswerte als identifizierbare, in der Verfügungsmacht des Unternehmens stehende, nicht-monetäre Vermögenswerte ohne physische Substanz, welche für die Herstellung von Produkten oder das Erbringen von Dienstleistungen, die entgeltliche Überlassung an Dritte oder für die eigenen Nutzung verwendet werden können (DRS 12.7).
Der Ansatz eines immateriellen Vermögenswertes erfolgt, sofern (IAS 38.10 ff): • das Unternehmen den Vermögenswert kontrolliert (IAS 38.13 ff; control), • dem Unternehmen mit hinreichender Wahrscheinlichkeit, auf Basis vernünftiger und begründeter Annahmen (IAS 38.20), der dem Posten zuordenbare künftige wirtschaftliche Nutzen aus dem Vermögenswert zufließen wird (IAS 38.19 a), • der Vermögenswert eindeutig identifizierbar ist	Immaterielle Vermögensgegenstände sind aktivierungspflichtig, wenn sie (§ 248 Abs 2 HGB): • selbständig verkehrsfähig sind, • dem Kaufmann sachlich und personell zugerechnet werden können und • gegen Entgelt erworben wurden. Für selbst erstellte immaterielle Vermögensgegenstände des Anlagevermögens (auch aufgrund eines Dienstvertrags von Dritten bezogen) besteht ein Aktivierungsverbot (§ 248 Abs 2 HGB, DRS 12.8).

Kriterium	US-GAAP
Aktivierungsvoraussetzungen (Forts)	• nicht speziell identifizierbar sind, • eine unbestimmte Laufzeit haben oder • zum lfd Geschäft gehören und Bestandteil eines Unternehmens als Ganzes und mit ihm untrennbar verbunden sind (zB Goodwill), sind sofort erfolgswirksam zu behandeln (SFAS 142.10).
Zugangsformen	Ein immaterieller Vermögenswert kann durch: • gesonderte Anschaffung (SFAS 142.4) oder • Erwerb im Rahmen eines Unternehmenszusammenschlusses (SFAS 141.39) oder • Tausch von Vermögenswerten zugehen bzw • selbst erstellt werden (SFAS 142.5).
– Selbst erstellte immaterielle Vermögenswerte	Für selbst erstellte immaterielle Vermögenswerte, die die → *Aktivierungsvoraussetzungen* erfüllen, besteht ein Aktivierungsgebot (SFAS 142.5, 10). Für Forschungs- und Entwicklungskosten gelten – teilweise mit branchenspezifischen Abweichungen – Sondervorschriften.
– Forschung	Forschung ist die geplante Suche oder kritische Beurteilung zur Erlangung neuer Informationen, mit der Absicht, die Erkenntnisse bei der Entwicklung eines neuen Produkts oder einer neuen Dienstleistung bzw eines neuen Prozesses oder einer neuen Technik einzusetzen oder bedeutende Fortschritte bei bestehenden Produkten oder Prozessen zu erlangen (SFAS 2.8 a). Für Forschungsaufwendungen besteht stets ein Aktivierungsverbot; sie sind sofort als Aufwand zu erfassen (SFAS 2.12).
– Entwicklung	Entwicklung ist die Einführung von Forschungsergebnissen oder anderem Wissens in die Planung oder das Design eines neuen Produkts oder Prozesses bzw in bedeutende Verbesserungen bestehender Produkte und Prozesse (SFAS 2.8 b). Vorbehaltlich branchenspezifischer Ausnahmen besteht ein allgemeines Aktivierungsverbot (SFAS 2.12, EITF 99-5). Im Rahmen der Entwicklung eingesetzte Mittel sind nur dann anzusetzen, sofern sie eine über die konkrete Einzelentwicklung hinausgehende Einsatz-/Verwendungsmöglichkeit haben (SFAS 2.11).
– Aktivierung von Entwicklungskosten/ Kosten selbst erstellter immaterieller Vermögenswerte	Durch eigene Aktivitäten verursachte Kosten für die Entwicklung von identifizierbaren Vermögenswerten sind sofort erfolgswirksam zu verrechnen.

IAS/IFRS	HGB
(IAS 38.10 ff) und • die (Anschaffungs- oder Herstellungs-) Kosten zuverlässig ermittelt werden können (IAS 38.19 b).	Gemäß DRS 12.8 ist ein immaterieller Vermögenswert dann anzusetzen, wenn er entgeltlich erworben worden ist und die folgenden Kriterien erfüllt sind: a) es ist wahrscheinlich, dass dem Unternehmen der künftige wirtschaftliche Nutzen, der diesem Vermögenswert zugeordnet werden kann, zufließt, und b) er ist zuverlässig bewertbar.
Ein immaterieller Vermögenswert kann durch: • gesonderte Anschaffung (IAS 38.23) oder • Erwerb im Rahmen eines Unternehmenszusammenschlusses (IAS 38.27) oder • Erwerb durch Zuwendung der öffentlichen Hand (IAS 38.33) oder • Tausch von Vermögenswerten zugehen (IAS 38.34) bzw • selbst erstellt werden.	Ein immaterieller Vermögenswert kann durch: • gesonderte Anschaffung oder • Erwerb im Rahmen eines Unternehmenszusammenschlusses oder • Tausch von Vermögensgegenständen zugehen.
Für selbst erstellte immaterielle Vermögenswerte, die die → *Aktivierungsvoraussetzungen* erfüllen, besteht ein Aktivierungsgebot (IAS 38.19). Für Forschungs- und Entwicklungskosten gelten Sondervorschriften. IAS 38 ist nicht von Mineralölgesellschaften, erdöl- und erdgasfördernden Unternehmen sowie von Versicherungsgesellschaften anzuwenden (IAS 38.1).	Für selbst erstellte immaterielle Vermögensgegenstände des Anlagevermögens (auch aufgrund eines Dienstvertrags von Dritten bezogen) besteht ein Aktivierungsverbot (§ 248 Abs 2 HGB, DRS 12.8). Das Aktivierungsverbot gilt nicht für selbst erstellte immaterielle Vermögensgegenstände des Umlaufvermögens.
Forschung ist die eigenständige, planmäßige Ermittlung neuer wissenschaftlicher oder technischer Erkenntnisse (IAS 38.7). Für Forschungsaufwendungen besteht stets ein Aktivierungsverbot; sie sind sofort als Aufwand zu erfassen (IAS 38.42).	Es besteht keine Legaldefinition. Für Forschungskosten besteht ein Aktivierungsverbot (§ 248 Abs 2 HGB). DRS 12 definiert Forschung als planmäßige Suche nach neuen wissenschaftlichen Erkenntnissen (DRS 12.7). Forschungskosten sind nicht anzusetzen (DRS 12.A5).
Entwicklung ist die Anwendung von Forschungsergebnissen oder von anderem Wissen auf einen Plan oder Entwurf für die Produktion von neuen oder beträchtlich verbesserten Materialien, Vorrichtungen, Produkten, Verfahren, Systemen oder Dienstleistungen. Die Entwicklung findet dabei vor Aufnahme der kommerziellen Produktion oder Nutzung statt (IAS 38.7). Entwicklungskosten sind aktivierungspflichtig, wenn die Ansatzvoraussetzungen erfüllt sind, in allen anderen Fällen besteht ein Ansatzverbot (IAS 38.45).	Es besteht keine Legaldefinition. Für Entwicklungskosten besteht ein Aktivierungsverbot (§ 248 Abs 2 HGB). Der deutsche Gesetzgeber hat das entspr Mitgliedstaatenwahlrecht der 4. EG-Richtlinie (Art 54) nicht transformiert. DRS 12.7 definiert Entwicklung als die modellhafte Umsetzung der Forschungsergebnisse, damit neue Produkte, Dienstleistungen, Prozesse oder Technologien geschaffen oder bestehende wesentlich verbessert werden. Das DRSC schlägt eine Gesetzesänderung vor, die ein Aktivierungsgebot vorsieht, sofern bestimmte Voraussetzungen erfüllt sind (DRS 12.A5 d). Der Standard sieht aber wg § 248 Abs 2 HGB eine sofortige erfolgswirksame Erfassung vor.
Entwicklungskosten sind aktivierungspflichtig, wenn ein Unternehmen alle folgenden Nachweise erfüllen kann (IAS 38.45):	Das Aktivierungsverbot des § 248 Abs 2 HGB bezieht sich explizit nur auf selbst erstellte Vermögensgegenstände des Anlage-, nicht dagegen auf diejenigen des Umlaufvermögens.

Kriterium	US-GAAP
– Aktivierung von Entwicklungskosten/ Kosten selbst erstellter immaterieller Vermögenswerte (Forts)	Wesentliche Ausnahmen bestehen für • → *Entwicklung von Software zur internen Nutzung* (SOP 98–1), • → *Entwicklung von Websites* (EITF 00–02), • Entwicklung von Software, die zum Verkauf, Leasing oder anderer Vermarktung vorgesehen ist (SFAS 86.0, FIN 6), • Erdöl- und Erdgasexplorationen (SFAS 19, 25, 69), • Aufnahmekosten im Rahmen der Musikindustrie (SFAS 50) und Filmbranche (SFAS 53) sowie • Auftragsforschung und –entwicklung (SFAS 68). Im Rahmen von direct-response Werbekampagnen besteht für diese Marketingmaßnahmen ein Aktivierungsgebot (SOP 93–7.26); alle übrigen Werbekosten sind sofort aufwandswirksam zu verrechnen. Entgeltlich erworbene immaterielle und materielle Vermögenswerte, die im Rahmen von Forschungs- und Entwicklungsaktivitäten eingesetzt werden, bei denen über diesen Einsatz hinaus jedoch keine alternative Nutzungsmöglichkeit besteht, sind sofort aufwandswirksam zu behandeln (SFAS 2.11 a, c)
Zugangsbewertung	Die Zugangsbewertung erfolgt zu → *Anschaffungs- oder* → *Herstellungskosten* (SFAS 142.9), soweit es sich nicht um Vermögenswerte handelt, die im Rahmen eines Unternehmenszusammenschlusses erworben werden. Bei selbst erstellten immateriellen Vermögenswerten gelten im Regelfall nur die mit der Registrierung und Eintragung verbundenen Kosten als Anschaffungskosten.
Folgebewertung	Es besteht keine normierte Höchstbegrenzung der Nutzungsdauer iSe Maximalgrenze. In seltenen Ausnahmefällen sind immaterielle Vermögenswerte nicht planmäßig abzuschreiben, sofern ihre Nutzungsdauer unbestimmt (nicht unbegrenzt – sic!) ist (SFAS 142.11). Die Kriterien zur Bestimmung der wirtschaftlichen Nutzungsdauer entsprechen den allgemeinen Kriterien (→ *Abschreibung/Nutzungsdauerbestimmung).* Die Restnutzungsdauer ist in jeder Berichtsperiode zu überprüfen (SFAS 142.14). Dieses Erfordernis gilt auch für immaterielle Vermögenswerte, die keiner planmäßigen Abschreibung unterliegen. Sofern für diese Vermögenswerte die Nutzungsdauer im Nachhinein bestimmbar wird, ist der Vermögenswert auf seine Werthaltigkeit zu prüfen (→ *außerplanmäßige Abschreibung*) und von dieser Wertbasis ausgehend zukünftig planmäßig über die wirtschaftliche Nutzungsdauer

IAS/IFRS	HGB
• die zur Fertigstellung des immateriellen Vermögenswerts erforderliche technische Realisierbarkeit ist erfüllt, damit die interne Nutzung oder die Marktreife erreicht wird, • die Absicht, den immateriellen Vermögenswert fertigzustellen, um ihn intern nutzen oder verkaufen zu können, • die Fähigkeit, den immateriellen Vermögenswert intern zu nutzen oder zu verkaufen, • der Nachweis, wie der immaterielle Vermögenswert einen voraussichtlichen künftigen Nutzen erzielen wird, • die Verfügbarkeit adäquater technischer, finanzieller und sonstiger Ressourcen, um die Entwicklung abschließen und den immateriellen Vermögenswert nutzen oder verkaufen zu können und • die Fähigkeit, die dem immateriellen Vermögenswert während seiner Entwicklung zurechenbaren Ausgaben zuverlässig zu bewerten. Eine Nachaktivierung ist nicht zulässig (IAS 38.45 u 59). Von der Aktivierung ausgeschlossen sind selbstgeschaffene Markennamen, Drucktitel, Verlagsrechte, Kundenlisten sowie ähnliche Rechte und Werte (IAS 38.51). Selbiges gilt für Aufwendungen für Fortbildungsaktivitäten, für Werbekampagnen und Maßnahmen der Verkaufsförderung, sowie für die Verlegung oder Reorganisation von Unternehmensteilen oder des gesamten Unternehmens (IAS 38.57).	Daher können Entwicklungskosten im Rahmen der Herstellungskosten zur Aktivierung gelangen: • Auftrags- oder objektgebundene Kosten stellen Sondereinzelkosten der Fertigung dar und sind grds in die Herstellungskosten einzubeziehen und zu aktivieren (§ 255 Abs 2 Satz 2 HGB), • Weiterentwicklungskosten zählen zu den Fertigungsgemeinkosten und unterliegen einem Einbeziehungswahlrecht in die Herstellungskosten (§ 255 Abs 2 Satz 3 HGB). Entspr dem Gesetzänderungsvorschlag des DRSC wären Entwicklungskosten aktivierungspflichtig, wenn nachfolgende Voraussetzungen kumulativ erfüllt sind (DRS 12.A5 d): • Es besteht die Absicht und Fähigkeit, den immateriellen Vermögenswert fertig zu stellen sowie ihn zu nutzen oder zu verkaufen, • die Erzielung eines künftigen internen oder externen Nutzens ist nachweisbar, • die in der Entwicklungsphase entstehenden Aufwendungen können dem immateriellen Vermögensgegenstand zuverlässig zugerechnet werden und • die zum Abschluss der Entwicklung und zur Nutzung oder zum Verkauf erforderlichen Mittel sind vorhanden.
Die Zugangsbewertung erfolgt zu → *Anschaffungs- oder* → *Herstellungskosten* (IAS 38.22), soweit es sich nicht um Vermögenswerte handelt, die im Rahmen eines Unternehmenszusammenschlusses erworben werden.	Vermögensgegenstände des Anlagevermögens sind zu → *Anschaffungskosten* zu bewerten (§ 253 Abs 1 Satz 1 HGB, DRS 12.13).
IAS 38 differenziert für die Folgebewertung (IAS 38.63 f): • die Bewertung zu fortgeführten Anschaffungs- oder Herstellungskosten gem Niederstwertprinzip (benchmark treatment) und • die Tageswertbilanzierung (→ *Neubewertung*; allowed alternative treatment). Nur immaterielle Vermögenswerte, für die ein aktiver Markt besteht, dürfen neubewertet werden (IAS 38.64). Immaterielle Vermögenswerte sind planmäßig über die geschätzte wirtschaftliche Nutzungsdauer abzuschreiben (IAS 38.79). Soweit Anzeichen für eine Wertminderung vorliegen, ist eine → *außerplanmäßige Abschreibung* zu prüfen und ggf vorzunehmen (IAS 38.99).	Die historischen Anschaffungskosten sind planmäßig abzuschreiben (→ *planmäßige Abschreibung*; § 253 Abs 2 Satz 1 HGB). Zudem sind ggf außerplanmäßige Abschreibungen auf den niedrigeren beizulegenden Wert vorzunehmen (§ 253 Abs 2 iVm § 279 Abs 1 HGB). DRS 12 sieht keine planmäßige Abschreibung für immaterielle Vermögenswerte vor, deren Nutzung zeitlich unbestimmbar ist (DRS 12.20). Diese Vermögenswerte sind ebenso wie solche mit zeitlich begrenzter Nutzungsdauer jährlich auf ihre Werthaltigkeit zu überprüfen und ggf erfolgswirksam außerplanmäßig auf den niedrigeren beizulegenden Zeitwert abzuschreiben. Vermögenswerte mit zeitlich unbegrenzter Nutzungsdauer sind in Folgejahren planmäßig abzuschreiben, wenn die Nutzungsdauer im Zeitablauf bestimmbar geworden ist (DRS 12.21 f).

Kriterium	US-GAAP
Folgebewertung (Forts)	abzuschreiben (SFAS 142.16). Unter bestimmten Voraussetzungen können für Zwecke der Werthaltigkeitsprüfung immaterielle Vermögenswerte zu einer Gruppe zusammengefaßt werden (EITF 02–7). Für immaterielle Vermögenswerte, die von der Fortführungsbewertung der planmäßigen Abschreibung auf die reine außerplanmäßige Abschreibung übergehen, ist analog vorzugehen (SFAS 142.14). Soweit Anzeichen für eine Wertminderung vorliegen, ist eine → *außerplanmäßige Abschreibung* zu prüfen und ggf vorzunehmen.
– Planmäßige Abschreibung – – Nutzungsdauer – – Methode	SFAS 142.11 nennt eine Reihe von Faktoren, die bei der Bemessung der Nutzungsdauer Berücksichtigung finden sollen. Soweit keine andere Methode besser geeignet ist, den tatsächlichen Nutzungsverlauf widerzuspiegeln, ist die lineare Methode anzuwenden (SFAS 142.12). Die planmäßige Abschreibung beginnt in der der Erstkonsolidierung folgenden Periode (bspw Monat bei unterjährigem Erwerb). Die Schätzung der jeweiligen Restnutzungsdauer ist zu überprüfen und ggf anzupassen. Evtl Änderungen sind bei der Schätzung der zukünftigen Abschreibungsraten zu berücksichtigen bzw es ist auf die Vorgehensweise der reinen außerplanmäßigen Abschreibung überzugehen (→ *Immaterielles Vermögen/Folgebewertung*; SFAS 142.14, 16).
– Außerplanmäßige Abschreibung/Wertaufholung	Es gelten die allgemeinen (bestimmte Nutzungsdauer) und speziellen (unbestimmte Nutzungsdauer) Regelungen zur → *außerplanmäßigen Abschreibung* und → *Wertaufholung*.

IAS/IFRS	HGB
Die wirtschaftliche Nutzungsdauer wird in der Regel 20 Jahre nicht überschreiten (widerlegbare Vermutung). Der Beginn der wirtschaftlichen Nutzung bestimmt den Beginn der planmäßigen Abschreibung (IAS 38.79). Soweit keine andere Methode besser geeignet ist, den tatsächlichen Nutzungsverlauf widerzuspiegeln oder die zeitliche Verteilung des Verbrauchs nicht verlässlich geschätzt werden kann, ist die lineare Methode anzuwenden (IAS 38.88). Im Standardfall ist der Restwert eines immateriellen Vermögenswertes mit null anzusetzen (IAS 38.91). Am Ende eines jeden Geschäftsjahres sind sowohl die Abschreibungsmethode wie auch die Nutzungsdauer zu überprüfen (IAS 38.94).	Die Nutzungsdauer richtet sich nach dem Zeitraum über den der immaterielle Vermögensgegenstand voraussichtlich genutzt werden kann. Der Plan muß die Anschaffungskosten auf die Geschäftsjahre verteilen (§ 253 Abs 2 Satz 2 HGB). Die Methode muß den GoB entsprechen (§ 243 Abs 1 HGB). DRS 12.17 folgend ist die Nutzungsdauer anhand von rechtlichen, wirtschaftlichen und sonstigen Faktoren zu bestimmen, wobei die Nutzungsdauer 20 Jahre (widerlegbare Vermutung) nicht überschreitet (DRS 12.18). Soweit keine andere Methode besser geeignet ist, den tatsächlichen Nutzungsverlauf widerzuspiegeln oder die zeitliche Verteilung des Verbrauchs nicht verlässlich geschätzt werden kann, ist die lineare Methode anzuwenden (DRS 12.19)
Es gelten die allgemeinen Regelungen zur → *außerplanmäßigen Abschreibung* und → *Wertaufholung.* Abweichend von diesen Vorschriften muss der erzielbare Wert für die folgenden immateriellen Vermögenswerte an jedem Bilanzstichtag erneut geschätzt werden, selbst wenn kein Indikator für eine Wertminderung vorliegt (IAS 38.99 u 22.56): • noch nicht nutzbare immaterielle Vermögenswerte, • immaterielle Vermögenswerte, deren angesetzte Nutzungsdauer 20 Jahre übersteigt. Im Rahmen der von ED 3 ›Business Combinations‹ geplanten Überarbeitung von IAS 36 sind immaterielle Vermögensgegenstände darauf hin zu untersuchen, ob Indikationen für eine Wertminderung vorliegen (ED IAS 38). Unabhängig davon, ob eine Wertminderungsindikation vorliegt oder nicht, soll für immaterielle Vermögenswerte mit unbegrenzter Nutzungsdauer stets der erzielbare Betrag zu ermitteln sein (ED IAS 36.8A(a)). Liegt der erzielbare Betrag einer zahlungsmittelgenerierenden Einheit unter ihrem Buchwert, soll dies zunächst zu einer Goodwillabschreibung führen (ED IAS 36.103). Eine Wertaufholung soll zukünftig nach ED IAS 36.123 beim Goodwill nicht zulässig sein.	Es gelten die allgemeinen Regelungen zur → *außerplanmäßigen Abschreibung* und → *Wertaufholung* (ebenso DRS 12.23).

Kriterium	US-GAAP
Entwicklung von Software zur internen Nutzung/ spätere Modifikation bestehender Software	Aufwendungen für die Entwicklung sowie für die Modifikation von intern genutzter Software sind zu aktivieren, wenn die Modifikationen mit großer Sicherheit zusätzliche Funktionalität liefern. In allen übrigen Fällen sind diese Kosten als Periodenaufwand zu erfassen (SOP 98–1.24). Aufwendungen im Zusammenhang mit der Pflege bestehender Anwendungen sind sofort erfolgswirksam zu erfassen (EITF 97–13).
Aufwendungen für – Beratung und – Implementierung (customizing) von Software	Es besteht eine Aktivierungspflicht, soweit • die Projektvorlaufphase abgeschlossen ist und • das Management das Projekt genehmigt hat, die Finanzierung gewährleistet ist, das Projekt wahrscheinlich beendet wird und • die gewünschte Softwarefunktionaliät zum Einsatz kommt. Die Aktivierungspflicht bezieht sich sowohl auf interne als auch externe Beratungs- und Implementierungskosten (sog Applikationsentwicklung; SOP 98–1.21) und schließt Aufwendungen im Rahmen der System-Migration ein. Beispiele für aktivierungspflichtige Aufwendungen sind: • externe direkte Kosten, • Personalkosten für unmittelbar beteiligte Mitarbeiter, • ggf Zinsaufwendungen.
Aufwendungen für Schulungen und Datenumsetzung	Die Aktivierung von Kosten für Schulungen oder Training sowie Datenumsetzung ist nicht zulässig (SOP 98–1.21 u 23).
Entwicklung von Websites	Die Konzepte zur Entwicklung von Software zur internen Nutzung sind ebenfalls auf die Entwicklungskosten von Websites anzuwenden, sofern die Website nicht vermarktet, vergeben bzw anderweitig veräußert wird. Zu den aktivierungspflichtigen Website-Entwicklungskosten zählen: • Registrierung der Domain, • Entwicklung bzw Erwerb von Datenbanken, • Entwicklung von HTML-Pages, • Installierung von Anwendungen auf Servern. Aufwendungen im Zusammenhang mit Webhosting werden über die Nutzungsdauer abgeschrieben (EITF 00–2). Die Vorgehensweise zur möglichen Aktivierung von Aufwendungen im Zusammenhang mit der Entwicklung und Darstellung von Inhalten ist derzeit noch nicht abgeschlossen (EITF 00–20).
Vermögenswert aus Pensionszusagen	Unter bestimmten Voraussetzungen ist in Höhe des noch nicht amortisierten, nachzuverrechnenden Dienstzeitaufwands ein immaterieller Vermögenswert zu aktivieren (SFAS 87.37; → *Leistungsorientierte Pläne-Bilanz*)

IAS/IFRS	HGB
Die bei der Modifikation bestehender Software entstandenen Kosten sind als Periodenaufwand zu erfassen, sofern der bisherige Systemstand lediglich gewahrt bleibt (IAS 16.23). Eine Aktivierungspflicht besteht, sofern die → *Aktivierungsvoraussetzungen* für einen immateriellen Vermögenswert erfüllt sind (IAS 38.10 ff).	Soweit die Modifikation durch das Unternehmen selbst vorgenommen wurde, besteht ein Aktivierungsverbot (§ 248 Abs 2 HGB). Im Fall von Fremdleistungen, die zu einer wesentlichen Verbesserung führen, sind diese Aufwendungen als → *nachträgliche Anschaffungskosten* zu aktivieren (§ 255 Abs 1 Satz 2 HGB).
Soweit Beratungskosten und Kosten der Implementierung von Software nicht Anschaffungs- oder Herstellungskosten zuzuordnen sind, werden die anfallenden Kosten als Aufwand behandelt. Aktivierbar sind somit nur direkt zurechenbare Kosten, die die Software für ihre beabsichtigte Nutzung vorbereiten (IAS 38.24).	Beratungskosten sind Aufwand, wenn sie der Entscheidungsphase und dem Beschaffungsvorgang vorgelagert sind. Die Implementierung von Software dient dazu, den Vermögensgegenstand nach seinem Erwerb in einen betriebsbereiten Zustand zu versetzen und geht mithin grds in die Anschaffungskosten ein (§ 255 Abs 1 Satz 1 HGB), sofern die Leistung durch Dritte erbracht wird.
Die Aktivierung von Kosten für Schulungen oder Training ist nicht zulässig (IAS 38.57). Ebenso sind Aufwendungen für die reine Datenumsetzung nicht zu aktivieren.	Die Aktivierung von Kosten für Schulungen oder Training ist nicht zulässig. Ebenso sind Aufwendungen für die reine Datenumsetzung nicht zu aktivieren.
Entspr SIC- 32 sind Entwicklungskosten für die eigene Website nach den Voraussetzungen gem IAS 38 aktivierungspflichtig. Insgesamt unterscheidet SIC-32.2 folgende drei Phasen: 1. Planungsphase, die der Forschung iSv IAS 38 entspricht (SIC-32.2 a), 2. Phase der Anwendungs- und Infrastrukturentwicklung, graphische Gestaltung sowie Entwicklung von Inhalten, die der Entwicklung iSv IAS 38 entspricht (SIC-32.2 b, c und d), sowie 3. Betriebsphase (SIC 32.3). Sofern die in IAS 38.45 angeführten sechs Kriterien erfüllt sind, sind Entwicklungskosten für die eigene Website zu aktivieren. Eine Aktivierung kann va am Erfordernis des Nachweises wahrscheinlicher künftiger Nutzenbeiträge scheitern.	Es bestehen keine gesonderten Regelungen. Eine Aktivierung dürfte regelmäßig an § 248 Abs 2 HGB scheitern.
Eine vergleichbare Aktivierungspflicht für immaterielle Vermögenswerte aus Pensionszusagen besteht nicht.	Eine vergleichbare Aktivierungspflicht für immaterielle Vermögenswerte aus Pensionszusagen besteht nicht.

Kriterium	US-GAAP
Geschäfts- oder Firmenwert (Goodwill) – Originärer Geschäfts- oder Firmenwert	Es besteht ein Aktivierungsverbot (SFAS 142.10).
– Goodwill im Rahmen eines Erwerbs einer Sachgesamtheit (asset deal)	Aus dem Erwerb einer Sachgesamtheit, dh einer Gruppe von Vermögenswerten, die nicht im Zuge eines Unternehmenszusammenschlusses erworben wurde, resultiert kein Goodwill. Die Anschaffungskosten sind vollständig auf die einzelnen Vermögenswerte dieser Einheit zu verteilen (SFAS 142.9). Die Regeln zu Unternehmenszusammenschlüssen sind anzuwenden, sofern ein business (EITF 98–3) erworben wird. Für den Erwerb von Finanzinstituten bestehen Sonderregelungen nach SFAS 147.
– Goodwill aus Unternehmenszusammenschlüssen	Es besteht eine Aktivierungspflicht. In Bezug auf die → *außerplanmäßige Abschreibung* gelten die speziellen Regeln der Werthaltigkeitsprüfung auf der Ebene einer Berichtseinheit (→ *Kapitel 4/Vollkonsolidierung/Goodwill*).
– Im Rahmen von Unternehmenszusammenschlüssen erworbene Entwicklungsleistungen	Im Rahmen von Unternehmenszusammenschlüssen erworbene Entwicklungsleistungen, die im Erwerbszeitpunkt noch nicht zu einzelnen identifizierbaren Vermögenswerten geführt haben, kürzen den Goodwill im Jahr der Erstkonsolidierung durch außerplanmäßige Abschreibung erfolgswirksam (sog in-process R&D costs; FIN 4). Im Rahmen des Purchase Method Project des FASB werden Änderungen des Gebotes der außerplanmäßigen Abschreibung diskutiert.
– Latente Steuern	Auf den Goodwill sind keine latenten Steuern abzugrenzen, sofern die Goodwill-Abschreibung steuerlich nicht als Betriebsausgabe anerkannt wird (SFAS 109.30).

IAS/IFRS	HGB
Es besteht ein explizites Aktivierungsverbot (IAS 38.36).	Es besteht ein explizites Aktivierungsverbot (§ 248 Abs 2 HGB).
Ein aus einem asset deal resultierender Goodwill ist grds – wie ein Konsolidierungsgoodwill – zu aktivieren.	Ein aus einem asset deal resultierender Goodwill darf aktiviert werden (Aktivierungswahlrecht; § 255 Abs 4 HGB).
Es besteht eine Aktivierungspflicht. In Bezug auf die → *planmäßige* und → *außerplanmäßige Abschreibung* gelten die allgemeinen Vorschriften für immaterielle Vermögenswerte. Diese unterstellen eine Nutzungsdauer von höchstens 20 Jahren (widerlegbare Vermutung, IAS 22.42). Ein Goodwill, dessen Abschreibungsdauer 20 Jahre übersteigt, ist unabhängig von der Erfüllung der Anhaltspunkte für eine Wertminderung stets einem Werthaltigkeitstest gem IAS 36 zu unterziehen (IAS 22.56). Eine Sofortabschreibung im Zugangsjahr ist nach IAS 22 iVm IAS 36 grds nicht zu rechtfertigen. Im Rahmen der von ED 3 ›Business Combinations‹ geplanten Überarbeitung von IAS 36 soll ein Goodwill nicht mehr planmäßig abgeschrieben sondern stets einem regelmäßigen, d.h. jährlichen → *Werthaltigkeitstest* unterzogen werden um den erzielbaren Betrag zu ermitteln (ED IAS 36.8A(b)). Zu diesem Zweck ist der Goodwill → *zahlungsmittelgenerierenden Einheiten* zuzuordnen (ED IAS 36.73).	Für den Konsolidierungsgoodwill besteht die Option (§ 309 HGB): 1. der Aktivierung und planmäßigen Abschreibung oder 2. der sofortigen erfolgsneutralen Verrechnung mit den (Gewinn)Rücklagen. Die Abschreibung darf entweder 1. zu mind einem Viertel ab dem folgenden Geschäftsjahr oder 2. planmäßig über eine nicht maximal begrenzte Periode, in der der Goodwill voraussichtlich genutzt wird, erfolgen (§ 309 Abs 1 Satz 1 u 2 HGB). Eine ratierliche erfolgsneutrale Verrechnung des Goodwill sowie eine zum Teil erfolgswirksame und zum Teil erfolgsneutrale Behandlung des Goodwill sind unzulässig (DRS 4.29). Gemäß DRS 4.28 ist die erfolgsneutrale Verrechnung des Goodwill mit dem Konzern-Eigenkapital nicht mit DRS 4 vereinbar. Wird der Goodwill in einem nach international anerkannten Rechnungslegungsgrundsätzen aufgestellten Konzernabschluss (§ 292 a HGB) so bewertet wie in SFAS 141 und SFAS 142 vorgesehen (impairment only approach), ist das Einklangerfordernis des § 292 a HGB erfüllt (DRS 1 a.11).
Die IAS/IFRS regeln diesen Sachverhalt (noch) nicht gesondert. Eine vergleichbare außerplanmäßige Abschreibung im Jahr der Erstkonsolidierung dürfte kaum zu rechtfertigen sein. ED 3 iVm ED IAS 38 sieht eine Aktivierung der in Rede stehenden Entwicklungsleistungen vor.	Das HGB regelt diesen Sachverhalt nicht gesondert. Eine vergleichbare außerplanmäßige Abschreibung im Jahr der Erstkonsolidierung dürfte kaum zu rechtfertigen sein.
Auf den Goodwill sind keine latenten Steuern abzugrenzen, sofern die Goodwill-Abschreibung steuerlich nicht als Betriebsausgabe anerkannt wird (IAS 12.15 u 66)	Auf den Goodwill sind keine latenten Steuern abzugrenzen (§§ 274, 306 HGB), da dieser keine timing difference iSd Gesetzes ist (DRS 10.18).

Kriterium	US-GAAP
Aufwendungen für Werbung	Sofortige erfolgswirksame Erfassung oder Abgrenzung und erfolgswirksame Erfassung zum Zeitpunkt der ersten Werbeplatzierung (angabepflichtige accounting policy decision). Eine Aktivierungspflicht besteht in den engen Grenzen der sog direct-response Werbung (SOP 93–7). Zur bilanziellen Behandlung von Werbekostenzuschüssen s EITF 01–9.

Sachanlagevermögen

Ansatzvoraussetzungen	Unter property, plant and equipment ist das Sachanlagevermögen auszuweisen, das im Unternehmen zur Produktion von Gütern und zur Erbringung von Dienstleistungen bestimmt ist und dessen betriebsgewöhnliche Nutzungsdauer länger als der Wiedergeldwerdungsprozess oder grds länger als ein Jahr ist (ARB 43 Ch 3A). Bestimmte nicht betriebsnotwendige Sachanlagen (bspw Vorratsgrundstücke) sind unter den übrigen Vermögenswerten oder den übrigen Kapitalanlagen auszuweisen. Im Rahmen des FASB Projects Certain Costs and Activity Related to Property, Plant, and Equipment, das vom AcSEC übernommen wurde, wird die bilanzielle Behandlung von Sachverhalten, die das Anlagevermögen betreffen (ua components approach), sehr umfangreich diskutiert.
Gruppen des Sachanlagevermögens (Klassifikation)	Das Sachanlagevermögen ist sinnvoll zu gruppieren (APB 12.5). SEC-berichtspflichtige Unternehmen untergliedern die Sachanlagen üblicherweise wie folgt (Reg S-X, Rule 12–06): • Grundstücke, • Gebäude, • Maschinen und Anlagen, • Leasingobjekte (→ *Finanzierungsleasing*), • Anlagen in Bau.
Zugangsbewertung	Die Zugangsbewertung erfolgt zu → *Anschaffungs- oder* → *Herstellungskosten* (ARB 43 Ch 9). Bestimmte geschätzte Entsorgungskosten können die Anschaffungs- oder Herstellungskosten erhöhen (SFAS 143).
Folgebewertung	Die historischen Anschaffungs- oder Herstellungskosten abnutzbarer Sachanlagen sind planmäßig über die wirtschaftliche Nutzungsdauer abzuschreiben (→ *planmäßige Abschreibung*). Soweit Anzeichen für eine Wertminderung vorliegen, ist eine → *außerplanmäßige Abschreibung* zu prüfen und ggf vorzunehmen.

IAS/IFRS	HGB
Ausgaben für Werbekampagnen und Maßnahmen der Verkaufsförderung sind sofort erfolgswirksam zu erfassen (IAS 38.57 c).	Aufwendungen für Werbung sind vorbehaltlich den Regelungen zur Rechnungsabgrenzung (§ 253 HGB) sofort erfolgswirksam zu erfassen.
Sachanlagen umfassen materielle Vermögenswerte, die ein Unternehmen für Zwecke der Herstellung oder der Lieferung von Gütern und Dienstleistungen, zur Vermietung an Dritte oder für Verwaltungszwecke besitzt und die erwartungsgemäß länger als eine Periode genutzt werden (IAS 16.6). Als Finanzinvestition gehaltene Grundstücke und Bauten(→ *Investment Properties*) fallen in den Anwendungsbereich von IAS 40.	Als Anlagevermögen sind nur Gegenstände auszuweisen, die dazu bestimmt sind, dem Geschäftsbetrieb dauernd zu dienen (§ 247 Abs 2 HGB). Die Posteninhalte sind für KapGes sowie für bestimmte PHG durch das gesetzliche Gliederungsschema vorgeschrieben.
Sachanlagen sind gem IAS 1.66 a gesondert auszuweisen. Als mögliche Sachanlagengruppen führt IAS 16.35 folgende Posten auf: • unbebaute Grundstücke, • Grundstücke und Gebäude, • Maschinen und technische Anlagen, • Schiffe, • Flugzeuge, • Kraftfahrzeuge, • Betriebsausstattung und • Geschäftsausstattung.	Gem § 266 Abs 2 A.II HGB wird die Unterteilung vorgenommen in: • Grundstücke, grundstücksgleiche Rechte und Bauten einschließlich der Bauten auf fremden Grundstücken, • technische Anlagen und Maschinen, • andere Anlagen, Betriebs- und Geschäftsausstattung, • geleistete Anzahlungen und Anlagen im Bau.
Die Zugangsbewertung erfolgt zu → *Anschaffungs- oder* → *Herstellungskosten* (IAS 16.14). Bestimmte geschätzte Entsorgungskosten können die Anschaffungs- oder Herstellungskosten erhöhen (IAS 16.15).	Vermögensgegenstände des Anlagevermögens sind zu → *Anschaffungs- oder* → *Herstellungskosten* zu bewerten (§ 253 Abs 1 Satz 1 HGB). Geschätzte Entsorgungskosten erhöhen die Anschaffungs- oder Herstellungskosten nicht.
IAS 16 differenziert für die Folgebewertung (Wahlrecht; IAS 16.28 f): • die Bewertung zu fortgeführten Anschaffungs- oder Herstellungskosten gem Niederstwertprinzip (benchmark treatment) und • die Tageswertbilanzierung (→ *Neubewertung*; allowed alternative treatment).	Die historischen Anschaffungs- oder Herstellungskosten abnutzbarer Sachanlagen sind planmäßig über die voraussichtliche Nutzungsdauer abzuschreiben (→ *planmäßige Abschreibung*; § 253 Abs 2 Satz 1 HGB). Zudem sind ggf → *außerplanmäßige Abschreibungen* auf den niedrigeren beizulegenden Wert vorzunehmen (§ 253 Abs 2 iVm § 279 Abs 2 HGB).

Kriterium	US-GAAP
Folgebewertung (Forts)	Soweit die Gründe für die außerplanmäßige Abschreibung in Folgeperioden entfallen, besteht ein Zuschreibungsverbot (→ *Wertaufholung*).
Abgänge	Der Abgang erfolgt durch Veräußerung, Verschrottung, Stilllegung, Tausch oder andere Formen des Ausscheidens des Vermögenswerts. Gewinne und Verluste aus dem Abgang sind erfolgswirksam zu erfassen. Für zur Veräußerung bestimmte Sachanlagen gelten Sonderregeln bzgl der → *außerplanmäßigen Abschreibung*.

Leasing

Definition	Leasing beschreibt eine zeitlich befristete Vereinbarung zur Übertragung des Nutzungsrechts von Sachanlagen (SFAS 13.1). Folgende Arten von Leasing sind zu unterscheiden: 1. Capital Leases (Finanzierungsleasing), 2. Operating Leases (Mietleasing), 3. Sale-and-Leaseback Geschäfte. Leasingverhältnisse sind Gegenstand zahlreicher Standards und Interpretationen. Detaillierte Regelungen bestehen ua für Objektgesellschaften, zur Einbeziehung des Leasingunternehmers in die Bauphase des Leasingobjekts und zur Vorfinanzierung durch den Leasingnehmer (ua FIN 46, EITFs 97–10). EITF 01–8 enthält weitere Regelungen, welche Vereinbarungen als Leasingverträge zu qualifizieren sind sowie Regelungen für den Fall von Vereinbarungen, die sowohl Leasing wie Nicht-Leasing Bestandteile enthalten (zur Bilanzierung bei Verkauf mit Restwertgarantie sa EITF 95–1).
– Finanzierungsleasing	Beim capital lease (Finanzierungsleasing) trägt der Leasingnehmer die Chancen und Risiken am Leasingobjekt, ohne jedoch das rechtliche Eigentum zu besitzen. Aus wirtschaftlichen Gründen ist ein Vertrag dieser

IAS/IFRS	HGB
Die historischen Anschaffungs- oder Herstellungskosten bzw die Zeitwerte abnutzbarer Sachanlagen sind planmäßig über die wirtschaftliche Nutzungsdauer abzuschreiben (→ *planmäßige Abschreibung*). Soweit Anzeichen für eine Wertminderung vorliegen, ist eine → *außerplanmäßige Abschreibung* zu prüfen und ggf vorzunehmen (IAS 16.53). Entschädigungen für Wertminderungen oder den Verlust von Sachanlagen sind gesondert von außerplanmäßigen Wertminderungen zu erfassen (SIC-14.4). Soweit die Gründe für die außerplanmäßige Abschreibung in Folgeperioden entfallen, besteht ein Zuschreibungsgebot (IAS 36.99→ *Wertaufholung*).	Soweit die Gründe für die → *außerplanmäßige Abschreibung* in Folgeperioden entfallen, besteht für Nicht-KapGes mit Ausnahme bestimmter PHG ein Zuschreibungswahlrecht, für KapGes sowie PHG iSd § 264 a HGB ein Zuschreibungsgebot (→ *Wertaufholung*). Eine Festbewertung der Sachanlagen ist zulässig (§§ 240 Abs 3, 284 Abs 2 Satz 3 HGB).
Der Abgang erfolgt durch Veräußerung oder dauerhafte Stillegung des Vermögenswerts, von dem kein künftiger wirtschaftlicher Nutzen mehr erwartet wird (IAS 16.55). Gewinne und Verluste aus dem Abgang oder der Stilllegung sind als Differenz zwischen Restbuchwert und geschätzten Nettoveräußerungserlösen erfolgswirksam zu erfassen (IAS 16.56). Zur Veräußerung bestimmte Sachanlagen, die nicht mehr genutzt werden, sind zu jedem Abschlussstichtag stets einem Werthaltigkeitstest gem IAS 36 zu unterziehen (IAS 16.59).	Der Abgang erfolgt durch Veräußerung oder Verschrottung des Vermögensgegenstands. Gewinne und Verluste aus dem Abgang sind erfolgswirksam zu erfassen.

Ein Leasingverhältnis ist eine Vereinbarung, bei der der Leasinggeber dem Leasingnehmer gegen eine Zahlung oder eine Reihe von Zahlungen das Recht auf Nutzung eines Vermögenswerts für einen vereinbarten Zeitraum überträgt (IAS 17.3). Folgende Arten von Leasing sind zu unterscheiden: 1. Finance Leases (Finanzierungsleasing), 2. Operating Leases (Mietleasing), 3. Sale-and-Leaseback Geschäfte. Für Objektgesellschaften bestehen Sonderregelungen (SIC-12). SIC-27 normiert verschiedene Spezialfälle, in denen ein Unternehmen mittels verschiedener Geschäfte im Rahmen einer Transaktion Vermögenswerte sowohl als Leasinggeber als auch als Leasingnehmer nutzt.	Leasing beschreibt eine Vereinbarung, bei der der Leasinggeber dem Leasingnehmer gegen eine Mietzahlung für eine bestimmte Zeit das Nutzungsrecht eines Vermögensgegenstands überträgt. Neben Miet- können auch Pachtverträge und Rechtsgeschäfte, die eigentlich den Ratenkaufverträgen zuzuordnen sind, sowie Zwischenformen zu den Leasingverträgen zählen. Im HGB ist die Bilanzierung von Leasingverhältnissen nicht geregelt. In der Bilanzierungspraxis kommen idR die verschiedenen Leasingerlasse der Finanzverwaltung zur Anwendung.
Ein Finanzierungsleasing ist ein Leasingverhältnis, bei dem iW alle mit dem Eigentum verbundenen Risiken und Chancen eines Vermögenswerts auf den Leasingnehmer übertragen werden. Dabei kann letztendlich das	Beim Finanzierungsleasing handelt es sich um Leasingverträge, die ihrem wirtschaftlichen Charakter nach einen Ratenkauf unter Eigentumsvorbehalt darstellen. In einer unkündbaren Grundmietzeit müssen mind die Anschaf-

Kriterium	US-GAAP
– Finanzierungsleasing (Forts)	Art über eine bestimmte Laufzeit unkündbar und ermöglicht dem Leasinggeber den Rückfluß des investierten Kapitals einschließlich einer entspr Verzinsung (SFAS 13.10). Beim Finanzierungsleasing bilanziert der Leasingnehmer das Leasingobjekt und schreibt es in Abhängigkeit des Vertrags über die Vertragslaufzeit (Eigentumsübergang bzw günstige Kaufpreisoption) bzw die wirtschaftliche Nutzungsdauer ab (SFAS 13.11).
– Mietleasing	Ein Operating-Leasingverhältnis ist ein Leasingverhältnis, bei dem es sich nicht um ein Finanzierungsleasing handelt. Beim Mietleasing bilanziert der Leasinggeber das Leasingobjekt (SFAS 13.19).
Kriterien zur Abgrenzung von Finanzierungs- und Mietleasing (Abgrenzungskriterien)	Soweit eines der nachfolgenden Kriterien erfüllt ist, liegt ein Finanzierungsleasing vor (SFAS 13.7): 1. Übertragung des rechtlichen Eigentums auf den Leasingnehmer nach Ablauf der Vertragslaufzeit. Die Vertragslaufzeit umfasst die Grundmietzeit zzgl Mietverlängerungsoption, 2. der Leasingvertrag enthält eine günstige Kaufoption, 3. die Vertragslaufzeit umfasst mind 75 % der Nutzungsdauer des Leasinggegenstands (soweit der Beginn des Leasingverhältnisses nicht in die letzten 25 % der Gesamtnutzungsdauer fällt) oder 4. der Barwert der Mindestleasingzahlungen (einschließlich des garantierten Restwerts, jedoch ohne executory costs) beträgt zu Beginn der Vertragslaufzeit mind 90 % des Zeitwerts des Leasinggegenstands. SFAS 13 differenziert darüber hinaus drei Typen von Finanzierungsleasingverträgen, soweit eines der obigen Kriterien erfüllt ist: • Ein sales-type lease vereinigt Verkaufs- und Finanzierungsgeschäft und ist deshalb mit dem Mietkauf vergleichbar. Der Stichtagszeitwert des Leasingobjekts weicht bei sales-type leases um den Händler-Gewinn/Verlust von den Anschaffungs- und Herstellungskosten ab. • Bei direct finance leases entspricht der Stichtagszeitwert des Leasingobjekts den Anschaffungs- oder Herstellungskosten. • Ein leveraged lease entspricht grds einem direct finance lease, involviert jedoch einen Kreditgeber als dritte Vertragspartei.

IAS/IFRS	HGB
Eigentumsrecht übertragen werden oder nicht (IAS 17.3). Beim Finanzierungsleasing bilanziert der Leasingnehmer das Leasingobjekt (IAS 17.12) und schreibt es in Abhängigkeit des Vertrags über die Vertragslaufzeit (kein Eigentumsübergang vorgesehen) bzw die wirtschaftliche Nutzungsdauer ab (IAS 17.19). Die Abschreibungsgrundsätze für Leasinggegenstände haben mit den Grundsätzen übereinzustimmen, die für abschreibungsfähige Vermögenswerte angewendet werden, die sich im Eigentum des Unternehmens befinden (IAS 17.19).	fungs- oder Herstellungskosten zzgl aller Nebenkosten des Leasinggebers durch Ratenzahlung gedeckt sein (sog Vollamortisationsverträge). Bei Teilamortisationsverträge dekken die Leasingraten indes die Anschaffungskosten zzgl Nebenkosten während der Grundmietzeit nicht. Beim Finanzierungsleasing bilanziert der Leasingnehmer das Leasingobjekt und schreibt es über die wirtschaftliche Nutzungsdauer ab. Die Abschreibungsgrundsätze für Leasinggegenstände haben mit den Grundsätzen übereinzustimmen, die für abschreibungsfähige Vermögenswerte angewendet werden, die sich im Eigentum des Unternehmens befinden.
Ein Operating-Leasingverhältnis ist ein Leasingverhältnis, bei dem es sich nicht um ein Finanzierungsleasing handelt (IAS 17.3). Beim Mietleasing bilanziert der Leasinggeber das Leasingobjekt (IAS 17.41).	Voraussetzung eines Operating-Leasing-Verhältnisses ist ein echter Miet- oder Pachtvertrag, dh der Vermieter bleibt rechtlicher und wirtschaftlicher Eigentümer der Miet- und Pachtobjekte und muss diese entspr bilanzieren (Ausnahme: Mieter- und Pächtereinbauten in gemieteten oder gepachteten Grundstücken und Gebäuden). Operating-Leasingverträge sind häufig dadurch gekennzeichnet, dass sie (a) jederzeit kündbar sind und (b) keine Optionsrechte beinhalten.
Soweit eines der nachfolgenden Kriterien erfüllt ist, liegt ein Finanzierungsleasing vor (IAS 17.8): 1. Übergang des rechtlichen Eigentums auf den Leasingnehmer nach Ablauf der Vertragslaufzeit. Die Vertragslaufzeit umfasst die Grundmietzeit zzgl Mietverlängerungsoption, 2. der Leasingvertrag enthält eine günstige Kaufoption, 3. die Laufzeit des Leasingverhältnisses umfasst den überwiegenden Teil der wirtschaftlichen Nutzungsdauer des Leasinggegenstandes, auch wenn das Eigentumsrecht nicht übertragen wird, 4. zu Beginn des Leasingverhältnisses entspricht der Barwert der Mindestleasingzahlungen iW mind dem beizulegenden Zeitwert des Leasinggegenstands oder 5. der Leasinggegenstand hat eine spezielle Beschaffenheit, so dass ihn nur der Leasingnehmer nutzen kann, ohne dass wesentliche Veränderungen vorgenommen werden müssen.	Finanzierungsleasingverträge sind in 1. Vollamortisationsverträge – über bewegliche Wirtschaftsgüter, – über Gebäude, – über Grund und Boden sowie 2. Teilamortisationsverträge zu differenzieren. Die Zurechnung zum Leasingnehmer erfolgt in Abhängigkeit des Vertragstypus wie folgt: • bei Vollamortisationsverträgen über bewegliche Wirtschaftsgüter und Gebäude, wenn – die Grundmietzeit zwischen 40 % und 90 % der betriebsgewöhnlichen Nutzungsdauer beträgt und der Vertrag eine günstige Mietverlängerungs- oder Kaufoption enthält, – die Grundmietzeit unter 40 % bzw über 90 % der betriebsgewöhnlichen Nutzungsdauer beträgt und der Vertrag keine Mietverlängerungs- oder Kaufoption enthält oder – im Fall von Spezialleasing, • bei Vollamortisationsverträgen über Grund und Boden, nur wenn auch das mit dem Grund und Boden verbundene Gebäude dem Leasingnehmer zugerechnet wird, • bei Teilamortisationsverträgen, wenn – der die Vollamortisation übersteigende Mehrerlös zu mindestens 75 % dem Leasingnehmer zugerechnet wird oder – der Vertrag eine günstige Mietverlängerungs- oder Kaufoption beinhaltet.

Kriterium	US-GAAP
Anwendung der Abgrenzungskriterien bei Immobilien-Leasingverträgen	Sind sowohl Grund und Boden als auch Gebäude Gegenstand des Vertrages, so sind folgende Fälle zu unterscheiden: Liegt der Anteil des Marktwertes des Grundstücks bei nicht mehr als 25 % des gesamten Marktwertes oder wurde ein Eigentumsübergang oder eine günstige Kaufoption vereinbart, so ist keine Trennung in Grund und Boden einerseits und Gebäude andererseits vorzunehmen. Die Kriterien zur Klassifizierung sind dann auf das Leasingverhältnis als Einheit anzuwenden. Liegt dagegen der Anteil von Grund und Boden über 25 % des gesamten Marktwertes und wurde keine günstige Kaufoption vereinbart, erfolgt eine Trennung von Grund und Boden sowie Gebäude. Der Anteil des Leasingverhältnisses, der auf Grund und Boden entfällt, ist als Operating Lease zu klassifizieren. Der Gebäudeteil ist unter Anwendung der 4 Kriterien als Operating- oder Finanzierungsleasing zu behandeln.
Zinssatz zur Bestimmung des Barwerts	Der Berechnung des Barwerts der Mindestleasingzahlungen liegt nach SFAS 13 der Marktzins zugrunde, den der Leasingnehmer bei einer vergleichbaren Finanzierung am Markte zahlen müsste (Grenzfremdkapitalzinssatz). Bei Kenntnis des niedrigeren, dem Leasingvertrag zugrunde liegenden Zinssatzes, ist dieser interne Zins anzuwenden (SFAS 13.7 d).
Finanzierungsleasing – Bilanzierung beim Leasingnehmer	Der Leasingnehmer hat als Anschaffungskosten des Leasinggegenstands den Barwert der zukünftigen Mindestleasingraten abzgl der in den Leasingraten enthaltenen Kosten (executory cost) ua für Versicherung, Instandhaltung und Steuern sowie den darauf entfallenden Gewinn zu aktivieren (SFAS 13.10). In gleicher Höhe wird dann eine Verbindlichkeit gegenüber dem Leasinggeber passiviert. Sollten die so ermittelten Anschaffungskosten den Marktwert des Leasinggegenstands übersteigen, ist stattdessen der Marktwert (Wertobergrenze) zu aktivieren und eine Verbindlichkeit in gleicher Höhe zu passivieren (SFAS 13.10).

IAS/IFRS	HGB
Auf Immobilien-Leasingverträge sind nur die ersten beiden Kriterien zur Abgrenzung anzuwenden (IAS 17.11). Die Behandlung von Immobilienleasing soll durch das Improvements-Project des IASB wie folgt angepasst werden: beim Leasing von bebauten Grundstücken sollen zur Klassifizierung des Leasingverhältnisses der Grund und Boden einerseits und das oder die Gebäude andererseits zu trennen sein, sofern das Eigentum nicht insgesamt am Ende der Laufzeit des Leasingverhältnisses auf den Leasingnehmer übergeht (ED IAS 17.11A). Da der Grund und Boden eine unbestimmte Nutzungsdauer hat, soll der auf ihn entfallende Teil des Leasingverhältnisses als Operating-Leasing zu klassifizieren sein, sofern das Eigentum nicht am Ende der Laufzeit des Leasingverhältnisses auf den Leasingnehmer übergeht (ED IAS 17.11A). Der Anteil des Leasingverhältnisses, der auf das Gebäude entfällt, würde unter Anwendung der Kriterien aus IAS 17.8 als Operating- oder Finanzierungsleasing eingeordnet (ED IAS 17.11A). Leasingvorauszahlungen, die zu Beginn des Leasingverhältnisses gezahlt werden, sollen auf die beiden Komponenten aufgeteilt werden (ED IAS 17.11B). Ist eine zuverlässige Aufteilung nicht möglich, soll das Leasingverhältnis insgesamt als Finanzierungsleasing einzuordnen sein, wenn nicht insgesamt ein Operating-Leasing vorliegt (ED IAS 17.11B) Bei unwesentlichem Anteil des Grund- und Bodens sollen Grund und Boden sowie Gebäude als Einheit betrachtet und die Nutzungsdauer des Grund und Bodens mit der des Gebäudes gleichgesetzt werden (ED IAS 17.11C).	
Bei der Berechnung des Barwerts der Mindestleasingzahlungen dient der dem Leasingverhältnis zugrundeliegende Zinssatz als Abzinsungsfaktor, sofern er in praktikabler Weise ermittelt werden kann. Ist dies nicht der Fall, ist der Grenzfremdkapitalzinssatz des Leasingnehmers anzuwenden (IAS 17.12).	Bei der Abzinsung der Leasingrate ist ein angemessener Zinssatz anzusetzen. Die steuerlichen Leasingerlasse unterstellen, dass dem Leasingnehmer die interne Kalkulation des Leasinggebers bekannt ist.
Leasingnehmer haben Finanzierungsleasingverhältnisse als Vermögenswerte und Schulden in gleicher Höhe in ihrer Bilanz anzusetzen und zwar in Höhe des zu Beginn des Leasingverhältnisses beizulegenden Zeitwertes des Leasingobjektes oder mit dem Barwert der Mindestleasingzahlungen, sofern dieser Wert niedriger ist (IAS 17.12). Die Differenz zwischen den Leasingzahlungen und der Verbindlichkeit entspricht den Finanzierungskosten, die auf die Laufzeit des Leasingvertrages iSe konstanten Zinssatzes für die an jedem Bilanzstichtag ausstehende Verbindlichkeit zu verteilen sind (IAS 17.17). Vertragsabschlusskosten sind zu aktivieren und über die	Die Aktivierung erfolgt zu den Anschaffungskosten, dh als Barwert der zu zahlenden Nettoleasingraten. Vertragsabschlusskosten sind nicht zu aktivieren. Als Nettoleasingrate wird die zu zahlende Leasingrate einschl enthaltener Entgelte für noch folgende Leistungen des Leasinggebers bezeichnet. Der Leasingnehmer hat das Leasingobjekt im Anlagevermögen zu bilanzieren.

Kriterium	US-GAAP
Finanzierungsleasing – Bilanzierung beim Leasingnehmer (Forts)	Vertragsabschlusskosten sind zu aktivieren und über die Vertragslaufzeit erfolgswirksam zu verteilen (SFAS 91.5).
– Bilanzierung beim Leasinggeber	Beim sales-type leasing aktiviert der Leasinggeber eine Leasingforderung in Höhe seiner Bruttoinvestition. Der Unterschiedsbetrag zwischen Brutto- und Nettoinvestition des Leasinggebers in das Leasinggeschäft ist in Form eines passivischen Rechnungsabgrenzungsposten als noch unrealisierte Zinseinnahme abzugrenzen und über die Vertragslaufzeit aufzulösen. Der auf Basis des internen Rechnungszinsfußes ermittelte Barwert der Mindestleasingzahlungen (abzgl darin enthaltener Nebenkosten und Gewinnanteile) ist vom Leasinggeber unmittelbar bei Vertragsbeginn als Umsatzerlös zu buchen, wobei die Anschaffungs- und Herstellungskosten des Leasingobjekts als Wareneinsatz (cost of sales) erfasst werden (SFAS 13.17 c). Die Bilanzierung der direct finance leases erfolgt grds auf die gleiche Art wie bei sales type leases. Wesentlicher Unterschied bei der Bilanzierung des leveraged lease ist, dass die Investition netto, dh abzgl des unkündbaren Kredits auszuweisen ist (SFAS 13.43).
Operating-Leasingverhältnis – Bilanzierung beim Leasingnehmer	Bei einem Operating-Leasingverhältnis werden Leasingzahlungen (ausgenommen den Aufwendungen für Leistungen wie Versicherung und Instandhaltung) linear als Aufwand erfasst, es sei denn, eine andere systematische Grundlage entspricht dem zeitlichen Verlauf des Nutzens für den Leasingnehmer, selbst wenn die Zahlungen nicht auf dieser Grundlage erfolgen (SFAS 13.15). Vom Leasinggeber gewährte Anreize für die Vereinbarung eines neuen oder erneuerten Operating-Leasingverhältnisses sind abzugrenzen und linear über die Dauer des Leasingverhältnisses aufzulösen (FTBs 85–3, 88–19).
– Bilanzierung beim Leasinggeber	Beim operating lease sind die Leasinggegenstände als Sachanlagevermögen zu aktivieren. Die direkten Vertragsabschlusskosten (initial direct costs) sind grds abzugrenzen und ratierlich aufzulösen. Bei unwesentlichen Beträgen kann auch eine sofortige Aufwandsverrechnung erfolgen. Eine Abschreibung erfolgt über die betriebsgewöhnliche Nutzungsdauer (SFAS 13.19). Vom Leasinggeber gewährte Anreize für die Vereinbarung eines neuen oder erneuerten Operating-Leasingverhältnisses sind abzugrenzen und kürzen die Leasingerträge über die Laufzeit des Leasingverhältnisses (FTB 88–1).

IAS/IFRS	HGB
Vertragslaufzeit erfolgswirksam zu verteilen (IAS 17.16).	
Leasinggeber haben Vermögenswerte aus einem Finanzierungsleasing in ihren Bilanzen anzusetzen und sie in Höhe des Nettoinvestitionswerts aus dem Leasingverhältnis als Forderung darzustellen (IAS 17.28). Die Erfassung der Finanzerträge ist auf eine Weise vorzunehmen, die eine konstante periodische Verzinsung der ausstehenden Nettoinvestition des Leasinggebers in das Finanzierungsleasingverhältnis widerspiegelt (IAS 17.30). Im Fall eines leveraged lease ist eine Bruttodarstellung zu wählen.	Leasinggeber haben Vermögensgegenstände aus einem Finanzierungsleasing in ihren Bilanzen anzusetzen und sie als Forderung darzustellen. Der Leasinggeber hat das Leasingverhältnis wie ein Mietverhältnis zu bilanzieren.
Bei einem Operating-Leasingverhältnis werden Leasingzahlungen (ausgenommen den Aufwendungen für Leistungen wie Versicherung und Instandhaltung) linear als Aufwand erfasst, es sei denn, eine andere systematische Grundlage entspricht dem zeitlichen Verlauf des Nutzens für den Leasingnehmer, selbst wenn die Zahlungen nicht auf dieser Grundlage erfolgen (IAS 17.26). Die vom Leasinggeber gewährten Anreize für die Vereinbarung eines neuen oder erneuerten Operating-Leasingverhältnisses sind als Reduktion der Leasingaufwendungen über die Dauer des Leasingverhältnisses zu erfassen (SIC-15).	Die Leasingraten sind beim Leasingnehmer sofort aufwandswirksam über die Laufzeit des Leasingverhältnisses zu erfassen.
Leasinggeber haben Vermögenswerte, die Gegenstand von operating leases sind, in ihrer Bilanz entspr der Eigenschaften dieser Vermögenswerte darzustellen (IAS 17.41). Leasingverträge aus operating leases sind im Periodenergebnis linear über die Laufzeit des Leasingverhältnisses zu erfassen, es sei denn, eine andere planmäßige Verteilung entspricht eher dem zeitlichen Verlauf, in dem sich der aus dem Leasinggegenstand erzielte Nutzenvorteil verringert (IAS 17.42). Die dem Leasingnehmer gewährten Anreize für die Vereinbarung eines neuen oder erneuerten Operating-Leasingverhältnisses sind als Reduktion der Leasingerträge über die Dauer des Leasingverhältnisses zu erfassen (SIC-15). Die Abschreibung von Leasinggegenständen hat nach einer Methode zu erfolgen, die in Übereinstimmung mit den üblichen Abschreibungsgrundsätzen des Leasinggebers für ähnliche Vermögenswerte steht (IAS 17.45).	Der Leasinggeber hat den Vermögensgegenstand zu aktivieren, da es sich rechtlich um ein schwebendes Geschäft handelt und er rechtlicher und wirtschaftlicher Eigentümer ist. Der Ausweis erfolgt nach hM im Anlagevermögen. Negative Erfolgsbeiträge beim Vermieter sind dann bilanziell zu berücksichtigen, wenn die Aufwendungen für den Vermögensgegenstand den Miet- bzw Pachtzins, jeweils abgezinst auf den Bilanzstichtag, übersteigen. Die Berücksichtigung erfolgt in Form einer Rückstellung für drohende Verluste. Bewertet wird der Vermögensgegenstand zu den Anschaffungs- oder Herstellungskosten vermindert um die planmäßigen Abschreibungen.

Kriterium	US-GAAP
Sale-and-leaseback-Transaktionen	Grds liegen hier zwei getrennte, jedoch miteinander verknüpfte Verträge vor: 1. der Vertrag über die Veräußerung des künftigen Leasingobjekts vom Leasingnehmer (seller-lessee) an den Leasinggeber (buyer-lessor) und 2. der eigentliche Leasingvertrag (capital oder operating lease). Anhand der bereits genannten → *Abgrenzungskriterien* ist der Leasingvertrag als Finanzierungs- oder Mietvertrag zu klassifizieren und entspr zu bilanzieren (SFAS 13.33). Der Veräußerungsgewinn ist abzugrenzen und über die wirtschaftliche Nutzungsdauer (finance leaseback) oder über die Laufzeit des Leaseback-Vertrages (operate leaseback) zu realisieren. Eine sofortige Gewinnrealisierung ist in Fällen unwesentlicher Restlaufzeiten bzw unwesentlicher Veräußerungserfolge zulässig. Falls der Marktwert des Leasingobjekts jedoch unter seinem Restbuchwert liegt, ist der Verlust zum Zeitpunkt des Abgangs ergebniswirksam zu erfassen. Wegen der wirtschaftlichen Bedeutung von sale-and-leaseback Geschäften im Zusammenhang mit Immobilien wurden SFAS 13 u 28 um die Regelungen in SFAS 98 ergänzt. Diese prüfen ua bei wirtschaftlicher Betrachtungsweise, ob überhaupt ein Verkauf stattgefunden hat. Leasingvertragsmodifikationen mit ähnlichen Auswirkungen wie ein sale-and-leaseback sind wie ein sale-and-leaseback zu behandeln (SFAS 145).

Finanzanlagen/Investments

Definition	Bei der Bilanzierung von Investments ist iW zwischen debt und equity securities zu unterscheiden. Bei debt securities handelt es sich um Wertpapiere, durch die Fremdkapital zur Verfügung gestellt wird (Verbriefung von Gläubigerrechten) bzw bei equity securities um Wertpapiere, durch die Eigenkapital zur Verfügung gestellt wird (Verbriefung von Mitgliedschaftsrechten). In den Regelungsbereich der equity securities fallen Beteiligungen an assoziierten Unternehmen, joint ventures, Tochtergesellschaften und sonstige Beteiligungen. Soweit equity oder debt securities die Definition derivativer Finanzinstrumente erfüllen, fallen sie in den Anwendungsbereich von SFAS 133.

IAS/IFRS

Grds liegen hier zwei getrennte, jedoch miteinander verknüpfte Verträge vor:

1. der Vertrag über die Veräußerung des künftigen Leasinggegenstandes vom Leasingnehmer (seller-lessee) an den Leasinggeber (buyer-lessor) und
2. der eigentliche Leasingvertrag (finance oder operating lease).

Anhand der bereits genannten → *Abgrenzungskriterien* ist der Leasingvertrag als Finanzierungs- oder Mietvertrag zu klassifizieren und entspr zu bilanzieren (IAS 17.49). Der Veräußerungsgewinn aus einem sale and finance leaseback ist abzugrenzen und über die Laufzeit des Leaseback-Vertrages (finance leaseback) zu realisieren (IAS 17.50).

Dagegen ist der Veräußerungserfolg im Fall eines operate leaseback sofort zu realisieren, sofern die Transaktion zum beizulegenden Zeitwert getätigt wird (IAS 17.52). Allerdings differenziert IAS 17 drei Fallkonstellationen mit abweichenden bilanziellen Folgewirkungen (IAS 17.52 u 54):

1. Verkaufspreis < fair value:
   Aktive Abgrenzung eines Veräußerungsverlusts, wenn die Leasingraten unter den marktüblichen Leasingraten liegen und Auflösung über die voraussichtliche Nutzungsdauer; bei marktüblichen Leasingraten sofortige Erfassung von Gewinnen und Verlusten.
2. Verkaufspreis > fair value:
   Passivische Abgrenzung des Unterschiedsbetrags und ertragswirksame Auflösung über die voraussichtliche Nutzungsdauer.
3. Buchwert > fair value:
   sofortige Erfassung des Verlustes.

HGB

Beim Sale-and-leaseback handelt es sich um die Veräußerung eines Vermögensgegenstands durch einen Verkäufer und Vermietung des gleichen Vermögensgegenstands zurück an den Verkäufer. Verkaufspreis und Leasingzahlungen stehen meist im Zusammenhang, da sie gemeinsam fesgelegt werden.

Im Rahmen von operate leaseback Verträgen erfolgt eine Realisierung des Veräußerungsgewinns/-verlusts. Bzgl des finance leaseback wird im Schrifttum teilweise die Meinung vertreten, dass eine Realisierung nicht zu rechtfertigen sei.

Wirtschaftlich gesehen stellen überhöhte Kaufpreise (und entsprechende höhere Leasingraten) ein Darlehen an den Leasingnehmer dar und führen regelmäßig in Höhe der Differenz zu den üblichen Marktpreisen nicht zu einer Gewinnrealisierung.-

---

IAS 39.8 definiert ein Finanzinstrument als einen Vertrag, der gleichzeitig bei dem einen Unternehmen zu einem finanziellen Vermögenswert und bei dem anderen zu einer finanziellen Verbindlichkeit oder einem Eigenkapitalinstrument führt (→ *Finanzinstrumente/Definition*).

IAS 39 ist auf alle Finanzinstrumente (IAS 32.8) vorbehaltlich der nachfolgend angeführten anzuwenden (IAS 39.1, SIC-16):

- Anteile an Tochterunternehmen, assoziierten Unternehmen und Gemeinschaftsunternehmen,
- bestimmte Rechte und Verpflichtungen aus Leasingverhältnissen,
- Vermögen und Schulden aus Altersversorgungsprogrammen,
- bestimmte Ansprüche und Verpflichtungen aus

Da das HGB keine explizite Definition des Finanzanlagevermögens gibt, gilt die Definition des Anlagevermögens nach § 247 Abs 2 HGB auch für die Finanzanlagen. Beteiligungen sind in Wertpapieren oder anderweitig verbriefte Anteile an einem anderen Unternehmen, die bestimmt sind, dem eigenen Geschäftsbetrieb durch die Herstellung einer dauerhaften Verbindung zu jenen Unternehmen zu dienen (§ 271 Abs 1 HGB). Bei großen und mittelgroßen KapGes sowie iSd PHG § 264 a HGB ist für Beteiligungen ein gesonderter Unterposten der Finanzanlagen vorgesehen (§ 266 Abs 2 HGB). Beteiligungen unterliegen den für Vermögensgegenständen des Anlagevermögens geltenden Regeln für Abschreibungen (§§ 253, 279 HGB).

Kriterium	US-GAAP
Definition (Forts)	
Klassifikation	Soweit im Einzelabschluss nicht bereits eine Beteiligungsbewertung at equity erfolgt, sind alle an organisierten Märkten gehandelten Wertpapiere (marketable securities) wie folgt zu kategorisieren (SFAS 115.7 u 12): • bis zur Endfälligkeit gehaltene Investitionen (held-to-maturity), • zur Veräußerung verfügbare Investitionen (available-for-sale), • zu Handelszwecken gehaltene Investitionen (trading). Die jeweils getroffene Klassifikation ist zu jedem Stichtag zu überprüfen und ggf zu korrigieren (SFAS 115.6). Umgliederungen zwischen den Einzelkategorien sind möglich. Finanzanlagen, für die kein Marktpreis bestimmbar ist und die nicht at equity bewertet werden, sind – im Einzel- und Konzernabschluss – zu Anschaffungskosten gem Niederstwertprinzip zu bewerten.
– Bis zur Endfälligkeit gehaltene Finanzinvestitionen	Als bis zur Endfälligkeit gehaltene Finanzinvestitionen werden fremdkapitalverbriefende Wertpapiere erfasst, hinsichtlich derer die Absicht und die Fähigkeit seitens des Bilanzierenden besteht, sie bis zu ihrem Fälligkeitstermin zu halten (SFAS 115.7). Bis zur Endfälligkeit gehaltene Finanzinvestitionen sind als langfristiges Vermögen auszuweisen. Die im Folgejahr fälligen Investments sind jedoch zum Geschäftsjahresende ins kurzfristige Vermögen umzugliedern. Bestimmte Umstände können im Zeitablauf dazu führen, dass diese Wertpapiere gleichwohl vor der Endfälligkeit veräußert werden. SFAS 115 unterscheidet diesbzgl unschädliche (SFAS 115.8) und schädliche (SFAS 115.9) Änderungen. Schädliche Änderungen haben erhebliche Sanktionen zur Folge (ua obligatorische Umgliederung aller Wertpapiere in andere Kategorien sowie Sperrfrist von zwei Jahren).

IAS/IFRS	HGB
Versicherungsverträgen, • emittierte, eigene Eigenkapitalinstrumente, • bestimmte Garantien, • Verträge mit bedingter Gegenleistung im Rahmen eines Unternehmenszusammenschlusses sowie • Verträge, die eine Zahlung bei Eintritt bestimmter klimatischer, geologischer oder sonstiger physikalischer Ereignisse vorsehen (ua sog weather derivatives). ED IAS 39 stellt darüber hinaus klar, dass Kreditzusagen (loan committments) grds weder beim Kreditgeber noch beim Kreditempfänger unter den Anwendungsbereich des (überarbeiteten) Standards fallen. Daneben sieht ED IAS 39 die Ausdehnung des Anwendungsbereichs auf bestimmte Geschäfte zum Kauf/Verkauf von nicht finanziellen Vermögenswerten vor.	
IAS 39.10 differenziert zwischen den folgenden Wertpapierkategorien: • bis zur Endfälligkeit gehaltene Finanzinvestitionen (held-to-maturity), • zur Veräußerung verfügbare finanzielle Vermögenswerte (available-for-sale), • zu Handelszwecken gehaltene finanzielle Vermögenswerte (trading), • vom Unternehmen ausgereichte Kredite und Forderungen (loans and receivables originated by the enterprise). ED IAS 39 sieht darüber hinaus eine weitere Kategorie »financial instruments at fair value« vor. Finanzinstrumente dieser Kategorie wären wie »financial instruments held for trading« zu Marktwerten zu bewerten und Wertänderungen im Periodenergebnis zu erfassen. Das Unternehmen soll sich zum Zeitpunkt der erstmaligen Erfassung sämtlicher Finanzinstrumenten für eine Zuordnung zu dieser Kategorie entscheiden können.	Nach § 266 HGB ist folgende Untergliederung der Finanzanlagen vorgesehen: • Anteile an verbundenen Unternehmen, • Ausleihungen an verbundene Unternehmen, • Beteiligungen, • Ausleihungen an Unternehmen, mit denen ein Beteiligungsverhältnis besteht, • Wertpapiere des Anlagevermögens, • Sonstige Ausleihungen. Die Entwicklung der Beteiligungen muss in der Bilanz oder dem Anhang ausgewiesen werden (§ 268 Abs 2 HGB). In der GuV sind Vermerke über die Erträge aus oder Aufwendungen an Beteiligungen vorgeschrieben (§ 275 Abs 2 HGB). Dies gilt auch für kleine KapGes. Für GmbHs ist der Ausweis von Ausleihungen an unmittelbare Gesellschafter nach § 42 Abs 3 GmbHG gesondert geregelt.
Bis zur Endfälligkeit gehaltene Finanzinvestitionen sind finanzielle Vermögenswerte mit festen oder bestimmbaren Zahlungen sowie einer festen Laufzeit, die das Unternehmen bis zur Endfälligkeit halten kann und will, ausgenommen vom Unternehmen ausgereichte Kredite und Forderungen (IAS 39.10). Für diese Papiere muß die Absicht und die Möglichkeit bestehen, sie bis zur Endfälligkeit zu halten (IAS 39.79, 83 u 87). Bestimmte Umstände können im Zeitablauf dazu führen, dass diese Wertpapiere gleichwohl vor der Endfälligkeit veräußert werden. IAS 39 unterscheidet diesbzgl unschädliche und schädliche Änderungen. Schädliche Änderungen haben erhebliche Sanktionen zur Folge (ua obligatorische Umgliederung aller Wertpapiere in die Kategorie ›zur Veräußerung verfügbare finanzielle Vermögenswerte‹ sowie Sperrfrist von zwei Jahren; IAS 39.83 ff).	Im HGB ist keine vergleichbare Kategorie vorgesehen.

Kriterium	US-GAAP
– Zur Veräußerung verfügbare Investitionen	Als zur Veräußerung verfügbare Investitionen werden Wertpapiere erfasst, die weder den zu Handelszwecken gehaltenen Investitionen angehören noch bis zur Endfälligkeit gehalten werden sollen (SFAS 115.12 b). Diese Investitionen sind entspr der Unternehmensstrategie als kurz- oder langfristiges Vermögen auszuweisen.
– Zu Handelszwecken gehaltene Investitionen	Als zu Handelszwecken gehaltene Investitionen werden eigen- oder fremdkapitalverbriefende Wertpapiere erfasst, deren Veräußerung in nächster Zeit geplant ist (SFAS 115.12 a). Der Ausweis von zu Handelszwecken gehaltenen Investitionen erfolgt im Regelfall im kurzfristigen Vermögen (SFAS 115.17).
Bewertung – Zugangsbewertung	Die Zugangsbewertung erfolgt stets zu Anschaffungskosten (inkl Transaktionskosten; SFAS 115.3).
– Fortführungsbewertung (grds Regelung)	Als finanzielle Vermögenswerte klassifizierte Finanzinvestitionen sind mit dem beizulegenden Zeitwert (fair value) zu bewerten. Hiervon sind jedoch die folgenden Kategorien von finanziellen Vermögenswerten ausgenommen: • bis zur Endfälligkeit gehaltene (held-to-maturity) Finanzinvestitionen und • finanzielle Vermögenswerte, die über keinen notierten Marktpreis verfügen (und nicht in den Anwendungsbereich von SFAS 133 fallen).
– Bis zur Endfälligkeit gehaltene Finanzinvestitionen (held-to-maturity)	Als bis zur Endfälligkeit gehaltene Finanzinvestitionen klassifizierte Investments sind zu fortgeführten Anschaffungskosten zu bewerten (SFAS 115.7). Dauerhafte Wertminderungen führen zu einer außerplanmäßigen Abschreibung auf den niedrigeren Börsen- oder Marktpreis (SFAS 115.16). Interpretationen von dauerhaften Wertminderungen werden durch die Verabschiedung von EITF 03–1 erwartet. Spätere Wertaufholungen lösen bei held-to-maturity Investments keine Zuschreibungspflicht aus, dh der niedrigere Börsen- oder Marktpreis fungiert als neue Wertbasis (SFAS 115.16; Zuschreibungsverbot).

IAS/IFRS	HGB
Zur Veräußerung verfügbare finanzielle Vermögenswerte sind finanzielle Vermögenswerte, ausgenommen (IAS 39.10 u 21): • vom Unternehmen ausgereichte Kredite und Forderungen, • bis zur Endfälligkeit gehaltene Finanzinvestitionen oder • zu Handelszwecken gehaltene finanzielle Vermögenswerte.	Im HGB ist keine vergleichbare Kategorie vorgesehen.
Ein zu Handelszwecken gehaltener finanzieller Vermögenswert ist ein Finanzinstrument, das hauptsächlich mit der Absicht erworben oder eingegangen wurde, einen Gewinn aus kurzfristigen Schwankungen des Preises oder der Händlermarge zu erzielen. Derivative finanzielle Vermögenswerte und Schulden werden immer als zu Handelszwecken gehaltene Finanzinstrumente eingestuft, es sei denn, sie sind zu Sicherungszwecken bestimmt und wirksam eingesetzt (IAS 39.10 u 18).	Im HGB ist keine vergleichbare Kategorie vorgesehen.
Die Zugangsbewertung erfolgt stets zu Anschaffungskosten (inkl Transaktionskosten; IAS 39.66).	Die Zugangsbewertung erfolgt stets zu Anschaffungskosten (inkl Transaktionskosten).
Als finanzielle Vermögenswerte klassifizierte Finanzinvestitionen sind nach IAS 39.69 grds mit dem beizulegenden Zeitwert (fair value) ohne Abzug ggf anfallender Transaktionskosten aus künftigen Verfügungen zu bewerten. Hiervon sind jedoch die folgenden Kategorien von finanziellen Vermögenswerten ausgenommen, die zu fortgeführten Anschaffungskosten bewertet werden: • bis zur Endfälligkeit gehaltene (held-to-maturity) Finanzinvestitionen, • finanzielle Vermögenswerte, die über keinen notierten Marktpreis auf einem aktiven Markt verfügen und deren beizulegender Zeitwert daher nicht verlässlich bestimmt werden kann, • vom Unternehmen ausgereichte Kredite und Forderungen, die nicht zu Handelszwecken gehalten werden.	Es gelten die allgemeinen Regelungen zur → *außerplanmäßigen Abschreibung* und → *Wertaufholung.* Ist eine Wertminderung voraussichtlich dauerhaft, besteht für Finanzanlagen des Anlagevermögens eine Pflicht zur außerplanmäßigen Abschreibung (gemildertes Niederstwertprinzip; §§ 253 Abs 2 Satz 3 u 279 Abs 2 HGB). Eine Bewertung zu Marktwerten, die oberhalb der Anschaffungskosten liegen, ist nicht zulässig. Mit der Verabschiedung der Fair Value Richtlinie (2001/65/EG) wurden die 4. und 7. EG-Richtlinie sowie die Bankbilanzrichtlinie um die Bewertung von Finanzinstrumenten zu Stichtagszeitwerten geändert. Die Richtlinie, die verschiedene Wahlrechte enthält, ist bis zum 1. Januar 2004 in nationales Recht umzusetzen. Der Standardisierungsrat des DRSC hat einen Vorschlag zur Umsetzung der Fair Value Richtlinie erarbeitet.
Bis zur Endfälligkeit gehaltene Investments mit fester Laufzeit sind mit ihren fortgeführten Anschaffungskosten unter Verwendung der Effektivzinsmethode zu bewerten (IAS 39.73). Eine Wertminderung ist erfolgswirksam zu berücksichtigen, sofern wahrscheinlich nicht sämtliche, fälligen Beträge (Nennbetrag und Zinsen) erlangt werden können. Der Abschreibungsbetrag ergibt sich als Differenz zwischen dem bisherigen Wertansatz und dem Barwert der erwarteten Zahlungseingänge unter Zugrundelegung des ursprünglichen Effektivzinsatzes als Abzinsungsfaktor (IAS 39.111). Im Fall variabler Verzinsung ist auf den derzeit maßgeblichen Zinssatz abzustellen (IAS 39.113).	Das HGB kennt keine korrespondierende Kategorisierung. Sämtliche Wertpapiere sind zu fortgeführten Anschaffungskosten zu bewerten.

Kriterium	US-GAAP
– Bis zur Endfälligkeit gehaltene Finanzinvestitionen (held-to-maturity) (Forts)	
– Zur Veräußerung verfügbare Finanzinvestitionen (available-for-sale)	Zur Veräußerung verfügbare Finanzinvestitionen sind mit deren Stichtagszeitwerten zu bewerten (SFAS 115.12). Nicht realisierte holding gains and losses von jederzeit veräußerbaren Investments sind grds erfolgsneutral in einer gesonderten Position im Eigenkapital zu erfassen. Die unrealisierten holding gains and losses sind während des Bestehens eines Sicherungszusammenhangs ganz oder teilweise erfolgswirksam zu erfassen, soweit die zur Veräußerung verfügbaren Investments als Grundgeschäft in einem als fair value hedge klassifizierten Sicherungszusammenhang fungieren (SFAS 133.22). Die holding gains und losses sind entspr der Abgrenzungskonzeption von temporary differences Gegenstand der Steuerabgrenzung nach SFAS 109 (SFAS 115.13). Außerplanmäßige Abschreibungen für vorübergehende Wertminderungen von available-for-sale Investments sind zwingend vorzunehmen und erfolgsneutral zu erfassen. Wertaufholungen sind zwingend vorzunehmen und ebenfalls erfolgsneutral zu erfassen (Zuschreibungsgebot; SFAS 115.16). Außerplanmäßige Abschreibungen wg Wertminderungen sind erfolgswirksam vorzunehmen. Der niedrigere Börsen- oder Marktpreis fungiert als neue Wertbasis der Folgejahre (erfolgswirksames Zuschreibungsverbot; SFAS 115.16).
– Zu Handelszwecken gehaltene Finanzinvestitionen (trading)	Zu Handelszwecken gehaltene Finanzinvestitionen sind mit deren Stichtagszeitwert zu bewerten (SFAS 115.12). Nicht realisierte holding gains and losses von trading Investments sind stets erfolgswirksam zu erfassen (SFAS 115.13).

IAS/IFRS	HGB
Die Ermittlung des Abschreibungsbedarfs kann auf Einzelbasis (bei signifikanten Einzelpositionen) oder auf Basis von Gruppen ähnlicher Vermögenswerte erfolgen (IAS 39.112). Bei besicherten Forderungen, für die eine Zwangsvollstreckung absehbar ist, ist der Abschreibungsbedarf unter Berücksichtigung des Stichtagszeitwerts der Sicherheiten zu ermitteln (IAS 39.113). Verringert sich die Höhe der Wertminderung in einer der folgenden Berichtsperioden und kann diese Verringerung objektiv auf einen nach der außerplanmäßigen Abschreibung aufgetretenen Sachverhalt zurückgeführt werden, ist die außerplanmäßige Abschreibung erfolgswirksam zu berichtigen (Zuschreibungsgebot; IAS 39.114).	
Zur Veräußerung verfügbare Finanzinvestionen sind mit deren Stichtagszeitwerten zu bewerten (IAS 39.69). Gewinne und Verlust aus der Neubewertung sind entweder (IAS 39.103 b): • im Periodenergebnis zu berücksichtigen oder • im Eigenkapital zu erfassen, bis das Investment verkauft, eingezogen oder anderweitig veräußert wird oder bis eine dauerhafte Wertminderung erfolgswirksam zu erfassen ist (IAS 39.110 ff). Die gewählte Vorgehensweise ist stetig anzuwenden (horizontale und vertikale Stetigkeit; IAS 39.104). Das in IAS 39.103 enthaltene Wahlrecht, Gewinne oder Verluste aus Änderungen des beizulegenden Zeitwerts erfolgswirksam zu berücksichtigen, soll durch ED IAS 39 gestrichen werden. Das Wahlrecht wäre aufgrund der neuen Kategorie »financial instruments at fair value« nicht mehr erforderlich. Realisierte und nicht realisierte holding gains and losses sind entspr der Abgrenzungskonzeption von temporary differences Gegenstand der Steuerabgrenzung nach IAS 12. Soweit objektive substantielle Hinweise (IAS 39.110) auf eine Wertminderung des Vermögenswerts schließen lassen, sind die zuvor erfolgsneutral erfassten holding losses erfolgswirksam auszubuchen (IAS 39.117). Im Fall der Wertaufholung besteht ein erfolgswirksames Zuschreibungsgebot (IAS 39.119).	Das HGB kennt keine korrespondierende Kategorisierung. Sämtliche Wertpapiere sind zu fortgeführten Anschaffungskosten zu bewerten.
Zu Handelszwecken gehaltene finanzielle Vermögenswerte sind mit deren Stichtagszeitwert zu bewerten (IAS 39.69). Nicht realisierte holding gains and losses von trading Investments sind stets erfolgswirksam zu erfassen (IAS 39.103 a). Gewinne und Verluste werden im Periodenergebnis erfasst, wenn der finanzielle Vermögenswert ausgebucht, wertgemindert oder amortisiert wird (IAS 39.108).	Das HGB kennt keine korrespondierende Kategorisierung. Sämtliche Wertpapiere sind zu fortgeführten Anschaffungskosten zu bewerten. Eine Bilanzierung von Handelsbeständen an Wertpapieren zum Zeitwert und die erfolgswirksame Behandlung von Zeitwertänderungen nach SFAS 115 bzw IAS 39 sind nach Ansicht des DRSC in einem Konzernabschluss nach § 292a HGB zulässig (DRS 1.154 u 79).

Kriterium	US-GAAP
Veräußerung von Finanzinvestitionen	Erfolgsneutral in Vorperioden erfasste Wertänderungen, die in eine gesonderte Eigenkapitalposition eingestellt wurden, sind im Veräußerungszeitpunkt zwingend erfolgswirksam aufzulösen (SFAS 115.13 u 91).
Bewertung anderer Finanzanlagen – Anteile an verbundenen Unternehmen im Einzelabschluss	Im Einzelabschluss eines Mutterunternehmens erfolgt die Bewertung im Regelfall at equity, sofern nicht die Sondervorschriften bzgl des push-down accounting zur Anwendung gelangen.
– Anteile an Gemeinschaftsunternehmen im Einzelabschluss	Sofern dem Anteilseigner die Möglichkeit gegeben ist, einen maßgeblichen Einfluss auszuüben, sind Beteiligungen an corporate joint ventures (Gemeinschaftsunternehmen in der Rechtsform einer Gesellschaft) nach der Equity Methode zu bewerten (APB 18.17). Die Möglichkeit des maßgeblichen Einflusses wird bei direkten oder indirekten Beteiligungen mit Beteiligungsquoten zwischen 20% und 50% (widerlegbar) vermutet. Liegt die Beteiligungsquote unter 20%, gilt die (widerlegbare) Vermutung, dass kein maßgeblicher Einfluss möglich ist (APB 18.17). APB 18.17 und FIN 35.4 nennen zahlreiche Anhaltspunkte zur Bestimmung des maßgeblichen Einflusses. Wird die Möglichkeit des maßgeblichen Einflusses verneint, hat eine Bewertung des Investments auf Anschaffungskostenbasis zu erfolgen (APB 18.6 a).
– Anteile an assoziierten Unternehmen im Einzelabschluss	Beteiligungen an assoziierten Unternehmen sind gem der Equity Methode zu bewerten (APB 18.17). Wird die Möglichkeit des maßgeblichen Einflusses verneint, hat eine Bewertung des Investments auf Anschaffungskostenbasis zu erfolgen (APB 18.6 a). Soweit für diese Beteiligungen Marktpreise existieren, erfolgt die Bewertung gem SFAS 115.
– Langfristige Forderungen	Langfristige Forderungen sind unter den Finanzinvestitionen auszuweisen. Stimmt der vereinbarte Zinssatz nicht mit dem Marktzinssatz überein, ist der Nominalbetrag der Forderung unter Berücksichtigung des risikoadäquaten Zinssatzes auf den Barwert zu korrigieren (APB 21.15).

IAS/IFRS	HGB
Erfolgsneutral in Vorperioden erfasste Wertänderungen, die in eine gesonderte Eigenkapitalposition eingestellt wurden, sind im Veräußerungszeitpunkt zwingend erfolgswirksam aufzulösen (IAS 39.43).	Ein Veräußerungserlös (Nettoerlös vermindert um Erlösschmälerungen) ist erfolgswirksam zu erfassen.
Im Einzelabschluss eines Mutterunternehmens sind Anteile an Tochterunternehmen entweder (IAS 27.29 f) • zu Anschaffungskosten, • at equity oder • zu Stichtagszeitwerten als zur Veräußerung verfügbare finanzielle Vermögenswerte zu bewerten. ED IAS 27 sieht vor, dass künftig im Einzelabschluss die Anteile an Tochterunternehmen zu Anschaffungskosten oder entspr IAS 39 zu bewerten sind (ED IAS 27.29)	Im Einzelabschluss erfolgt die Bewertung zu fortgeführten Anschaffungskosten. Eine Bewertung at equity ist nicht zulässig.
IAS 31.3 differenziert drei Formen von joint ventures: • gemeinsam geführte Tätigkeiten (jointly controlled operations), • gemeinsam geführtes Vermögen mit dem Ziel gemeinsamer wirtschaftlicher Tätigkeit (jointly controlled assets), • gemeinsam geführte Gesellschaften (jointly controlled entities). Die Bewertung erfolgt grds zu fortgeführten Anschaffungskosten (IAS 31.42). ED IAS 27 sieht vor, dass künftig im Einzelabschluss die Anteile an Gemeinschaftsunternehmen zu Anschaffungskosten oder entspr IAS 39 zu bewerten sind (ED IAS 27.29).	Anteile an Gemeinschaftsunternehmen werden im Einzelabschluss nicht gesondert ausgewiesen. Der Ausweis erfolgt unter den Beteiligungen. Im Einzelabschluss erfolgt die Bewertung zu fortgeführten Anschaffungskosten. Eine Bewertung at equity ist nicht zulässig.
Ein assoziiertes Unternehmen ist ein Unternehmen, auf das ein Anteilseigner maßgeblichen Einfluss ausüben kann und welches weder ein Tochterunternehmen noch ein Joint Venture des Anteilseigners darstellt (IAS 28.3). Im Einzelabschluss eines Mutterunternehmens sind assoziierte Unternehmen entweder (IAS 28.12 u 14): • zu Anschaffungskosten, • at equity oder • zu Stichtagszeitwerten als jederzeit veräußerbare finanzielle Vermögenswerte zu bewerten. Gem Improvements Project sollen künftig Anteile an assoziierten Unternehmen im Einzelabschluss mit den Anschaffungskosten oder gem dem überarbeiteten IAS 39 bewertet werden (ED IAS 27.39).	Anteile an assoziierten Unternehmen werden im Einzelabschluss nicht gesondert ausgewiesen. Der Ausweis erfolgt unter den Beteiligungen. Im Einzelabschluss erfolgt die Bewertung zu fortgeführten Anschaffungskosten. Eine Bewertung at equity ist nicht zulässig.
Langfristige Forderungen sind nach IAS 39 als gesonderte Kategorie (›vom Unternehmen ausgereichte Kredite und Forderungen‹) klassifiziert. Sie sind als finanzielle Vermögenswerte in die Bilanz aufzunehmen und mit den Anschaffungskosten (die zum Zeitpunkt der erstmaligen Erfassung dem Stichtagszeitwert ent-	Für den Ansatz langfristiger Forderungen gelten die allgemeinen Regeln. Die Bewertung erfolgt gem dem gemilderten Niederstwertprinzip zu Nominalwerten.

Kriterium	US-GAAP
– Langfristige Forderungen (Forts)	Soweit die fälligen Ansprüche (aus Tilgung und Zinsen) gem den vereinbarten Konditionen wahrscheinlich nicht einbringbar sind, ist eine Abschreibung auf (SFAS 114.3): • den Barwert der erwarteten künftigen Zahlungseingänge entspr der Diskontierung mit dem vereinbarten historischen Zinssatz oder • einen bekannten Marktwert oder • den Barwert auf Basis aktueller Zinssätze vorzunehmen.
– Ausleihungen	Der Ansatz erfolgt zum Barwert, dh dem Nennbetrag korrigiert um ein Agio/Disagio. Soweit die fälligen Ansprüche (aus Tilgung und Zinsen) gem den vereinbarten Konditionen wahrscheinlich nicht einbringbar sind, ist eine Abschreibung vorzunehmen (→ *langfristige Forderungen).*

Investment Properties (als Finanzinvestitionen gehaltene Grundstücke und Bauten)

Anwendungsvoraussetzungen von IAS 40	Grundstücke und Gebäude werden als Sachanlagevermögen bilanziert und bewertet. Gesonderte Vorschriften für diese Immobilien bestehen nicht.
Zugangsbewertung	
Folgebewertung	

IAS/IFRS	HGB
spricht) zu erfassen (IAS 39.27 iVm 66). Die vom Unternehmen ausgereichten langfristigen Forderungen sind in den Folgeperioden mit ihren fortgeführten Anschaffungskosten unter Verwendung der Effektivzinsmethode anzusetzen (IAS 39.73 iVm 75). Ein Abschreibungsbedarf bei Forderungen ist erfolgswirksam zu erfassen. Der Abschreibungsbetrag ergibt sich als Differenz zwischen dem bisherigen Wertansatz und dem Barwert der erwarteten Zahlungseingänge unter Zugrundelegung des ursprünglichen Effektivzinssatzes als Abzinsungsfaktor (IAS 39.111). Im Fall variabler Verzinsung ist auf den derzeit maßgeblichen Zinssatz abzustellen (IAS 39.113). Die Ermittlung des Abschreibungsbedarfs kann auf Einzelbasis (bei signifikanten Einzelpositionen) oder auf Basis von Gruppen ähnlicher Vermögenswerte erfolgen (IAS 39.112). Bei besicherten Forderungen, für die eine Zwangsvollstreckung absehbar ist, ist der Abschreibungsbedarf unter Berücksichtigung des Stichtagszeitwerts der Sicherheiten zu ermitteln (IAS 39.113).	
Die IAS enthalten zur Abzinsung von Ausleihungen keine explizite Regelung. Im Fall niedriger bzw unverzinslicher Ausleihungen dürfte jedoch eine Abzinsung sachgerecht sein.	Der Ausweis von Ausleihungen an verbundene Unternehmen und an solche, mit denen ein Beteiligungsverhältnis besteht, hat unter den Finanzanlagen zu erfolgen. Unter Ausleihungen sind Forderungen zu verstehen, die gegen Hingabe von Kapital erworben wurden. Erfolgte die Ausleihung an ein nach § 271 Abs 2 HGB verbundenes Unternehmen, so ist diese Kapitalforderung als Ausleihung an verbundene Unternehmen auszuweisen.

Immobilien, die zu Zwecken der Vermietung, des Miet- oder Finanzierungsleasing oder des Wertzuwachs genutzt werden, fallen unter IAS 40.4. Im Rahmen des Improvement Projects soll ua der Anwendungsbereich um bestimmte Operating-Leasing-Verhältnisse ausgeweitet werden.	Grundstücke und Gebäude werden nach HGB als Sachanlagevermögen bilanziert und bewertet. Gesonderte Vorschriften für diese Immobilien bestehen nicht.
Die Zugangsbewertung erfolgt zu Anschaffungskosten (inkl Transaktionskosten; IAS 40.17). Nachträgliche Anschaffungskosten sind zu aktivieren, sofern sie das zukünftige Nutzenpotential erhöhen (IAS 40.22).	
Die Folgebewertung ist wahlweise mit der Kosten-Methode (IAS 40.50 ff) oder der Fair-Value-Methode (IAS 40.27 ff) durchzuführen. Die gewählte Methode ist auf alle Grundstücke und Bauten anzuwenden, die als Finanzinvestitionen gehalten werden (IAS 40.24 ff).	

Kriterium	US-GAAP

Eigene Anteile

Bilanzierung und Ausweis	Eigene Anteile müssen im → *Eigenkapital* offen – im Regelfall zu Anschaffungskosten bewertet – abgesetzt werden. Ein Ausweis auf der Aktivseite ist nur in extrem seltenen Ausnahmefällen möglich (ARB 43 Ch 1A). Die Bewertung kann sowohl nach der Nennbetrag- als auch nach der Anschaffungskostenmethode erfolgen (ARB 43). Des Weiteren kann die constructive retirement Methode zur Anwendung gelangen (APB 6.12).

Finanzinstrumente

Definition	SFAS 133 (geändert durch SFAS 137, 138 und ergänzt durch SFAS 149 u SFAS 150) hat die Rechnungslegung für derivative Finanzinstrumente neu geregelt. Dabei hat das FASB vier Grundsatzentscheidungen getroffen (SFAS 133.3): • Derivate sind bilanzierungspflichtige Vermögenswerte oder Verbindlichkeiten. • Alle Derivate werden zu ihrem Stichtagszeitwert bewertet und erfasst. Dieses trifft auch auf ›harmlose‹ Derivate wie Zinsswaps und Devisentermingeschäfte zu. Des Weiteren können einige Kontrakte eine Klausel enthalten, die als Derivativ anzusehen und zu erfassen ist. • Allein Sachverhalte, die die Vermögenswert- und Verbindlichkeitskriterien erfüllen, sind zu bilanzieren. • Unter bestimmten Voraussetzungen ist die bilanzielle Abbildung von Sicherungszusammenhängen (hedge accounting) möglich, wobei Hedging als Privileg und nicht als ein Recht aufzufassen ist. Zu SFAS 133 existieren diverse Anwendungsleitlinien und Interpretationen der Derivatives Implementation Group beim FASB.

IAS/IFRS	HGB
Eigene Anteile müssen im Zusammenhang mit dem → *Eigenkapital* entweder in der Bilanz oder im Anhang gesondert angegeben werden (IAS 1.74, SIC-16). Ein Ausweis auf der Aktivseite ist nicht möglich. Die Bewertung kann sowohl nach der Nennbetrag als auch nach der Anschaffungskostenmethode erfolgen.	Eigene Anteile sind grds zu aktivieren und im Umlaufvermögen gesondert auszuweisen. In gleicher Höhe ist im → *Eigenkapital* eine Rücklage für eigene Anteile zu bilden, für die eine Ausschüttungssperre gilt (§ 272 Abs 4 HGB). Gem § 71 AktG ist der Erwerb eigener Anteile bei der AG nur in besonderen Ausnahmefällen zugelassen und gesondert angabepflichtig (Anzahl und Nennbetrag; § 160 Abs 1 Nr 2 AktG). Eigene Anteile der in den Konzernabschluss einzubeziehenden Tochterunternehmen bedürfen im Rahmen der Konzernrechnungslegung einer besonderen Berücksichtigung. Der Nennbetrag der eigenen Anteile bei der AG ist in folgenden Fällen offen vom gezeichneten Kapital abzusetzen (§ 272 Abs 1 Satz 4–6 HGB): • bei der Einziehung erworbener Aktien (§ 71 Abs 1 Nr 6 oder 8 AktG), • sofern die Wiederveräußerung von einem Beschluß der Hauptversammlung abhängig ist (§ 182 Abs 1 Satz 1 AktG). Die Bewertung erfolgt nach der Nennbetrag-Methode.
IAS 39 ergänzt IAS 32 u SIC-5 um die Bilanzierungs- und Bewertungsvorschriften für Finanzinstrumente. Zu IAS 39 existieren diverse Anwendungsleitlinien und Interpretationen des IAS 39 Implementation Guidance Committee des IASC/ IASB. IAS 39 übernimmt die Definition finanzieller Vermögenswerte und Schulden aus IAS 32. Dementspr ist ein Finanzinstrument ein Vertrag, der gleichzeitig bei einem Unternehmen zu einem finanziellen Vermögenswert und bei dem anderen zu einer finanziellen Verbindlichkeit oder einem Eigenkapitalinstrument führt. Finanzielle Vermögenswerte umfassen (IAS 39.8): • Kassenbestände, • das vertraglich zugesicherte Recht, Barmittel oder andere finanzielle Vermögenswerte von einem anderen Unternehmen zu erhalten, • das vertraglich zugesicherte Recht, Finanzinstrumente mit einem anderen Unternehmen unter potentiell vorteilhaften Bedingungen austauschen zu können oder • ein als Aktivum gehaltenes Eigenkapitalinstrument eines anderen Unternehmens.	Der Begriff der Finanzinstrumente wurde im Bereich der deutschen Rechnungslegung erstmals durch § 340 c Abs 1 S 1 HGB im Rahmen der Umsetzung der EG-Bankbilanz-Richtlinie in nationales Recht eingeführt. § 340 c HGB enthält keine Definition des Begriffs der Finanzinstrumente. Ferner existieren keine speziellen gesetzlichen Vorschriften zur bilanziellen Behandlung von Finanzinstrumenten. Der Banken- und der Hauptfachausschuss des IDW haben sich in der Vergangenheit mehrfach zu Fragen der Rechnungslegung von Finanzinstrumenten geäußert: • BFA 2/1993, Bilanzierung und Prüfung von Financial Futures und Forward Rate Agreements, • BFA 2/1995, Bilanzierung von Optionsgeschäften, • BFA 3/1995, Währungsumrechnung bei Kreditinstituten, • IDW RH BFA 1.001, Bilanzielle Behandlung des ›Bondstripping‹, • IDW RH BFA 1.003, Zur Bilanzierung strukturierter Produkte, • IDW RS BFA 1, Bilanzierung von Kreditderivaten, • IDW RS HFA 9, Einzelfragen zur Anwendung von IAS 39.

Kriterium	US-GAAP
Definition (Forts)	SFAS 107.3 definiert als Finanzinstrumente: • Zahlungsmittel, • verbrieften Anteilsbesitz, • einen Vertrag, – der einem Vertragspartner auferlegt, einem anderen Vertragspartner Zahlungsmittel oder ein anderes Finanzinstrument zu liefern oder andere Finanzinstrumente zu möglicherweise ungünstigen Bedingungen mit dem anderen Vertragspartner zu tauschen, – der dem anderen Vertragspartner das vertragliche Recht einräumt, Zahlungsmittel oder andere Finanzinstrumente vom Vertragspartner zu verlangen oder andere Finanzinstrumente zu möglicherweise günstigen Bedingungen mit dem ersten Vertragspartner zu tauschen. Derivative Finanzinstrumente fallen in den Anwendungsbereich von SFAS 133, sofern sie alle drei nachfolgenden Voraussetzungen erfüllen (SFAS 133.6): • dem Grundgeschäft liegen ein oder mehrere Grundgeschäfte, Nennbeträge oder Zahlungsbedingungen zugrunde, • es erfolgen keine zahlungswirksamen Anfangsinvestitionen bzw sie sind geringer als bzgl des Grundgeschäfts, • die Vertragsbedingungen verlangen oder erlauben einen Barausgleich bzw eine physische Lieferung, die eine rasche Liquidierbarkeit wegen eines vorhandenen Marktes ermöglicht. Verschiedene Derivate, die diese Voraussetzungen erfüllen, sind aus dem Anwendungsbereich von SFAS 133 explizit ausgenommen. Hierzu zählen ua (SFAS 133.10): • normale Wertpapieran- und -verkäufe (Kassageschäfte), • normale (Waren-)Einkaufs- und Verkaufsverträge aus der gewöhnlichen Geschäftstätigkeit, • gewisse Versicherungsverträge, • gewisse Garantien und Bürgschaften, • OTC-Kontrakte, bei denen das Grundgeschäft eine klimatische, geologische oder andere physikalische Variable (sog weather derivatives) oder der Wert eines nicht-finanziellen Vermögensgegenstandes ist, der sich im Eigentum eines der beiden Vertragspartner befindet bzw aus Umsatzdaten der Vertragspartner besteht, • Verträge, die auf eigene Aktien des Unternehmens indexiert sind, • Verträge in Verbindung mit (aktienbasierter) erfolgsabhängiger Vergütung, • bedingte Zahlungsverpflichtungen aus Unternehmenszusammenschlüssen.

IAS/IFRS	HGB
Eine finanzielle Schuld ist jede vertragliche Verpflichtung, • flüssige Mittel oder einen anderen finanziellen Vermögenswert an ein anderes Unternehmen abzugeben oder • Finanzinstrumente mit einem anderen Unternehmen unter potentiell nachteiligen Bedingungen austauschen zu müssen (z. B. Stillhalterposition in Optionen; IAS 39.8). Ein Eigenkapitalinstrument ist ein Vertrag, der einen Residualanspruch an den Vermögenswerten eines Unternehmens nach Abzug aller Schulden begründet (IAS 39.8). Als derivatives Finanzinstrument wird ein Finanzinstrument bezeichnet (IAS 39.10, 13 ff), • dessen Wert infolge einer Änderung eines genannten Zinssatzes, Wertpapierkurses, Rohstoffpreises, Wechselkurses, Preis- oder Zinsindexes, Bonitätsratings oder Kreditindexes oder einer ähnlichen Variable (auch ‚Basisobjekt' genannt) schwankt, • das verglichen mit anders gearteten Verträgen, die in ähnlicher Weise auf Änderungen der Marktbedingungen reagieren, keine oder nur eine geringe Anfangsinvestition erfordert, und • das zu einem späteren Zeitpunkt beglichen wird. IAS 39 ist auf Warentermingeschäfte anzuwenden, die beiden Parteien ein Recht auf Glattstellung einräumen. Ausgenommen sind jedoch Warentermingeschäfte, die (IAS 39.6): • vom Unternehmen zur Abdeckung des erwarteten Einkaufs-, Verkaufs- oder Nutzungsbedarfs eingegangen wurden und ihm auch weiterhin entsprechen, • bereits zu Beginn für diesen Zweck vorgesehen waren und • voraussichtlich durch Lieferung beglichen werden. Mit dieser Einschränkung des Anwendungsbereichs von IAS 39 wird bezweckt, dass sich der Standard nur auf solche Warentermingeschäfte bezieht, mit denen ein spekulativer Zweck verfolgt wird. Nach ED IAS 39 sollen Verträge über den Kauf oder Verkauf nicht finanzieller Vermögenswerte, die den Vertragsparteien das Recht zur Erfüllung in bar einräumen, weiterhin unter den Anwendungsbereich von IAS 39 fallen. Darüber hinaus sollen nunmehr auch solche Warenkontrakte unter IAS 39 fallen, die durch physische Abnahme erfüllt werden, und bei denen die erhaltenen Waren nach kurzer Zeit (within a short period after delivery) an Dritte zum Zwecke der kurzfristigen Gewinnerzielung weiterveräußert werden. Für den sog regulären Kauf und Verkauf eines finanziellen Vermögenswerts besteht das Wahlrecht der Bilanzierung am Handels- oder Erfüllungstag (IAS 39.30). IAS 39 ist auf alle Finanzinstrumente (IAS 32.8) vorbe-	Eine Bilanzierung von Derivaten des Handelsbestandes und die erfolgswirksame Behandlung der Zeitwertänderungen nach SFAS 133 bzw IAS 39 sind nach Ansicht des DRSC in einem Konzernabschluss nach § 292 a HGB zulässig (DRS 1.76 u 151). Mit der Verabschiedung der Fair Value Richtlinie (2001/65/EG) wurden die 4. und 7. EG-Richtlinie sowie die Bankbilanzrichtlinie um die Bewertung von Finanzinstrumenten zu Stichtagszeitwerten geändert. Die Richtlinie, die verschiedene Wahlrechte enthält, ist bis zum 1. Januar 2004 in nationales Recht umzusetzen. Der Standardisierungsrat des DRSC hat einen Vorschlag zur Umsetzung der Fair Value Richtlinie erarbeitet. Auf eine Definition von Finanzinstrumenten hat die EU-Kommission angesichts der raschen Entwicklung des Finanz- und Kapitalmarkts und des Entstehens ständig neuer Finanzinstrumente bewusst verzichtet.

Kriterium	US-GAAP
Definition (Forts)	
Ansatz(voraussetzungen) – Vermögenswerte – Schulden	Alle derivativen Finanzinstrumente stellen Vermögenswerte (assets) oder Schulden (liabilities) dar und sind dementspr als solche in der Bilanz zu zeigen (SFAS 133.17).
Bewertung – Zugangsbewertung	Alle derivativen Finanzinstrumente sind grds mit dem Stichtagszeitwert zu erfassen. SFAS 133 beinhaltet keine verbindlichen Aussagen zur Berücksichtigung von Transaktionskosten.
– Folgebewertung	Die Folgebewertung erfolgt ausschließlich zu Stichtagszeitwerten (im Regelfall Marktwerte bzw aus diesen abgeleitete Werte). Gewinne und Verluste aus den Än-

IAS/IFRS	HGB
haltlich der nachfolgend angeführten anzuwenden (IAS 39.1, SIC-16): • Anteile an Tochterunternehmen, assoziierten Unternehmen und Gemeinschaftsunternehmen, • bestimmte Rechte und Verpflichtungen aus Leasingverhältnissen, • Vermögen und Schulden aus Altersversorgungsprogrammen, • bestimmte Ansprüche und Verpflichtungen aus Versicherungsverträgen, • emittierte, eigene Eigenkapitalinstrumente • bestimmte Ausfallbürgschaften und Garantien • Verträge mit bedingter Gegenleistung im Rahmen eines Unternehmenszusammenschlusses sowie • Verträge, die eine Zahlung bei Eintritt bestimmter klimatischer, geologische oder sonstiger physikalischer Ereignisse vorsehen (ua sog weather derivatives). Gleichwohl findet IAS 39 Anwendung auf Derivate, die in derartige Verträge eingebettet sind. ED IAS 39 stellt klar, dass Kreditzusagen (außer in den vom Standardentwurf vorgesehen Ausnahmen) weder beim Kreditgeber noch beim Kreditnehmern in den Anwendungsbereich des Standards fallen.	
Ein Unternehmen hat einen finanziellen Vermögenswert oder eine finanzielle Schuld in seiner Bilanz zu erfassen, wenn es zu den vertraglichen Bestimmungen des Finanzinstruments Vertragspartner wird (IAS 39.27). Finanzinstrumente oder Rechte, die dem Halter die sofortige Auszahlung oder Tausch gegen anderes Finanzanlagevermögen zu einem variierenden Kurs ermöglichen (Puttable Instruments), sind als Verbindlichkeiten zu bilanzieren (SIC-D 34).	Das HGB enthält zur Bilanzierung (und Bewertung) von Finanzderivaten keine Regelungen. Es gilt der Grundsatz der → *Vollständigkeit.* Bei Finanzderivaten handelt es sich meist um schwebende Geschäfte, die sich entspr den GoB nicht für die Bilanzierung qualifizieren. Mit Ausnahme von Fällen von Vorleistungen (z. B. Ausweis erworbener Optionsrechte als nicht abnutzbare Vermögensgegenstände mit den Anschaffungskosten in Höhe der geleisteten Optionsprämie und die erhaltene Optionsprämie als sonstige Verbindlichkeit, solange die Leistung noch geschuldet wird) sind in Fällen, in denen der Wert der eigenen Leistung den Wert der Gegenleistung übersteigt, die negativen Erfolgsbeiträge (sog Verpflichtungsüberschüsse) durch eine Rückstellung für drohende Verluste aus schwebenden Geschäften gem § 249 Abs 1 Satz 1 HGB zu antizipieren.
Bei der erstmaligen Erfassung eines finanziellen Vermögenswerts oder einer finanziellen Verbindlichkeit sind diese mit den → *Anschaffungskosten* anzusetzen, die dem Stichtagszeitwert der gegebenen (im Fall eines Vermögenswerts) oder erhaltenen (im Fall einer Schuld) Gegenleistung entsprechen. Bei der erstmaligen Bewertung von finanziellen Vermögenswerten und Schulden sind direkt zurechenbare Transaktionskosten zu berücksichtigen (IAS 39.66).	Zahlungen, die bis zur Beendigung des Schwebezustandes geleistet werden, wie zB Initial oder Variation Margins bei Financial Futures, Upfront Payments bei Swapkombinationen oder Optionsprämien, werden beim Zahlenden und beim Zahlungsempfänger zunächst erfolgsneutral erfasst. In der Bilanz sind diese Zahlungen in den ,Sonstige(n) Vermögensgegenstände(n)‹ bzw ,Sonstige(n) Verbindlichkeiten‹ auszuweisen. Negative Erfolgsbeiträge (sog Verpflichtungsüberschüsse) sind zu antizipieren.
Es gelten die für die Finanzanlagen dargestellten Bewertungsgrundsätze für → *bis zur Endfälligkeit gehaltene Finanzinvestitionen*,→ *zur Veräußerung verfügbare Finanz-*	Die Folgebewertung hat zu fortgeführten Anschaffungskosten (→ *Zusammensetzung der Anschaffungskosten*) zu erfolgen. Die historischen Anschaffungskosten bilden die

Kriterium	US-GAAP
– Folgebewertung (Forts)	derungen des Stichtagszeitwerts im Vergleich zur Vorperiode sind – vorbehaltlich der Sonderregelungen zum Hedge Accounting – erfolgswirksam zu erfassen (SFAS 133.18). Der Stichtagszeitwert (fair value) ist der Betrag, zu dem ein Finanzinstrument zwischen sachverständigen, vertragswilligen und voneinander unabhängigen Geschäftspartnern gehandelt würde (SFAS 115.137). Grds sind öffentlich festgesetzte Marktpreise der beste Anhaltspunkt für den Stichtagszeitwert (fair value) des Finanzinstruments. Soweit Marktpreise nicht verfügbar sind, ist auf amtliche Marktpreise vergleichbarer Finanzinstrumente abzustellen bzw auf Bewertungstechniken zurückzugreifen (SFAS 107.11 u Appendix A zu SFAS 107). Ein Agio/Disagio ist gemeinsam mit der entspr Verbindlichkeit auszuweisen. Sonderregelungen bestehen für Sicherungszusammenhänge, die die Qualifizierungsvoraussetzungen der klaren Definition, der Dokumentation, der Bewertbarkeit sowie der wirksamen und regelmäßigen Überprüfung erfüllen (→ *Berücksichtigung von Sicherungszusammenhängen*).
Berücksichtigung von Sicherungszusammenhängen – Begriffsklärung und Voraussetzungen für Hedge Accounting	Finanzderivate, die zur Absicherung von risikobehafteten (Grund-)Geschäften eingesetzt werden, können unter bestimmten Voraussetzungen als Sicherungsgeschäft klassifiziert werden. In diesem Rahmen werden drei Absicherungszusammenhänge unterschieden: 1. Fair value hedges, 2. Cash flow hedges, 3. Foreign currency hedges. Als wesentliche Voraussetzungen zur Anerkennung eines Absicherungszusammenhangs gelten (SFAS 133.20 f, 28 f, 37 f u 40): • Formaldokumentation der Sicherungsbeziehung sowie der Risikomanagementziele und -strategien, • Identifikation bzw Dokumentation des Grund- und Sicherungsgeschäfts, des abgesicherten Risikos und der Vorgehensweise zur Bestimmung der Effektivität des Hedges, • hochgradige Effektivität der Absicherung, dh gegenläufige Wertentwicklungen von Grund- und Sicherungsgeschäft sollen sich nach Möglichkeit ausgleichen, • zuverlässige Bewertung der Effektivität des Hedges, dh der fair value der Grund- und Sicherungsgeschäfte muss zuverlässig ermittelbar sein, • für die einzelnen Absicherungszusammenhänge existieren weitere Voraussetzungen. Soweit die Voraussetzungen erfüllt sind, dürfen die Vorschriften zum Hedge Accounting angewendet werden.

IAS/IFRS	HGB
investitionen und → *zu Handelszwecken gehaltene Finanzinvestitionen.* Finanzielle Schulden, mit Ausnahme der Derivate, die stets zu Stichtagszeitwerten zu bewerten sind, sind zu fortgeführten Anschaffungskosten zu bewerten. ED IAS 39 stellt dabei klar, dass eine Folgebewertung unter Anwendung der Effektivzinsmethode zu erfolgen hat. Als beizulegender Zeitwert (fair value) gilt der Betrag, zu dem zwischen sachverständigen, vertragswilligen und voneinander unabhängigen Geschäftspartnern unter normalen Marktbegebenheiten ein Vermögenswert getauscht oder eine Schuld beglichen werden könnte (IAS 39.8). Das Vorhandensein öffentlich notierter Marktpreise auf einem aktiven Markt gilt als bester Anhaltspunkt für den Stichtagszeitwert (IAS 39.99). IAS 39 enthält Richtlinien für die Schätzung des fair value (IAS 39.95 ff). Ein Agio/Disagio ist gemeinsam mit der entspr Verbindlichkeit auszuweisen. Sonderregelungen bestehen für Sicherungszusammenhänge, die die Qualifizierungsvoraussetzungen erfüllen (→ *Berücksichtigung von Sicherungszusammenhängen*).	Wertobergrenze. Außerplanmäßige Abschreibungen auf den niedrigeren beizulegenden Wert sowie die Bildung von Drohverlustrückstellungen erfolgen erfolgswirksam.
Finanzderivate, die zur Absicherung von risikobehafteten (Grund-)Geschäften eingesetzt werden, können unter bestimmten Voraussetzungen als Sicherungsgeschäft klassifiziert werden. In diesem Rahmen werden drei Absicherungszusammenhänge unterschieden: 1. Fair value hedges, 2. Cash flow hedges, 3. Hedge of a Net Investment in a Foreign Entity. Als wesentliche Voraussetzungen zur Anerkennung eines Absicherungszusammenhangs gelten (IAS 39.142): • Formaldokumentation der Sicherungsbeziehung sowie der Risikomanagementziele und -strategien bereits zu Beginn der Hedge-Beziehung, • hohe Wirksamkeit der Absicherung in Bezug auf Änderungen des beizulegenden Zeitwerts oder der Zahlungsmittelzuflüsse und -abflüsse bei fair value hedges bzw der antizipierten Transaktion bei cash flow hedges, die dem abgesicherten Risiko zuzurechnen sind sowie Übereinstimmung mit der ursprünglich dokumentierten Risikomanagementstrategie für diese spezielle Sicherungsbeziehung, • zuverlässige Bewertung der Wirksamkeit eines Sicherungsgeschäfts, dh der beizulegende Zeitwert oder die Mittelzuflüsse und -abflüsse des gesicherten Grundgeschäfts und der beizulegende Zeitwert des Sicherungsinstruments müssen verlässlich ermittelbar sein, • fortlaufende Bewertung des Sicherungsgeschäftes und Einschätzung einer hohen Wirksamkeit für	Gesonderte Regelungen zur Bilanzierung und Bewertung von Sicherungszusammenhängen sieht das HGB nicht vor. Grds gelten das Anschaffungskostenprinzip sowie der Grundsatz der Einzelbewertung. Für geschlossene Positionen ist die Bildung von Bewertungseinheiten grds für zulässig zu erachten. Dienen bspw Optionsrechte nachweislich der Absicherung von Bilanzposten oder schwebenden Geschäften, so sind Bewertungsgewinne bis zur Höhe der ihnen gegenüberstehenden Bewertungsverluste erfolgswirksam zu verrechnen. Gleiches gilt, wenn Stillhalterverpflichtungen sich auf einen vorhandenen/fest kontrahierten Basisobjektbestand beziehen. Die Sicherungsabsicht ist zu dokumentieren. Darüber hinaus ist die Verrechnung von Bewertungsgewinnen auch ohne den Nachweis der Absicherung bestimmter Bilanzposten oder schwebender Geschäfte zulässig, wenn Optionen über dasselbe Basisobjekt aber mit unterschiedlichen Ausstattungsmerkmalen (zB Laufzeit) ggf zusammen mit anderen, demselben Risiko unterliegenden Finanzinstrumenten im Rahmen von Handelsaktivitäten und der Risikosteuerung zusammengefasst werden (BFA 2/1995 Abschn D).

Kriterium	US-GAAP
Berücksichtigung von Sicherungszusammenhängen – Begriffsklärung und Voraussetzungen für Hedge Accounting (Forts)	
– Fair value hedges – – Begriff	Bei fair value hedges wird ein Finanzderivat zur Absicherung des Risikos einer bestehenden Aktiv- oder Passivposition oder einer vertraglich fixierten Verpflichtung (firm commitment) verwendet (SFAS 133.20). Abgesicherte Risiken können Preis-, Zins-, Währungs- sowie Ausfallrisiken sein. Bestimmte Sachverhalte, ua Vermögenswerte und Schulden, die zu Marktwerten angesetzt werden und deren Marktwertänderungen erfolgswirksam erfasst werden, qualifizieren sich nicht als gesicherte Grundgeschäfte (SFAS 133.21).
– – Bilanzielle Abbildung	Die nach dem Absicherungszeitpunkt eintretenden Wertänderungen des sichernden Finanzderivats und des abgesicherten Grundgeschäfts sind in der Periode, in der sie auftreten, erfolgswirksam zu erfassen. Während beim Sicherungsgeschäft die Marktwertänderungen in voller Höhe erfolgswirksam sind, erfolgt beim Grundgeschäft nur eine erfolgswirksame Zu- oder Abschreibung des Buchwerts in Höhe der Marktwertänderungen, die dem abgesicherten Risiko zuzurechnen sind. Damit berührt der sog ineffiziente Teil (over- oder underhedging) jeweils das Periodenergebnis. Die Pflicht zur periodischen Überprüfung der Werthaltigkeit des gesicherten Grundgeschäfts (→ *außerplanmäßige Abschreibung*) bleibt durch das Hedging unberührt (SFAS 133.27).

IAS/IFRS	HGB
jede einzelne Berichtsperiode oder die gesamte Laufzeit der Absicherung. Soweit die Voraussetzungen kumulativ erfüllt sind, dürfen die Vorschriften zum Hedge Accounting angewendet werden.	
Bei fair value hedges wird ein Finanzderivat zur Absicherung des Risikos einer bestehenden Aktiv- oder Passivposition verwendet (IAS 39.137 a). Vertraglich fixierte Verpflichtungen fallen nicht unter die Kategorie fair value hedge; sie sind ggf → *cash flow hedges*. Abgesicherte Risiken können Preis-, Zins-, Währungs- sowie Ausfallrisiken sein. Bestimmte Sachverhalte, ua Vermögenswerte und Schulden, die zu Marktwerten angesetzt werden und deren Marktwertänderungen erfolgswirksam erfasst werden, qualifizieren sich nicht als gesicherte Grundgeschäfte. Geschriebene Optionen gelten vorbehaltlich des Einsatzes zur Glattstellung einer erworbenen Option nicht als Sicherungsinstrument (IAS 39.124). ED IAS 39 schlägt vor, die Absicherung von festen Verpflichtungen (»hedges of unrecognised firm commitments«) zukünftig auch als Fair Value Hedge zu behandeln.	Der Begriff des fair value hedge ist im HGB nicht vorgesehen.
Die nach dem Absicherungszeitpunkt eintretenden Wertänderungen des sichernden Finanzderivats und des abgesicherten Grundgeschäfts sind in der Periode, in der sie auftreten, erfolgswirksam zu erfassen. Während beim Sicherungsgeschäft die Marktwertänderungen in voller Höhe erfolgswirksam sind, erfolgt beim Grundgeschäft nur eine erfolgswirksame Zu- oder Abschreibung des Buchwerts in Höhe der Marktwertänderungen, die dem abgesicherten Risiko zuzurechnen sind (IAS 39.153). Damit berührt der sog ineffiziente Teil (over- oder underhedging) jeweils das Periodenergebnis.	Im deutschen Handelsrecht existieren keine expliziten Vorschriften für ein Hedge Accounting. Für die Saldierung von Bewertungsergebnissen bei Mikro-Bewertungseinheiten haben sich in der Praxis drei bilanzielle Handlungsweisen etabliert: • Die individuelle Festbilanzierung, bei der ein perfekter Hedge vorliegen muss, der eine nahezu vollständige Korrelation gewährleistet. Grund- und Sicherungsgeschäft werden nach dem Schließen der Position grds nicht mehr bewertet. Eine Erfolgswirksamkeit tritt erst dann ein, wenn der erwartete Wertausgleich nicht mehr erreicht werden kann. • Die Marktbewertung mit der Null-Linie bei imperfekten Hedges. Dieses setzt voraus, dass sich der Marktwert auf liquiden Märkten objektiv ermitteln lässt und die Komponenten des Hedges laufend und zeitnah bewertet werden. Hierbei werden unrealisierte Gewinne nach dem saldierten Niederstwertprinzip nur bis zur Höhe von unrealisierten Verlusten vereinnahmt (imparitätische Marktwertbilanzierung). Bei einem Verlustübergang ist ggf eine Drohverlustrückstellung zu bilden. • Die Bewertung als synthetische Position. Diese führt dazu, dass die Bewertungseinheit auch bei der Niederstwertbetrachtung als ein Bewertungsobjekt gesehen wird. Einem Verlustüberhang ist entweder durch Abschreibung oder Bildung einer Rückstellung Rechnung zu tragen.

Kriterium	US-GAAP
– Cash flow hedges – – Begriff	Bei cash flow hedges wird ein Derivat zur Absicherung antizipierter Zahlungsströme aus einem exakt umrissenen, fixen oder erwarteten Grundgeschäft verwendet (SFAS 133.28). Als Gegenstand der Absicherung kommen dabei sowohl bereits existierende Bilanzpositionen (zB variabel verzinsliche Anleihen) als auch erwartete zukünftige Geschäfte (forecasted transaction, zB geplanter Kauf einer Maschine) in Frage. Sofern das Grundgeschäft bereits auf der Basis anderer Vorschriften zu Stichtagszeitwerten anzusetzen ist, können die Regeln zum Hedge Accounting auf dieses Grundgeschäft keine Anwendung finden.
– – Bilanzielle Abbildung	Die Wertänderungen des sichernden Finanzderivates sind erfolgsneutral als Teil der Gesamtleistung (other comprehensive income) zu erfassen und im Eigenkapital gesondert auszuweisen. Erfolgsneutral zu erfassen ist jedoch nur der Teil der Marktwertänderungen des Finanzderivats, der durch die entgegengesetzten Wertveränderungen des antizipierten Grundgeschäfts voraussichtlich ausgeglichen wird (effektiver Hedge). Voraussichtlich nicht kompensierte Wertänderungen (ineffektiver Hedge) sind sofort erfolgswirksam zu erfassen (SFAS 133.18 c). Die erfolgsneutral abgegrenzten und als Teil der Gesamtleistung (other comprehensive income) ausgewiesenen Beträge sind ganz oder teilweise erfolgswirksam aufzulösen, sobald aus dem geplanten Grundgeschäft Erfolgswirkungen (zB über Abschreibungen oder Zinsen) resultieren (SFAS 133.18 c).

IAS/IFRS	HGB
Bei cash flow hedges wird ein Derivat zur Absicherung antizipierter Zahlungsströme aus einem exakt umrissenen, fixen oder erwarteten Grundgeschäft verwendet (IAS 39.137 b). Als Gegenstand der Absicherung kommen dabei sowohl bereits existierende Bilanzpositionen (zB variabel verzinsliche Anleihen) als auch antizipierte Geschäfte (forecasted transaction, zB geplanter Kauf einer Maschine) und fixe vertragliche Verpflichtungen (firm commitments) in Frage. ED IAS 39 schlägt vor, die Absicherung von festen Verpflichtungen (»hedges of unrecognised firm commitments«) zukünftig auch als Fair Value Hedge zu behandeln.	Der Begriff des cash flow hedge ist im HGB nicht vorgesehen. Im deutschen Handelsrecht existieren keine expliziten Vorschriften für ein Hedge Accounting. Zur Saldierung von Bewertungsergebnissen→ *fair value hedges*.
Erfüllt ein Geschäft zur Absicherung des Cash Flow Risikos im Verlauf der Berichtsperiode die genannten Voraussetzungen, so erfolgt die Bilanzierung wie folgt (IAS 39.158): • der Teil des Gewinns oder Verlusts aus einem Sicherungsinstrument, das als wirksames Sicherungsgeschäft bezeichnet wird, ist mittels einer Aufstellung über die Veränderungen des Eigenkapitals direkt im Eigenkapital zu erfassen, und • der unwirksame Teil wird – unverzüglich im Periodenergebnis erfasst, sofern es sich bei dem Sicherungsinstrument um ein derivatives Finanzinstrument handelt oder – in jenen Fällen, in denen das Sicherungsinstrument kein derivatives Finanzinstrument ist, entspr den Regeln für → *zu Handelszwecken gehaltene Finanzinvestititionen* berücksichtigt. Resultiert eine abgesicherte feste Verpflichtung oder eine erwartete Transaktion in der Erfassung eines Vermögenswerts oder einer Verbindlichkeit, sind die zum Zeitpunkt der Erfassung des Vermögenswerts oder der Verbindlichkeit direkt im Eigenkapital erfassten Gewinne oder Verluste aus dem Eigenkapital zu entfernen und bei der Erstbewertung der Anschaffungskosten oder des sonstigen Buchwerts des Vermögenswerts oder der Verbindlichkeit zu berücksichtigen (IAS 39.160). Aufgrund des Änderungsvorschlags in ED IAS 39, Absicherungen von festen Verpflichtungen als Fair Value Hedge darstellen zu wollen, sollen bei bislang nicht bilanzierten festen Verpflichtungen, die als zu sicherndes Grundgeschäft designiert werden, die nachfolgenden kumulativen Fair Value-Änderungen der festen Verpflichtung, die dem gesicherten Risiko zugeordnet werden können, als ein Vermögenswert (oder eine Schuld) bilanziert und dem abgesicherten Risiko zurechenbare Fair Value-Änderungen in der GuV berücksichtigt werden.	

Kriterium	US-GAAP
– Foreign currency hedges – – Begriff	SFAS 133 untersagt das Hedge Accounting für Grundgeschäfte, die bereits auf der Basis anderer Standards (ua SFAS 52, 115) zu Stichtagszeitwerten bilanziert werden (SFAS 133.21c1). Infolgedessen sind übereinstimmend mit dem Konzept der funktionalen Währung gem SFAS 52 folgende Arten von Fremdwährungssicherungen zu differenzieren: • fair value hedge einer vertraglich fixierten Verpflichtung oder eines Wertpapiers, das als ›zum Verkauf zur Verfügung stehend‹ klassifiziert wurde (foreign currency fair value hedges), • cash flow hedge eines erwarteten zukünftigen externen oder konzerninternen Fremdwährungsgeschäfts (foreign currency cash flow hedges) sowie • die Absicherung einer Beteiligung an einem ausländischen Unternehmen (hedge of a net investment in a foreign operation).
– – Bilanzielle Abbildung	Die ersten beiden foreign currency hedges sind analog den Vorschriften zu → *fair value hedges* bzw → *cash flow hedges* zu bilanzieren und bewerten. Die periodischen Wertschwankungen des zur Absicherung des Währungsrisikos einer Beteiligung an einem ausländischen Unternehmen (hedges of net investments in a foreign entity) eingesetzten Finanzderivats sind grds wie Fremdwährungsdifferenzen zu behandeln. SFAS 52 sieht vor, dass diese Unterschiedsbeträge aus der Währungsumrechnung erfolgsneutral zu erfassen und in einem gesonderten Posten (cumulative translation adjustment) innerhalb des Eigenkapitals auszuweisen sind (SFAS 52.13, 20). SFAS 133.42 beschränkt diese Behandlung jedoch auf den jeweils effektiven Teil der Wertschwankungen.
Eingebettete derivative Finanzinstrumente	Ein eingebettetes derivatives Finanzinstrument ist vom Basisvertrag zu trennen und eigenständig als Derivat zu bilanzieren, wenn alle folgenden Voraussetzungen erfüllt sind (SFAS 133.12): • keine enge Verbindung zwischen den wirtschaftlichen Merkmalen und Risiken von eingebettetem Derivat und Basisvertrag, • das zusammengesetzte Finanzinstrument wird nicht erfolgswirksam zum Stichtagszeitwert auf der Basis einer anderen Vorschrift bilanziert und • das eingebettete Derivat würde als eigenständiges Finanzinstrument die Definition eines derivativen Finanzinstruments erfüllen. Eingebettete derivative Finanzinstrumente sind aus dem Basisvertrag herauszulösen (bifurcate) und gesondert als derivatives Finanzinstrumente entspr den Vorschriften gem SFAS 133 erfolgswirksam zu Stichtagszeitwerten zu bewerten. Sämtliche Ausnahmevorschriften für derivative Finanzinstrumente sind ebenfalls auf eingebettete derivative Finanzinstrumente anzuwenden. Sofern eine Trennung des eingebetteten

IAS/IFRS	HGB
Ein Unternehmen kann nur net investments in a foreign operation, dh Nettoinvestitionen in eine wirtschaftlich selbständige Teileinheit im Ausland, gesondert gegen Auswirkungen von Wechselkursänderungen absichern (IAS 39.137 c u 164). Für die Sicherung gegen Kursrisiken aus fair value und cash flow hedges erfolgt eine Klassifikation bei diesen (IAS 39.138 f).	Der Begriff des foreign currency hedge ist im HGB nicht vorgesehen. Im deutschen Handelsrecht existieren keine expliziten Vorschriften für ein Hedge Accounting. Zur Saldierung von Bewertungsergebnissen → *fair value hedges*
Die Absicherung einer Nettoinvestition in eine wirtschaftlich selbständige Teileinheit im Ausland ist in gleicher Weise zu erfassen wie die Absicherung des Cash Flow Risikos (IAS 39.164). Während der effektive Teil des Sicherungsinstruments stets erfolgsneutral zu erfassen ist, richtet sich die Bilanzierung des ineffektiven Teils danach, ob ein derivatives Finanzinstrument als Sicherungsinstrument dient. Der ineffektive Teil ist bei derivativen Sicherungsinstrumenten sofort erfolgswirksam. Beim Einsatz nicht derivativer Finanzinstrumente gelten die Regelungen zur Währungsumrechnung gem IAS 21.19, die eine erfolgsneutrale Erfassung zur Folge haben.	
Ein eingebettetes derivatives Finanzinstrument ist vom Basisvertrag zu trennen und eigenständig als Derivat zu bilanzieren, wenn alle folgenden Voraussetzungen erfüllt sind (IAS 39.23): • keine enge Verbindung zwischen den wirtschaftlichen Merkmalen und Risiken von eingebettetem Derivat und Basisvertrag, • das eingebettete Derivat würde als eigenständiges Finanzinstrument die Definition eines derivativen Finanzinstruments erfüllen und • das zusammengesetzte Finanzinstrument wird nicht erfolgswirksam zum Stichtagszeitwert auf der Basis eines anderen IAS/IFRS oder SIC/IFRIC bilanziert. Eingebettete derivative Finanzinstrumente sind aus dem Basisvertrag herauszulösen (bifurcate) und gesondert als derivative Finanzinstrumente entspr den Vorschriften gem IAS 39 erfolgswirksam zu Stichtagszeitwerten zu bewerten. Sämtliche Ausnahmevorschriften für derivative Finanzinstrumente sind ebenfalls auf eingebettete derivative Finanzinstrumente anzuwen-	Strukturierte Produkte sind beim Erwerber grundsätzlich als einheitlicher Vermögensgegenstand zu bilanzieren. Unter bestimmten Voraussetzungen kann auch eine getrennte Bilanzierung und Bewertung der Bestandteile strukturierter Produkte erforderlich sein (z. B. bei der Kombination von Wetterderivaten und Anleihen oder credit linked notes, IDW RH BFA 1.003.7). Soweit die Marktpreisrisiken aus den derivaten Bestandteilen strukturierter Produkte nachweislich durch den Abschluss entsprechender Sicherungsgeschäfte ausgeschlossen oder fixiert werden, sind die gesicherten derivaten Bestandteile sowie die Sicherungsgeschäfte kompensatorisch zu bewerten (IDW RH BFA 1.003.9).

Kriterium	US-GAAP
Eingebettete derivative Finanzinstrumente (Forts)	Derivats aufgrund von Greifbarkeits- und Bewertungshürden nicht zuverlässig erfolgen kann, sind die Vorschriften nach SFAS 133 auf das gesamte zusammengesetzte Instrument anzuwenden (SFAS 133.16). In diesem Fall kann der Vertrag nicht als Grundgeschäft in einem Sicherungszusammenhang dienen. Beispiele eingebetteter Derivate (nicht abschließend!) sind Wandelschuldverschreibungen, Warenlieferverträge mit Zinsbegrenzung (Cap/Floor), Waren, die keinen ›gewöhnlichen Kauf‹ darstellen, bestimmte Take-or-Pay-Kontrakte, ggf Kreditverträge mit vorzeitigen Kündigungsklauseln sowie Liefergeschäfte in Fremdwährungen, die weder funktionale noch die Berichtswährung einer der Vertragsparteien sind.

Vorräte

Definition	Vorräte sind Vermögenswerte, die im normalen Geschäftsverlauf zum Verkauf gehalten werden, sich in der Produktion für den Verkauf befinden oder kurz vor der Verarbeitung im Produktionsprozess der zum anschließenden Verkauf bestimmten Produkte stehen (ARB 43 Ch 4.1). SEC-berichtspflichtige Unternehmen müssen das Vorratsvermögen in der Bilanz oder im Anhang wie folgt untergliedern (Reg S-X Rule 5–02.6 a): 1. Waren und fertige Erzeugnisse, 2. unfertige Erzeugnisse, 3. Rohstoffe, 4. Hilfs- und Betriebsstoffe. Wesentliche Roh-, Hilfs- und Betriebsstoffe, die nicht im Produktionsbetrieb eingesetzt werden (ARB 43 Ch 4.3) sowie zur Veräußerung bestimmte Sachanlagen (SFAS 144) sind gesondert von den Vorräten auszuweisen.
Erhaltene Anzahlungen auf Bestellungen	Erhaltene Anzahlungen sind als Verbindlichkeiten zu passivieren.
Folgebewertung – Einzelbewertung	Grds gilt das Prinzip der Einzelbewertung. Da eine Einzelbewertung der Vorräte oftmals nicht praktikabel ist, sind → *Verbrauchsfolgeverfahren* zulässig (ARB 43 Ch 4.4). Desgleichen können verschiedene einzelne art- und wertgleiche Vermögenswerte des Vorratsvermögens zu einer Gruppe zusammengefasst werden. Für unterschiedliche Produkte können unterschiedliche Verbrauchsfolgeverfahren zur Anwendung gelangen (ARB 43 Ch 4.6). Eine Festbewertung ist dagegen ausgeschlossen. Vereinfachend kann zur Bemessung der Anschaffungs- und Herstellungskosten die retrograde Methode angewandt werden, wenn mit festen Margen kalkuliert wird.

IAS/IFRS	HGB
den. Sofern eine Trennung des eingebetteten Derivats aufgrund von Greifbarkeits- und Bewertungshürden nicht zuverlässig erfolgen kann, sind auf das gesamte zusammengesetzte Instrument die Vorschriften für ein zu Handelszwecken gehaltenes Instrument anzuwenden (IAS 39.26). IAS 39.24 führt Beispiele eingebetteter Derivate an.	
Vorräte sind Vermögenswerte, die zum Verkauf im normalen Geschäftsgang gehalten werden, die sich in der Herstellung für einen solchen Verkauf befinden oder die als Roh-, Hilfs- und Betriebsstoffe dazu bestimmt sind, bei der Herstellung oder der Erbringung von Dienstleistungen verbraucht zu werden (IAS 2.4). IAS 1 sieht keine Pflichtuntergliederung vor. Verbreitet sind jedoch Untergliederungen in Handelswaren, Roh-, Hilfs- und Betriebsstoffe, unfertige und fertige Erzeugnisse. Die Vorräte eines Dienstleistungsunternehmens können als unfertige Leistungen bezeichnet werden (IAS 2.35). IAS 2 ist nicht anzuwenden für unfertige Erzeugnisse im Rahmen von Fertigungsaufträgen und Dienstleistungsverträgen, Finanzinstrumente, Vorräte an land- und forstwirtschaftlichen Erzeugnissen und Erze soweit diese zum Nettoveräußerungswert bewertet werden (IAS 2.1).	Vorräte sind zum Einsatz in der Produktion, bei der Erbringung von Dienstleistungen oder zur Weiterveräußerung angeschaffte oder hergestellte Vermögensgegenstände. KapGes sowie PHG iSd § 264 a HGB müssen die Vorräte bilanziell wie folgt untergliedern (§ 266 Abs 2 B. I. HGB): 1. Roh-, Hilfs- und Betriebsstoffe, 2. unfertige Erzeugnisse, unfertige Leistungen, 3. fertige Erzeugnisse und Waren, 4. geleistete Anzahlungen.
Erhaltene Anzahlungen sind als Verbindlichkeiten zu passivieren. Eine Absetzung ist nur im Rahmen der langfristigen Auftragsfertigung zulässig (IAS 11.42).	KapGes sowie PHG iSd § 264 a HGB dürfen erhaltene Anzahlungen auf Bestellungen offen von den Vorräten absetzen (§ 268 Abs 5 S 2 HGB).
Grds gilt das Prinzip der Einzelbewertung. Für jene Vorratsgegenstände, die normalerweise nicht austauschbar sind und jene Erzeugnisse, Waren oder Leistungen, die für spezielle Produkte hergestellt und ausgesondert werden, ist eine Einzelzuordnung ihrer individuellen Anschaffungs- und Herstellungskosten vorzunehmen (IAS 2.19). Da eine Einzelbewertung der Vorräte oftmals nicht praktikabel ist, sind → *Verbrauchsfolgeverfahren* zulässig. Eine Festbewertung ist dagegen ausgeschlossen. Vereinfachend kann zur Bemessung der Anschaffungs- und Herstellungskosten zB die Standardkostenmethode oder die retrograde Methode angewendet werden, wenn	Für die Bewertung im Jahresabschluss gilt der Grundsatz der Einzelbewertung, dh jeder Vermögensgegenstand ist bei der Aufstellung der Bilanz einzeln zu berücksichtigen (§ 252 Abs 1 Nr 3 HGB). Ausnahmen ergeben sich durch die Bewertungsvereinfachungsverfahren nach § 256 HGB und durch die in § 240 HGB genannten Verfahren: das Festwertverfahren (Abs 3 HGB) und die Gruppenbewertung (Abs 4 HGB). Es gilt das strenge Niederstwertprinzip. Zur Ermittlung des beizulegenden Wertes aus verlustfreier Bewertung ist in Abhängigkeit der Vorratskategorie auf den Beschaffungs- bzw den Absatzmarkt abzustellen (§ 253 Abs 3 HGB).

Kriterium	US-GAAP
Folgebewertung – Einzelbewertung (Forts)	Die Einzel- und Gruppenbewertung erfolgt zu fortgeführten Anschaffungs- oder Herstellungskosten gem dem modifizierten → *Niederstwertprinzip*.
– Niederstwertprinzip	Vorräte sind mit dem niedrigeren Wert aus Anschaffungs- oder Herstellungskosten und Marktwert anzusetzen. Wertminderungen können sich ua aufgrund von Beschädigungen, technologischem Wandel, gesunkenen Einkaufs- oder Verkaufspreisen sowie Überbeständen ergeben (ARB 43 Ch 4.8). Zur Ermittlung des Marktwertes wird grds auf die Wiederbeschaffungskosten abgestellt; hierbei kann es sich auch um Reproduktion oder Zukauf handeln. Begrenzt wird der Ansatz zu Wiederbeschaffungskosten durch den Nettorealisationspreis (verlustfreie Bewertung) als Obergrenze bzw Nettorealisationspreis gekürzt um die übliche Gewinnmarge als Untergrenze. Liegt der Nettorealisationspreis ohne übliche Gewinnmarge über den Wiederbeschaffungskosten aber unter den Anschaffungskosten, so ist nicht der niedrigste, sondern der sich aus dem Nettoverkaufspreis ohne übliche Gewinnmarge ergebende Wert anzusetzen (modifiziertes Niederstwertprinzip; ARB 43 Ch 4.7). Es wird somit eine gegenläufige Entwicklung der Materialpreise auf dem Beschaffungsmarkt im Vergleich zur Preisentwicklung bei den aus diesen Materialien gefertigten Produkten auf dem Absatzmarkt berücksichtigt. Der niedrigere beizulegende Wert bildet die neue Anschaffungskostenbasis. Folglich sind vorbehaltlich der Sondervorschriften zur unterjährigen Rechnungslegung Wertaufholungen unzulässig.
Verbrauchsfolgeverfahren	Bei der Ermittlung des Wertansatzes des Vorratsvermögens kann jede sinnvolle oder tatsächliche Verbrauchsfolge unterstellt werden, dh inbes die FIFO- bzw LIFO-Methode oder die Methode des gewichteten oder des gleitenden Durchschnitts (ARB 43 Ch 4.4). Da für die Lifo-Methode eine partielle umgekehrte → *Maßgeblichkeit* gilt, gelangt dieses Verfahren in der Bilanzierungspraxis häufig zur Anwendung. Neben dem permanenten und dem Perioden-LIFO kann die Layer-Bildung auch anderweitig erfolgen. Gängige Verfahren der sog Dollar-Value LIFO bilden die double-extension method, die link-chain method oder die index method. SEC-berichtspflichtige Unternehmen müssen die LIFO-Reserve sowie Gewinne aus der Auflösung eines Layer (LIFO liquidation) angeben.
Bewertung oberhalb der Anschaffungs- oder Herstellungskosten	Beliebig austauschbare Produkte, die zu fixen Börsenpreisen unmittelbar vermarktbar sind, sind mit den höheren Börsenpreisen abzgl noch anfallender Aufwendungen zu bewerten (ARB 43 Ch 4.9).

IAS/IFRS	HGB
die Ergebnisse den tatsächlichen Anschaffungs- oder Herstellungskosten nahe kommen (IAS 2.17).	Weitere Abschreibungen auf den nahen Zukunftswert, auf einen niedrigeren steuerlichen (Teil)Wert sowie – bei Nicht-KapGes (mit Ausnahme bestimmter PHG) – aufgrund vernünftiger kaufmännischer Beurteilung sind zulässig (§§ 253 Abs 3, 254 HGB). In Bezug auf die → *Wertaufholung* gelten die allgemeinen Regelungen.
Vorräte sind mit dem niedrigeren Wert aus Anschaffungs- oder Herstellungskosten und Nettoveräußerungswert anzusetzen (IAS 2.6; streng absatzmarktorientierte Bewertung). Wenn die Verkaufsverträge nur einen Teil der Vorräte betreffen, basiert der Nettoveräußerungswert für den darüber hinausgehenden Teil auf allg Verkaufspreisen. Drohverlustrückstellungen sind nach IAS 37 zu berücksichtigen (IAS 2.28). Wertaufholungen sind als Verminderung des Materialaufwands in der Periode der Wertaufholung zu berücksichtigen (IAS 2.31).	Vorräte sind mit dem niedrigeren Wert aus Anschaffungs- oder Herstellungskosten und dem beizulegenden Wert anzusetzen. Soweit ein Börsenkurs oder Marktpreis nicht feststellbar ist, ist der beizulegende Wert mittels verlustfreier Bewertung aus dem Veräußerungswert oder den Wiederbeschaffungs-/-herstellungskosten abzuleiten (§ 253 Abs 3 S 2 HGB). Danach ist am Abschlussstichtag der beizulegende Wert anhand des Wiederbeschaffungs- oder des Wiederherstellungswertes zu ermitteln, wenn für das Vorratsvermögen der Beschaffungsmarkt maßgeblich ist. Der Verkaufswert ist dagegen anzusetzen, wenn der Absatzmarkt maßgeblich ist (ua Fertigerzeugnisse). Eine gleichzeitige Beschaffungs- und Verwertungsorientierung ist nur bei Handelswaren gegeben (doppelte Maßgeblichkeit).
IAS 2 differenziert für die Verbrauchsfolgeverfahren: • die Bewertung gem FIFO-Verfahren oder nach der Durchschnittsmethode (gewichtetes oder gleitendes Durchschnittsverfahren) (benchmark treatment; IAS 2.21) und • die Bewertung gem LIFO-Verfahren (allowed alternative; IAS 2.23) Bei Anwendung des Alternativverfahrens sind Angaben zur LIFO Reserve zu machen (IAS 2.36). Nach ED IAS 2 soll die Anwendung des LIFO-Verfahrens künftig nicht mehr zulässig sein. SIC-1 verpflichtet zur stetigen Anwendung desselben Verbrauchsfolgeverfahrens bei art- und funktionsgleichen Vorräten (horizontale Stetigkeit).	Bewertungsvereinfachungsverfahren sind zulässig für identische oder austauschbare Güter des Vorratsvermögens. Bei Anwendung der Gruppen- oder Durchschnittsbewertung (§§ 240 Abs 4, 256 S 2 HGB) sind die zu einer Gruppe zusammengefassten Vermögensgegenstände mit einem gewogenen Durchschnittswert anzusetzen. Bei der Verbrauchs- bzw Veräußerungsfolgebewertung wird ein Bestand aus einer angenommenen Verbrauchs- bzw Veräußerungsfolge fingiert. Die Bewertung nach FIFO (§ 256 S 1 HGB) und LIFO (§ 256 S 1 HGB, § 6 Abs 1 Nr 2a EStG) ist anerkannt. Der Unterschiedsbetrag zwischen dem Bilanz- und dem Stichtagswert ist bei Anwendung dieser Verfahren angabepflichtig, sofern dieser ›erheblich‹ ist (§ 284 Abs 2 Nr 4 HGB).
Die Anschaffungs- oder Herstellungskosten bilden die Wertobergrenze.	Die Anschaffungs- oder Herstellungskosten bilden die Wertobergrenze (§ 255 Abs 1 u 2 HGB).

Kriterium	US-GAAP

Forderungen

Kriterium	US-GAAP
Ansatz	Forderungen sind dann zu aktivieren, wenn der Umsatzvorgang abgeschlossen ist oder anderweitig der Gefahrenübergang auf den Käufer stattgefunden hat. Als Voraussetzung für die Beendigung des Umsatzvorgangs muß das Gut geliefert bzw die vereinbarte Leistung erbracht worden sein. Forderungen entstehen ebenfalls im Rahmen von Langfristaufträgen, die mittels der percentage-of-completion method bewertet werden. Der Ausweis von erhaltenen Kautionen erfolgt unter den sonstigen Vermögenswerten. Erhaltene Vorauszahlungen sind unter dem Abgrenzungsposten (deferred income) zu zeigen und erst nach der Beendigung der Transaktion zu vereinnahmen.
Bewertung	Forderungen sind mit dem Nettoverkaufserlös unter Berücksichtigung einer Wertberichtigung für zweifelhafte Forderungen auszuweisen (SFAS 5).
– Abzinsung	Soweit bei langfristigen Forderungen der vereinbarte Zinssatz unter dem Marktzinssatz liegt, ist der Nominalbetrag der Forderung zu diskontieren (APB 21.15). Forderungen aus Lieferungen und Leistungen sind nicht zu diskontieren (APB 21.3).
– Einzelwertberichtigungen	Forderungen sind wertzuberichtigen, soweit die Einbringbarkeit der Zinsen und/oder Tilgung entspr den vereinbarten Konditionen unwahrscheinlich ist (SFAS 114, 118, 5). Erforderliche Wertberichtigungen bei Forderungen sind grds einzeln vorzunehmen. Es ist ebenfalls zulässig, bei einer großen Anzahl unwesentlicher Einzelforderungen die Einzelwertberichtigung pauschal anhand von Erfahrungswerten der Vergangenheit sowie unter Berücksichtigung des allgemeinen wirtschaftlichen Umfeldes vorzunehmen (pauschalierte Einzelwertberichtigung). Pauschalierte Einzelwertberichtigungen können mittels folgender Methoden geschätzt werden:

IAS/IFRS	HGB
Vom Unternehmen ausgereichte Forderungen sind als finanzielle Vermögenswerte in der Bilanz zu erfassen. Die Aktivierung hat zu dem Zeitpunkt zu erfolgen, zu dem das Unternehmen Vertragspartner ist und infolgedessen das Recht auf Empfang von flüssigen Mitteln hat (IAS 39.27 ff).	Forderungen sind dann zu aktivieren, wenn die vereinbarte Lieferung oder Leistung von Seiten des bilanzierenden (liefernden oder leistenden) Unternehmens erbracht worden und damit ein Anspruch auf die Gegenleistung entstanden ist.
Bei der erstmaligen Erfassung sind Forderungen mit den Anschaffungskosten, die dem Stichtagszeitwert der gegebenen Gegenleistung entsprechen, zu bewerten; Transaktionskosten sind in die Anschaffungskosten einzubeziehen. (IAS 39.66). In den Folgeperioden hat die Bilanzierung zu fortgeführten Anschaffungskosten zu erfolgen (IAS 39.75). Ausgenommen hiervon sind Forderungen, die zu Handelszwecken gehalten werden, diese sind mit dem Stichtagszeitwert zu bewerten (IAS 39.69) und Forderungen ohne feste Laufzeit, die mit ihren Anschaffungskosten zu bewerten sind (IAS 39.73).	Forderungen sind mit ihren Anschaffungskosten zu bewerten (§ 253 Abs 1 Satz 1 HGB). Als Anschaffungskosten für Forderungen gilt grundsätzlich der Nominalwert. Formal richtet sich die Bewertung von Forderungen des Anlagevermögens nach dem gemilderten Niederstwertprinzip (§ 253 Abs 2 Satz 3 u § 279 Abs 1 HGB), bei denen des Umlaufvermögens gilt das strenge Niederstwertprinzip (§ 253 Abs 3 HGB).
Kurzfristige Forderungen ohne Angabe eines Zinssatzes sind idR mit dem ursprünglichen Rechnungsbetrag anzusetzen, soweit eine Diskontierung (kalkulatorischer Zinssatz) unwesentlich ist (IAS 39.74). Fortgeführte Anschaffungskosten von Forderungen, die über feste Laufzeiten verfügen, sind unter Verwendung der Effektivzinsmethode zu bestimmen.	Unverzinsliche oder niedrig verzinsliche Forderungen und Ausleihungen werden mit ihrem Barwert (Abzinsung mit fristadäquatem Marktzins) angesetzt, soweit nicht aus Gründen der Wesentlichkeit, kurzer Restlaufzeiten oder anderer Gegenleistungen darauf verzichtet werden kann. Bei Darlehensforderungen ggü Betriebsangehörigen ist auch bei niedrig- oder unverzinslichen Darlehen der Barwertansatz zulässig.
Soweit eine Forderung wahrscheinlich nicht einbringbar ist, ist auf Einzelwertbasis eine Wertberichtigung vorzunehmen. Die außerplanmäßige Abschreibung entspricht der Differenz zwischen dem Buchwert des Vermögenswerts und dem Barwert der voraussichtlichen künftigen Mittelzu- und -abflüsse. Die Abzinsung erfolgt mit dem ursprünglichen effektiven Zinssatz der Forderung (IAS 39.111). Nach ED IAS 39 soll im Falle eines variablen Zinssatzes der unter den jeweiligen Zinssatzvereinbarungen derzeit maßgebliche Zinssatz als Abzinsungsfaktor verwendet werden (ED IAS 39.113). Erforderliche Wertberichtigungen bei Forderungen sind grds einzeln vorzunehmen. Für eine Gruppe	Die Einzelwertberichtigung wird gebildet, wenn über ein allgemeines Kreditrisiko hinausgehend die Gefahr besteht, dass einzelne Forderungen ausfallen. Bei zweifelhaften Forderungen wird ein wahrscheinlicher Wert angesetzt. Weitere Abschreibungen auf den nahen Zukunftswert sind zulässig (§ 253 Abs 3 S 3 HGB). Bei Forderungen des Anlagevermögens besteht bei vorübergehenden Wertminderungen ein Abwertungswahlrecht (§§ 253 Abs 2 S 3 1. Halbsatz, 279 Abs 1 HGB). Uneinbringliche Forderungen sind vollständig abzuschreiben (§ 253 Abs 2 S 3 u Abs 3 S 2 HGB).

Kriterium	US-GAAP
– Einzelwertberichtigungen (Forts)	• Prozentsatz der Umsätze, • Prozentsatz der Forderungen, • entspr der Altersstruktur. SFAS 140 beinhaltet Sonderregelungen für (a) Formen der Beleihung von Forderungen (b) Factoring und (c) Forderungsabtretung. Soweit unter den Sonderregeln zu Verkäufen mit Rückgaberecht die Voraussetzungen an die Umsatzrealisierung erfüllt sind (SFAS 48.6), ist eine Wertberichtigung der Forderung nur in Höhe der Gewinnmarge zulässig.
– Pauschalwertberichtigung	Pauschalwertberichtigungen sind grds nicht vorgesehen.
– Fremdwährungsforderungen	Die Umrechnung von Fremdwährungsforderungen erfolgt zum Geldkurs am Stichtag. Noch nicht realisierte Gewinne und Verluste aufgrund von Kursschwankungen sind erfolgswirksam zu erfassen (SFAS 52.15 f). Zur Absicherung von Fremdwährungsforderungen gegen Wechselkursrisiken gelten Sonderregelungen (→ *Berücksichtigung von Sicherungszusammenhängen*).

Langfristige Auftragsfertigung

Definition	Langfristige Auftragsfertigung liegt vor, wenn der Beginn und die Beendigung eines Auftrags in verschiedene Rechnungsperioden fallen (SOP 81–1.12, ARB 45). Die Regelungen sind auf einzelne Dienstleistungsaufträge (ua SOP 97–2) analog anzuwenden (SOP 81–1.13). Oftmals dient die Jahresperiode als Definitionskriterium.

IAS/IFRS	HGB
gleichartiger Forderungen ist die Erfassung von Wertminderungen auf Portfoliobasis möglich, wenn eine individuelle Beeinträchtigung nicht zu ermitteln ist (IAS 39.112). ED IAS 39 sieht in Zukunft unter bestimmten Bedingungen eine Ermittlung des Abschreibungsbedarfs auf Einzelbasis bei signifikanten Einzelpositionen oder auf Basis von Gruppen ähnlicher Vermögenswerte vor (ED IAS 39.112). Pauschalierte Einzelwertberichtigungen (bspw auf der Basis von Erfahrungswerten der Vergangenheit) sind zulässig.	
Pauschalwertberichtigungen sind grds nicht vorgesehen.	Die Pauschalwertberichtigung wird für im Rahmen der Einzelwertberichtigung nicht erfassbare allg Ausfallrisiken gebildet. Bestimmte Forderungsgruppen werden um einen pauschalen Prozentsatz gekürzt. Die bereits einzelwertberichtigten Forderungen dürfen grds nicht in diesen Forderungsgruppen enthalten sein, um eine Doppelerfassung von Risiken zu verhindern. Die Höhe der Pauschalwertberichtigung ergibt sich aufgrund von Erfahrungswerten früherer Forderungsausfälle, wobei erkennbare neue Risiken zu berücksichtigen sind.
Die Umrechnung von Fremdwährungsforderungen erfolgt zum Geldkurs am Stichtag. Noch nicht realisierte Gewinne und Verluste aufgrund von Kursschwankungen sind erfolgswirksam zu erfassen (IAS 21.9, 11 a, 15). Zur Absicherung von Fremdwährungsforderungen gegen Wechselkursrisiken gelten Sonderregelungen (→ *Berücksichtigung von Sicherungszusammenhängen).*	Grds sind Fremdwährungsforderungen mit dem Kurs umzurechnen, der bei Erstbuchung maßgeblich war (Briefkurs). Bei einem niedrigeren Kurs am Stichtag ist dieser nach dem Niederstwertprinzip bei der Umrechnung zugrunde zu legen. Eine Umrechnung kurzfristiger Forderungen mit dem höheren Stichtagskurs aus Vereinfachungsgründen ist zulässig (IDW RS HFA 2.18, E-DRS 18.16). Zur Absicherung von Fremdwährungsforderungen gegen Wechselkursrisiken gelten Sonderregelungen (→ *Berücksichtigung von Sicherungszusammenhängen).* Die Grundlage der Umrechnungsmethode ist angabepflichtig.

Ein Fertigungsauftrag (construction contract) ist ein Vertrag über die kundenspezifische Fertigung einzelner Gegenstände oder einer Anzahl von Gegenständen, die hinsichtlich Design, Technologie und Funktion oder hinsichtlich ihrer Verwendung aufeinander abgestimmt oder voneinander abhängig sind (IAS 11.3). Die Regelungen gelten für Dienstleistungsaufträge, die direkt im Zusammenhang mit der Fertigung eines Vermögenswertes stehen, sowie Abriss- und Restaurierungsverträge analog (IAS 11.5, 11.5 a, 18.21). Die Abwicklungsdauer des Vertrages ist kein Abgrenzungsmerkmal (IDW RS HFA 2.27).	Eine eigenständige Definition ist im HGB nicht vorgesehen. Langfristige Auftragsfertigung liegt nach allgemeinem Verständnis vor, wenn der Beginn und die Beendigung eines Auftrags in verschiedene Rechnungsperioden fallen. Das DRSC hat mit E-DRS 17 »Erlöse« einen Entwurf vorgelegt, dem nach Verabschiedung GoB-Charakter beizumessen ist.

Kriterium	US-GAAP
Bewertung	Langfristige Fertigungs- sowie bestimmte Dienstleistungsaufträge sind entweder nach (ARB 45, SOP 81–1, 21 ff) • der completed-contract method oder • der percentage-of-completion method zu bewerten. Die percentage-of-completion method ist nur (dann aber vorrangig) anzuwenden, soweit der Fertigstellungsgrad, die Gesamtkosten und die Gesamterlöse des Auftrags zuverlässig ermittelt werden können.
Vertragstypen	Langfristaufträge werden in: • fixed-price oder lump-sum contracts, • time und material contracts, • cost-type contracts und • unit-price contracts unterschieden (SOP 81–1.15).
Anwendungsvoraussetzungen der percentage-of-completion method	Die Anwendung der percentage-of-completion method wird empfohlen, wenn (SOP 81–1.23, ARB 45.3 u 15): • die zu liefernden Produkte oder zu fertigenden Aufträge sowie die Zahlungsbedingungen vertraglich fixiert sind, • die Bezahlung zu erwarten ist, • die Erfüllung der vertraglichen Leistung durch den Hersteller hinreichend sichergestellt ist. Diese Anwendungsempfehlung ist als Gebotsnorm zu interpretieren. Zudem muß das Unternehmen die organisatorischen Voraussetzungen zur Bestimmung des Fertigstellungsgrads erfüllen (SOP 81–1.26). Die Regelungen sind nicht auf Produkte anzuwenden, die für den anonymen Markt sowie mittels eines standardisierten Verfahrens hergestellt und über die üblichen Absatzmärkte vertrieben werden.

IAS/IFRS	HGB
Fertigungs- und Dienstleistungsaufträge sind stets nach der stage-of-completion method zu bewerten (IAS 11.22). Die Realisierung entspr dem Fertigungsgrad wird an die Voraussetzungen der verlässlichen Bestimmbarkeit der Gesamtkosten und der Gesamterlöse geknüpft.	Fertigungs- und Dienstleistungsaufträge sind nach der completed-contract method zu bewerten. Der Kontakt-ausschuß bei der EU-Kommission erachtet indes eine Bewertung nach dem Fertigstellungs- bzw Leistungsfortschritt für richtlinien-konform, soweit der Gesamtbetrag der Einnahmen aus dem Vertrag bekannt ist, der Anteil der abgeschlossenen Arbeiten sich zuverlässig errechnen lässt und die im Vertrag vorgesehenen Arbeiten sich in einem ausreichend fortgeschrittenen Stadium befinden. Unter diesen Voraussetzungen sieht auch das DRSC die percentage-of-completion method zur Bewertung langfristiger Fertigungskontrakte und Dienstleistungen als mit dem Einklangerfordernis des § 292 a HGB vereinbar an (DRS 1.82 u 157). Die Ansicht des Kontaktausschusses wird vom HFA nicht geteilt (IDW RS HFA 2.24). Gemäß E-DRS 17 werden Fertigungs- und Dienstleistungsaufträge nach der percentage-of-completion method zu bewerten sein, wenn bestimmte Voraussetzungen erfüllt sind (E-DRS 17.31).
Fertigungsaufträge werden in Festpreisverträge, ggf mit Preisgleitklauseln (IAS 11.23), und cost-plus Verträge (IAS 11.24) unterteilt, wobei Merkmale beider Vertragstypen innerhalb eines Vertrags möglich sind (IAS 11.6).	Es ist keine Differenzierung von Vertragstypen vorgesehen. Der E-DRS 17 behandelt periodenübergreifende Aufträge sowie Mehrkomponentengeschäfte. Periodenübergreifende Aufträge strecken sich über das Ende einer Berichtsperiode hinaus, Mehrkomponentengeschäfte umfassen den Verkauf von mehreren Einzelleistungen, deren Vergütungen in einem wirtschaftlichen Zusammenhang stehen (E-DRS 17.7).
Im Fall von Festpreisverträgen müssen für das Vorliegen einer verlässlichen Schätzung des Ergebnisses die folgenden Kriterien erfüllt sein (IAS 11.23): • die gesamten Auftragserlöse können verlässlich ermittelt werden, • es ist wahrscheinlich, dass der wirtschaftliche Nutzen aus dem Vertrag dem Unternehmen zufließt, • sowohl die bis zur Fertigstellung des Auftrages noch anfallenden Kosten als auch der Grad der erreichten Fertigstellung können am Bilanzstichtag verlässlich ermittelt werden und • die dem Vertrag zurechenbaren Kosten können eindeutig bestimmt und verlässlich ermittelt werden, so dass die bislang entstandenen Kosten mit früheren Schätzungen verglichen werden können. Zudem muss das Unternehmen die organisatorischen Voraussetzungen zur Bestimmung des Fertigstellungsgrads erfüllen (IAS 11.30). Im Fall von cost-plus-Verträgen müssen für das Vorliegen einer verlässlichen Schätzung des Ergebnisses alle der folgenden Kriterien erfüllt sein (IAS 11.24): • es ist wahrscheinlich, dass der wirtschaftliche Nutzen aus dem Vertrag dem Unternehmen zufließt und • die dem Vertrag zurechenbaren Auftragskosten können eindeutig bestimmt und verlässlich ermit-	Methodisch verbietet das Realisationsprinzip die Anwendung der percentage-of-completion method (§ 252 Abs 2 HGB). In Einzelfällen lässt das Schrifttum gleichwohl eine Teilgewinnrealisierung unter folgenden, kumulativ zu erfüllenden Voraussetzungen zu: 1. die Auftragsfertigung muss einen wesentlichen Teil der Tätigkeit des Unternehmens ausmachen, 2. die Gewinnrealisierung nach Abschluss des Auftrags führt zu einer nicht unerheblichen Beeinträchtigung des Einblicks in die Vermögens-, Finanz- und Ertragslage, 3. die Vertragserfüllung muss rechtlich und wirtschaftlich/technisch unzweifelhaft erscheinen, 4. der Fertigstellungsgrad muss über die Teilleistungen definiert werden, zwischen denen keine wesentlichen Funktionsrisiken bestehen, 5. der Gesamterlös und der auf die erreichten Teilleistungen entfallende Anteil am Gesamterlös muss zuverlässig ermittelt werden können, 6. die Risiken aus den erreichten Teilleistungen müssen übersehbar und berücksichtigt sein und 7. aus dem gesamten Vertrag darf kein Verlust drohen. E-DRS 17 sieht IAS 11 vergleichbare Kriterien vor (E-DRS 17.8, 31, 41)

Kriterium	US-GAAP
Anwendungsvoraussetzungen der percentage-of-completion method (Forts)	
Zusammenfassung von Fertigungsaufträgen	Für buchhalterische Zwecke ist die Verbindung gleichartiger Verträge möglich, wobei dieses durch Kriterien wie (SOP 81–1.37): • ein Kunde, • ähnliches Projektmanagement, • zT verflochtene Kostenstrukturen, • Fertigung in Folge oder gleichzeitig und/oder • Angebot in Form eines Gesamtauftrags (package deal) belegbar sein muss. Insbes muss die Voraussetzung ähnlicher Margen zur Zusammenfassung von Fertigungsaufträgen erfüllt sein.
Segmentierung von Fertigungsaufträgen	Für buchhalterische Zwecke ist eine Segmentierung eines Großauftrags in einzelne Fertigungseinheiten möglich, wenn die Erträge den einzelnen Komponenten bzw Phasen klar zugeordnet werden können (SOP 81–1.39 ff). Hierzu müssen folgende Voraussetzungen gegeben sein: (a) dem Kunden lagen gleichwertige Angebote mit und ohne Segmentierung vor, die er beide akzeptieren konnte, (b) oder kumulativ – die Absichten und Bedingungen des Projektes legen eine Segmentierung nahe, – die Segmente werden einzeln angeboten bzw verhandelt, – die Bruttogewinnmarge weicht zwischen den Segmenten ab (bspw aufgrund unterschiedlicher Risikostrukturen oder unterschiedlicher Beziehungen zu Lieferanten), – es existiert eine Historie von ähnlichen Großaufträgen, deren Gesamtbruttogewinnmarge unterhalb der Summe der Bruttogewinnmargen der einzelnen Segmente liegt. Die Ursache dafür muss in Kosteneinsparungen (bspw im Bereich der Verwaltung oder der Nutzung von Maschinen) bei der Durchführung als ein Gesamtprojekt zu finden sein, – die Preispolitik für Kunden, die eine Segmentierung des Projekts gewählt haben, sollte in der Vergangenheit relativ stabil gewesen sein. Die Vergleichbarkeit einzelner Segmente und deren Preise sollte dokumentiert und verifizierbar sein.
Umfang der Auftragserlöse	Die gesamten Auftragserlöse umfassen (SOP 81–1.54): • den vertraglich fixierten Preis, • Preiserhöhungen/-minderungen aufgrund nachverhandelter Leistungsabweichungen, • Kompensationszahlungen für nicht kalkulierte Kosten (Mehrkosten),

IAS/IFRS	HGB
telt werden, unabhängig davon, ob sie gesondert abrechenbar sind.	
Eine Gruppe von Verträgen mit einem einzelnen oder mehreren Kunden ist als ein einziger Fertigungsauftrag zu behandeln, wenn (IAS 11.9): • die Gruppe von Verträgen als ein einziges Paket verhandelt wird, • die Verträge so eng miteinander verbunden sind, dass sie im Grunde Teil eines einzelnen Projektes mit einer Gesamtgewinnmarge sind und • die Verträge gleichzeitig oder unmittelbar aufeinanderfolgend abgearbeitet werden.	Es bestehen keine gesetzlichen Regelungen zur Zusammenfassung von Fertigungsaufträgen. Liegen die in E-DRS 17.41 genannten Voraussetzungen für Mehrkomponentengeschäfte nicht vor, werden die allgemeinen Grundsätze für die Erfassung von Erlösen (E-DRS 17.8–14) anzuwenden sein (E-DRS 17.44).
Eine Einzelbewertung der einzelnen Leistungen eines Vertrages ist vorzunehmen, wenn (IAS 11.8): • getrennte Angebote für jede Einzelleistung unterbreitet wurden, • über jede Einzelleistung separat verhandelt wurde und der Auftragnehmer sowie der Kunde die Vertragsbestandteile, die jede einzelne Leistung betreffen, separat akzeptieren oder ablehnen konnten und • die Kosten und Erlöse jeder einzelnen vertraglichen Leistung getrennt ermittelt werden können. Ein Folgeauftrag ist als separater Vertrag zu behandeln, wenn (IAS 11.10): • er sich hinsichtlich Design, Technologie oder Funktion wesentlich von dem ursprünglichen Vertrag unterscheidet oder • die Preisverhandlungen für den Vertrag losgelöst von den ursprünglichen Verhandlungen geführt werden.	Es bestehen keine gesetzlichen Regelungen zur Segmentierung von Fertigungsaufträgen. Mehrkomponentengeschäfte liegen gemäß E-DRS 17.41 vor, wenn: • der beizulegende Wert der jeweiligen Einzelleistung verlässlich bestimmbar und • die Einzelleistungen unabhängig voneinander in vergleichbarem Umfang als Teil bezogen oder genutzt werden können.
Die gesamten Auftragserlöse umfassen (IAS 11.11 f): • den vertraglich fixierten Preis, • Preiserhöhungen/-minderungen aufgrund nachverhandelter Leistungsabweichungen, • Kompensationszahlungen für nicht kalkulierte Kosten (Mehrkosten),	Es bestehen keine gesetzlichen Regelungen zum Umfang der Auftragserlöse. Gemäß E-DRS 17.15 wird sich die Höhe der Erlöse grds nach dem beizulegenden Zeitwert der vereinbarten Gegenleistung unter Abzug von Erlösschmälerungen und der Umsatzsteuer bemessen.

Kriterium	US-GAAP
Umfang der Auftragserlöse (Forts)	• erhaltene Prämien (bspw für vorzeitige Bereitstellung) und • erhaltene Vertragsstrafen. Prämien erhöhen die Gesamterlöse erst, sofern diese durch den Auftragsfortschritt verdient und diese vom Auftraggeber anerkannt wurden (SOP 81–1.61). Preisänderungen aufgrund von Leistungsabweichungen sind im Zweifel bis zur Genehmigung durch den Auftraggeber abzugrenzen (SOP 81–1.62 b). An die Erhöhung um Kompensationskosten sind weitere Voraussetzungen (ua Rechtsanspruch auf Erstattung) geknüpft (SOP 81–1.65). Fremdkapitalkosten sind entspr SFAS 34 zu berücksichtigen (SOP 81–1.72).
Umfang der Auftragskosten	Die geschätzten Auftragskosten umfassen die bereits angefallenen Kosten sowie die noch erwarteten Kosten bis zur Fertigstellung des Auftrages. Für die Schätzung der noch erwarteten Kosten gilt es nachfolgende Grundsätze zu beachten (SOP 81–78): • stetige Anwendung systematischer Methoden der Kostenrechnung, • zuverlässige Bestimmbarkeit der Gesamtkosten sowie Menge und Preis der Hauptkomponenten, • Sicherstellung, dass die Schätzmethoden für die noch erwarteten Kosten dieselben Kostenbestandteile beinhalten wie die bereits verursachten Kosten, • Berücksichtigung künftiger Lohn- und Preisentwicklung auf differenzierter Basis für Arbeits-, Material- und sonstige Kosten (pauschale Schätzungen der Preissteigerungen sind unzulässig), • periodische Überprüfung der Schätzung der noch erwarteten Kosten. • Kosten der Auftragserlangung, die einem erwarteten Geschäft unmittelbar zuzurechnen sind, sind im Regelfall sofort erfolgswirksam zu erfassen. Soweit es sich indes um die Anschaffung von Vermögenswerten handelt, kommt ggf ein Ausweis unter den Vorräten in Betracht (SOP 81–1.75).
Completed-contract method	Sind keine zuverlässigen Schätzungen bzgl des Fertigstellungsgrads möglich, erfolgt die Bewertung gem der completed-contract method (ARB 45.15, SOP 81–1.23 u 32).

IAS/IFRS	HGB
• erhaltene Prämien (bspw für vorzeitige Bereitstellung) und • erhaltene Vertragsstrafen. Preisänderungen aufgrund von Leistungsabweichungen erhöhen ebenso wie Prämien und Kompensationszahlungen die Gesamterlöse sofern sie (a) wahrscheinlich zu Erträgen führen und (b) zuverlässig ermittelbar sind. IAS 11 geht nicht darauf ein, inwieweit sich die vereinbarten Zahlungsbedingungen auf die Höhe der Auftragserlöse auswirken können. Das IDW erachtet es als sachgerecht, im Falle der Gewährung eines längerfristigen Zahlungszieles nur den anhand eines marktüblichen Zinssatzes abgezinsten Betrag der Kaufpreisforderung als Auftragserlös zu erfassen. Erfolgt die Finanzierung im wesentlichen oder ausschließlich über die Gewährung längerfristiger unverzinslicher Anzahlungen, soll der Zinsvorteil aus dieser Vorfinanzierung in die Auftragserlöse einbezogen werden (IDW RS HFA 2.32).	Wenn die Vereinbarung einen Finanzierungsvorgang enthält, wird sich die Höhe des Erlöses nach dem Barwert der vereinbarten Gegenleistung bemessen (E-DRS 17.16). Beim Tausch wird sich die Höhe des Erlöses nach dem beizulegenden Zeitwert der vereinbarten Gegenleistung bemessen (E-DRS 17.19).
Die Auftragskosten umfassen (IAS 11.16): • die direkten Kosten in Verbindung mit dem bestimmten Vertrag (bspw Fertigungslöhne, Kosten des Fertigungsmaterials, Abschreibungen etc), • alle indirekten und allgemein dem Vertrag zurechenbaren Kosten (bspw Versicherungsprämien, Fertigungsgemeinkosten etc) und • sonstige Kosten, die dem Kunden vertragsgem gesondert in Rechnung gestellt werden können. Kosten, die einzelnen Aufträgen nicht zugeordnet werden können, dürfen nicht als Auftragskosten berücksichtigt werden. Dazu gehören (IAS 11.20): • Kosten der allgemeinen Verwaltung, sofern für sie keine Erstattung im Vertrag vereinbart wurde, • Vertriebskosten, • Forschungs- und Entwicklungskosten, sofern für sie keine Erstattung im Vertrag vereinbart wurde und • planmäßige Abschreibungen auf ungenutzte Anlagen und Maschinen, die nicht für die Abwicklung eines bestimmten Auftrages verwendet werden. Dem Auftrag unmittelbar zurechenbare, überhöhte Kosten sind als Bestandteil der Auftragskosten zu erfassen (IDW RS HFA 2.30). Einzeln zurechenbare Kosten der Auftragserlangung dürfen berücksichtigt werden, wenn das Unternehmen den Auftrag wahrscheinlich erhalten wird und die Kosten einzeln identifizierbar und verlässlich ermittelbar sind (IAS 11.21).	Es bestehen keine gesetzlichen Regelungen zum Umfang der Auftragskosten. Es gelten die allgemeinen Regelungen zu → *Anschaffungs-* oder→ *Herstellungskosten*.
Nach IAS 11 ist die completed-contract method nicht zulässig. Kann das Ergebnis eines Fertigungsauftrages bei Festpreisverträgen bzw cost-plus Verträgen nicht verlässlich geschätzt werden (IAS 11.32),	Langfristige Fertigungsaufträge sind grds nach der completed-contract method auszuweisen. Nach der completed-contract method werden Gewinne im Jahresabschluss nur berücksichtigt, wenn sie realisiert sind (Realisationsprin-

Kriterium	US-GAAP
Completed-contract method (Forts)	In diesem Fall findet vor dem Übergang der Sach- und Preisgefahr keine Umsatzrealisierung statt. Die unfertigen und fertigen Erzeugnisse werden innerhalb der Vorräte gesondert (construction-in-progress) ausgewiesen und zu → *Anschaffungs-* oder → *Herstellungskosten* bewertet; fakturierte Vorauszahlungen sind als Forderungen auszuweisen. Abweichend von der allgemeinen Herstellungskostendefinition können allgemeine Kosten der Verwaltung aktiviert werden (ARB 45.10). Erhaltene Anzahlungen kürzen die jeweilige Vorratsposition.
Percentage-of-completion method	Soweit die → *Anwendungsvoraussetzungen der percentage-of-completion method* erfüllt sind, sind die Auftragserlöse und Auftragskosten in Verbindung mit diesem Fertigungsauftrag entspr dem Leistungsfortschritt am Bilanzstichtag jeweils als Erträge und Aufwendungen zu erfassen (SOP 81–1.23). Auch bei der verlustfreien Abwicklung eines Auftrags (cost-type contract), sind bei Annahme einer zero-profit-margin im Rahmen der Anwendung der percentage-of-completion method in der jeweiligen Rechnungsperiode die Erträge und Aufwendungen zu erfassen. Die percentage-of-completion method führt zu einer dem Fertigstellungsgrad entspr Umsatzrealisierung bei gleichzeitigem Ausweis einer entspr Forderungsposition (bei Fakturierung) bzw als gesonderte Vorratsposition (construction-in-progress). Erhaltene Anzahlungen kürzen diese Forderungen; ein ggf vorhandener Anzahlungsüberhang führt zum Ausweis einer Verbindlichkeit. Das Saldierungsverbot gilt.
Ermittlung des Fertigstellungsgrads	Der Grad der Fertigstellung kann anhand input- oder output-orientierter Methoden ermittelt werden (SOP 81–1.46). Zu den gängigen Verfahren zählen die input-orientierte accumulated cost method bzw cost-to-cost method (Verhältnis der Kosten, die zum Bilanzstichtag angelaufen sind, in Relation zu den Gesamtkosten des Projekts) und die efforts-expended method (sonstige Größen – ua Stundenanfall –, anhand derer sich der Fertigstellungsgrad messen läßt). In der Bilanzierungspraxis dominiert die cost-to-cost method im Anlagenbau, während die efforts-expended method das Standardverfahren für Dienstleistungsaufträge ist. Output-orientierte Verfahren sind vorzuziehen, sowie der Output (bspw Teilabnahmen) verlässlich geschätzt werden kann. Sofern der Leistungsfortschritt entspr den angefallenen Auftragskosten bestimmt wird, sind nur diejenigen Auftragskosten, die die erbrachte Leistung widerspiegeln, in diesen Kosten zu berücksichtigen (SOP 81–1.50).

IAS/IFRS	HGB
• ist der Ertrag nur in Höhe der angefallenen Auftragskosten zu erfassen, die wahrscheinlich einbringbar sind und • die Auftragskosten sind in der Periode als Aufwand zu erfassen, in der sie anfallen. Wenn die Unsicherheiten, die eine verläßliche Schätzung des Ergebnisses eines Auftrages behinderten, nicht länger bestehen, sind die zu dem Fertigungsauftrag gehörenden Erträge und Aufwendungen auf der Basis einer verlässlichen Schätzung zu erfassen (IAS 11.35).	zip; § 252 Abs 1 Nr 4 HGB). Die Gewinnrealisierung auf Basis abrechenbarer Teillieferungen/-leistungen führt faktisch zu ähnlichen Ergebnissen wie die percentage-of-completion method. Werden die Voraussetzungen für die Erfassung von Erlösen aus periodenübergreifenden Aufträgen bzw Mehrkomponentengeschäfte nicht erfüllt, sind die allgemeinen Grundsätze (E-DRS 17.8–19) anzuwenden (E-DRS 17.32;44).
Ist das Ergebnis eines Fertigungsauftrages verlässlich zu schätzen, sind die Auftragserlöse und Auftragskosten in Verbindung mit diesem Fertigungsauftrag entspr dem Leistungsfortschritt am Bilanzstichtag jeweils als Erträge und Aufwendungen zu erfassen (stage-of-completion method; IAS 11.22). Die stage-of-completion method führt zu einer dem Fertigstellungsgrad entspr Umsatzrealisierung bei gleichzeitigem Ausweis einer entspr Forderungsposition (bei Fakturierung) bzw als gesonderte Vorratsposition (construction-in-progress). Erhaltene Anzahlungen kürzen diese Forderungen; ein ggf vorhandener Anzahlungsüberhang führt zum Ausweis einer Verbindlichkeit (IAS 11.27 und 42).	Im HGB ist die Teilgewinnrealisierung gem percentage-of-completion method nicht zulässig; im Schrifttum und der Bilanzierungspraxis wird jedoch eine Teilgewinnrealisierung auf der Basis einer Teilauftragsabrechnung für zulässig erachtet (→ *Anwendungsvoraussetzungen der percentage-of-completion method*). Bei der completed-contract Methode erfolgt die Umsatzrealisierung erst mit Abnahme und Gefahrenübergang. Unfertige und halbfertige Aufträge und Leistungen sind unter den Vorräten auszuweisen. Bzgl erhaltener Anzahlungen auf Bestellungen gilt das allg Wahlrecht der offenen Absetzung von den Vorräten. Gemäß E-DRS 17 wird die percentage-of-completion method anzuwenden sein (E-DRS 17.31;41).
Zur Ermittlung des Fertigstellungsgrads können nachfolgende input- oder output-orientierte Verfahren zur Anwendung gelangen (IAS 11.30 f): 1. das Verhältnis der bis zum Stichtag angefallenen Kosten zu den geschätzten Gesamtkosten (cost-to-cost method), 2. der Vergleich der am Stichtag erbrachten Leistung mit der geschätzten Gesamtleistung (efforts-expended method), 3. die Vollendung eines Anteils am Gesamtwerk (units-of work-performed method). Die Anwendung einer bestimmten Methode ist nicht vorgeschrieben. Abhängig vom jeweiligen Vertrag ist diejenige Methode zu wählen, die den Fertigstellungsgrad zuverlässig bestimmt (IDW RS HFA 2.36). Output-orientierte Verfahren sind vorzuziehen, soweit der Output (bspw Teilabnahmen) verlässlich geschätzt werden kann. Sofern der Leistungsfortschritt entspr den angefallenen Auftragskosten bestimmt wird, sind nur diejenigen Auftragskosten, die die erbrachte Leistung widerspiegeln, in diesen Kosten zu berücksichtigen (SOP 81–1.50).	Es bestehen keine gesetzlichen Regelungen zur Ermittlung des Fertigstellungsgrads. Soweit gleichwohl eine Teilgewinnrealisierung (→ *Anwendungsvoraussetzungen der percentage-of-completion method*) erfolgt, kommen ausschließlich output-orientierte Verfahren zur Anwendung. Der Fertigstellungsgrad ist anhand der Methode zu ermitteln, die zu einer möglichst verlässlichen Schätzung führt (E-DRS 17.37).

Kriterium	US-GAAP
Berücksichtigung erwarteter Verluste	Drohverluste sind erfolgswirksam mittels Rückstellungsbildung zu antizipieren (SOP 81–1.85 ff). Verwaltungsgemeinkosten können bei der Anwendung der completed-contract method in die Ermittlung der Drohverluste einbezogen werden (ARB 45.10).
Veränderungen in den Schätzungen	Die percentage-of-completion method sieht im Rahmen der cumulative catch-up method (Standardverfahren) vor, dass der erwartete Gesamterfolg in Relation zu den bisher vereinnahmten Erfolgen des Geschäftsjahres gesetzt wird und Differenzen erfolgswirksam erfasst werden. Alternativ darf auch das für Schätzungsänderungen übliche Verfahren der Reallokation (ratierliche Aufteilung über die ab der Schätzungsänderung verbleibenden Perioden) angewendet werden (SOP 81–1.83).

Sonstige Vermögensgegenstände

Ansatz und Bewertung	Es gelten die allgemeinen Ansatz- und Bewertungsvorschriften.
Ausweis	Abhängig davon, ob es sich um einen langfristigen oder kurzfristigen Vermögenswert handelt, erfolgt ein Ausweis unter den current oder non- current assets. Zur Veräußerung gehaltenes Anlagevermögen ist unter Umlaufvermögen (other current assets) auszuweisen.

Abgrenzungsposten

Ansatz und Ausweis	Abgrenzungsposten sind anzusetzen, wenn die allg Kriterien eines Vermögenswerts vorliegen. Abgrenzungsposten kurzfristiger Natur werden als prepaid expenses und die langfristiger Natur als deferred charges bezeichnet. Ein Disagio ist nicht zu aktivieren. Es ist der niedrigere Auszahlungsbetrag zu passivieren, wobei eine Zuschreibung der Zinskomponente im Zeitablauf erfolgt.

IAS/IFRS	HGB
Drohverluste sind erfolgswirksam mittels Rückstellungsbildung zu antizipieren (IAS 11.36).	Drohverluste sind erfolgswirksam mittels Rückstellungsbildung zu antizipieren (§ 249 Abs 1 S 1 HGB).
Bei Schätzungsänderungen kommen die allgemeinen Regelungen (→ *Abschlussänderungen/Durchbrechung der Stetigkeit*) zur Anwendung (IAS 11.38). Diese entsprechen im Ergebnis der cumulative catch-up method. Die Methode der Reallokation wird durch IAS 11 nicht unterstützt.	Es bestehen keine gesetzlichen Regelungen zur Berücksichtigung von Schätzungsänderungen betr den Fertigstellungsgrad. Nachträgliche Änderungen des ursprünglich vereinbarten Wertes der Gegenleistung sind gem E-DRS 17.39 zu berücksichtigen. Im Regelfall kommt jedoch die cumulative catch-up method zur Anwendung.

Es gelten die allgemeinen Ansatz- und Bewertungsvorschriften.	Es gelten die allgemeinen Vorschriften der Aktivierung von Vermögensgegenständen (→ *Vermögensgegenstand*). Grundlage der Bewertung sonstiger Vermögensgegenstände sind die Anschaffungs- oder Herstellungskosten ggf vermindert um Abschreibungen (§ 252 Abs 1 iVm Abs 3 HGB) (→ *Zusammensetzung einzelner Wertmaßstäbe*).
Ein gesonderter Ausweis ist in den IAS nicht vorgeschrieben, kann aber fakultativ erfolgen, da IAS 1.66 lediglich Mindestanforderungen an die Gliederung stellt.	Bei der Position der sonstigen Vermögensgegenstände handelt es sich um einen Sammelposten. Unter den sonstigen Vermögensgegenstände werden bspw Steuererstattungsansprüche, antizipative Rechnungsabgrenzungsposten, geleistete Anzahlungen (soweit nicht Anlagevermögen oder Vorräte), Gegenstände des Anlagevermögens, die zur Weiterveräußerung vorgesehen sind und debitorische Kreditoren ausgewiesen.

Aufgrund des in IAS 1.25 geforderten Konzeptes der Periodenabgrenzung sind grds Abgrenzungsposten zu bilden, damit Aufwendungen bzw Erträge periodengerecht erfasst werden können. Nicht erstattungsfähige Zölle und Verbrauchsteuern sind dem Vorratsvermögen zuzuordnen (IAS 2.8). Ein Disagio ist nicht zu aktivieren. Es ist der niedrigere Auszahlungsbetrag zu passivieren, wobei eine Zuschreibung der Zinskomponente im Zeitablauf erfolgt (IAS 23.5).	Nach § 250 HGB sind als Abgrenzungsposten Ausgaben (Einnahmen) vor dem Abschlussstichtag auszuweisen, soweit sie Aufwand (Ertrag) für eine bestimmte Zeit nach diesem Tag darstellen (transitorische Rechnungsabgrenzungsposten). Ferner können auf Vorräte entfallene Zölle und Verbrauchsteuern (§ 250 Abs 1 S 2 Nr 1 HGB) soweit diese nicht in die Anschaffungs- oder Herstellungskosten einbezogen wurden und Umsatzsteuer auf erhaltene Anzahlungen (§ 250 Abs 1 Satz 2 Nr 2 HGB) abgegrenzt werden. Ein Agio (Disagio) kann in den Rechnungsabgrenzungsposten gesondert ausgewiesen werden. In diesem Fall gilt ein planmäßiges Abschreibungsgebot (§§ 250 Abs 3, 268 Abs 6 HGB).

Kriterium	US-GAAP

Eigenkapital

Kriterium	US-GAAP
Angabepflichten	SEC-berichtspflichtige Unternehmen müssen folgende Untergliederung des Eigenkapitals vornehmen (Reg S-X Rule 5–02.29 ff; SFAS 130, ARB 43): • nicht rückzahlbare Vorzugsaktien (preferred stocks which are not redeemable or are redeemable solely at the option of the issuer), • Stammaktien (common stocks), • Kapitalrücklage (additional paid-in capital), • andere Rücklagen (other additional capital), • Gewinnrücklagen (retained earnings), • kumulierte erfolgsneutrale und nicht auf Gesellschaftertransaktionen zurückzuführende Eigenkapitalveränderungen (accumulated other comprehensive income), • eigene Anteile (treasury stock) und • eingeforderte, noch nicht eingezahlte Einlagen (subscription receivable). Eigene Anteile kürzen entweder das Grundkapital (idR bei Einziehungsabsicht) oder gehen in eine eigene Zeile innerhalb des Eigenkapitals als sog contra equity Position ein. Zur Berechnung des Eigenkapitaleffekts kann sowohl die Nennbetrag-Methode als auch die cost-Methode angewendet werden (ARB 43). Als weitere Methode kommt die constructive retirement Methode bei Einziehung bzw langfristiger Halteabsicht zur Anwendung (APB 6.12). Im Einzelfall geht die einzelstaatliche Regelung (state law) diesen Vorschriften vor (APB 6.13). Eigene Anteile sind nicht dividendenberechtigt. Im Fall des Verkaufs darf das lfd Ergebnis nicht beeinflusst werden (ARB 43 Ch 1B). Nicht eingebettete Finanzinstrumente, die sowohl einen Eigenkapital- als auch einen Fremdkapitalanteil aufweisen, sind unter den Schulden auszuweisen, soweit eine Rückforderungsmöglichkeit der Anteilseigner besteht, bspw bei rückzahlbaren Vorzugsaktien (mit Kündigungsrecht des Anteilseigners) oder bei zusammengesetzten Finanzinstrumenten, die eine Put-Option des Anteilseigners enthalten. Ebenso als Schulden sind Finanzinstrumente auszuweisen, bei denen eine Ablösung von Verbindlichkeiten zwar durch Gewährung eigener Anteile möglich ist, aber der Gegenwert der Anteile nicht der normalen Börsen- oder Marktpreisentwicklung der Anteile folgt, bspw bei Vereinbarung eines festen Gegenwertes von Anteilen. Das FASB plant im Rahmen des Projekts »Verbindlichkeiten und Schulden« die umfassende Neuregelung bezüglich der Zerlegung von zusammengesetzten Finanzinstrumenten, in denen Eigenkapitalanteile eingebettet sind, sowie eine Überarbeitung des Concept

IAS/IFRS	HGB
Das eingezahlte Kapital (Grundkapital und Kapitalrücklage) ist separat vom erwirtschafteten Kapital auszuweisen (IAS 1.73(e)). Zudem sind – soweit es einzelne Standards erfordern – zusätzliche Eigenkapitalposten bspw für Fremdwährungsdifferenzen zu bilden (F 49 u 65). Eigene Anteile kürzen das Eigenkapital (SIC-16.4). Zur Berechnung des Eigenkapitaleffektes kann sowohl die Nennbetrag-Methode als auch die cost-Methode angewendet werden. Eigene Anteile sind nicht dividendenberechtigt. Im Fall des Verkaufs darf das lfd Ergebnis nicht beeinflusst werden. Rückzahlbare Vorzugsaktien (mit Kündigungsrecht) sind außerhalb des Eigenkapitals, dh unter den Verbindlichkeiten, auszuweisen. Bei zusammengesetzten Finanzinstrumenten, die sowohl einen Eigenkapital- als auch Fremdkapitalanteil beinhalten, erfolgt ein nach Bestandteilen getrennter Ausweis im Eigenkapital und unter den Verbindlichkeiten (IAS 32.23). Die Rückforderungsmöglichkeit des Anteilseigners bildet das entscheidende Kriterium für die Abgrenzung von Eigen- und Fremdkapital (IAS 32.18 ff). Einer Eigenkapitaltransaktion (bspw IPO) unmittelbar zurechenbare, notwendige externe Transaktionskosten kürzen die Kapitalrücklage auf einer nach-Steuerbasis (SIC-17). Aufwendungen im Zusammenhang mit einer Imagekampagne im Rahmen eines geplanten Börsengangs sind ebenso wie bspw Aufwendungen für die Bewerbung der Produkte und Dienstleistungen des Unternehmens stets in voller Höhe aufwandswirksam innerhalb des Ergebnisses des gewöhnlichen Geschäftsbetriebs zu erfassen. Desgleichen sind interne Kosten nicht als sog IPO-Kosten zu klassifizieren, die die Kapitalrücklage kürzen. Sofern in Verlustsituation kein unmittelbarer steuerlicher Vorteil erwirkt werden kann, kürzt die in statischer Nebenrechnung vorzunehmende valuation allowance (→ *latente Steuern*) die Kapitalrücklage erfolgsneutral. Eine spätere Nutzung der steuerlichen Verlustvorträge hat eine korrespondierende erfolgsneutrale Auflösung der in Vorperioden gebildeten valuation allowance zur Folge. Der Minderheitenausweis erfolgt außerhalb des Eigenkapitals; dieses gilt grds auch für stille Beteiligungen/Einlagen. Die Veränderungen des Eigenkapitals (Eigenkapitalspiegel) sind gesondert darzustellen. (IAS 1.7(c), 1.86). Für jede Klasse von Anteilen sind die Anzahl der	Nach HGB ist das Eigenkapital bei KapGes wie folgt zu klassifizieren (§ 266 Abs 3 HGB): • Gezeichnetes Kapital, • Kapitalrücklagen, • gesetzliche, satzungsmäßige und andere Gewinnrücklagen sowie • Rücklagen für eigene Anteile, • Gewinn-/Verlustvortrag und • Jahresüberschuss/-fehlbetrag. Die Entwicklung des Konzerneigenkapitals und das Konzerngesamtergebnis sind im Konzerneigenkapitalspiegel darzustellen (bei börsennotierten Unternehmen eigenständiger Pflichtbestandteil; vgl. § 297 Abs 1 S 2 HGB). Der Konzerneigenkapitalspiegel hat die in DRS 7.7 und in der Anlage zu DRS 7 dargestellten Posten zu enthalten und ist Bestandteil des Konzernanhangs (DRS 7.6). Genussrechtskapital ist trotz der nur (temporären) Haftungsfunktion im Eigenkapital auszuweisen, wenn folgende Kriterien kumulativ erfüllt werden (HFA 1/1994, IDW RS HFA 2.44): • Nachrangigkeit, • Erfolgsabhängigkeit der Vergütung sowie Teilnahme am Verlust bis zur vollen Höhe, • Längerfristigkeit der Kapitalüberlassung. Eigene Anteile sind im Umlaufvermögen gesondert auszuweisen. In Höhe der eigenen Anteile ist eine Rücklage mit Ausschüttungssperrfunktion zu bilden (§ 272 Abs 4 HGB). Nur in Ausnahmefällen (Einbeziehung bzw Abhängigkeit der Weiterveräußerung von Hauptversammlungsbeschluss; → *Eigene Anteile*) sind eigene Anteile offen vom Kapital abzusetzen. Die Bewertung erfolgt nach der Nennbetrag-Methode. Soweit das Eigenkapital durch Verluste aufgebraucht ist, ist dieser Betrag am Schluss der Bilanz auf der Aktivseite gesondert unter der Bezeichnung »nicht durch Eigenkapital gedeckter Fehlbetrag« auszuweisen (§ 268 Abs 3 HGB). Einer Eigenkapitaltransaktion zuzuordnende Kosten sind erfolgswirksam zu erfassen. Im Regelfall erfolgt ein Ausweis als außerordentliche Aufwendungen. Rechtsformspezifisch bestimmen Einzelgesetze gesonderte Angabepflichten (ua § 160 AktG).

Kriterium	US-GAAP
Angabepflichten (Forts)	Statements hinsichtlich der Definition für Schulden und Eigenkapital. Einer Eigenkapitaltransaktion (bspw IPO) unmittelbar zurechenbare, notwendige und inkrementale Transaktionskosten kürzen die Kapitalrücklage auf einer nach-Steuerbasis (SFAS 109.36 c). Aufwendungen im Zusammenhang mit einer Imagekampagne im Rahmen eines geplanten Börsengangs sind ebenso wie bspw Aufwendungen für die Bewerbung der Produkte und Dienstleistungen des Unternehmens stets in voller Höhe aufwandswirksam innerhalb des Ergebnisses des gewöhnlichen Geschäftsbetriebs zu erfassen. Desgleichen sind interne Kosten nicht als sog IPO-Kosten zu klassifizieren, die die Kapitalrücklage kürzen. Sofern in einer Verlustsituation kein unmittelbarer steuerlicher Vorteil erwirkt werden kann, kürzt die vorzunehmende valuation allowance (→ *latente Steuern*) die Kapitalrücklage erfolgsneutral. Eine spätere Nutzung der steuerlichen Verlustvorträge hat eine korrespondierende erfolgsneutrale Auflösung der in Vorperioden gebildeten valuation allowance zur Folge (SFAS 109.37 b). Dabei ist der auf die IPO Kosten entfallende Sicherheitsabschlag als letztes Element der latenten Steueransprüche aufzulösen. Der Minderheitenausweis erfolgt für SEC-berichtspflichtige Unternehmen außerhalb des Eigenkapitals; dieses gilt grds auch für stille Beteiligungen/Einlagen. Eine Eigenkapitalrechnung (Eigenkapitalspiegel) zählt zu den Pflichtbestandteilen eines US-Abschlusses (CON 5.13). SEC-berichtspflichtige Unternehmen müssen für Stamm- und Vorzugsaktien gesondert die Anzahl aller • (bedingten) und genehmigten Aktien (shares authorized), • aller ursprünglich ausgegebenen Aktien (shares issued) sowie • der im Umlauf befindlichen Aktien (shares outstanding) angeben (Reg S-X Rule 5–02.30); dagegen sind die Angaben zur Kapitalstruktur von allen Unternehmen zu erfüllen (SFAS 129).

Sonderposten mit Rücklageanteil

Bildung und Auflösung	Ein Sonderposten mit Rücklageanteil ist nicht vorgesehen. Aufgrund der strikten Trennung zwischen handelsrechtlicher und steuerlicher Rechnungslegung darf kein entspr Posten gebildet werden.

IAS/IFRS	HGB
• (bedingten) und genehmigten Anteile (authorized shares), • ausgegebenen und voll eingezahlten Anteile (issued and fully paid shares) sowie der ausgegebenen und nicht voll eingezahlten Anteile (issued and not fully paid shares) anzugeben und diverse weitere Angabepflichten zur Kapitalstruktur zu erfüllen (IAS 1.74).	

Ein Sonderposten mit Rücklageanteil ist nicht vorgesehen. Aufgrund der strikten Trennung zwischen handelsrechtlicher und steuerlicher Rechnungslegung darf kein entspr Posten gebildet werden.	Passivposten, die für Zwecke der Steuern vom Einkommen und Ertrag zulässig sind, dürfen in der Bilanz gebildet werden. Sie sind als Sonderposten mit Rücklageanteil auszuweisen und nach Maßgabe des Steuerrechts aufzulösen (§ 247 Abs 3 HGB). Der Sonderposten mit Rücklageanteil wird idR für steuerfreie Rücklagen sowie auch für steuerrechtliche Mehrabschreibungen gebildet (§ 281 Abs 1 S 1 HGB).

Kriterium	US-GAAP
Bildung und Auflösung (Forts)	

Sonderposten für/aus Subventionen

Bildung und Auflösung	Für Subventionen ist grds ein Sonderposten außerhalb des Eigenkapitals zu bilden. Die Auflösung wird durch die Art der Subvention bestimmt (→ *öffentliche Zuwendungen*).

Verbindlichkeits- und Drohverlustrückstellungen

Rückstellungsarten	Rückstellungen sind grds unter die Verbindlichkeiten zu subsumieren. Neben den Verpflichtungen aus Mitarbeiterzusagen sowie – lfd und latenten – Steuern sind nachfolgende Rückstellungsarten zu differenzieren (SFAS 5): (a) Rückstellungen für ungewisse Verbindlichkeiten, (b) Rückstellungen für drohende Verluste. Für Eventualverbindlichkeiten (contingent liabilities) gelten dieselben Abgrenzungsregelungen. Rückstellungen für künftige operative Verluste dürfen ebenso wenig gebildet werden wie reine Aufwandsrückstellungen (SFAS 5.8). Aufwendungen für Rückbau- und Entsorgungsverpflichtungen und dergl sind zu passivieren und erhöhen zugleich die Abschreibungsbasis des korrespondierenden Vermögenswerts, wenn eine unvermeidbare Zahlungsverpflichtung aus dem • Erwerb eines langfristigen Vermögenswerts, • Bau eines langfristigen Vermögenswerts oder • üblichen Betrieb eines langfristigen Vermögenswerts resultiert (asset retirement obligation). Die neuen Vorschriften sind für Geschäftsjahre, die nach dem 15. Juni 2002 beginnen, anzuwenden (SFAS 143.3, 11 u 24). Drohverlustrückstellungen für schwebende Beschaffungsverträge dürfen nur für aktivierungsfähige Vermögenswerte gebildet werden (CON 6.252). Drohverlustrückstellungen für schwebende Absatzgeschäfte sind im Rahmen der Vorratsbewertung zu berücksichtigen.
Definitionen	Rückstellungen werden definiert als eine Schuld, die bzgl ihrer Fälligkeit oder ihrer Höhe ungewiss ist. Sie

IAS/IFRS	HGB
	Die Bildung des Sonderpostens mit Rücklageanteil ist für KapGes insoweit eingeschränkt, als dass die Bildung in der Handelsbilanz Voraussetzung für die Anerkennung des Wertansatzes in der Steuerbilanz sein muss (§ 273 S 1 HGB).
Für Subventionen ist grds ein Sonderposten außerhalb des Eigenkapitals zu bilden (IAS 20.12). Die Auflösung wird durch die Art der Subvention bestimmt (→ *öffentliche Zuwendungen*).	Für Subventionen ist grds ein Sonderposten außerhalb des Eigenkapitals zu bilden. Die Auflösung wird durch die Art der Subvention bestimmt (→ *öffentliche Zuwendungen*).
Rückstellungen bilden eine eigenständige Bilanzposition (IAS 1.66(j)). Neben den Verpflichtungen aus Mitarbeiterzusagen sowie – lfd und latenten – Steuern sind nachfolgende Rückstellungsarten zu differenzieren (IAS 37.14): (a) Rückstellungen für ungewisse Verbindlichkeiten, (b) Rückstellungen für drohende Verluste. IAS 37 gilt explizit nicht für Rückstellungen und andere Verpflichtungen, die in eigenen IAS (ua IAS 11, 12, 17 u 19) geregelt sind (IAS 37.5). Eventualverbindlichkeiten sind unter IAS 37 mit einem Ansatzverbot belegt (IAS 37.27). Rückstellungen für künftige operative Verluste dürfen ebenso wenig gebildet werden wie reine Aufwandsrückstellungen (IAS 37.14). Die Anschaffungs- oder Herstellungskosten eines Vermögenswerts sind um die geschätzten Kosten für den Abbruch und das Abräumen des Vermögenswerts und die Wiederherstellung des Standorts in dem Maße zu erhöhen, wie sie gem IAS 37 zur Rückstellungsbildung führen (IAS 16.15(e), IAS 37 Appendix C). Gegenwärtige vertragliche Verpflichtungen aus einem belastenden Vertrag, dh einem Vertrag, bei dem die unvermeidbaren Kosten zur Erfüllung der vertraglichen Verpflichtungen den erwarteten wirtschaftlichen Nutzen übersteigen, sind in Höhe dieses Unterschiedsbetrags zu passivieren (IAS 37.66 u 68). Restrukturierungsrückstellungen sind erst bei Vorliegen eines detaillierten Restrukturierungsplans und Umsetzung bzw Ankündigung dieses Plans zu passivieren (IAS 37.72). Es bestehen keine Wahlrückstellungen.	Rückstellungen bilden eine eigenständige Bilanzposition. Folgende Rückstellungsarten sind zu differenzieren (§ 249 HGB): (a) Rückstellungen für ungewisse Verbindlichkeiten, (b) Rückstellungen für drohende Verluste, (c) Rückstellungen für im Geschäftsjahr unterlassene Aufwendungen für Instandhaltungen, (d) Rückstellungen für unterlassene Abraumbeseitigung, (e) Rückstellungen für Gewährleistungen, die ohne rechtliche Verpflichtung erbracht werden und (f) Rückstellungen für ihrer Eigenart nach genau beschriebene Aufwendungen, die dem lfd oder einem vergangenen Geschäftsjahr zuordenbar sind. Drohverlustrückstellungen sind sowohl für schwebende Absatz- als auch schwebende Beschaffungsgeschäfte zu bilden (IDW RS HFA 4.29 und 33). Das HGB unterscheidet sowohl Wahl- als auch Pflichtrückstellungen. Der Verzicht zur Passivierung von Aufwandsrückstellungen in einem Konzernabschluss nach IAS oder US-GAAP erfüllt nach Ansicht des DRSC die Einklangsvoraussetzung gem § 292a HGB, da Art 20 Abs 2 der 4. EG-Richtlinie insoweit ein Passivierungswahlrecht vorsieht (DRS 1.95 u 171).
Rückstellungen werden definiert als eine Schuld, die bzgl ihrer Fälligkeit oder ihrer Höhe ungewiss ist (IAS	Rückstellungen sind zu bilden, soweit die nachfolgenden Kriterien kumulativ erfüllt sind:

Kriterium	US-GAAP
Definitionen (Forts)	sind zu bilden, soweit folgende Voraussetzungen kumulativ erfüllt sind (SFAS 5.8, FIN 14, CON 6.36): 1. vor der Veröffentlichung des Abschlusses verfügbare Informationen weisen darauf hin, dass am Bilanzstichtag eine Verpflichtung wahrscheinlich entstanden ist und 2. die Verpflichtungshöhe ist zuverlässig bestimmbar. Demnach müssen nachfolgende Kriterien kumulativ erfüllt sein: • Vorliegen einer ungewissen Außenverpflichtung, • wirtschaftliche bzw rechtliche Verursachung, • Wahrscheinlichkeit der Inanspruchnahme und • Quantifizierbarkeit der Verpflichtung.
Wahrscheinlichkeit des Ressourcenabflusses	Der Begriff ›wahrscheinlich‹ wird vom FASB nicht näher definiert. Stattdessen wird auf den allgemeingültigen Sprachgebrauch verwiesen und werden bzgl der Passivierungspflicht drei – ineinander übergehende – Wahrscheinlichkeitskategorien (SFAS 5.3) unterschieden: 1. probable (wahrscheinlich), 2. reasonably possible (möglich), 3. remote (unwahrscheinlich). An den Terminus ›wahrscheinlich‹ werden in Abhängigkeit der Rückstellungskategorie abweichende Anforderungen gestellt. Die Rückstellungsbildung setzt eine (hohe) Wahrscheinlichkeit des künftigen Mittelabflusses und seine verlässliche Bewertbarkeit voraus. Soweit eines der Definitionskriterien nicht erfüllt wird, unterbleibt die Passivierung zugunsten einer Anhangerläuterung. Im Fall der unwahrscheinlichen Inanspruchnahme unterbleibt auch die Anhangerläuterung (SFAS 5.10). Unabhängig von der Eintrittswahrscheinlichkeit der Inanspruchnahme sind übernommene Bürgschaften, Garantien etc stets angabepflichtig.
Bewertung	Die Bewertung erfolgt zum Betrag gem der bestmöglichen Schätzung. Dieses ist der unter normalen Umständen zu erwartende Verlust (SFAS 5.69 ff). Soweit in Bezug auf die Quantifizierbarkeit nur eine Bandbreitenschätzung möglich ist, ist der Wertansatz mit der höchsten Eintrittswahrscheinlichkeit maßgeblich. Kann – im Ausnahmefall – keine Wahrscheinlichkeitsdifferenzierung innerhalb der Bandbreitenwerte vorgenommen werden, muß der niedrigste Bandbreitenwert zurückgestellt werden (FIN 14.3). Ggf ist bei wesentlicher Abweichung zum höchsten Bandbreitenwert eine Angabe der größtmöglichen Inanspruchnahme erforderlich (SFAS 5.9, SAB 92). Drohverlustrückstellungen für schwebende Absatzgeschäfte sind entspr den für die verlustfreie Bewertung im Vorratsvermögen geltenden Vorschriften zu bewerten. Demnach sind sämtliche auftragsbezogenen fixen und variablen Kosten in die Bewertung einzubeziehen.

IAS/IFRS	HGB
37.10). Sie sind zu bilden, soweit folgende Voraussetzungen kumulativ erfüllt sind (IAS 37.14): 1. einem Unternehmen ist aus einem vergangenen Ereignis eine gegenwärtige Verpflichtung (rechtlich oder faktisch) entstanden, 2. der Abfluss von Ressourcen mit ökonomischem Nutzen zur Erfüllung dieser Verpflichtung ist wahrscheinlich (Wahrscheinlichkeit der Inanspruchnahme) und 3. eine zuverlässige Schätzung der Höhe der Verpflichtung ist möglich.	(a) Schuldcharakter der Verpflichtung bzw Verpflichtungsüberhang bei Drohverlusten aus schwebenden Geschäften, (b) Wahrscheinlichkeit der Inanspruchnahme, (c) wirtschaftliche bzw rechtliche Verursachung und (d) Quantifizierbarkeit der Verpflichtung. Weitere Rückstellungen sind für im Geschäftsjahr unterlassene Instandhaltung, die im folgenden Geschäftsjahr innerhalb von drei Monaten oder für Abraumbeseitigung, die im folgenden Geschäftsjahr nachgeholt werden, zu bilden (§ 249 Abs 1 Nr 1 HGB).
Das IASB verwendet eine Zweiteilung der Wahrscheinlichkeitsbegriffe in: 1. more likely than not (IAS 37.23) und 2. remote (IAS 37.86). Eine Inanspruchnahme ist iSv IAS 37 wahrscheinlich, soweit mehr Gründe für als gegen die Inanspruchnahme sprechen (IAS 37.15 u 23). Die Rückstellungsbildung setzt die Wahrscheinlichkeit des künftigen Mittelabflusses und seine verlässliche Bewertbarkeit voraus (IAS 37.23 u 25). Soweit eines der Definitionskriterien nicht erfüllt wird, unterbleibt die Passivierung zugunsten einer Anhangerläuterung. Im Fall der unwahrscheinlichen Inanspruchnahme unterbleibt auch die Anhangerläuterung (IAS 37.86).	Bei den Rückstellungen für ungewisse Verpflichtungen wird neben der Wahrscheinlichkeit des Be- und Entstehens einer ungewissen Verbindlichkeit die Wahrscheinlichkeit der Inanspruchnahme aus der Verbindlichkeit gefordert. Eine Inanspruchnahme gilt als wahrscheinlich, wenn mehr Gründe für als gegen die Inanspruchnahme sprechen. Nach der Auffassung des BFH muss der Anspruch darüber hinaus bekannt sein. Drohverlustrückstellungen sind geboten, wenn ernsthaft mit einem Verlust aus dem schwebenden Geschäft gerechnet werden muss. Es müssen konkrete Anzeichen dafür vorliegen, dass der Wert der eigenen Verpflichtungen aus dem Geschäft den Wert der Ansprüche auf die Gegenleistungen übersteigt (Verpflichtungsüberschuss).
Die Bewertung erfolgt zum Betrag gem der bestmöglichen Schätzung der Ausgabe, die zur Erfüllung der gegenwärtigen Verpflichtung zum Bilanzstichtag erforderlich ist (IAS 37.36). Soweit Risiken aus großen Stückzahlen erwachsen, bildet der Erwartungswert mittels einer statistischen Schätzungsmethode den maßgeblichen Wertmaßstab (IAS 37.39). Im Fall von Einzelrisiken ist indes stets auf den Wert der wahrscheinlichsten Inanspruchnahme abzustellen. Soweit in Bezug auf die Quantifizierbarkeit nur eine Bandbreitenschätzung möglich ist, ist der Wertansatz mit der höchsten Eintrittswahrscheinlichkeit maßgeblich. Wenn andere mögliche Ergebnisse entweder größtenteils über oder größtenteils unter dem wahrscheinlichsten Ergebnis liegen, ist die bestmögliche Schätzung ein höherer bzw niedrigerer Betrag (IAS 37.40).	Rückstellungen sind mit dem Betrag anzusetzen, der nach vernünftiger kaufmännischer Bewertung notwendig ist (§ 253 Abs 1 HGB). Die Verpflichtung, für die die Verbindlichkeitsrückstellung gebildet wird, muss ihrer Höhe nach quantifizierbar sein und wird in dieser Höhe gebildet. Bei der Bildung der Drohverlustrückstellung ist nicht grds der höchstmögliche Verlust anzusetzen, sondern der unter normalen Umständen zu erwartende Verlust. Im Zweifel gebietet das Vorsichtsprinzip indes eine Abgrenzung des höheren Betrags. Die Bewertung, insbes von Drohverlustrückstellungen, ist strittig, sie erfolgt zu Teil- oder Vollkosten. Der Vollkostenansatz wird idR als Ansatz der Selbstkosten definiert, die neben den Material- und Fertigungseinzel- und -gemeinkosten die Verwaltungs- und Vertriebskosten – in Ausnahmefällen auch Forschungs- und Entwicklungskosten – beinhalten. Der HFA fordert für schwebende Absatzgeschäfte die Bewertung zu Vollkosten (IDW

Kriterium	US-GAAP
Bewertung (Forts)	Allgemeine Verwaltungs- und Vertriebs(gemein)kosten sind mithin ebenso wenig wie Forschungs- und Entwicklungskosten zu berücksichtigen. Eine Ausnahme besteht für Drohverluste im Zusammenhang mit Langfristaufträgen, die nach der completed-contract method bilanziert werden. In diesem Fall gewährt ARB 45 ein Wahlrecht zur Einbeziehung der Verwaltungskosten in die Rückstellungsberechnung (SOP 81–1.87).
– Künftige Ereignisse	Grds sind künftige Preisentwicklungen bis zum Erfüllungszeitpunkt zu berücksichtigen (SOP 96–1.131).
– Erwarteter Abgang von Vermögenswerten	Erträge aus dem erwarteten Abgang von Vermögenswerten sind bei der Bildung einer Rückstellung nicht zu berücksichtigen.
– Diskontierung	Die Frage der Abzinsung ist nicht explizit geregelt. Für den Bereich der Rückstellungen für Altlastensanierung ist ein Diskontierungswahlrecht vorgesehen, sofern der Rückstellungsbetrag und der Zeitpunkt der Inanspruchnahme verlässlich ermittelbar ist (SOP 96–1.132). Für die asset retirement obligation besteht ein Abzinsungsgebot (SFAS 143.7 u 9). SEC-berichtspflichtige Unternehmen wenden im Fall der Abzinsung den Diskontierungssatz an, der bei der Übertragung der Verpflichtung auf einen Dritten zugrunde gelegt würde.
– Erstattungen	Dieser Sachverhalt ist nicht explizit geregelt. Grds gilt das Bruttoprinzip, das eine Saldierung derartiger Ansprüche mit der betreffenden Rückstellung untersagt (APB 10.7, SAB 92). Eine gesonderte Aktivierung ist geboten, sofern der Erstattungsanspruch die Ansatzvoraussetzungen eines → *Vermögenswerts* erfüllt. Sofern ein Rechtsanspruch zur Aufrechnung besteht, ist in Ausnahmefällen eine Aufrechnung zulässig, wenn (FIN 39): (a) bestimmbare Werte in gegenseitigem Schuldverhältnis vorliegen, (b) ein Rechtsanspruch zur Aufrechnung seitens des berichtenden Unternehmens besteht, (c) die Absicht zur Aufrechnung besteht.

IAS/IFRS	HGB
Bei der bestmöglichen Schätzung der Rückstellung sind die unvermeidbar mit vielen Ereignissen und Umständen verbundenen Risiken und Unsicherheiten zu berücksichtigen (IAS 37.42). Drohverlustrückstellungen sind entspr den für die verlustfreie Bewertung im Vorratsvermögen geltenden Vorschriften zu bewerten. Demnach sind sämtliche auftragsbezogenen fixen und variablen Kosten in die Bewertung einzubeziehen (IAS 37.68). Allgemeine Verwaltungs- und Vertriebs(gemein)kosten sind mithin ebenso wenig wie Forschungs- und Entwicklungskosten zu berücksichtigen.	RS HFA 4.35). Das Einklangserfordernis des § 292a HGB wird nach Ansicht des DRSC durch die Bewertung der Drohverlust- und anderen Verbindlichkeitsrückstellungen nach IAS 37 bzw SFAS 5 erfüllt (DRS 1.102 u 177).
Künftige Ereignisse, die den zur Erfüllung einer Verpflichtung erforderlichen Betrag beeinflussen könnten, sind in der Höhe einer Rückstellung zu berücksichtigen, sofern es ausreichend objektive Hinweise auf deren Eintritt gibt (IAS 37.48). Die Wirkung möglicher Gesetzesänderungen wird bei der Bewertung gegenwärtiger Verpflichtungen berücksichtigt, wenn ausreichend objektive substantielle Hinweise vorliegen, dass die Verabschiedung so gut wie sicher ist (IAS 37.50).	Aus dem Vorsichtsprinzip resultiert das Erfordernis, alle vorhersehbaren Risiken und Verluste, die am Abschlussstichtag entstanden sind, zu berücksichtigen. Dabei sind neben den am Abschlussstichtag konkretisierten Verlusten auch die aufgrund vorhersehbarer Entwicklungen bis zum Ende des Schwebezustands zu erwartende Wertverhältnisse zu berücksichtigen (IDW RS HFA 4.38 f).
Erträge aus dem erwarteten Abgang von Vermögenswerten sind bei der Bildung einer Rückstellung nicht zu berücksichtigen (IAS 37.51).	Es gilt das Realisationsprinzip iVm dem Vorsichtsprinzip, das eine Berücksichtigung im Regelfall ausschließt. Zur Berücksichtigung konkreter wirtschaftlicher Vorteile siehe IDW RS HFA 4.25 ff.
Ein Barwertansatz ist geboten, soweit die Diskontierung (mit dem marktorientierten Vorsteuerzins, der die für die Schuld spezifischen Risiken reflektiert) eine wesentliche Auswirkung auf den Wertansatz hat (IAS 37.45 u 47).	Rückstellungen dürfen nur abgezinst werden, soweit die ihnen zugrundeliegenden Verbindlichkeiten einen Zinsanteil enthalten (§ 253 Abs 1 Satz 2 HGB). IDW RS HFA 4 sieht für Drohverlustrückstellungen eine Abzinsung der dem schwebenden Geschäft zuzurechnenden ertrags- bzw aufwandswirksamen Ein- und Auszahlungen auf den Abschlussstichtag vor (IDW RS HFA 4.41).
Erstattungsansprüche sind maximal bis zur Höhe der Rückstellung als separater Vermögenswert zu aktivieren, soweit die Rückerstattung quasi-sicher ist. Im Rahmen der GuV darf der Ertrag aus der Aktivierung den korrespondierenden Aufwand kürzen (Saldierungswahlrecht; IAS 37.53 u 54). Eine Rückstellungsbildung unterbleibt, falls das Unternehmen nicht für die Verpflichtung bei Ausfall des Erstattungsverpflichteten haftet (IAS 37.57).	Rückgriffs- und Erstattungsansprüche dürfen abgesetzt werden, wenn folgende Bedingungen kumulativ erfüllt sind: 1. es herrscht ein unmittelbarer Zusammenhang zwischen den unbestrittenen Rückgriffsansprüchen und der drohenden Inanspruchnahme, 2. die Ansprüche entstehen zwangsläufig in rechtlich verbindlicher Weise nach Entstehung oder Erfüllung der Verbindlichkeit, 3. die Rückgriffsansprüche müssen vollwertig sein.

Kriterium	US-GAAP
Änderung in den Rückstellungen	Es gelten die allgemeinen Regelungen in Bezug auf Schätzungsänderungen. Sonderregelungen gelten für bestimmte Rückbau- und Entsorgungsverpflichtungen (asset retirement obligation) (SFAS 143.13 ff).
Verwendung von Rückstellungen	Die Rückstellung sollte nur für den tatsächlich gebildeten Sachverhalt in Anspruch genommen werden. Eine erfolgswirksame Auflösung ist vorzunehmen, soweit der Rückstellungsgrund entfallen ist. Dabei erfolgt der Ausweis grds in der Position, die durch die Bildung belastet wurde.
Restrukturierungsrückstellungen	Eine Rückstellung für Restrukturierungskosten wird nur gebildet, soweit die allgemeinen Ansatzvoraussetzungen für Schulden erfüllt sind (SFAS 146.3, CON 6.35). Restrukturierungsmaßnahmen sind in Sach- und Personalstrukturmaßnahmen zu differenzieren. Rückstellungen für Personalstrukturierungsmaßnahmen setzen die kumulative Erfüllung nachfolgender Kriterien voraus (SFAS 146.8): 1. verbindliche Abfassung und Genehmigung eines formellen Plans vor dem Bilanzstichtag durch die Unternehmensleitung, 2. Information der betroffenen Mitarbeiter in einer Weise, dass der einzelne Betroffene seinen (Abfindungs-)Anspruch bestimmen kann, 3. Festlegung der Anzahl der betroffenen Mitarbeiter inkl der Art oder Funktion ihrer Tätigkeit sowie der Standorte durch den Plan, 4. Ausschluss wesentlicher Planänderungen innerhalb der Umsetzungsphase. Eine Rückstellungsbildung setzt insbes die Information der betroffenen Mitarbeiter und ggf der Öffentlichkeit voraus, dh die künftige Verpflichtung muss am Abschlussstichtag quasi-sicher sein. Bei der Bewertung der Rückstellung ist zu berücksichtigen, ob die Mitarbeiter zur Erlangung des (Abfindungs-) Anspruchs Leistungen über den Zeitraum vom Tag der Mitteilung und dem Ende der Kündigungsfrist hinaus erbringen müssen. Falls ja, erfolgt die Bildung insoweit ratierlich über die verbleibende Dienstzeit. SFAS 146 sieht weitere Regelungen zur Bildung der Rückstellung vor. Die Rückstellungsbildung für Sachstrukturmaßnahmen betrifft Aufwendungen in Verbindung mit der vorzeitigen Auflösung von Verträgen (ua Operating-Leasingverträgen) bzw in Verbindung mit Verpflichtungsüberschüssen aus der Nichtnutzung von Leistungen im Rahmen langfristiger Verträge sowie andere Aufwendungen, die in Zusammenhang mit Restrukturierungsmaßnahmen stehen. Die Bildung einer Rückstellung für die Aufwendungen der Vertragskündigung erfolgt nach Aussprache der Kündigung bzw dem Ein-

IAS/IFRS	HGB
Rückstellungen sind zu jedem Bilanzstichtag dem Grunde und der Höhe nach zu überprüfen und ggf an die beste aktuelle Schätzung anzupassen. Wenn es nicht mehr wahrscheinlich ist, dass mit der Erfüllung der Verpflichtung ein Mittelabfluss verbunden ist, ist eine Rückstellung erfolgswirksam aufzulösen (IAS 37.59).	Es gelten die allgemeinen Regelungen in Bezug auf Schätzungsänderungen.
Eine Rückstellung ist nur für Ausgaben zu verwenden, für die sie ursprünglich gebildet wurde (IAS 37.61).	Rückstellungen dürfen nur für die Zwecke verwendet werden, für die sie gebildet wurden. Eine erfolgswirksame Auflösung ist vorzunehmen, soweit der Rückstellungsgrund entfallen ist (§ 249 Abs 3 Satz 2 HGB).
Eine Rückstellung für Restrukturierungskosten wird nur gebildet, soweit die allgemeinen Ansatzvoraussetzungen für Rückstellungen erfüllt werden (IAS 37.71). Die Rückstellungspflicht aus einer faktischen Verpflichtung zur Restrukturierung entsteht nur, wenn ein Unternehmen (IAS 37.72): 1. einen detaillierten formalen Restrukturierungsplan hat, in dem zumindest die folgenden Angaben enthalten sind: – der betroffene Geschäftsbereich oder Teil eines Geschäftsbereiches, – die wichtigsten betroffenen Standorte, – Standort, Funktion und ungefähre Anzahl der Mitarbeiter, die für die Beendigung ihres Beschäftigungsverhältnisses eine Abfindung erhalten, – die entstehenden Ausgaben und – den Umsetzungszeitpunkt des Plans 2. bei den Betroffenen eine gerechtfertigte Erwartung geweckt hat, dass die Restrukturierung durch den Beginn der Umsetzung oder die Ankündigung der wesentlichen Planbestandteile den Betroffenen ggü durchgeführt wird. Für die Bewertung dürfen nur die direkt im Zusammenhang mit der Restrukturierung zwangsweise entstehenden und nicht mit den lfd Aktivitäten des Unternehmens im Zusammenhang stehenden Ausgaben berücksichtigt werden (IAS 37.80). Kosten für den künftigen Geschäftsbetrieb wie die Versetzung oder das Umschulen weiterbeschäftigter Mitarbeiter, Marketingaktivitäten oder Investitionen in neue Systeme und Vertriebsnetze sind nicht rückstellungsfähig (IAS 37.81). Aus dem Verkauf von Bereichen entsteht keine Verpflichtung bis das Unternehmen den Verkauf verbindlich abgeschlossen hat, dh, ein bindender Verkaufsvertrag existiert (IAS 37.78). Restriktive Sonderregeln bestehen für die Passivierung von Restrukturierungsrückstellungen im Rahmen der Kaufpreisallokation bei Unternehmenszusammenschlüssen (IAS 22.31)	Es gelten die allgemeinen Voraussetzungen in Bezug auf den Ansatz und die Bewertung von Verbindlichkeitsrückstellungen. Eine Rückstellung für Leistungen aufgrund eines Sozialplans gem §§ 111, 112 BetrAVG ist steuerlich nur anerkannt, wenn das Unternehmen (der Arbeitgeber) den Betriebsrat vor dem Bilanzstichtag von der geplanten Betriebsänderung unterrichtet hat oder die Betriebsänderung bei Unterrichtung des Betriebsrats im Aufstellungszeitraum vor dem Bilanzstichtag beschlossen oder wirtschaftlich unabwendbar war (R31 c Abs 6 EStR). Das DRSC sieht das Einklangserfordernis gem § 292a HGB als erfüllt an, wenn in einem Konzernabschluss Rückstellungen für Restrukturierungsmaßnahmen und Abfindung ausscheidender Mitarbeiter nach EITF 94–3 oder IAS 37 gebildet wurden (DRS 1.99 u 174).

Kriterium	US-GAAP
Restrukturierungsrückstellungen (Forts)	treten des Verpflichtungsüberschusses. Rückstellungen für andere Aufwendungen werden nur bei Erfüllung der allgemeinen Kriterien für Schulden gebildet. Im Rahmen der Neubewertung des erworbenen Reinvermögens eines Unternehmen im Zuge der Erstkonsolidierung nach der purchase Methode können Restrukturierungrückstellungen für Personal- und Sachstrukturmaßnahmen im Zweifel bereits vor der entspr Kommunikation ggü den betroffenen Mitarbeitern gebildet werden (EITF 95–3, 95–14). Das FASB Purchase Method Project sieht vor, die Bildung von Restrukturierungsrückstellungen im Rahmen der Erstkonsolidierung in der bisherigen Form nicht mehr zu zulassen. Preacquistion contingencies sind Gegenstand von SFAS 141. Die Rückstellungsbildung für Verpflichtungen aus Altlastensanierung ist Gegenstand von teilweise abweichenden Sonderregelungen (SOP 96–1).

Rückstellungen für Zuwendungen an Arbeitnehmer

Leistungen an Arbeitnehmer	Die Bilanzierung und Bewertung von Leistungen an Arbeitnehmer ist Gegenstand unterschiedlicher Verlautbarungen: SFAS 87 umfasst alle Arten von Vereinbarungen, die die betriebliche Altersversorgung von Mitarbeitern und ehemaligen Mitarbeitern betreffen und zwar unabhängig von der Form, in der ein Plan über die betriebliche Altersversorgung abgeschlossen worden ist und unabhängig von der Finanzierung (externer Pensionsfonds vs Rückstellungsbildung). SFAS 88 regelt die Bilanzierung von Planänderungen, -kürzungen, -abgeltungen und Abfindungen (termination benefits). SFAS 106 erweitert die Bilanzierungspflicht auf Nebenleistungen, die an ehemalige Mitarbeiter oder deren Familienangehörige gezahlt werden (sog postretirement benefits other than pensions). Für sämtliche Verpflichtungen aus Leistungen an Arbeitnehmer besteht eine Passivierungspflicht. Das FASB diskutiert zZt im Rahmen des Projekts Disclosures about Pension Plans Umfang und Inhalt der Anhangangaben bei Vereinbarung zur betrieblichen Altersversorgung.

IAS/IFRS	HGB

IAS 19.4 differenziert die folgenden fünf Kategorien von Leistungen an oder für Arbeitnehmer: 1. → *kurzfristig fällige Leistungen an oder für Arbeitnehmer* wie Löhne, Gehälter und Sozialversicherungsbeiträge, bezahlter Urlaub, Krankengeld, Gewinn- und Erfolgsbeteiligungen (sofern diese innerhalb von zwölf Monaten nach Ende der Berichtsperiode gezahlt werden) sowie geldwerte Leistungen für aktive Arbeitnehmer, 2. → *Leistungen nach Beendigung des Arbeitsverhältnisses* wie Renten, sonstige Altersversorgungsleistungen, Lebensversicherungen und medizinische Versorgung nach Beendigung des Arbeitsverhältnisses, 3. → *andere langfristig fällige Leistungen an Arbeitnehmer,* einschl Sonderurlaub nach langjähriger Dienstzeit, andere vergütete Dienstfreistellungen, Dienstjubiläen oder andere Leistungen nach langjähriger Dienstzeit, Versorgungsleistungen im Fall von Erwerbsunfähigkeit und, sofern diese frühestens zwölf Monate nach Ende der Berichtsperiode zu zahlen sind, Gewinn- und Erfolgsbeteiligungen sowie aufgeschobene auszahlbare Vergütungsbestandteile, 4. → *Leistungen aus Anlass der Beendigung des Arbeitsverhältnisses* und 5. → *Kapitalbeteiligungsleistungen.* IAS 26 regelt die Berichterstattung von Versorgungseinrichtungen (Pensionsfonds, Unterstützungs-, Pensions- oder Versorgungskassen). Für sämtliche Verpflichtungen aus Leistungen an Arbeitnehmer besteht eine Passivierungspflicht.	Pensionsrückstellungen sind im HGB nicht eigenständig normiert. Nach Verabschiedung von E-DRS 19 »Pensionsverpflichtungen und gleichartige Verpflichtungen im Konzernabschluss« werden indes eigenständige Grundsätze – wenigstens für den Konzernabschluss – vorliegen. Bei den Pensionsrückstellungen handelt es sich um ungewisse Verbindlichkeiten für Pensionszahlungen an in der Zukunft ausscheidende Mitarbeiter (§ 249 Abs 1 HGB, Art 28 EGHGB). Die Regelungen anderer Gesetze beeinflussen den Ansatz und die Bewertung dieser ungewissen Verbindlichkeiten (§ 6a EStG, § 1 Abs 2 ff BetrAVG). Die Vorschriften unterscheiden mittelbare und unmittelbare Pensionszusagen sowie die unmittelbaren des Weiteren nach dem Zusagedatum (sog biologische Lösung). Für unmittelbare Pensionszusagen, die nach dem 31. Dezember 1986 ausgesprochen wurden, besteht eine Passivierungspflicht. Für alle übrigen unmittelbaren sowie alle mittelbaren Pensionszusagen besteht ein Passivierungswahlrecht. KapGes sowie PHG iSd § 264 a HGB müssen die in der Bilanz nicht ausgewiesenen Rückstellungen für lfd Pensionen, Anwartschaften und ähnliche Verpflichtungen im Anhang betraglich angeben (Art 28 Abs 2 EGHGB). Jubiläumsrückstellungen sind passivierungspflichtig, soweit die Jubiläumszuwendung eindeutig als nachträgliches Entgelt für vergangene Leistungen gewährt werden.

Kriterium	US-GAAP
Kurzfristig fällige Leistungen an Arbeitnehmer – Zusammensetzung	Kurzfristig fällige Leistungen an Arbeitnehmer sind Leistungen des Unternehmens an Arbeitnehmer (außer Leistungen aus Anlass der Beendigung des Arbeitsverhältnisses und Kapitalbeteiligungsleistungen), die innerhalb von zwölf Monaten nach Ende der Berichtsperiode, in der die entspr Arbeitsleistung erbracht wurde, in voller Höhe fällig sind (SFAS 106.6, 112). Pensionsnebenleistungen (ua für Gesundheitsfürsorge, Lebensversicherungs- und über die Pension hinausgehende Leistungen) sind Gegenstand der Regelungen gem SFAS 106. Sämtliche übrigen Sozialleistungen, die nicht durch andere Standards abgedeckt sind, fallen unter die Regelungen gem SFAS 112 iVm SFAS 43 oder SFAS 5.
– Ansatz und Bewertung	Der Ansatz und die Bewertung der Pensionsnebenleistungen erfolgt analog der Bewertung der → *Leistungen nach Beendigung des Arbeitsverhältnisses (Pensionen)*. Diese Versorgungsleistungen sind – ggf abzgl eines Planvermögens – zu passivieren (SFAS 106.6 ff, SFAS 43). Für die Verpflichtungen aus den übrigen Sozialleistungen erfolgt die Passivierung mittels Rückstellungsbildung, soweit die nachstehenden Voraussetzungen kumulativ erfüllt sind (SFAS 112.6): 1. die Verpflichtung des Arbeitgebers erwächst aus dem Anspruch des Arbeitnehmers auf zukünftige Bezahlung trotz Abwesenheit. Dieser Anspruch entspringt aus bereits erbrachten Leistungen des Arbeitnehmers, 2. die Verpflichtung ist an angesammelte oder unverfallbare Ansprüche des Arbeitnehmers geknüpft, 3. die Zahlung der Vergütung ist wahrscheinlich (probable) und 4. der Erfüllungsbetrag kann hinreichend genau geschätzt werden. Für die Bewertung der übrigen Sozialleistungen gelten die allgemeinen Regelungen zur Bewertung von → *Rückstellungen* bzw → *Verbindlichkeiten*.
Leistungen nach Beendigung des Arbeitsverhältnisses (Pensionen)	SFAS 87 differenziert für Zwecke der Bilanzierung und Bewertung von Leistungen nach Beendigung des Arbeitsverhältnisses zwischen • beitragsorientierten (defined contribution pensions plan) und

IAS/IFRS	HGB
Kurzfristig fällige Leistungen an Arbeitnehmer sind Leistungen des Unternehmens an Arbeitnehmer (außer Leistungen aus Anlass der Beendigung des Arbeitsverhältnisses und Kapitalbeteiligungsleistungen), die innerhalb von zwölf Monaten nach Ende der Berichtsperiode, in der die entspr Arbeitsleistung erbracht wurde, in voller Höhe fällig sind (IAS 19.7). Zu den kurzfristig fälligen Leistungen an Arbeitnehmer gehören (IAS 19.8): (a) Löhne, Gehälter und Sozialversicherungsbeiträge, (b) vergütete kurzzeitige Abwesenheiten (wie bezahlter Jahresurlaub oder Lohnfortzahlung im Krankheitsfall), sofern die Abwesenheit erwartungsgemäß innerhalb von zwölf Monaten nach Ende der Periode erfolgt, in der die entspr Arbeitsleistung erbracht wurde, (c) Gewinn- und Erfolgsbeteiligungen, die innerhalb von zwölf Monaten nach Ende der Periode, in der die entspr Arbeitsleistung erbracht wurde, zu zahlen sind, und (d) geldwerte (nicht-monetäre) Leistungen (wie medizinische Versorgung, Unterbringung, Dienstwagen und kostenlose oder vergünstigte Waren oder Dienstleistungen) für aktive Arbeitnehmer.	Kurzfristig fälligen Leistungen an Arbeitnehmer ist durch die Bildung von • Rückstellungen für rückständige Lohnzahlungen, • Urlaubsrückstellungen, • Rückstellungen für Weihnachtsgeld, • ggf Rückstellungen für Lohnfortzahlungen im Krankheitsfall, • etc, Rechnung zu tragen. In der deutschen Gesetzgebung existiert keine Definition bezüglich kurzfristig fälliger Leistungen an Arbeitnehmer. Die hM schließt sich den IAS an.
Hat ein Arbeitnehmer im Verlauf der Berichtsperiode Arbeitsleistungen für ein Unternehmen erbracht, ist von dem Unternehmen der nicht abgezinste Betrag der kurzfristig fälligen Leistung zu erfassen, der erwartungsgemäß im Austausch für diese Arbeitsleistung gezahlt wird und zwar (IAS 19.10): • als Schuld (abzugrenzender Aufwand) nach Abzug etwaiger bereits geleisteter Zahlungen. Übersteigt der bereits gezahlte Betrag den nicht abgezinsten Betrag der Leistungen, so hat das Unternehmen den Unterschiedsbetrag als Vermögenswert zu aktivieren (aktivische Abgrenzung), sofern die Vorauszahlung bspw zu einer Verringerung künftiger Zahlungen oder einer Rückerstattung führen wird, und • als Aufwand, es sei denn, ein anderer IAS/IFRS verlangt oder erlaubt die Einbeziehung der Leistungen in die Anschaffungs- oder Herstellungskosten eines Vermögenswertes. Sonderregelungen existieren für kurzfristig fällige Leistungen an Arbeitnehmer in Form von vergüteter Abwesenheit und Gewinn- und Erfolgsbeteiligung (IAS 19.11 ff u 17 ff).	Für den Ansatz und die Bewertung der kurzfristig fälligen Leistungen an Arbeitnehmer gelten die allgemeinen Regelungen zur Bewertung von → *Rückstellungen* bzw → *Verbindlichkeiten*.
IAS 19 differenziert für Zwecke der Bilanzierung und Bewertung von Leistungen nach Beendigung des Arbeitsverhältnisses zwischen • beitragsorientierten (defined contribution plan; IAS 19.43 ff) und	Es können unmittelbare und mittelbare Pensionsverpflichtungen unterschieden werden, wobei die unmittelbaren Verpflichtungen in Neu- und Altzusagen zu unterteilen sind:

Kriterium	US-GAAP
Leistungen nach Beendigung des Arbeitsverhältnisses (Pensionen) (Forts)	• leistungsorientierten (defined benefit pension plan) Versorgungswerken. Die leistungsorientierten Pensionspläne stellen in den USA die überwiegend verwendete Form der Altersversorgung dar. EITF 03–4 regelt die Bilanzierung und Bewertung von sog Cash Balance Pension Plans, die sowohl Eigenschaften von beitrags- wie leistungsorientierten Versorgungswerken aufweisen.
Beitragsorientierte Pläne – Zusammensetzung	Bei beitragsorientierten Pensionsplänen (defined contribution plans) ist das Unternehmen lediglich zur Zahlung von Beiträgen an einen Pensionsfonds oder auch eine Versicherungsgesellschaft verpflichtet (SFAS 87.63). Beitragsorientierte Pensionspläne lassen sich wie folgt charakterisieren: • Übertragung des Risikos der Zahlungsverpflichtung auf den Versorgungsträger (oftmals Fonds), • Beitragszahlungen sind Aufwand der Periode, • künftige Versorgungsleistung: Beitragsleistung sowie Investmenterträge, • kein Bewertungsproblem.
– Ansatz und Bewertung	Bei den beitragsorientierten Plänen wird die künftige Leistung an den Arbeitnehmer durch die gezahlten Beiträge und die Rendite des ausgesonderten Vermögens bestimmt. Der Nettoversorgungsaufwand entspricht den Beiträgen. Ein bilanzieller Ausweis ist grds nicht erforderlich (SFAS 87.63 ff). Ein Bilanzausweis kann allenfalls aus der abweichenden Periodisierung von Aufwendungen sowie Beitragszahlungen bzw -rückerstattungen in Form aktiver und passiver Rechnungsabgrenzungen geboten sein. Im Anhang sind lediglich die net periodic pension costs (→ *Leistungsorientierte Pläne/Ansatz und Bewertung/Gewinn- und Verlustrechnung*) anzugeben.

IAS/IFRS	HGB
• leistungsorientierten (defined benefit plan; IAS 19.48 ff) Plänen.	• unmittelbare Pensionsverpflichtungen beziehen sich auf Pensionsleistungen, die vom Unternehmen ohne Einschaltung eines selbständigen Versorgungsträgers selbst übernommen werden, • mittelbare Pensionsverpflichtungen sind Verpflichtungen des Unternehmens, die Pensionsleistungen unter Einschaltung eines selbständigen Versorgungsträgers dem begünstigten Mitarbeiter bereitzustellen. Im Regelfall bestehen unmittelbare Pensionsverpflichtungen, die mittels Rückstellungsbildung erfasst werden. Bzgl des Ansatzes unmittelbarer Pensionsrückstellungen ist die sog biologische Lösung zu berücksichtigen (→ *Leistungen an Arbeitnehmer*). E-DRS 19.9 unterscheidet • reine Beitragszusagen (E-DRS 19.36), • Beitragszusagen mit Mindestleistung (E-DRS 19.32 ff), • beitragsorientierte Leistungszusagen und Zusagen aus Entgeltumwandlung (E-DRS 19.29 ff) und • reine Leistungszusagen (E-DRS 19.10 ff).
Beitragsorientierte Pläne sind Pläne für Leistungen nach Beendigung des Arbeitsverhältnisses, bei denen ein Unternehmen festgelegte Beiträge an eine eigenständige Einheit (einen Fonds) entrichtet und weder rechtlich noch faktisch zur Zahlung darüber hinausgehender Beiträge verpflichtet ist, falls der Fonds nicht über ausreichende Vermögenswerte verfügt, um alle Leistungen in Bezug auf Arbeitsleistungen der Arbeitnehmer in der lfd und früheren Perioden zu erbringen (IAS 19.7). Beitragsorientierte Pensionspläne lassen sich wie folgt charakterisieren: • Übertragung des Risikos der Zahlungsverpflichtung auf den Versorgungsträger (oftmals Fonds), • Beitragszahlungen sind Aufwand der Periode, • künftige Versorgungsleistung: Beitragsleistung sowie Investmenterträge, • kein Bewertungsproblem.	Bei beitragsorientierten Versorgungsplänen verpflichtet sich das Unternehmen, Einzahlungen an einen Versorgungsträger (ua Unterstützungskassen) zu leisten, der sich wiederum zu Pensionszahlungen ggü den Arbeitnehmern verpflichtet (mittelbare Pensionsverpflichtung). Diese beinhalten sowohl die Beitragszahlungen als auch die aufgelaufenen Erträge. Nach E-DRS 19.9 umfasst • eine reine Beitragszusage, die Verpflichtung des Unternehmens, bestimmte Beiträge für Versorgungsverpflichtungen aufzuwenden, wobei die Versorgungsverpflichtung durch die Entrichtung der Beiträge erfüllt ist, • eine Beitragszusage mit Mindestleistung die Verpflichtung des Unternehmens zur Leistung von Beiträgen in bestimmter Höhe oder in Abhängigkeit von einer bestimmten Bezugsgröße, wobei eine Mindestleistung in Höhe der unverzinslich gezahlten Beiträge abzgl Risikotragung aus der Versorgungszusage zu gewähren ist.
Der vom Unternehmen an einen beitragsorientierten Plan zu zahlende Beitrag ist (IAS 19.44): • als Schuld (abzugrenzender Aufwand) nach Abzug etwaiger bereits entrichteter Beiträge zu erfassen. Übersteigt der bereits gezahlte Beitrag denjenigen Beitrag, der der bis zum Bilanzstichtag erbrachten Arbeitsleistung entspricht, so hat das Unternehmen den Unterschiedsbetrag als Vermögenswert zu aktivieren (aktivische Abgrenzung), sofern die Vorauszahlung bspw zu einer Verringerung künftiger Zahlungen oder einer Rückerstattung führen wird und • als Aufwand zu erfassen, es sei denn, ein anderer IAS/IFRS verlangt oder erlaubt die Einbeziehung	Bei beitragsorientierten Plänen stellen die in einer Periode geleisteten Beiträge Aufwand und Auszahlungen der Periode dar. Es wird keine Rückstellung gebildet. Kommt das Unternehmen seinen Beitragszahlungen nicht nach, muss in Höhe der ausstehenden Beiträge eine Verbindlichkeit passiviert werden. Verpflichtungen aus einer reinen Beitragszusage sind mit dem Buchwert des mittels der Beiträge angesammelten Vermögens zu bewerten (E-DRS 19.36).

Kriterium	US-GAAP
– Ansatz und Bewertung (Forts)	
Leistungsorientierte Pläne	Bei den leistungsorientierten Pensionsplänen (defined benefit plans) wird dem Arbeitnehmer durch das Unternehmen und/oder dem Pensionsfonds eine Versorgungsleistung zugesagt (SFAS 87.11). Die Bilanzierung für leistungsorientierte Pläne ist komplex, da zur Bewertung der Verpflichtung und des Aufwands versicherungsmathematische Annahmen erforderlich sind und versicherungsmathematische Gewinne und Verluste auftreten können. Darüber hinaus wird die Verpflichtung auf abgezinster Basis bewertet, da sie erst viele Jahre nach Erbringung der damit zusammenhängenden Arbeitsleistung der Arbeitnehmer zu zahlen sein kann. Leistungsorientierte Pensionspläne lassen sich wie folgt charakterisieren: • die Verpflichtung zur Zahlung einer Pension etc verbleibt beim Unternehmen, • zu Finanzierungszwecken wird in den USA regelmäßig auf ausgelagerte Pensionsfonds zurückgegriffen, • die Verpflichtung ist nach der Leistungsformel zu bewerten, unabhängig davon, ob die Altersversorgung über einen Fonds oder über Rückstellungsbildung abgewickelt wird.
– Ansatz und Bewertung –– Gewinn- und Verlustrechnung	SFAS 87 verlangt als Kernstück die Bestimmung des periodengerechten Nettoversorgungsaufwands. Dieser stellt den jährlichen Sollaufwand dar, den ein Unternehmen für seine Altersverpflichtungen aufbringen muss und zwar entweder durch Zuweisung an einen ausgelagerten Pensionsfonds oder durch Zuführung zu einer internen Rückstellung (SFAS 87.21). Die net periodic pension cost setzen sich aus folgenden wesentlichen Komponenten zusammen (SFAS 87.16 u 20 ff): (a) service cost (Differenz zwischen PBO (projected benefit obligation; Barwert der am Bewertungsstichtag erdienten Pensionsansprüche) zum Anfang u zum Ende des Wirtschaftsjahrs), (b) interest cost (Zinsen auf die PBO zum Beginn des Wirtschaftsjahrs entspr dem gewählten Diskontierungszins), (c) actual return on plan assets (Erträge bzw Wertveränderungen des ausgesonderten Planvermögens), (d) amortization of unrecognized prior service cost (planmäßiger Verteilungsbetrag des Aufwands für

IAS/IFRS	HGB
des Beitrags in die Anschaffungs- oder Herstellungskosten eines Vermögenswertes. Soweit die Beiträge nicht in voller Höhe innerhalb von zwölf Monaten nach Ende der Periode, in der die Arbeitnehmer die damit im Zusammenhang stehende Arbeitsleistung erbracht haben, fällig werden, sind sie abzuzinsen (IAS 19.45)	
Leistungsorientierte Pläne sind als Pläne für Leistungen nach Beendigung des Arbeitsverhältnisses definiert, die nicht unter beitragsorientierte Pläne fallen (IAS 19.7). Die Bilanzierung für leistungsorientierte Pläne ist komplex, da zur Bewertung der Verpflichtung und des Aufwands versicherungsmathematische Annahmen erforderlich sind und versicherungsmathematische Gewinne und Verluste auftreten können. Darüber hinaus wird die Verpflichtung auf abgezinster Basis bewertet, da sie erst viele Jahre nach Erbringung der damit zusammenhängenden Arbeitsleistung der Arbeitnehmer zu zahlen sein kann (IAS 19.48). Leistungsorientierte Pensionspläne lassen sich wie folgt charakterisieren: • die Verpflichtung zur Zahlung einer Pension etc verbleibt beim Unternehmen, • zu Finanzierungszwecken wird oftmals regelmäßig auf ausgelagerte Pensionsfonds zurückgegriffen, • die Verpflichtung ist nach der Leistungsformel zu bewerten, unabhängig davon, ob die Altersversorgung über einen Fonds oder über Rückstellungsbildung abgewickelt wird. Unterstützungskassen haben aufgrund der Subsidiärhaftung des Trägerunternehmens den Charakter einer mittelbaren Pensionsverpflichtung (IDW RS HFA 2.13).	Bei leistungsorientierten Versorgungsplänen wird dem Arbeitnehmer eine bestimmte Versorgung vom Unternehmen zugesagt. Das Unternehmen verpflichtet sich selbst, die Zahlungen zu leisten. Die für die Rentenzahlungen notwendigen Mittel werden vom Unternehmen angesammelt. Leistungsorientierte Versorgungspläne sind im Regelfall unmittelbare Pensionsverpflichtungen. Die Bilanzierung für leistungsorientierte Pläne ist komplex, da zur Bewertung der Verpflichtung und des Aufwands versicherungsmathematische Annahmen erforderlich sind. Nach E-DRS 19.9 umfasst • eine beitragsorientierte Leistungszusage die Verpflichtung seitens des Unternehmens, bestimmte Beiträge für eine Anwartschaft auf Alters-, Invaliditäts- oder Hinterbliebenenversorgung zu erbringen, mit der die zugesagte Leistung erfüllt werden soll und • eine reine Leistungszusage eine vom Unternehmen zugesagte Versorgungsleistung in bestimmter Höhe oder in Abhängigkeit von einer bestimmten Bezugsgröße.
Grds ist der Saldo folgender Beträge als lfd Aufwand (ggf als Ertrag) zu erfassen (IAS 19.61): (a) current service cost (der lfd Dienstzeitaufwand bezeichnet den Anstieg des Barwerts einer leistungsorientierten Verpflichtung, der auf die von Arbeitnehmern in der lfd Periode erbrachte Arbeitsleistung entfällt) (b) interest cost (Zinsaufwand bezogen auf den Barwert über die Periode), (c) expected return on any plan assets and on any reimbursement rights (erwartete Erträge bzw Wertveränderungen des ausgesonderten Planvermögens und aus anderen Erstattungsansprüchen), (d) actuarial gains or losses (versicherungsmathematische Gewinne und Verluste unter Berücksichtigung des → *10%-Korridor Ansatzes*), (e) past service cost (nachzuverrechnender Dienstzeitaufwand, soweit ein Unternehmen zu dessen Erfassung verpflichtet ist) und (f) die Auswirkungen etwaiger Plankürzungen oder Abgeltungen.	Die bei Eintritt des Versorgungsfalles gewährten Leistungen an den Arbeitnehmer wurden während seiner Tätigkeit im Unternehmen verdient und stellen somit Lohn- und Gehaltsaufwand dar, der den Perioden zuzuordnen ist, in denen die Arbeitsleistung erbracht wird. Der Pensionsaufwand stellt sich als Differenz aus dem zu Beginn und am Ende des Geschäftsjahrs ermittelten Teilwert (oder einem anderen versicherungsmathematischen Barwert) dar. Diese Differenz setzt sich aus dem Betrag, um den die Pensionsverpflichtung jährlich zu erhöhen ist (Annuität), und einer Zins- und Zinseszinskomponente zusammen. Der Ausweis des Zinsaufwands im Rahmen der GuV ist gesetzlich nicht determiniert. In der Bilanzierungspraxis erfolgt der Ausweis entweder als Teil der Personalaufwendungen (Regelfall) oder im Finanzergebnis.

Kriterium	US-GAAP
– Ansatz und Bewertung –– Gewinn- und Verlustrechnung (Forts)	bereits durchgeführte Zusageerhöhungen, der nach SFAS 87 nicht im Zusagejahr voll berücksichtigt zu werden braucht, sondern auf die zukünftige Dienstzeit der Aktiven bzw Lebenszeit der Inaktiven zu verteilen ist), (e) gain or loss to the extent recognized (planmäßiger Verteilungsbetrag der versicherungsmathematischen Gewinne oder Verluste, die sich durch Abweichung der tatsächlichen Verhältnisse von den angesetzten Rechnungsgrundlagen bzw durch Änderung der Rechnungsgrundlagen unter Berücksichtigung des → *10%-Korridor Ansatzes* ergeben können), (f) amortization of the initial unrecognized net obligation or unrecognized net assets (planmäßiger Verteilungsbetrag des sich bei der erstmaligen Anwendung von SFAS 87 evtl ergebenden Unterschiedsbetrages zwischen der PBO und den plan assets zzgl passivierter Beträge. Der Saldo ist idR über die restliche Dienstzeit der Aktiven zu verteilen). Der Zinsaufwand bildet als Teil der net periodic pension cost Personalaufwand und ist folglich im operativen Ergebnis zu zeigen (SFAS 87.54).
–– Bilanz	Grds besteht eine Passivierungspflicht in Höhe der Pensionsverpflichtung (pension obligation), soweit diese nicht durch Planvermögen gedeckt ist. Der als Schuld (unfunded accrued pension cost) zu erfassende Betrag entspricht dem Saldo aus dem höheren Nettopensionsaufwand und den Zahlungen an den Fonds (SFAS 87.35). Durch Überdotierung des Plans oder in bestimmten Fällen, in denen versicherungsmathematische Gewinne erfasst wurden, kann der oben ermittelte Betrag negativ sein. Der sich daraus ergebende Vermögenswert ist als prepaid pension cost zu aktivieren (SFAS 87.35). Nach SFAS 87.36 ff sind im Fall einer Unterdeckung die noch nicht finanzierten Pensionskosten in Form einer zusätzlichen Mindestschuld (additional minimum liability) zu zeigen. Als additional minimum liability ist die Differenz zwischen der Verpflichtung für den Fall der Nichtfortführung des Pensionsplans, dh ohne Berücksichtigung künftiger Gehaltssteigerungen (ABO; accumulated benefit obligation) und dem Marktwert des Fondsvermögens, zu erfassen. In gleicher Höhe ist ein immaterieller Vermögenswert (pension intangible) zu aktivieren, der jedoch den Betrag des nicht amortisierten nachzuverrechnenden Dienstzeitaufwands sowie der nicht amortisierten Übergangsdifferenz (unrecognized prior service cost and unrecognized transition obligation) nicht übersteigen darf (SFAS 87.37). Ein evtl verbleibender Unterschiedsbetrag ist erfolgsneutral im Rahmen der Gesamtleistung (other comprehensive income) zu erfassen.

IAS/IFRS	HGB
Der Zinsaufwand kann alternativ als Teil der Personalaufwendungen im operativen Ergebnis oder als Finanzierungsaufwand im nicht-operativen (Finanz-)Ergebnis ausgewiesen werden (IAS 19.120 f).	
Grds besteht eine Passivierungspflicht in Höhe der Pensionsverpflichtung (pension obligation), soweit diese nicht durch Planvermögen gedeckt ist. Der als Schuld (defined benefit liability) zu erfassende Betrag entspricht dem Saldo folgender Beträge (IAS 19.54): • dem Barwert der leistungsorientierten Verpflichtung zum Bilanzstichtag, • zzgl etwaiger versicherungsmathematischer Gewinne (abzgl etwaiger versicherungsmathematischer Verluste), die aufgrund des → 10%-Korridor Ansatzes noch nicht ergebniswirksam erfasst wurden, • abzgl eines etwaigen, bisher noch nicht erfassten nachzuverrechnenden Dienstzeitaufwands, • abzgl des am Bilanzstichtag beizulegenden Zeitwerts von Planvermögen (falls vorhanden), mit dem die Verpflichtungen unmittelbar abzugelten sind. Durch Überdotierung des Plans oder in bestimmten Fällen, in denen versicherungsmathematische Gewinne erfasst wurden, kann der oben ermittelte Betrag negativ sein. Der sich daraus ergebende Vermögenswert ist zu aktivieren, die Höhe des anzusetzenden Vermögenswerts ist jedoch auf den Anteil beschränkt (sog asset ceiling), den das bilanzierende Unternehmen künftig als ökonomischen Nutzen verwenden kann (IAS 19.58 ff; Appendix C).	Die bei einem leistungsorientierten Versorgungsplan entstehenden Verpflichtungen stellen Verbindlichkeiten dar, die bzgl ihrer Fälligkeit und Höhe ungewiss sind. Es besteht grds eine Rückstellungspflicht (§ 249 Abs 1 HGB). Für Pensionszusagen, die vor dem 1. Januar 1987 gegeben wurden, besteht ein Passivierungswahlrecht mit entspr Angabe der nicht durch Rückstellung gedeckten Verpflichtung im Anhang (Art 28 Abs 2 EGHGB). Eine Passivierungspflicht besteht auch für ‚Altzusagen‹ • soweit für diese Zusagen bereits vor dem 1. Januar 1987 Rückstellungen gebildet wurden, • bei der Übernahme bestehender Pensionsverpflichtungen durch den Erwerber eines Unternehmens und • bei der Übernahme von Arbeitnehmern, die bereits einen unverfallbaren Anspruch erdient haben. Ein ausgeübtes Wahlrecht hat Bindungswirkung: Falls von den maximal zulässigen Zuführungen kein Gebrauch gemacht wird oder wurde, besteht steuerlich ein Nachholverbot. Pensionsrückstellungen sind als eigenständiger Posten gesondert auszuweisen. Für Verpflichtungen aus reinen Leistungszusagen wie auch aus beitragsorientierten Leistungszusagen ist eine Rückstellung für ungewisse Verbindlichkeiten zu bilden. Diese ist unter »Rückstellungen für Pensionen und ähnliche Verpflichtungen« gesondert auszuweisen (E-DRS 19.13 u 46).

Kriterium	US-GAAP
– Versicherungsmathematische Bewertung	Um den Barwert von leistungsorientierten Verpflichtungen (PBO) und den damit verbundenen Dienstzeitaufwand einer Periode (net periodic pension cost) zu bestimmen, ist es erforderlich: • eine versicherungsmathematische Bewertungsmethode anzuwenden, • die Leistungen den Dienstjahren der Arbeitnehmer zuzuordnen, • versicherungsmathematische Annahmen zu treffen. Als einheitliches und einzig zulässiges Bewertungsverfahren schreibt SFAS 87 die projected unit credit method (Methode der laufenden Einmalprämien) vor (SFAS 87.39).
– Versicherungsmathematische Annahmen	Versicherungsmathematische Annahmen sind die bestmögliche Einschätzung verschiedener Variablen, die letztendlich die Kosten für Leistungen nach Beendigung eines Arbeitsverhältnisses bestimmen (SFAS 87.43). Sie umfassen: • demographische Annahmen über die künftige Zusammensetzung der gegenwärtigen und früheren Arbeitnehmer und deren Angehörigen (Invaliditäts- und Sterbewahrscheinlichkeiten, Fluktuationsraten) sowie • finanzielle Annahmen (Zinssatz, künftiges Gehalts- und Leistungsniveau).
-- Abzinsungssatz	Der Diskontierungszinssatz zur Berechnung der Barwerte orientiert sich in den USA am Kapitalmarktzinssatz für festverzinsliche Wertpapiere (SFAS 87.44). Der Zinssatz ist so zu wählen, dass die diskontierte Verpflichtung am Abschlussstichtag auf einen Dritten mittels Veräußerung etc übertragen werden könnte. Alternativ können die vom Pensions-Sicherungs-Verein (Pension Benefit Guaranty Cooperation) monatlich veröffentlichten Zinssätze der Diskontierung zugrunde gelegt werden (SFAS 87.44).
-- Änderung der versicherungsmathematischen Annahmen (Behandlung versicherungsmathematischer Gewinne und Verluste)	Versicherungsmathematische Gewinne und Verluste können ua aus rückwirkenden Anpassungen im Versicherungsbestand, aus abweichend eingetretenen Gehalts- und Rentensteigerungen oder aus Änderungen von Sterbetafeln und dergl resultieren. Bei der Bewertung der Schuld aus einer leistungsorientierten Zusage ist mindestens der Teil der versicherungsmathematischen Gewinne und Verluste, der au-

IAS/IFRS	HGB
Um den Barwert von leistungsorientierten Verpflichtungen (DBO) und den damit verbundenen Dienstzeitaufwand einer Periode (net periodic pension cost) zu bestimmen, ist es erforderlich (IAS 19.63): • eine versicherungsmathematische Bewertungsmethode anzuwenden, • die Leistungen den Dienstjahren der Arbeitnehmer zuzuordnen, • versicherungsmathematische Annahmen zu treffen. Als einheitliches und einzig zulässiges Bewertungsverfahren schreibt IAS 19 die projected unit credit method (Methode der laufenden Einmalprämien) vor (IAS 19.64).	Die Pensionsrückstellungen sind gem § 253 Abs 1 Satz 2 HGB mit dem sich nach versicherungsmathematischen Grundsätzen ergebenden Barwert anzusetzen. Eine Verwendung der buchhalterischen Methode ist unzulässig. Pensionsanwartschaftsverpflichtungen sind gem § 253 Abs 1 Satz 2 HGB nach vernünftiger kaufmännischer Beurteilung zu bewerten. Ein gesondertes Bewertungsverfahren ist gesetzlich nicht vorgeschrieben. In der Bilanzierungspraxis dominiert das modifizierte Teilwertverfahren nach § 6 a EStG. E-DRS 19.20 schreibt als versicherungsmathematische Bewertungsmethode die Methode der laufenden Einmalprämien (projected unit credit method) zur Bestimmung des Barwerts einer Leistungszusage vor.
Versicherungsmathematische Annahmen sind die bestmögliche Einschätzung verschiedener Variablen, die die letztendlichen Kosten für Leistungen nach Beendigung eines Arbeitsverhältnisses bestimmen (IAS 19.73). Sie umfassen: • demographische Annahmen über die künftige Zusammensetzung der gegenwärtigen und früheren Arbeitnehmer und deren Angehörigen (Invaliditäts- und Sterbewahrscheinlichkeiten, Fluktuationsraten) sowie • finanzielle Annahmen (Zinssatz, künftiges Gehalts- und Leistungsniveau).	Die versicherungsmathematischen Annahmen betreffen iW: • biometrische Rechnungsgrundlagen (Invaliditäts- und Sterbewahrscheinlichkeiten), • Rechnungszinsfuß, • Fluktuation, • mögliche Altersgrenzen. Das modifizierte Teilwertverfahren gem § 6 a EStG trägt der Fluktuation pauschal durch die 30-Jahres-Grenze Rechnung. Als Diskontierungsfaktor ist ein Zinssatz von 6 % gesetzlich fixiert (§ 6 a EStG). Nach E-DRS 19.23 zählen zu den versicherungsmathematischen Annahmen • finanzielle Annahmen (Zinssatz, Entgelttrend, Rententrend, Entwicklung von anzurechnenden Versorgungsleistungen) und • biometrische Annahmen (Sterberate, Invaliditätsrate, voraussichtlicher Pensionierungszeitpunkt, Fluktuationsrate).
Der Diskontierungszinssatz zur Berechnung der Barwerte orientiert sich an Renditen, die am Bilanzstichtag für erstrangige, festverzinsliche Industrieanleihen am Markt erzielt werden. Währung und Laufzeiten der zugrundegelegten Industrie- oder Regierungsanleihen (in Ländern ohne liquiden Markt für Industrieanleihen) haben mit der Währung und den voraussichtlichen Fristigkeiten der nach Beendigung der Arbeitsverhältnisse zu erfüllenden Verpflichtungen übereinzustimmen (IAS 19.78).	Nach HFA 2/1988 ist, je nach wirtschaftlicher Lage, ein Diskontierungszinssatz von 3–6 % anzuwenden. Steuerlich ist ein Diskontierungsfaktor von 6 % gesetzlich fixiert (§ 6 a EStG). Aus Vereinfachungsgründen sowie zur Vermeidung der mehrfachen Berechnung des Teilwerts mit abweichenden Diskontierungsfaktoren kommt dieser Zinssatz idR auch handelsrechtlich zur Anwendung. Gem E-DRS 19.24 bemisst sich der Zinssatz zur Diskontierung von Pensionsverpflichtungen nach der Rendite fristadäquater erstklassiger Unternehmensanleihen in gleicher Währung.
Versicherungsmathematische Gewinne und Verluste können ua aus einer rückwirkenden Anpassung im Versicherungsbestand, aus abweichend eingetretenen Gehalts- und Rentensteigerungen oder aus Änderungen von Sterbetafeln und dergl resultieren. Bei der Bewertung der Schuld aus einer leistungsorientierten Zusage ist mindestens der Teil der versicherungsmathematischen Gewinne und Verluste, der au-	Änderungen der (biometrischen) Rechnungsgrundlage müssen sofort zum Zeitpunkt des Bekanntwerdens berücksichtigt werden. Für die Anpassungsbeträge, die sich aufgrund der Anpassung der Heubeck-Richttafeln 1998 ergeben haben, bestehen steuerliche Sonderregelungen betr die Anerkennung als Betriebsausgabe. Diese können handelsrechtlich analoge Anwendung finden, sofern bereits für das Ge-

Kriterium	US-GAAP
-- Änderung der versicherungsmathematischen Annahmen (Behandlung versicherungsmathematischer Gewinne und Verluste) (Forts)	ßerhalb des → *10%-Korridor Ansatzes* liegt, planmäßig als Ertrag bzw Aufwand über die künftigen Perioden zu erfassen (SFAS 87.29 ff). Amortisationsbeginn ist in der darauffolgenden Periode.
-- 10%-Korridor Ansatz	Gem dem 10%-Korridor Ansatz hat eine erfolgswirksame Erfassung der versicherungsmathematischen Gewinne oder Verluste nur dann zu erfolgen, wenn der Saldo der kumulierten, nicht erfassten versicherungsmathematischen Gewinne und Verluste zum Ende der vorherigen Berichtsperiode den höheren der folgenden Beträge übersteigt (SFAS 87.32 ff): • 10% des Barwerts der leistungsorientierten Verpflichtung zu diesem Zeitpunkt (vor Abzug des Planvermögens) oder • 10% des beizulegenden Zeitwerts eines etwaigen Planvermögens zu diesem Zeitpunkt. Der außerhalb des Korridors liegende Betrag ist grds über die durchschnittliche Restdienstzeit der Berechtigten abzuschreiben. Eine schnellere Verteilung ist zulässig (SFAS 87.24 ff). Der Korridoransatz ist nicht verpflichtend, findet aber fast ausschließlich in der Bilanzierungspraxis Anwendung (SFAS 87.29).
– Planvermögen	Als Planvermögen (plan assets) werden Vermögenswerte (meist Aktien, Schuldverschreibungen und andere Investments) bezeichnet, die gewöhnlicherweise zur Erfüllung der Pensionsverpflichtungen des Unternehmens in ein zweckgebundenes Sondervermögen (Trust) ausgesondert sind (SFAS 87.19). Die Bilanzierung von Planvermögen ist Gegenstand von SFAS 35.
-- Ansatz und Bewertung des Planvermögens	Es hat grds ein Nettoausweis zu erfolgen, dh, sowohl die net periodic pension cost als auch die Pensionsverpflichtung sind nach Verrechnung der Erträge/Aufwendungen bzw des Planvermögens zu zeigen (SFAS 87.36 iVm 87.29 ff). Die Bewertung des Planvermögens erfolgt zu Marktwerten am Bilanzstichtag bzw aus diesen abgeleiteten Werten über längstens fünf Jahre (SFAS 87.30, 49 u 52). Die Differenz zwischen erwartetem und tatsächlichem Ertrag aus dem Planvermögen ist ein versicherungsmathematischer Gewinn oder Verlust, für den die Korridormethode maßgeblich ist (SFAS 87.30 ff).
-- Planänderungen	Ändert ein Unternehmen die Leistungen aus einem leistungsorientierten Plan, entsteht ein nachzuverrechnender Dienstzeitaufwand (prior service cost). Dieser ist wie folgt zu behandeln (SFAS 87.24 ff):

IAS/IFRS	HGB
ßerhalb des → *10%-Korridor Ansatzes* liegt, planmäßig als Ertrag bzw Aufwand über die künftigen Perioden zu erfassen (IAS 19.92). Amortisationsbeginn ist in der darauffolgenden Periode.	schäftsjahr 1998 mit einer Verteilung begonnen wird.
Gem dem 10%-Korridor Ansatz hat eine erfolgswirksame Erfassung der versicherungsmathematischen Gewinne oder Verluste unter Berücksichtigung der asset ceiling nur dann zu erfolgen, wenn der Saldo der kumulierten, nicht erfassten versicherungsmathematischen Netto-Gewinne und -Verluste zum Ende der vorherigen Berichtsperiode den höheren der folgenden Beträge übersteigt (IAS 19.92): • 10% des Barwerts der leistungsorientierten Verpflichtung zu diesem Zeitpunkt (vor Abzug des Planvermögens) oder • 10% des beizulegenden Zeitwerts eines etwaigen Planvermögens zu diesem Zeitpunkt. Diese Grenzen sind für jeden leistungsorientierten Plan gesondert zu errechnen und anzuwenden. Der außerhalb des Korridors liegende Betrag ist grds über die durchschnittliche Restdienstzeit der Berechtigten abzuschreiben. Eine schnellere Verteilung ist zulässig (IAS 19.93). Der Korridoransatz ist daher faktisch nicht verpflichtend (IAS 19.95).	Es bestehen keine vergleichbaren Möglichkeiten zur Erfolgsglättung. Auch E-DRS 19.15 verlangt eine sofortige erfolgswirksame Erfassung von versicherungsmathematischen Gewinnen und Verlusten. Nach Ansicht des DRSC erfüllt der Korridor-Ansatz gem IAS 19 und SFAS 87 das Einklangserfordernis des § 292a HGB (DRS 1.93 u 168).
Das Planvermögen (plan assets) umfasst (IAS 19.7): • Vermögen, das durch einen langfristig ausgelegten Fonds zur Erfüllung von Leistungen für Arbeitnehmer gehalten wird, und • qualifizierte Versicherungspolicen. Die Berichterstattung von Altersversorgungsplänen ist Gegenstand von IAS 26.	Es bestehen keine gesetzlichen Regelungen zum Planvermögen.
Es hat grds ein Nettoausweis zu erfolgen, dh, sowohl der Nettopensionsaufwand als auch die Pensionsverpflichtung sind nach Verrechnung der Erträge/Aufwendungen bzw des Planvermögens zu zeigen (IAS 19.54 iVm 19.61). Die Bewertung des Planvermögens erfolgt zu Marktwerten bzw Vergleichswerten am Bewertungsstichtag (IAS 19.54 iVm 19.102 ff). Die Differenz zwischen erwartetem und tatsächlichem Ertrag aus dem Planvermögen ist ein versicherungsmathematischer Gewinn oder Verlust, für den die Korridormethode maßgeblich ist (IAS 19.105). Erstattungsansprüche (bspw aus Rückdeckungsversicherung) sind zu aktivieren (IAS 19.104A).	Es bestehen keine gesetzlichen Regelungen zum Planvermögen.
Ändert ein Unternehmen die Leistungen aus einem leistungsorientierten Plan oder führt es einen solchen ein, entsteht ein nachzuverrechnender Dienstzeitaufwand (past service cost).	Da in Deutschland (nach Erfüllung der Unverfallbarkeitsfristen) Pensionsverbesserungen nach § 2 BetrAVG genauso in die Unverfallbarkeit eingehen, als ob sie schon bei Diensteintritt zugesagt worden wären, sind Pensionsver-

Kriterium	US-GAAP
-- Planänderungen (Forts)	Aktive Anwärter: Verteilung in gleichen Beträgen über die ausstehende Restdienstzeit oder schnellere Verteilung, bspw über die durchschnittliche Restdienstzeit aller Anwärter. Inaktive Berechtigte: Verteilung über mittlere Lebenserwartung, sofern die inaktiven Berechtigten das Versorgungswerk dominieren, ansonsten wie aktive Anwärter.
-- Plankürzung und -abgeltung	Künftige Verluste aus Plankürzungen sind, sofern ihr Eintritt wahrscheinlich und zuverlässig ermittelbar ist, erfolgswirksam zu erfassen. Die Erfassung von Gewinnen erfolgt im Zeitpunkt der Plankürzung (SFAS 88.12 ff). Aufwendungen oder Erträge aus der Kündigung einer speziellen Einzelzusage sind erfolgswirksam zu erfassen, sofern der Anwärter der Änderung zustimmt (SFAS 88.9 ff). Sonderregelungen gelten für Teilkündigungen.
Andere langfristig fällige Leistungen an Arbeitnehmer – Postenzusammensetzung	Unter andere langfristig fällige Leistungen an Arbeitnehmer fallen: • Pensionsnebenleistungen (ua für Gesundheitsfürsorge, Lebensversicherungs- und über die Pension hinausgehende Leistungen; SFAS 106), • Sämtliche übrigen Sozialleistungen, die nicht durch andere Standards abgedeckt sind (SFAS 112 iVm SFAS 43 oder SFAS 5).
– Ansatz und Bewertung	Der Ansatz und die Bewertung anderer langfristig fälliger Leistungen an Arbeitnehmer erfolgt analog den → *kurzfristig fälligen Leistungen an Arbeitnehmer.* Der Ansatz und die Bewertung der Pensionsnebenleistungen erfolgt analog der Bewertung der → *Leistungen nach Beendigung des Arbeitsverhältnisses (Pensionen)*. Diese Versorgungsleistungen sind – ggf abzgl eines Planvermögens – zu passivieren (SFAS 106.6 ff). Für die Verpflichtungen aus den übrigen Sozialleistungen erfolgt die Passivierung mittels Rückstellungsbildung, soweit die Ansatzvoraussetzungen erfüllt sind (→ *kurzfristig fällige Leistungen an Arbeitnehmer*). Für die Bewertung der übrigen Sozialleistungen gelten die allgemeinen Regelungen zur Bewertung von → *Rückstellungen* bzw → *Verbindlichkeiten.*

<table>
<tr><th>IAS/IFRS</th><th>HGB</th></tr>
<tr><td>Bei der Bemessung der Pensionsverpflichtung (defined benefit liability) hat das Unternehmen den nachzuverrechnenden Dienstzeitaufwand linear über den durchschnittlichen Zeitraum bis zum Eintritt der Unverfallbarkeit der Anwartschaften zu verteilen. Soweit Anwartschaften sofort nach Einführung oder Änderung eines leistungsorientierten Planes unverfallbar sind, ist der nachzuverrechnende Dienstzeitaufwand sofort ergebniswirksam zu erfassen (IAS 19.96).</td><td>besserungen idR sofort zu bilanzieren.
Grds ähnlich ist bei rückwirkenden Pensionsverschlechterungen (zB auch Einfrieren von erdienten aber dynamischen Pensionsansprüchen) vorzugehen, wobei die Rechtswirksamkeit solcher Maßnahmen kritisch zu überprüfen ist.</td></tr>
<tr><td>Gewinne oder Verluste aus der Kürzung (curtailment) oder Abgeltung (settlement) eines Planes sind zum Zeitpunkt der Kürzung oder Abgeltung zu erfassen (IAS 19.109). Bevor die Auswirkung einer Plankürzung oder -abgeltung bestimmt wird, sind die leistungsorientierten Verpflichtungen (und das Planvermögen, sofern vorhanden) unter Verwendung aktueller versicherungsmathematischer Annahmen (einschl aktueller Marktzinssätze und sonstiger aktueller Marktwerte) neu zu bewerten (IAS 19.110).</td><td>Pensionsrückstellungen dürfen nur aufgelöst werden, soweit die zugrundeliegende Verpflichtung nicht mehr existiert (§ 249 Abs 3 Satz 2).</td></tr>
<tr><td>Unter andere langfristig fällige Leistungen für Arbeitnehmer fallen ua (IAS 19.126):
• langfristig fällige vergütete Abwesenheitszeiten wie Sonderurlaub nach langjähriger Dienstzeit oder andere vergütete Dienstfreistellungen,
• Jubiläumsgelder oder andere Leistungen für lange Dienstzeit,
• langfristige Erwerbsunfähigkeitsleistungen,
• Gewinn- und Erfolgsbeteiligungen, die zwölf oder mehr Monate nach Ende der Periode, in der die entspr Arbeitsleistung erbracht wurde, fällig sind und
• aufgeschobene Vergütungen, sofern diese zwölf oder mehr Monate nach Ende der Periode, in der sie erdient wurden, ausgezahlt werden.</td><td>Unter andere langfristig fällige Leistungen für Arbeitnehmer fallen ua:
• langfristig fällige vergütete Abwesenheitszeiten wie Sonderurlaub nach langjähriger Dienstzeit oder andere vergütete Dienstfreistellungen,
• Jubiläumsgelder oder andere Leistungen für lange Dienstzeit,
• langfristige Erwerbsunfähigkeitsleistungen,
• Gewinn- und Erfolgsbeteiligungen, die zwölf oder mehr Monate nach Ende der Periode, in der die entspr Arbeitsleistung erbracht wurde, fällig sind,
• aufgeschobene Vergütungen, sofern diese zwölf oder mehr Monate nach Ende der Periode, in der sie erdient wurden, ausgezahlt werden und
• → Altersteilzeitregelungen, für die idR die Rückstellungsbildung nach dem Blockmodell erfolgt.</td></tr>
<tr><td>Der Ansatz und die Bewertung anderer langfristiger Leistungen erfolgt grds analog der Bewertung der → Leistungen nach Beendigung des Arbeitsverhältnisses (Pensionen). Ausnahmen bestehen indes für sämtliche Abweichungen zwischen den geschätzten und den tatsächlichen Aufwendungen und Erträgen, die stets sofort in voller Höhe zu erfassen sind (IAS 19.129).</td><td>Andere langfristig fällige Leistungen an Arbeitnehmer sind entweder unter den Verbindlichkeiten auszuweisen oder mittels Rückstellungsbildung zu erfassen.
Die Bilanzierung und Bewertung hat anhand der allgemeinen Grundsätze für die Bilanzierung der Rückstellungen zu erfolgen (→ Rückstellungen).</td></tr>
</table>

Kriterium	US-GAAP
Leistungen aus Anlass der Beendigung des Arbeitsverhältnisses	Leistungen aus Anlass der Beendigung des Arbeitsverhältnisses sind zu unterscheiden in (SFAS 88.15): • special termination benefits (Leistungen, die nur für eine beschränkte Zeit angeboten werden) und • contractual termination benefits (Leistungen, die fester Bestandteil eines Pensionsplans sind). EITF 94–3 regelt ferner Rückstellungen für Personalstrukturmaßnahmen (involuntary termination benefits).
– Ansatz	Für den Fall der special termination benefits hat das Unternehmen zu dem Zeitpunkt, zu dem der/die Arbeitnehmer dem Angebot zustimmt/ zustimmen und der Betrag zuverlässig bestimmbar ist, die Verpflichtung zu erfassen (SFAS 88.15). Im Fall der contractual termination benefits hat die Erfassung der Verpflichtung zu dem Zeitpunkt zu erfolgen, zu dem der/oder die Arbeitnehmer wahrscheinlich berechtigt ist/sind, die Leistungen in Anspruch zu nehmen und deren Betrag zuverlässig bestimmbar ist (SFAS 88.15). Die Bildung von Rückstellungen für Personalstrukturmaßnahmen richtet sich nach den Vorschriften für → *Restrukturierungsrückstellungen* (EITF 94–3).
– Bewertung	Die aus Anlass der Beendigung des Arbeitsverhältnisses entstehenden Kosten sind mit dem Barwert der erwarteten zukünftigen Zahlungen zu bewerten (SFAS 87.15).
Kapitalbeteiligungsleistungen – Zusammensetzung	Kapitalbeteiligungsleistungen umfassen alle Vergütungsvereinbarungen, durch die Arbeitnehmer Aktien, Optionen oder ähnliche equity instruments erhalten oder die gewährende Gesellschaft Verbindlichkeiten eingeht, deren Höhe vom Kurswert ihrer eigenen Aktien abhängt (APB 25, SFAS 123.1), dh • stock options plans (Gewährung des Rechts zum Erwerb einer bestimmten Aktienanzahl innerhalb eines festgelegten Zeitraums zu einem fixierten (Basis-)Preis) und • stock appreciation rights (Anspruch auf die Auszahlung der Differenz zwischen Basispreis und Ausübungskurs bezogen auf eine bestimmte Aktienanzahl zu einem vom Mitarbeiter zu bestimmenden Zeitpunkt innerhalb eines festgelegten Zeitraums). APB 25 und SFAS 123 sind nicht auf nicht entlohnende Pläne bzw employee stock purchase plans anzuwenden

IAS/IFRS	HGB
Leistungen aus Anlass der Beendigung des Arbeitsverhältnisses sind zu zahlende Leistungen an Arbeitnehmer, die daraus resultieren, dass entweder (IAS 19.7): • ein Unternehmen die Beendigung des Beschäftigungsverhältnisses eines Arbeitnehmers vor dem regulären Pensionierungszeitpunkt beschlossen hat oder • ein Arbeitnehmer im Austausch für diese Leistungen freiwillig seiner Freisetzung zugestimmt hat.	Das Entstehen einer Verpflichtung des Unternehmens ggü dem Arbeitnehmer wird durch die Beendigung des Arbeitsverhältnisses begründet. Es kann sich hierbei zB um Abfindungen handeln. Die entstehenden Verpflichtungen ggü dem Arbeitnehmer werden als Verbindlichkeit und Aufwand erfasst. Es wird grds keine Rückstellung gebildet.
Leistungen aus Anlass der Beendigung des Arbeitsverhältnisses sind nur dann als Schuld und Aufwand zu erfassen, wenn das Unternehmen nachweislich verpflichtet ist (IAS 19.133): • entweder das Arbeitsverhältnis eines Arbeitnehmers oder einer Arbeitnehmergruppe vor dem Zeitpunkt der regulären Pensionierung zu beenden oder • Leistungen bei Beendigung des Arbeitsverhältnisses aufgrund eines Angebots zur Förderung eines freiwilligen vorzeitigen Ausscheidens zu erbringen. Die Bildung von Rückstellungen von Personalstrukturmaßnahmen richtet sich nach den Vorschriften für → *Restrukturierungsrückstellungen* (IAS 37.72).	Die Aufwendungen sind in der Periode zu erfassen, in der sie entstanden sind. Die Bildung von Rückstellungen für Personalstrukturmaßnahmen richtet sich nach den Vorschriften für Verbindlichkeitsrückstellungen. Steuerlich gelten gesonderte Ansatz- und Bewertungsvorschriften (R31 c Abs 6 EStR; → *Restrukturierungsrückstellungen*).
Sind Leistungen aus Anlass der Beendigung des Arbeitsverhältnisses mehr als zwölf Monate nach dem Bilanzstichtag fällig, sind sie zu diskontieren (IAS 19.139). Der Abzinsungssatz ist analog zu den Vorschriften für leistungsorientierte Versorgungswerke abzuleiten (IAS 19.78). Im Fall eines Angebots zur Förderung des freiwilligen vorzeitigen Ausscheidens sind die Leistungen aus Anlass der Beendigung von Arbeitsverhältnissen auf der Basis der Anzahl von Arbeitnehmern, die das Angebot voraussichtlich annehmen werden, zu bewerten (IAS 19.140).	Diese Leistungen sind als Aufwand der lfd Periode zu erfassen. Eine Abzinsung wird im Regelfall nicht vorgenommen.
Kapitalbeteiligungsleistungen sind Leistungen an Arbeitnehmer, bei denen (IAS 19.7): • Arbeitnehmer entweder einen Anspruch auf Eigenkapitalinstrumente haben, die vom Unternehmen (oder dessen Mutterunternehmen) ausgegeben wurden oder • der Betrag der Verpflichtung des Unternehmens ggü seinen Arbeitnehmern vom künftigen Preis der von dem Unternehmen ausgegebenen Eigenkapitalinstrumente abhängt. Kapitalbeteiligungsleistungen beinhalten ua folgende Leistungen (IAS 19.144): • Aktien, Aktienbezugsrechte und andere Eigenkapitalinstrumente, die Arbeitnehmern zu einem Preis unterhalb des beizulegenden Zeitwerts, den Dritte für diese Instrumente bezahlen müssten, überlassen werden und	Für Aktiengesellschaften besteht nach § 71 AktG die Möglichkeit, eigene Aktien zu erwerben und somit Mitarbeiteraktien bzw -optionen auszugeben. Diese Aktien unterliegen aber einigen Restriktionen (§ 186 Abs 3 u 4 AktG). Es besteht weiterhin die Möglichkeit einer Ausgabe von bedingtem Kapital zur Emission von Stock Options (§ 192 Abs 2 Nr 3 AktG).

Kriterium	US-GAAP
Kapitalbeteiligungsleistungen – Zusammensetzung (Forts)	(APB 25.7, SFAS 123.23 f). Eine der Hauptvoraussetzungen eines nicht entlohnenden Modells ist die Möglichkeit zur Teilnahme aller Mitarbeiter am jeweiligen Optionsplan oder dergl. Nicht entlohnende Pläne sind in der Bilanzierungspraxis nur äußerst selten anzutreffen. SFAS 123 ist zudem nicht anzuwenden auf Optionspläne , die das Recht zum Erwerb von Aktien eines nicht mit dem Emittenten verbundenen Unternehmens gewähren (es gelten die allg Vorschriften zur Bilanzierung von → *Finanzinstrumenten*, SFAS 133).
– Ansatz und Bewertung	Die US Regeln kennen mit APB 25 und SFAS 123 zwei ›konkurrierende‹ Konzepte zur Bilanzierung von Kapitalbeteiligungsleistungen. SFAS 123 basiert auf einem Stichtagszeitwert-Ansatz und greift zur Ermittlung dieses Werts auf finanzmathematische Methoden (ua Black-Scholes) zurück. Demggü erfolgt die Bewertung nach APB 25 basierend auf dem inneren Wert der Option, dh dem Unterschiedsbetrag zwischen Börsen- und Ausgabekurs. SFAS 123 ist stets anzuwenden, sofern die Leistungen keinem Mitarbeiter gewährt werden (EITF 96–18; SFAS 123). Darüber hinaus sind Angaben nach SFAS 123 verpflichtend, sofern APB 25 zur Bilanzierung und Bewertung angewandt wird. Sofern ein Unternehmen für die Bewertung eines Plans SFAS 123 anwendet, bindet sich das Unternehmen für alle künftigen Pläne. APB 25 unterscheidet des Weiteren fixe und variable Pläne: • Bei einem fixen Optionsplan ist die Anzahl und der Preis der Optionen am Zusagestichtag bedingungsfrei festgelegt und nachträglich nicht mehr änderbar. Damit entsprechen sich Zusage- (grant date) und Bewertungsstichtag (measurement date). Bei fixen Plänen wird der innere Wert der Option am Zusagezeitpunkt über die service period verteilt. Sofern der innere Wert zu diesem Zeitpunkt Null sein sollte, fällt in den Folgeperioden kein Personalaufwand an. • In allen Fällen, in denen am Zusagestichtag die Anzahl oder der Preis der Optionen nicht fixiert ist, liegt ein variabler Optionsplan vor, bei denen der Bezugszeitpunkt der Wertermittlung auf einen späteren Zeitpunkt in Abhängigkeit der Bezugsbedingungen verlagert wird. Ein variabler Plan ist ua immer bei erfolgsabhängigen Plänen anzunehmen. Bei variablen Plänen wird der innere Wert der Option zu jedem Bilanzstichtag solange neu ermittelt, bis durch das Eintreten der Bezugsbedingungen die Anzahl und der Preis der Optionen fixiert ist (measurement date). Sämtliche Änderungen des inneren Werts der Option beeinflussen den zu erfassenden Personalaufwand. In Abhängigkeit des Marktpreises kann der Personalaufwand dabei er-

IAS/IFRS	HGB
• Barzahlungen, deren Höhe von künftigen Marktwerten der Aktien des berichtenden Unternehmens abhängen.	
IAS 19 enthält keine Vorschriften zum Ansatz und zur Bewertung von Kapitalbeteiligungsleistungen (IAS 19.145), obgleich eine Ansatzpflicht besteht. Vielmehr fordert IAS 19 ua den Ausweis von (IAS 19.147 f): • Art und Regelungsinhalten der Kapitalbeteiligungspläne, • den für Kapitalbeteiligungspläne angewandten Bilanzierungs- und Bewertungsmethoden, • den für Kapitalbeteiligungspläne im Abschluss erfassten Beträgen, • Angaben zu eigenen Eigenkapitalinstrumenten in Zusammenhang mit Kapitalbeteiligungsplänen. Entsprechend ED 2 »Share-Based Payment«, dessen Anwendungsbereich sich auf Pläne erstreckt, die eine Bedienung mit Aktien vorsehen und auf Pläne, die eine Barzahlung in einer vom Aktienkurs abhängigen Höhe vorsehen, soll folgendes zu beachten sein: 1. Bedienung durch Aktien – Höhe des Aufwands wird – unter Berücksichtigung möglicher Besonderheiten von Mitarbeiteraktien und -optionen – ermittelt mit Gesamtwert der Aktien oder Optionen zum Zeitpunkt der Ausgabe. – Schätzung der von den Teilnehmern zu erbringenden Leistungseinheiten zur Berechnung des zu buchenden Aufwands. – Ermittlung des Gesamtwerts pro Leistungseinheit durch Division des Gesamtwerts des Rechts durch die Anzahl der zu erwartenden Leistungseinheiten. – Offenlegung detaillierter Informationen über die Art des Plans, die Methode der Ermittlung des Gesamtwerts, die getroffenen Annahmen und die Auswirkungen auf die GuV. 2. Barzahlungspläne – Bemessung des Aufwands nach dem Gesamtwert der Aktien oder Optionen, der zum Zeitpunkt der Ausgabe ermittelt wird. – Anpassung des Gesamtwerts zu jedem Bilanzstichtag. Dadurch entspricht der endgültige Gesamtaufwand der Summe der Auszahlungen an die Teilnehmer.	Es bestehen keine gesetzlichen Vorschriften zur Bewertung von Kapitalbeteiligungsleistungen. Die Bilanzierung und Bewertung dieser Pläne wird derzeit kontrovers diskutiert. Das DRSC hat einen Standardentwurf zur Bilanzierung von Aktienoptionsplänen (E-DRS 11) • gem § 192 Abs 2 Nr 3 AktG • in Verbindung mit Wandel- /Optionsanleihen (§ 192 Abs 2 Nr 1 AktG) • durch eigene Anteile im Besitz der Gesellschaft oder • bei Belegschaftsaktienprogrammen veröffentlicht. E-DRS 11 wurde indes bis zur endgültigen Verabschiedung von ED 2 zurückgestellt. Die Gewährung von Aktienoptionen erfolgt grds als Gegenleistung für Arbeitsleistungen. Der Gegenwert soll in der Kapitalrücklage erfasst werden. Die Bewertung erfolgt zum Gesamtwert zum Zeitpunkt der Gewährung mittels Optionsbewertungsmodellen. Werden die Konditionen eines bestehenden Aktienoptionsplanes durch die Herabsetzung des vereinbarten Bezugspreises geändert (repricing), erhöht dies den Optionswert. Gem dem Entwurf sind über § 285 Nr 9 a HGB und § 314 Abs 1 Nr 6 a HGB hinausgehende Anhangangaben bzgl • der generellen Beschreibung der einzelnen Programme, • der Summe des daraus entstandenen Personalaufwandes, • der Anzahl der Optionsrechte und der durchschnittlichen Bezugsrechte eines jeden Programms, • des Gesamtwertes der innerhalb eines Jahres insgesamt gewährten Optionsrechte sowie • der angewandten Bewertungsmethode zu machen. Für Entlohnungsverträge, die eine an der Aktienkursentwicklung orientierte Barvergütung vorsehen und Optionscharakter aufweisen (›virtuelle‹ Aktienoptionen), ist eine Rückstellung für ungewisse Verbindlichkeiten in Höhe des zeitanteiligen Gesamtwerts der bedingten Zahlungsverpflichtung anzusetzen. Die Gegenbuchung erfolgt im Personalaufwand.

Kriterium	US-GAAP
– Ansatz und Bewertung (Forts)	heblichen aufwands- und ertragswirksamen Schwankungen während der service period ausgesetzt sein. Spätere Änderungen von fixen Plänen (repricing) sind im Regelfall schädlich und haben die Anwendung der Regeln zum variable plan accounting zur Folge (FIN 44). Stock-based compensation ist Gegenstand diverser, komplexer Einzelregelungen (ua FINs 28, 44, EITF 00–23). SFAS 123 fordert die Ermittlung des Stichtagszeitwerts der Option zum Zusagezeitpunkt und eine erfolgswirksame Verteilung über die Laufzeit der Option. Im Zuge von bevorstehenden IPO's ausgegebene verbilligte Optionen oder Aktien sind zudem Gegenstand der gesonderten cheap stock rules.
Altersteilzeitverpflichtungen	Die Aufstockungsbeträge im Blockmodell sind im Zeitpunkt, in denen die Möglichkeit auf Inanspruchnahme hinreichend wahrscheinlich wird (ua bei Abschluss eines Tarifvertrages oder einer Betriebsvereinbarung) in Höhe der wahrscheinlichen Inanspruchnahme ratierlich über die verbleibende Restdienstzeit rückzustellen. Eine Abzinsung des Aufstockungsbetrags ist zulässig, aber nicht gefordert. Die während der Beschäftigungsphase verdienten Beträge sind in voller Höhe als Personalaufwendungen zu erfassen. Für den nicht ausgezahlten Teil ist eine Verbindlichkeit zu passivieren (SFAS 112).

Latente Steuern

Ansatzpflicht und Abgrenzungskonzepte	Die Abgrenzung latenter Steuern erfolgt für temporary differences, die aus Ansatz- und/oder Bewertungsunterschieden bzgl der Buchwerte und der korrespondierenden Steuerwerte resultieren, die sich im Zeitablauf auflösen und wenn dieses Auswirkungen auf die ertragsteuerliche Bemessungsgrundlage hat. Es sind grds latente Steuern auf sämtliche temporary differences inkl eines steuerlichen Verlustvortrags abzugrenzen (SFAS 109). Temporary differences sind iW Unterschiede zwischen steuerrechtlichen und handelsrechtlichen Wertansätzen eines Vermögenswerts oder einer Schuld, die künftig zu einer Steuerbelastung oder -erstattung führen. Die Abgrenzung erfolgt mittels der sog bilanzorientierten Verbindlichkeitsmethode, bei der der zutreffende Vermögensausweis im Vordergrund steht (im Gegensatz zur Abgrenzungsmethode, die in erster Linie einen zutreffenden Erfolgsausweis im Jahresabschluss anstrebt). Aktive und passive latente Steueransprüche erfüllen jeweils die Ansatzvoraussetzungen eines Vermögenswerts bzw einer Schuld.

IAS/IFRS	HGB
Die Aufstockungsbeträge im Blockmodell sind im Zeitpunkt der Unterzeichnung einer unentziehbaren Möglichkeit auf Inanspruchnahme (ua Tarifvertrag oder Betriebsvereinbarung) in Höhe der wahrscheinlichen Inanspruchnahme rückzustellen (IAS 19.133 u 140; IDW RS HFA 3.8 ff). Eine Abzinsung des Aufstockungsbetrags ist geboten (IAS 19.139). Die während der Beschäftigungsphase verdienten Beträge sind in voller Höhe als Personalaufwendungen zu erfassen. Für den nicht ausgezahlten Teil ist eine Verbindlichkeit zu passivieren.	Die Aufstockungsbeträge im Blockmodell sind im Zeitpunkt der Unterzeichnung einer unentziehbaren Möglichkeit auf Inanspruchnahme (ua Tarifvertrag oder Betriebsvereinbarung) grds in Höhe der wahrscheinlichen Inanspruchnahme rückzustellen (IDW RS HFA 3.13). Eine Abzinsung des Aufstockungsbetrags ist geboten (§ 253 Abs 1 S 2 HGB). Die während der Beschäftigungsphase verdienten Beträge sind in voller Höhe als Personalaufwendungen zu erfassen. Für den nicht ausgezahlten Teil ist eine Verbindlichkeit zu passivieren (§ 249 Abs 1 HGB, IDW RS HFA 3.16).

Die Abgrenzung latenter Steuern erfolgt für temporary differences, die aus Ansatz- und/oder Bewertungsunterschieden bzgl der Buchwerte und der korrespondierenden Steuerwerte resultieren, die sich im Zeitablauf auflösen und wenn dieses Auswirkungen auf die ertragsteuerliche Bemessungsgrundlage hat. Es sind grds latente Steuern auf sämtliche temporary differences inkl eines steuerlichen Verlustvortrags abzugrenzen (IAS 12; SIC-21). Temporary differences sind iW Unterschiede zwischen steuerrechtlichen und handelsrechtlichen Wertansätzen eines Vermögenswerts oder einer Schuld, die künftig zu einer Steuerbelastung oder -erstattung führen. Die Abgrenzung erfolgt mittels der sog bilanzorientierten Verbindlichkeitsmethode, bei der der zutreffende Vermögensausweis im Vordergrund steht (im Gegensatz zur Abgrenzungsmethode, die in erster Linie einen zutreffenden Erfolgsausweis im Jahresabschluss anstrebt). Aktive und passive latente Steueransprüche erfüllen jeweils die Ansatzvoraussetzungen eines Vermögenswerts bzw einer Schuld.	Die Ansatzpflicht für latente Steuern ist für den Einzel- und Konzernabschluss abweichend normiert. Latente Steuern sind auf Periodisierungsabweichungen (timing differences) von Aufwendungen und Erträgen bzw Betriebseinnahmen und -ausgaben zu bilden. Während im Einzelabschluss für aktive latente Steuern ein Ansatzwahlrecht mit korrespondierender Ausschüttungssperre besteht (§ 274 Abs 2 Satz 1 HGB), sind aktive latente Steuern auf Konsolidierungsmaßnahmen verpflichtend (§ 306 HGB). Für passive latente Steuern besteht dagegen stets ein Ansatzgebot (§§ 274 Abs 1, 306 HGB). Im Konzernabschluss sind darüber hinaus grundsätzlich auch aktive latente Steuern auf steuerliche Verlustvorträge anzusetzen (DRS 10.11). Eine Abgrenzungsmethode ist nicht gesetzlich normiert. Die Steuerabgrenzung gemäß § 274 HGB basiert nach der hM auf dem GuV-orientierten »timing concept«, dh die Steuerabgrenzung dient überwiegend der periodengerechten Erfolgsermittlung. DRS 10 regelt die Abgrenzung und Bilanzierung latenter Steuern ebenfalls gemäß dem GuV-orientierten »timing concept«. Nach DRS 10 ist der Umfang der Steuerabgrenzung jedoch insoweit umfang-

Kriterium	US-GAAP
Ansatzpflicht und Abgrenzungskonzepte (Forts)	
Latente Steueransprüche aus Verlustvorträgen und Steuergutschriften	Auf Verlustvorträge sowie noch nicht genutzte Steuergutschriften sind stets aktive latente Steuern abzugrenzen. In einem Folgeschritt ist zu untersuchen, ob eine Reduktion um einen Sicherheitsabschlag geboten ist. Soweit die nachfolgenden Kriterien kumulativ erfüllt sind, kann von einem Sicherheitsabschlag abgesehen werden (SFAS 109.21): 1. künftige Umkehrung bestehender passivischer latenter Steuern, 2. künftiges steuerpflichtiges Einkommen ausschließlich aus der Umkehrung passivischer Steuerlatenzen und aus Vorträgen, 3. steuerpflichtiges Einkommen in vorangegangenen Rücktragsperioden, sofern ein Rücktrag steuerlich sanktioniert wird, und 4. Möglichkeiten von Steuerplanungsstrategien. Ein Sicherheitsabschlag (valuation allowance) ist zu bilden, sofern mehr Gründe gegen als für eine Realisierung der latenten Steueransprüche sprechen (»more likely than not«, SFAS 109.17 e u 80 ff). Diesbzgl sind alle vergangenen und gegenwärtigen Tatbestände im Rahmen einer Gesamtwürdigung sämtlicher positiver und negativer Indikatoren zu beurteilen. Als negative Indikatoren gelten: (a) die Erfolgshistorie in Bezug auf in der Vergangenheit verfallene Verlustvorträge, (b) in naher Zukunft erwartete Verluste,

IAS/IFRS	HGB
Bei der Änderung des Steuerstatus (bspw Rechtsformwechsel) sind die hiermit einhergehenden Steuereffekte grds erfolgswirksam zu erfassen (SIC-25). Es gilt indes auch für diese Fälle der Grundsatz, dass Steuereffekte, die sich auf erfolgsneutral in der Berichts- oder einer anderen Periode erfassten temporären Differenzen beziehen, ebenfalls erfolgsneutral zu erfassen sind (IAS 12.61, SIC-25).	reicher als die bisherigen Auffassungen zu § 274 HGB als quasi-permanente Differenzen nunmehr in die Steuerabgrenzung einzubeziehen sind (DRS 10.5). Nach bislang überwiegender Meinung liegt § 274 HGB die Abgrenzungsmethode (»deferral method«) zugrunde. Bei diesem Konzept steht wiederum der periodengerechte Erfolgsausweis im Vordergrund, so dass Steuerlatenzen mit dem am Abschlussstichtag gültigen Steuersatz bewertet werden. Demgegenüber berücksichtigt die Verbindlichkeitsmethode (»liability method«) bei der Bewertung von Steuerlatenzen konkrete Steuersatzänderungen. Dieser Ansatz findet sich auch im DRS 10 wieder (DRS 10.20). DRS 10 regelt die Bilanzierung von latenten Steuern im Konzernabschluss (DRS 10.1); eine entsprechende Anwendung im Einzelabschluss wird nicht ausdrücklich empfohlen und ist umstritten. Das DRSC ist zudem der Auffassung, dass das bilanzorientierte »temporary concept« zu einer zutreffenderen Darstellung der Vermögenslage und des Eigenkapitals führt, da es über die erfolgswirksam entstandenen Differenzen hinaus auch erfolgsneutrale Differenzen konzeptionell berücksichtigt. Zudem führt das temporary concept zu einer besseren Vergleichbarkeit von Unternehmen, da es international üblich ist (DRS 10.A3). Aktivische latente Steuern sind als Bilanzierungshilfe, passivische latente Steuern unter den Rückstellungen auszuweisen.
Auf noch nicht genutzte steuerliche Verlustvorträge und noch nicht genutzte Steuergutschriften sind aktive latente Steuern abzugrenzen, soweit es wahrscheinlich ist, dass zukünftiges zu versteuerndes Einkommen zur Verfügung stehen wird, gegen das die noch nicht genutzten steuerlichen Verluste und noch nicht genutzten Steuergutschriften verwendet werden können (IAS 12.34). Bei der Beurteilung der Wahrscheinlichkeit, ob ein zu versteuerndes Einkommen zur Verfügung stehen wird, gegen das noch nicht genutzte steuerliche Verluste oder noch nicht genutzte Steuergutschriften verwendet werden können, sind von einem Unternehmen die folgenden Kriterien zu beachten (IAS 12.36): (a) ob das Unternehmen ausreichend zu versteuernde temporäre Unterschiede in Bezug auf die gleiche Steuerbehörde und das gleiche Steuersubjekt hat, woraus zu versteuernde Beträge erwachsen, gegen die die noch nicht genutzten steuerlichen Verluste oder noch nicht genutzten Steuergutschriften vor ihrem Verfall verwendet werden können, (b) ob es wahrscheinlich ist, dass das Unternehmen zu versteuerndes Einkommen erzielen wird, bevor die noch nicht genutzten steuerlichen Verluste oder noch nicht genutzten Steuergutschriften verfallen, (c) ob die noch nicht genutzten steuerlichen Verluste aus identifizierbaren Ursachen stammen, welche	Latente Steuern dürfen auf Verlustvorträge und Steuergutschriften nach bislang herrschender Meinung nicht abgegrenzt werden, da diese Abweichungen keine timing differences iSd Gesetzes sind (Ansatzverbot). Im Konzernabschluss ist von DRS 10 die Aktivierung latenter Steuern auf Verlustvorträge hingegen vorgesehen (DRS 10.11).

Kriterium	US-GAAP
Latente Steueransprüche aus Verlustvorträgen und Steuergutschriften (Forts)	(c) noch nicht erfüllte Sachverhalte, die im ungünstigen Fall die Zukunftserfolge nachhaltig beeinträchtigen, und (d) stark verkürzte Vortragszeiträume, die eine Umkehrung aller passivischen Differenzen in einem Jahr oder einen zyklischen Geschäftsverlauf erfordern (SFAS 109.23). Als positive Indikatoren sind ua bestehende Vertragsbeziehungen und Auftragseingänge sowie die Erfolgshistorie zu würdigen (SFAS 109.23).
Temporäre Differenzen, auf die keine latenten Steuern abgegrenzt werden	Latente Steuern sind va in folgenden Fällen nicht abzugrenzen (SFAS 109.31 ff): • steuerlich nicht absetzbarer positiver und abgegrenzter negativer Goodwill, • Unterschiede im Beteiligungsbuchwert eines ausländischen konsolidierten Unternehmens, wenn die Gewinne dauerhaft thesauriert werden bzw eine steuerfreie Dividende sowie Vereinnahmung von Veräußerungsgewinnen möglich ist (APB 23), • Fremdwährungsdifferenzen aus Abweichung zwischen lokaler und funktionaler Währung bei Anwendung der Zeitbezugsmethode sowie aus Indexbereinigungen und Inflationsanpassungen, • aus bestimmten Differenzen im Zusammenhang mit leveraged leases, • vor 1992 thesaurierte Gewinne bei US-Gesellschaften sowie aus steuerbefreiten Differenzen.

IAS/IFRS	HGB
aller Wahrscheinlichkeit nach nicht wieder auftreten und (d) ob dem Unternehmen Steuergestaltungsmöglichkeiten zur Verfügung stehen, die zu versteuerndes Einkommen in der Periode erzeugen, in der die noch nicht genutzten steuerlichen Verluste oder noch nicht genutzten Steuergutschriften verwendet werden können. Ein Unternehmen hat zu jedem Bilanzstichtag nicht bilanzierte latente Steueransprüche erneut zu beurteilen (IAS 12.37) und ggf eine Aktivierung nachzuholen, wenn Umstände eintreten, die dies nachträglich erfordern.	
Aktive latente Steuern sind nicht abzugrenzen auf (IAS 12.24): 1. einen passiven Unterschiedsbetrag aus Unternehmenszusammenschlüssen, 2. die Erstbuchung eines Vermögenswerts oder einer Schuld zu einem Geschäftsvorfall, der – kein Unternehmenszusammenschluss ist und – zum Zeitpunkt des Geschäftsvorfalles weder das Ergebnis vor Ertragsteuern noch das zu versteuernde Einkommen (den steuerlichen Verlust) beeinflusst. Auf thesaurierte Gewinne von Tochter-, Gemeinschafts- und assoziierten Unternehmen sind ferner keine aktivischen latenten Steuern abzugrenzen (IAS 12.44), wenn: 1. sich der temporäre Unterschied in absehbarer Zeit nicht umkehren wird oder 2. keine steuerpflichtigen Einkünfte zur Inanspruchnahme verfügbar sind. Passive latente Steuern sind nicht abzugrenzen auf (IAS 12.15): 1. Goodwill, für den eine Abschreibung steuerlich nicht absetzbar ist, 2. die Erstbuchung eines Vermögenswerts oder einer Schuld zu einem Geschäftsvorfall, der – kein Unternehmenszusammenschluss ist und – zum Zeitpunkt des Geschäftsvorfalles weder das Ergebnis vor Ertragsteuern noch das zu versteuernde Einkommen (den steuerlichen Verlust) beeinflusst. Des Weiteren sind keine passivischen latenten Steuern auf thesaurierte Gewinne von Tochter-, Gemeinschafts- und assoziierten Unternehmen zu bilden (IAS 12.39), wenn: 1. das Mutter- oder das investierende Unternehmen den Zeitpunkt der Umkehrung der temporären Differenzen beeinflussen bzw steuern (control) kann und 2. es wahrscheinlich ist, dass die Umkehrung nicht in naher Zukunft erfolgt.	Im Einzelabschluss führen entsprechend dem timing Konzept gem § 274 HGB folgende temporäre Differenzen nicht zu einer Steuerabgrenzung: • erfolgsneutral entstandene Bilanzierungs- und Bewertungsunterschiede, • quasi-permanente Differenzen. Im Konzernabschluss vorgenommene, erfolgsneutrale Konsolidierungsmaßnahmen (Aufdeckung stiller Reserven im Rahmen der Erstkonsolidierung) führen nach dem Wortlaut des § 306 HGB nicht zu Steuerabgrenzungen. Hingegen sieht DRS 10 vor, dass neben den quasi-permanenten auch solche Differenzen zu einer Steuerabgrenzung führen (DRS 10.16). Soweit ergebniswirksame Konsolidierungsmaßnahmen zu zeitlichen Abweichungen führen, besteht sowohl nach § 306 HGB als auch nach DRS 10 ein Ansatzgebot für latente Steuern. Die Regeln des DRS 10 resultieren jedoch in einer umfassenderen und aufwendigeren Steuerabgrenzung, da bspw die Saldierung aktiver und passiver latenter Steuern nur unter ganz bestimmten Voraussetzungen gestattet ist (DRS 10.36).

Kriterium	US-GAAP
Temporäre Differenzen, auf die keine latenten Steuern abgegrenzt werden (Forts)	
Steuersatz	Die Bewertung erfolgt mit dem Steuersatz, der im Jahr der Umkehrung der Differenzen gilt. Steuersatzänderungen sind zu berücksichtigen, sofern im Gesetzgebungsprozess keine weiteren Zustimmungen mehr notwendig sind (SFAS 109.18). Dementspr ist bzgl dt Steuersatzänderungen die Unterschrift des Bundespräsidenten das entscheidende Kriterium. Die Veröffentlichung im Bundesanzeiger ist insoweit unerheblich. Die Effekte aus der Umbewertung der latenten Steueransprüche und -schulden sind erfolgswirksam zu erfassen (SFAS 109.27 u 36); dieses gilt auch für zuvor erfolgsneutral abgegrenzte latente Steuern.
Unternehmenszusammenschlüsse	Bei Unternehmenszusammenschlüssen sind latente Steuern aus temporären Unterschieden zwischen den steuerlichen Wertansätzen und dem Stichtagszeitwert der erworbenen Vermögenswerte und Schulden zu berücksichtigen (SFAS 109.30 u 128). Für im Rahmen eines Unternehmenskaufs erworbene Verlustvorträge sind im Zeitpunkt des Erwerbs latente Steuern ggf unter Berücksichtigung eines Sicherheitsabschlags abzugrenzen (SFAS 109.30 u 135).
Vermögenswerte, die zum Stichtagszeitwert (fair value) angesetzt werden	Im Regelfall ist die Bildung und Auflösung von latenten Steueransprüchen und -schulden erfolgswirksam vorzunehmen. Ausweistechnisch sind diese Aufwendungen und Erträge den Steueraufwendungen zuzuordnen und dort getrennt von den lfd Steuern auszuweisen bzw im Anhang gesondert anzugeben. Latente Steuern sind unmittelbar dem Eigenkapital zu belasten oder gutzuschreiben, wenn sich die Steuer auf Posten bezieht, die in der gleichen oder einer anderen Periode unmittelbar dem Eigenkapital gutgeschrieben oder belastet werden (SFAS 109.36). Erfolgsbestandteile, die im Rahmen der Gesamtleistung, nicht jedoch als Teil des Periodenerfolgs, gezeigt werden, zählen zum Hauptanwendungsbereich dieser Vorschrift.
Erneute Beurteilung von nicht bilanzierten latenten Steueransprüchen	Ein Unternehmen hat zu jedem Bilanzstichtag nicht bilanzierte latente Steueransprüche erneut zu beurteilen und zu bewerten.
Bewertung	Die Bewertung der Summe der gesondert ermittelten tatsächlichen und latenten Steueraufwendungen und -erträge hat mit dem geltenden bzw verabschiedeten künftigen Steuersatz zu erfolgen.

IAS/IFRS	HGB
Sofern dieses Abgrenzungsverbot greift, ist indes der Gesamtbetrag der infolgedessen nicht abgegrenzten temporären Differenzen angabepflichtig (IAS 12.81 f).	
Die Bewertung erfolgt mit dem Steuersatz, der im Jahr der Umkehrung der Latenzen gilt. Steuersatzänderungen sind bereits im Jahr der Gesetzesänderung zu berücksichtigen. Dabei werden die Steuersätze (und Steuervorschriften) verwendet, die zum Bilanzstichtag gültig oder angekündigt sind (IAS 12.47). Die Effekte aus der Umbewertung der latenten Steueransprüche und -schulden sind vorbehaltlich der in der Berichtsperiode oder einer anderen Periode erfolgsneutral berücksichtigten Differenzen erfolgswirksam zu erfassen (IAS 12.51 u 61).	Der Abgrenzungssatz setzt sich aus KSt zzgl SolZ sowie GewESt zusammen. Der Einfluss von Steuersatzänderungen auf die Bewertung von Steuerlatenzen ist gesetzlich nicht determiniert. Nach DRS 10 ist für die Bewertung latenter Steuern der Steuersatz zugrundezulegen, der im Zeitpunkt der Auflösung der zeitlichen Differenzen voraussichtlich gilt (DRS 10.20). Gesetzesänderungen sind zu berücksichtigen, sobald die maßgebende gesetzgebende Körperschaft die Änderung verabschiedet hat (DRS 10.25). Ändert sich der Buchwert einer latenten Steuer aufgrund von Gesetzesänderungen, so sind die Anpassungen grundsätzlich erfolgswirksam zu erfassen. Beziehen sich die Änderungen jedoch auf Sachverhalte, die in vergangenen Geschäftsjahren unmittelbar mit dem Eigenkapital verrechnet worden waren, so sind die Anpassungen erfolgsneutral zu erfassen (DRS 10.32).
Bei Unternehmenszusammenschlüssen sind latente Steuern aus temporären Unterschieden zwischen den steuerlichen Wertansätzen und dem Stichtagszeitwert der erworbenen Vermögenswerte und Schulden zu berücksichtigen (IAS 12.19). Für im Rahmen eines Unternehmenskaufs erworbene Verlustvorträge sind im Zeitpunkt des Erwerbs latente Steuern zu bilden, sofern deren Realisierbarkeit wahrscheinlich ist.	Auf stille Reserven und Lasten, die im Rahmen der Erstkonsolidierung aufgedeckt werden, müssen latenten Steuern abgegrenzt werden (DRS 10.16).
Im Regelfall ist die Bildung und Auflösung von latenten Steueransprüchen und -schulden erfolgswirksam vorzunehmen. Ausweistechnisch sind diese Aufwendungen und Erträge den Steueraufwendungen zuzuordnen und dort getrennt von den lfd Steuern auszuweisen bzw im Anhang gesondert anzugeben. Latente Steuern sind unmittelbar dem Eigenkapital zu belasten oder gutzuschreiben, wenn sich die Steuer auf Posten bezieht, die in der gleichen oder einer anderen Periode unmittelbar dem Eigenkapital gutgeschrieben oder belastet werden (IAS 12.61). Erfolgsbestandteile, die im Rahmen der Gesamtleistung, nicht jedoch als Teil des Periodenerfolgs, gezeigt werden, zählen zum Hauptanwendungsbereich dieser Vorschrift.	Der Ansatz oder die Auflösung latenter Steuern ist erfolgswirksam (erfolgsneutral) zu erfassen, soweit der ihnen zugrunde liegende Sachverhalt in der GuV erfasst worden ist (unmittelbar mit dem Eigenkapital verrechnet worden ist (DRS 10.29 f)).
Ein Unternehmen hat zu jedem Bilanzstichtag nicht bilanzierte latente Steueransprüche erneut zu beurteilen und zu bewerten (IAS 12.37 u 56).	Ein Unternehmen hat zu jedem Bilanzstichtag nicht bilanzierte latente Steueransprüche erneut zu beurteilen und zu bewerten.
Tatsächliche Steuerschulden (Steueransprüche) für die lfd Periode und für frühere Perioden sind mit dem Betrag zu bemessen, in dessen Höhe eine Zahlung an die Steuerbehörden (eine Erstattung von den Steuerbehör-	Die tatsächlichen und latenten Steueraufwendungen und -erträge werden mit dem geltenden bzw zu erwartenden Steuersatz abgegrenzt. Steuersatzänderungen sind nur insoweit zu berücksichtigen, als sie bereits gesetzlich veran-

Kriterium	US-GAAP
Bewertung (Forts)	Dabei ist hinsichtlich der Bewertung der Steuerabgrenzung die Werthaltigkeit zu überprüfen und ggf ein Sicherheitsabschlag (valuation allowance) zu bilden, der separat von den latenten Steueransprüchen abzusetzen ist (SFAS 109.41). Der Bilanzansatz der latenten Steuern muss zu Nominalwerten erfolgen. Eine Diskontierung ist auch bei langfristigen Abgrenzungen nicht zulässig. Die periodische Überprüfung der Wertansätze ist geboten.
Fristigkeitsunterscheidung	Latente Steueransprüche und latente Steuerschulden sind entspr ihrer Fristigkeit bezogen auf den Umkehrungszeitpunkt in lang- und kurzfristige Vermögenswerte und Schulden zu unterteilen (SFAS 109.41).
Saldierung	Sofern die latenten Steueransprüche und –schulden ggü derselben Finanzverwaltung aus derselben Steuerart bestehen, sind die jeweiligen kurzfristigen latenten Steueransprüche und -schulden und die jeweiligen langfristigen latenten Steueransprüche und -schulden zu saldieren (SFAS 109.42).
Steuerüberleitung	SFAS 109 bestimmt diverse Angabepflichten bzgl tatsächlicher und latenter Steuern. In diesem Zusammenhang ist ua eine Überleitung vom erwarteten Steueraufwand zum tatsächlich ausgewiesenen (lfd und latenten) Steueraufwand verpflichtend (SFAS 109.47). Nicht-Publikumsgesellschaften brauchen keine quantitative Überleitungsrechnung zu erstellen.

IAS/IFRS	HGB
den) erwartet wird; dabei werden die Steuersätze (und Steuervorschriften) verwendet, die zum Bilanzstichtag gültig oder angekündigt sind (IAS 12.46). Die Bewertung latenter Steuerschulden und latenter Steueransprüche hat die steuerlichen Konsequenzen zu berücksichtigen, die daraus resultieren, in welcher Art und Weise ein Unternehmen zum Bilanzstichtag erwartet, den Buchwert seiner Vermögenswerte zu realisieren oder seiner Schulden zu erfüllen (IAS 12.51). Latente Steueransprüche und latente Steuerschulden sind nicht abzuzinsen (IAS 12.53). Der Buchwert eines latenten Steueranspruchs ist zu jedem Bilanzstichtag zu überprüfen (IAS 12.56).	kert sind. Latente Steueransprüche und latente Steuerschulden sind nicht abzuzinsen (DRS 10.29). Der Buchwert der aktiven latenten Steuern ist an jedem Konzernabschlussstichtag auf seine Werthaltigkeit zu überprüfen (DRS 10.28).
Unterscheidet ein Unternehmen in seinem Abschluss zwischen kurzfristigen und langfristigen Vermögenswerten und Schulden, darf es latente Steueransprüche (Steuerschulden) nicht als kurzfristige Vermögenswerte (Schulden) ausweisen (IAS 12.70).	Es bestehen keine gesonderten Regelungen zur Fristigkeitsdarstellung. Der Ausweis passivischer latenter Steuern erfolgt im Einzelabschluss unter den Rückstellungen, der von aktivischen latenten Steuern als Bilanzierungshilfe im Umlaufvermögen. Im Konzernabschluss sind aktive latente Steuern als Vermögenswerte unter entsprechender Bezeichnung gesondert auszuweisen (DRS 10.37).
Ein Unternehmen hat tatsächliche Steueransprüche und tatsächliche Steuerschulden zu saldieren (Aufrechnungspflicht), wenn (IAS 12.74): 1. das Unternehmen ein einklagbares Recht zur Aufrechnung tatsächlicher Steueransprüche gegen tatsächliche Steuerschulden hat und 2. die latenten Steueransprüche und die latenten Steuerschulden sich auf Ertragsteuern beziehen, die von der gleichen Steuerbehörde erhoben werden für: – entweder dasselbe Steuersubjekt oder – unterschiedliche Steuersubjekte, die beabsichtigen, in jeder zukünftigen Periode, in der die Ablösung oder Realisierung erheblicher Beträge an latenten Steuerschulden bzw Steueransprüchen zu erwarten ist, entweder den Ausgleich der tatsächlichen Steuerschulden und Ansprüche auf Nettobasis herbeizuführen oder gleichzeitig mit der Realisierung der Ansprüche die Verpflichtungen abzulösen.	Eine ausweistechnische Saldierung aktivischer und passivischer latenter Steuern ist im Konzernabschluss grundsätzlich nicht zulässig. Eine Saldierung aktiver und passiver latenter Steuern ist nur dann gestattet, wenn die aktiven und passiven latenten Steuern gegenüber demselben Steuerschuldner/-gläubiger bestehen, dieselbe Steuerart betreffen und sich voraussichtlich im selben Geschäftsjahr umkehren werden (DRS 10.36). Im Einzelabschluss gilt für aktive latente Steuern ein Ansatzwahlrecht.
IAS 12 bestimmt diverse Angabepflichten bzgl tatsächlicher und latenter Steuern. In diesem Zusammenhang ist ua eine Überleitung vom erwarteten Steueraufwand zum tatsächlich ausgewiesenen (lfd und latenten) Steueraufwand verpflichtend (IAS 12.81).	Eine Überleitungsrechnung vom erwarteten zum tatsächlichen Steueraufwand stellt eine Pflichtangabe für den Konzernanhang dar (DRS 10.42), zu der nicht kapitalmarktorientierte Mutterunternehmen jedoch nicht verpflichtet sind (DRS 10.43).

Kriterium	US-GAAP

Verbindlichkeiten

Ansatz und Bewertung	Kurz- und langfristige Verbindlichkeiten sind getrennt voneinander bilanziell auszuweisen. Als kurzfristig sind Verbindlichkeiten auszuweisen, deren Tilgung mittels des Abflusses kurzfristiger Vermögenswerte oder durch das Eingehen anderer kurzfristiger Verpflichtungen erfolgt (ARB 43 Ch 3A.7, SFAS 8). Ebenso sind kurzfristige Verbindlichkeiten, die refinanziert werden sollen, grds unter den kurzfristigen Schulden auszuweisen. Der Anteil langfristiger Verbindlichkeiten, der wahrscheinlich binnen eines Jahres (lt Vertrag) zurückgezahlt wird, ist in einem ‚classified balance sheet' als kurzfristige Verbindlichkeit zu zeigen (ARB 43). Lang- und kurzfristige Verbindlichkeiten sind zum Barwert (APB 21 u CON 5.67) bzw dem Wert der Gegenleistung beim Tausch zu bewerten. Für Verbindlichkeiten aus Lieferungen und Leistungen kann aufgrund der Wesentlichkeit auf einen Barwertansatz verzichtet werden. Verbindlichkeiten müssen mit dem Rückzahlungsbetrag ausgewiesen werden. Das Disagio oder Agio sollte unter Ansatz der effektiven Zinssatzmethode über die Dauer des Darlehens abgeschrieben werden (ARB 43). Neben den → *Rückstellungen*, die terminologisch unter die Verbindlichkeiten zu subsumieren sind, sind Verpflichtungen für bezahlte Abwesenheiten (SFAS 43) sowie der kurzfristige Anteil der post-employment benefits other than pensions ebenfalls unter den kurzfristigen Verbindlichkeiten zu zeigen. EITF 96–19 regelt die Rechnungslegung bei wesentlichen Änderungen oder dem Tausch von Schuldtiteln: • Bei geänderten oder neuen Schuldtiteln, die sich von den herkömmlichen Schuldtiteln erheblich unterscheiden, • dies und wenn der Barwert des Cash Flow gem den Bedingungen des neuen Schuldtitels um mindestens 10% vom Barwert des restlichen Cash Flow gem den Bedingungen des ursprünglichen Schuldtitels abweicht.
Fremdwährungsumrechnung	Die Umrechnung von Fremdwährungsverbindlichkeiten erfolgt zum Briefkurs am Stichtag (SFAS 52.15). Noch nicht realisierte Gewinne und Verluste aufgrund von Kursschwankungen sind erfolgswirksam zu erfassen. Zur Absicherung von Fremdwährungsverbindlichkeiten gegen Wechselkursrisiken gelten Sonderregelungen (→ *Berücksichtigung von Sicherungszusammenhängen*).

IAS/IFRS	HGB
Schulden sind definiert als gegenwärtige Verpflichtungen des Unternehmens aus vergangenen Ereignissen, deren Tilgung zum Abfluss von Ressourcen führt, die einen wirtschaftlichen Nutzen enthalten (F 49 b). Als kurzfristige Verbindlichkeiten sind solche auszuweisen, die innerhalb eines Jahres nach dem Bilanzstichtag fällig werden oder deren Tilgung innerhalb des gewöhnlichen Verlaufs des Geschäftszyklus erwartet wird (IAS 1.60). Der kurzfristige Anteil langfristiger Verbindlichkeiten darf nicht als kurzfristig ausgewiesen werden, wenn das Unternehmen beabsichtigt, die Verpflichtung langfristig zu refinanzieren (IAS 1.63). Die Erstbewertung einer finanziellen Verbindlichkeit hat grundsätzlich zu Anschaffungskosten, die dem beizulegenden Zeitwert der erhaltenen Gegenleistung (incl Transaktionskosten) entsprechen, zu erfolgen (IAS 39.66). Lässt sich der beizulegende Zeitwert der erhaltenen Gegenleistung nicht anhand von Transaktionspreisen bestimmen, wird er als Summe aller künftigen Ein- und Auszahlungen (ggf Abzinsung) geschätzt (IAS 39.67). Die Folgebewertung von finanziellen Schulden erfolgt grundsätzlich zu fortgeführten Anschaffungskosten (Effektivzinsmethode). Lediglich für Handelszwecke gehaltene Verbindlichkeiten sowie Derivate sind mit dem beizulegenden Zeitwert anzusetzen (IAS 39.93). Für finanzielle Schulden, die in Sicherungsgeschäfte eingebunden sind, bestehen gesonderte Regelungen (→ *Berücksichtigung von Sicherungszusammenhängen*). In ED IAS 39 ist die Einführung einer neuen Kategorie vorgesehen. Demnach können auch finanzielle Verbindlichkeiten unabhängig von der Handelsabsicht als »held for trading« klassifiziert und erfolgswirksam zu Zeitwerten bewertet werden (ED IAS 39.89 A). Der Austausch von Schuldinstrumenten mit substantiell verschiedenen Vertragsbedingungen stellt eine Tilgung der alten Schuld dar, die zugleich zur Ausbuchung dieser Schuld und der gleichzeitigen Erfassung eines neues Schuldinstruments führt. In gleicher Weise sind wesentliche Änderungen der Vertragsbedingungen eines vorhandenen Schuldinstruments wie die Tilgung einer alten Schuld zu behandeln (IAS 39.61).	Verbindlichkeiten sind definiert als Verpflichtung des Unternehmens ggü einem Dritten. Verbindlichkeiten sind nach HGB mit den Zugangswerten bzw einem höheren Rückzahlungsbetrag anzusetzen (§ 253 Abs 1 Satz 2 HGB). Ein Barwertansatz ist grds unzulässig (§ 252 Abs 1 Nr 2 HGB). Ein Disagio bzw Agio kann als Rechnungsabgrenzungsposten über die Laufzeit der Verbindlichkeit aufgelöst werden oder direkt im Jahr des Zugangs erfolgswirksam verrechnet werden (§ 250 Abs 3 Satz 1 HGB). Die Bilanzierung von langfristigen Verbindlichkeiten zum Barwert nach APB 21 u CON 5.67 erfüllt nach Ansicht des DRSC das Einklangserfordernis des § 292 a HGB (DRS 1.86 u 161).
Die Umrechnung von Fremdwährungsverbindlichkeiten erfolgt zum Geldkurs am Stichtag. Noch nicht realisierte Gewinne und Verluste aufgrund von Kursschwankungen sind erfolgswirksam zu erfassen (IAS 21.9, 11 a, 15). Zur Absicherung von Fremdwährungsverbindlichkeiten gegen Wechselkursrisiken gelten Sonderregelungen (→ *Berücksichtigung von Sicherungszusammenhängen*).	Grds sind Fremdwährungsverbindlichkeiten mit dem Kurs umzurechnen, der bei der Erstbuchung maßgeblich war. Dabei ist nach der im Zuge der Euro-Einführung erfolgten Umstellung der Währungskurse von der jeweiligen Fremdwährung als Basiseinheit auf den Euro als Basiseinheit idR der am Abschlussstichtag geltende Geldkurs zugrunde zu legen. Liegt am Bilanzstichtag ein höherer Kurs vor, so ist dieser nach dem Höchstwertprinzip bei der

Kriterium	US-GAAP
Fremdwährungsumrechnung (Forts)	

IAS/IFRS	HGB
	Umrechnung zugrunde zu legen. Eine Umrechnung kurzfristiger Fremdwährungsverbindlichkeiten zum Stichtagskurs ist aus Vereinfachungsgründen zulässig (RS HFA 2.18). Zur Absicherung von Fremdwährungsverbindlichkeiten gegen Wechselkursrisiken gelten Sonderregelungen (→ *Berücksichtigung von Sicherungszusammenhängen*).

Kapitel 5: Konzernspezifische Vorschriften

Kriterium	US-GAAP
Konzernspezifische Vorschriften	
Aufstellungspflicht	Ein (Mutter-)Unternehmen, das auf ein oder mehrere Tochterunternehmen control ausüben kann, hat unabhängig von seiner Rechtsform, Größe oder Sitzland einen konsolidierten Abschluss zu erstellen. Da allein der Konzernabschluss als aussagefähiges Informationsinstrument gilt, sofern ein Mutter-Tochter-Verhältnis vorliegt, kann die fair presentation im Rahmen der Abschlussprüfung nur für den konsolidierten Abschluss bestätigt werden (ARB 51.1, SFAS 94.61, Reg S-X Rule 3–01 f). Die Aufstellungspflicht ist ausschließlich an das → *Control*-Prinzip geknüpft. Eine explizite Definition von control stellt ARB 51 nicht bereit.
Befreiungsvorschriften	Es sind keine Befreiungen von der Pflicht zur Aufstellung eines Konzernabschlusses vorgesehen.
Konsolidierungskreis – Einzubeziehende Unternehmen (Konsolidierungskreis ieS)	Einzubeziehen sind – vorbehaltlich der expliziten → *Einbeziehungsverbote* – das Mutterunternehmen sowie alle in- und ausländischen Unternehmen (Weltabschlussprinzip), auf die ein beherrschender Einfluss (control) ausgeübt werden kann. Die Konsolidierungspflicht erstreckt sich für SEC-be-

IAS/IFRS	HGB
Jedes Mutterunternehmen, das mindestens ein Tochterunternehmen beherrscht, hat unabhängig von Rechtsform, Größe oder Sitzland einen Konzernabschluss vorzulegen (IAS 27.7). Als Beherrschung (→ *Control*) wird diesbzgl die Möglichkeit verstanden, die Finanz- und Geschäftspolitik eines Unternehmens zu bestimmen, um aus dessen Tätigkeiten Nutzen zu ziehen (IAS 27.6).	KapGes sowie PHG iSd § 264a HGB mit Sitz im Inland sind zur Aufstellung eines Konzernabschlusses (→ *Abschlusselemente*) und eines Konzernlageberichts verpflichtet, wenn ein sog Mutter-Tochter-Verhältnis ggü mind einem anderen Unternehmen vorliegt (§ 290 Abs 1 u 2 HGB). Für andere Rechtsformen besteht eine mögliche Aufstellungspflicht nach §§ 11 ff PublG. Das Mutter-Tochter-Verhältnis kann sowohl aus der → *ausgeübten einheitlichen Leitung* als auch dem → *Control*-Prinzip begründet sein.
Es bestehen grds keine gesonderten Befreiungsvorschriften. Ein Mutterunternehmen kann jedoch einen Teilkonzern bei vollständigem oder annähernd vollständigem Kapitalanteil von der Teilkonzernrechnungslegung befreien (IAS 27.8). Nahezu vollständiger Kapitalanteil wird idR angenommen, wenn dem übergeordneten Mutterunternehmen 90 % oder mehr der Stimmrechte zustehen. In diesem Fall muss für die Befreiung die Zustimmung der Minderheitsgesellschafter eingeholt werden (IAS 27.10). Gemäss Improvements Project sollen die Befreiungsvorschriften künftig dahingehend eingeschränkt werden, dass Unternehmen, deren Wertpapiere öffentlich gehandelt werden oder die dabei sind, Wertpapiere in öffentliche Märkte zu emittieren, von den Befreiungsvorschriften ausgeschlossen sind (ED IAS 27.8).	Es bestehen folgende Kategorien von → *Befreiungsvorschriften*: 1. rechtsformspezifische Befreiungen, 2. größenabhängige Befreiungen (§§ 267, 293 HGB), 3. Erstellung befreiender Konzernabschlüsse (§§ 291–292 a HGB). Dabei beziehen sich die Vorschriften auf 1. die Befreiung von der Teilkonzernrechnungslegung durch die Einbeziehung in den Gesamtkonzernabschluss und 2. die Befreiung von der Erstellung eines Konzernabschlusses gem HGB durch die Anwendung international anerkannter Vorschriften. Die Offenlegungspflichten bleiben durch die Konzernbefreiungsvorschriften unberührt. Zudem bildet das Gleichwertigkeits- bzw Einklangserfordernis zu den EG-Richtlinien eine notwendige Anwendungsvoraussetzung. Die Öffnungsklausel des § 292 a HGB steht einem Mutterunternehmen, das einen organisierten Markt iSv des § 2 Abs 5 des WpHG durch von ihm oder einem seiner Tochterunternehmen ausgegebene Wertpapiere iSd § 2 Abs 1 Satz 1 des WpHG in Anspruch nimmt, offen. Die Befreiung gilt auch, wenn die Zulassung zum Handel an einem organisierten Markt beantragt worden ist. Die Befreiungsnorm ist bis 2004 begrenzt. Entspr der Verordnung der EU-Kommission haben die angeführten Publikumsgesellschaften ab 2005 bzw in Ausnahmefällen ab 2007 ihren Konzernabschluss nach IAS/IFRS zu erstellen (→ *Kapitel 1/Grundlagen*).
Einzubeziehen sind – vorbehaltlich der expliziten → *Einbeziehungsverbote* – das Mutterunternehmen sowie alle in- und ausländischen Tochterunternehmen (Weltabschlussprinzip; IAS 27.11). Die Prüfung des Konzerntatbestands (Mutter-Tochter-Verhältnis) erfolgt ausschließlich unter Anwendung des	Einzubeziehen sind – vorbehaltlich der expliziten → *Einbeziehungswahlrechte*- und → *Einbeziehungsverbote* – das Mutterunternehmen und alle in- und ausländischen Tochterunternehmen unabhängig von ihrem Sitz oder ihrer Rechtsform (Weltabschlussprinzip, § 294 Abs 1 HGB bzw § 13 Abs 2 Satz 1 PublG).

Kriterium	US-GAAP
Konsolidierungskreis – Einzubeziehende Unternehmen (Konsolidierungskreis ieS) (Forts)	richtspflichtige Unternehmen explizit auf KapGes sowie Gesellschaften anderer Rechtsformen (Reg S-X Rule 3A-02).
– Control	Ein beherrschender Einfluss wird vermutet, sofern das Mutterunternehmen mittelbar oder unmittelbar über mehr als die Hälfte der Stimmrechte der umlaufenden Anteile verfügt, es sei denn, der Einfluss ist zeitlich begrenzt oder aus anderen Gründen bestehen erhebliche Zweifel an der Fähigkeit des Mutterunternehmens, den beherrschenden Einfluss auszuüben (ARB 51.2, SFAS 94.13). SEC-berichtspflichtige Unternehmen haben unter gesonderten Voraussetzungen (ua Unternehmensverträge) Unternehmen zu konsolidieren, an denen nicht die Mehrheit der Stimmrechte gehalten wird (faktische Beherrschung; Reg S-X Rule 3A-02). Trotz Stimmrechtsmehrheit wird widerlegbar vermutet, dass ein beherrschender Einfluss bei stark ausgeprägten Mitspracherechten der Minderheiten bzgl des operativen Tagesgeschäfts nicht vorliegt (EITF 96–16). Übliche Schutz- und Mitspracherechte stehen einer Einbeziehungspflicht indes nicht entgegen. In seltenen Ausnahmefällen können Unternehmensverträge zur Einbeziehungspflicht führen (EITF 97–2). Das FASB plant im Rahmen des Purchase Method Projects die teilweise Neufassung der Konsolidierungsvorschriften. Entspr diesen Vorschlägen wird eine Erweiterung der juristischen Auslegung des Control-Konzepts um die Möglichkeit der faktischen Beherrschung erwartet. Für sog reverse acquisitions, in denen entgegen der rechtlichen Strukturierung, das target Unternehmen unter ökonomischer Sichtweise als erwerbendes Unternehmen qualifiziert wird, bestehen Sonderregelungen (EITF 90–13, SABs 24, 97).

IAS/IFRS	HGB
Control-Konzepts (IAS 27.12, SIC-12.8 ff). Die Rechtsform des Mutterunternehmens ist unerheblich.	Die Begründung des Konzerntatbestands (Mutter-Tochter-Verhältnis) kann sich aufgrund des Konzepts der tatsächlich ausgeübten einheitlichen Leitung (§ 290 Abs 1 HGB) und/oder des Control-Konzepts (§ 290 Abs 2 HGB) ergeben. § 290 Abs 1 HGB setzt voraus, dass das Mutterunternehmen an einem anderen Unternehmen (Tochterunternehmen) eine Beteiligung iSd § 271 Abs 1 HGB besitzt. Das DRSC fordert in seinem Standardentwurf die rechtsformunabhängige Aufstellungspflicht, sofern ein Unternehmen ein anderes Unternehmen beherrscht (E-DRS 16.3) und dehnt die Aufstellungsanforderungen an kapitalmarktorientierten Unternehmen auf die befreienden Konzernabschlüsse aus (E-DRS 16.4).
Ein beherrschender Einfluss wird widerlegbar vermutet, sofern das Mutterunternehmen mittelbar oder unmittelbar über mehr als die Hälfte der Stimmrechte der umlaufenden Anteile verfügt, es sei denn, dass sich in außergewöhnlichen Umständen eindeutig nachweisen lässt, dass ein derartiger Besitz keine Beherrschung begründet (IAS 27.12). Trotz fehlender Stimmenmehrheit wird gleichwohl ein Mutter-Tochter-Verhältnis begründet, soweit eine der nachfolgenden Voraussetzungen erfüllt ist (IAS 27.12): 1. das Recht, über mehr als die Hälfte der Stimmrechte kraft einer mit anderen Anteilseignern abgeschlossenen Vereinbarung zu verfügen, 2. das Recht, die Finanz- und Geschäftspolitik eines Unternehmens gem einer Satzung oder einer Vereinbarung zu bestimmen, 3. das Recht, die Mehrheit der Mitglieder des Vorstands oder eines gleichwertigen Leitungsgremiums zu ernennen oder abzusetzen oder 4. das Recht, die Mehrheit der Stimmen bei Sitzungen des Vorstands oder eines gleichwertigen Leitungsgremiums zu bestimmen. Die Existenz und die Auswirkungen potentieller Stammaktien bzw potentieller Wandelrechte, die sofort ausübbar oder wandelbar sind, sind zusätzlich bei der Beurteilung eines beherrschenden Einflusses zu berücksichtigen (SIC-33). Das Improvements Project zu IAS 27 sieht vor, die Definition des Beherrschungskonzepts auszuweiten, so dass künftig auch potentielle Stimmrechte durch Aktienoptionsscheine, Kaufoptionen auf Aktien oder in Aktien konvertible Eigen- und Fremdkapitalinstrumente zu berücksichtigen sind, um die Fähigkeit des Unternehmens zur Leitung der Finanz- und Geschäftspolitik eines anderen Unternehmens zu beurteilen (ED IAS 27.12B). Eingeschränkt wird jedoch der Begriff der Beherrschung dadurch, dass keine Beherrschung über Tochterunternehmen vorliegen soll, die sich in rechtlicher Reorganisation oder im Insolvenzverfahren befinden oder deren Fähigkeit zum Finanzmitteltransfer an	Ein Mutter-Tochter-Verhältnis ist gegeben, wenn ein Unternehmen (Mutterunternehmen) an einem anderen Unternehmen (Tochterunternehmen) alternativ eine der folgenden Rechtspositionen zusteht (§ 290 Abs 2 HGB): 1. die Mehrheit der Stimmrechte oder 2. das Recht zur Bestellung oder Abberufung der Mehrheit der Mitglieder des Verwaltungs-, Leitungs- oder Aufsichtsorgans und es gleichzeitig Gesellschafter ist oder 3. das Recht zur Ausübung eines beherrschenden Einflusses aufgrund eines Beherrschungsvertrags oder einer Satzungsbestimmung. Faktische Besetzungsmacht sowie faktische gesicherte Stimmenmehrheit führt nur im Verbund mit der tatsächlich ausgeübten einheitlichen Leitung iVm einer Beteiligung iSd § 271 Abs 1 HGB zur Begründung eines Mutter-Tochter-Verhältnisses. Die tatsächliche Ausübung der Rechte ist nicht gefordert. Der Umfang der dem Mutterunternehmen zustehenden Rechte ergibt sich aus § 290 Abs 3 HGB, die Berechnung des Stimmrechtsanteils aus § 290 Abs 4 HGB. DRS 4 definiert Beherrschung (control) als rechtliche Möglichkeit, die Geschäftspolitik eines anderen Unternehmens mittelbar oder unmittelbar zu bestimmen. Der Detailkatalog spiegelt die Definitionskriterien in IAS 22 u 27, ergänzt um das Kriterium der tatsächlichen einheitlichen Leitung, wider. Rein schuldrechtliche Verträge begründen keinen Unternehmenserwerb (DRS 4.7).

Kriterium	US-GAAP
Control (Forts)	
– Ausgeübte einheitliche Leitung	Das Konzept der tatsächlich ausgeübten einheitlichen Leitung ist nicht zur Begründung eines Mutter-Tochter-Verhältnisses vorgesehen.
– Einzubeziehende Unternehmen (Konsolidierungskreis iwS)	Der Konsolidierungskreis iwS umfasst neben dem Mutter- und den Tochterunternehmen • die → *assoziierten Unternehmen* und • die → *Gemeinschaftsunternehmen*. Vorbehaltlich der einschlägigen Konsolidierungsverbote für diese Gesellschaften sind assoziierte und Gemeinschaftsunternehmen mittels der Equity Methode in den Konzernabschluss einzubeziehen (APB 18). Eine quotale Einbeziehung ist nur für Gesellschaften bestimmter Rechtsformen (iW Personengesellschaften) sowie bestimmter Branchen (ua Erdgas- und Erdölindustrie) zulässig.
Einbeziehung von Objektgesellschaften	Die wesentlichen Regeln zu Objektgesellschaften finden sich in SFAS 140 u in FIN 46. Nach FIN 46 werden Gesellschaften, • die keine ausreichende Eigenkapitalausstattung aufweisen (insb um die zukünftig erwarteten Verluste auszugleichen), oder • bei denen die Eigenkapitalgeber auch als Gruppe keine substantiellen Entscheidungen über die Aktivitäten der Gesellschaft treffen können, oder • bei denen das Eigenkapital nicht einem möglichen Verlust der Gesellschaft ausgesetzt ist oder bei denen zukünftige zu erwartende Überschüsse im Fall der Auskehrung der Gesellschaft nicht den Eigenkapitalgebern zustehen als Variable Interest Entities (VIE) bezeichnet. Der aus den wesentlichen Chancen und Risiken der VIE Meistbegünstigte muss die VIE im Rahmen der Vollkonsolidierung in den Konzernabschluss einbeziehen.

IAS/IFRS	HGB
das Mutterunternehmen wesentlich beeinträchtigt ist (ED IAS 27.12A).	
Das Konzept der tatsächlich ausgeübten einheitlichen Leitung ist nicht zur Begründung eines Mutter-Tochter-Verhältnisses vorgesehen.	Ein Mutter-Tochter-Verhältnis ist gegeben, wenn ein Unternehmen (Mutterunternehmen) an einem anderen Unternehmen (Tochterunternehmen) eine Beteiligung iSd § 271 Abs 1 HGB besitzt und dieses Unternehmen tatsächlich unter der einheitlichen Leitung des Mutterunternehmens steht (§ 290 Abs 1 HGB). Mit dem Begriff der einheitlichen Leitung wird im Schrifttum nach hM die Übernahme originärer Leitungsaufgaben verbunden, wie bspw • Konzerngeschäftspolitik, insbes der Bereiche Finanzen, Investitionen, Markt und Personal, • Planung (Gesamt- und Teilplanung), • Konzernstrategie, • Entscheidungsverantwortung über die wesentlichen Maßnahmen, • Besetzung der Führungsgremien und Leitung der wesentlichen Unternehmensteilbereiche. Mit Ausnahme der Präsenzmehrheit liegen die einheitliche Leitung und ein beherrschender Einfluss (control) im Regelfall gleichzeitig vor.
Der Konsolidierungskreis iwS umfasst neben dem Mutter- und den Tochterunternehmen • die → *assoziierten Unternehmen* und • die → *Gemeinschaftsunternehmen*. Vorbehaltlich der einschlägigen Konsolidierungsverbote für diese Gesellschaften sind assoziierte Unternehmen mittels der Equity Methode (IAS 28.8) und Gemeinschaftsunternehmen mittels der Quotenkonsolidierung (benchmark treatment; IAS 31.25) oder der Equity Methode (allowed alternative treatment; IAS 31.32) in den Konzernabschluss einzubeziehen.	Der Konsolidierungskreis iwS umfasst neben dem Mutter- und den Tochterunternehmen • die → *assoziierten Unternehmen* und • die → *Gemeinschaftsunternehmen*. Vorbehaltlich der einschlägigen Konsolidierungswahlrechte und -verbote sind assoziierte Unternehmen mittels der Equity Methode (§ 312 Abs 1 HGB) und Gemeinschaftsunternehmen mittels der Quotenkonsolidierung oder der Equity Methode (Wahlrecht; § 310 HGB) in den Konzernabschluss einzubeziehen.
Eine Objektgesellschaft ist zu konsolidieren, wenn die wirtschaftliche Betrachtung der Verhältnisse zwischen einem Unternehmen und der SPE zeigt, dass die SPE durch das Unternehmen beherrscht wird (SIC 12.8)	Es gelten die allgemeinen Einbeziehungsgrundsätze.

Kriterium	US-GAAP
– Einbeziehungsverbote	Tochterunternehmen sind nicht voll zu konsolidieren, wenn (ARB 51.2 u 3, SFAS 94.13, SFAS 144.C2) sie unter erheblichen und langfristigen Beschränkungen tätig sind, die ihre Fähigkeit zum Finanzmitteltransfer beschränken und die tatsächliche Kontrolle ausschließen (ua im Fall von Vergleichs- oder Konkursverfahren, bei bestehenden Restriktionen aus Devisenbewirtschaftung, Zahlungsbeschränkungen oder anderen staatlichen Beschränkungen). Abweichende Geschäftstätigkeiten begründen kein Einbeziehungsverbot. Entspr den Vorschlägen zur Neufassung der Konsolidierungsregeln soll das Konsolidierungsverbot den Erwerb mit Weiterveräußerungsabsicht voraussetzen (ED 194-B). Für Tochterunternehmen, die aufgrund eines Konsolidierungsverbots nicht mittels der Vollkonsolidierung in den Konzernabschluss einbezogen werden, ist eine Bewertung der Beteiligung at equity nicht zulässig (APB 18.14, SFAS 94.15). Sie sind zu fortgeführten Anschaffungskosten zu bewerten (APB 18, SFAS 115). SEC-berichtspflichtige Unternehmen müssen in diesem Fall eine zusammengefasste Bilanz und Erfolgsrechnung wesentlicher, nicht konsolidierter Unternehmen im Anhang offenlegen (Reg S-X Rule 3–09).
– Einbeziehungswahlrechte	Es bestehen keine expliziten Konsolidierungswahlrechte. Aus dem Grundsatz der Wesentlichkeit kann ein faktisches Einbeziehungswahlrecht abgeleitet werden. Es ist jedoch die Wesentlichkeitsinterpretation gem SAB 99 zu berücksichtigen, die keine rein quantitativen Grenzwertbetrachtungen zulässt.

IAS/IFRS	HGB
Tochterunternehmen sind nicht voll zu konsolidieren, wenn (IAS 27.13): 1. eine Beherrschung nur vorübergehend ist, weil das Tochterunternehmen ausschließlich zum Zwecke der Weiterveräußerung in naher Zukunft (hier ist durch das Improvements Project eine Konkretisierung des Zeitraums auf 12 Monate vorgesehen (ED IAS 27.13)) erworben wurde und gehalten wird, oder 2. es unter erheblichen und langfristigen Beschränkungen tätig ist, die seine Fähigkeit zum Finanzmitteltransfer an das Mutterunternehmen wesentlich beeinträchtigen. Abweichende Geschäftstätigkeiten begründen explizit kein Einbeziehungsverbot (IAS 27.14). Gleiches soll nach Inkrafttreten des Improvements Project für Wagniskapitalunternehmen, offene Wertpapierfonds oder Kapitalanlagegesellschaften gelten (ED IAS 27.13A). Für Tochterunternehmen, die aufgrund eines Konsolidierungsverbots nicht mittels der Vollkonsolidierung in den Konzernabschluss einbezogen werden, ist eine Bewertung der Beteiligung at equity nicht zulässig. Sie sind als Finanzinvestitionen gem IAS 39 zu bilanzieren (IAS 27.13). Im Improvements Project wird ausgeführt, dass die Bilanzierung nach IAS 39 in Zukunft zum Fair Value erfolgen soll. Veränderungen im Fair Value wären dann im Ergebnis der Periode zu berücksichtigen (ED IAS 27.13)	Tochterunternehmen, deren Tätigkeit derart von der Geschäftstätigkeit der anderen einbezogenen Unternehmen abweicht, dass ihre Einbeziehung eine Verfälschung des den tatsächlichen Verhältnissen entspr Bildes der Vermögens-, Finanz- und Ertragslage verursachen würde, sind nicht einzubeziehen (§ 295 HGB). § 311 HGB über die Einbeziehung als assoziiertes Unternehmen bleibt unberührt. Darüber hinaus dürfen nach dem Entwurf des DRSC Tochterunternehmen auch in den folgenden Fällen nicht mit in den Konzernabschluss einbezogen werden (E-DRS 16.11 f): 1. wenn erhebliche und andauernde Beschränkungen die Ausübung der Rechte des Mutterunternehmens in Bezug auf das Vermögen oder die Geschäftsführung dieses Unternehmens nachhaltig beeinträchtigen oder 2. wenn die Anteile des Tochterunternehmens ausschließlich mit der Absicht zur Weiterveräußerung in naher Zukunft erworben wurden, wobei grundsätzlich die Entscheidung über die Veräußerung innerhalb eines Jahres bereits getroffen worden sein muss. Nach Ansicht des DRSC ist das Einklangserfordernis gem § 292a HGB idR erfüllt, sofern Tochterunternehmen mit abweichender Tätigkeit in einem Konzernabschluss gem IAS oder US-GAAP einbezogen werden (DRS 1.105 u 108).
Es bestehen keine expliziten Konsolidierungswahlrechte. Aus dem Grundsatz der Wesentlichkeit kann ein faktisches Einbeziehungswahlrecht abgeleitet werden.	Einbeziehungswahlrechte für Tochterunternehmen gelten in den folgenden Fällen (§ 296 HGB): 1. nachhaltige Beeinträchtigung der Ausübung der Rechte des Mutterunternehmens in Bezug auf das Vermögen oder die Geschäftsführung des Tochterunternehmens aufgrund erheblicher und dauerhafter Beschränkungen, 2. unverhältnismäßig hohe Kosten oder Verzögerungen der Informationsbeschaffung, 3. Halten der Anteile an dem Tochterunternehmen ausschließlich zum Zwecke der Weiterveräußerung, 4. Untergeordnete Bedeutung einzelner bzw mehrerer Tochterunternehmen in ihrer Gesamtheit im Hinblick auf die Vermögens-, Finanz- und Ertragslage. Obwohl gesetzlich nicht geregelt, sind nach hM auch bei Inanspruchnahme eines Konsolidierungswahlrechts grds die Voraussetzungen einer Einbeziehung gem § 311 HGB zu prüfen. Der DRSC sieht in seinem Standardentwurf in Verzögerungen oder unverhältnismäßig hohen Kosten bei der Datenbeschaffung keine Begründung von der Ausnahme zur Einbeziehungspflicht (E-DRS 16.8).

Kriterium	US-GAAP
– Zeitpunkt der Erstkonsolidierung	Als Zeitpunkt der Erstkonsolidierung ist der Erwerbsstichtag bestimmt, der als Stichtag der Vermögensübertragung der erworbenen Vermögenswerte und Schulden beschrieben wird (SFAS 141.48). Die Erstkonsolidierung setzt regelmäßig die Dauerhaftigkeit von control voraus. Faktoren, die die Ausübung von control – auch rein theoretisch – begrenzen können (bspw aufschiebende Bedingung eines Zulassungsverfahrens), haben stets die Verneinung von control und damit eine periodische Verlagerung des Erstkonsolidierungszeitpunktes (bspw Wegfall der Bedingung) zur Folge. Der Tag des effektiven Übergangs der wirtschaftlichen Beherrschung kann in seltenen Ausnahmefällen vor dem Erwerbsstichtag (closing date) bestimmt werden (SFAS 141.48). Bei sukzessivem Anteilserwerb ist eine tranchenweise Erstkonsolidierung vorzunehmen (ARB 51.10, AIN-APB 16.26).
– Konsolidierungskreisänderungen	Über Konsolidierungskreisänderungen ist im Anhang sowie mittels Sonderangaben im Rahmen der → *Kapitalflussrechnung* zu berichten (SFAS 141.51). Soweit die Konsolidierungskreisänderungen aus Abgängen von Teilbetrieben herrühren, sind ggf die Regelungen zu nicht weitergeführten Geschäftseinheiten (→ *discontinued operations*) maßgeblich. Publikumsgesellschaften müssen in den Anhang mindestens folgende pro forma Angaben für die Erwerbs- und die jeweilige Vorjahresvergleichsperiode aufnehmen (SFAS 141.55): • Umsatzerlöse, • Ergebnis der gewöhnlichen Geschäftstätigkeit, • Jahresüberschuss/-fehlbetrag, • Ergebnis-je-Aktie Kennzahlen.
Konzernabschlussstichtag	Der Konzernabschlussstichtag wird grds durch den Einzelabschlussstichtag des Mutterunternehmens determiniert (ARB 51.1).
Unterschiedliche Stichtage im Konzern	Das Erfordernis zur Erstellung eines Zwischenabschlusses stellt sich, sofern der Abschlussstichtag eines Tochterunternehmens mehr als drei Monate vor oder nach dem Konzernabschlussstichtag liegt (ARB 51.4).

IAS/IFRS	HGB
Als Zeitpunkt der Erstkonsolidierung ist der Erwerbsstichtag bestimmt, der als Stichtag der effektiven Control-Übertragung beschrieben wird (IAS 22.20). Die Erstkonsolidierung setzt regelmäßig die Dauerhaftigkeit von control voraus. Faktoren, die die Ausübung von control – auch rein theoretisch – begrenzen können (bspw aufschiebende Bedingung eines Zulassungsverfahrens), haben stets die Verneinung von control und damit eine periodische Verlagerung des Erstkonsolidierungszeitpunktes (bspw Wegfall der Bedingung) zur Folge. Bei sukzessivem Anteilserwerb ist eine tranchenweise Erstkonsolidierung vorzunehmen (IAS 22.36, ED 3.57 ff). Bevor die Bedingungen eines Unternehmenserwerbs erfüllt sind, kann eine Transaktion auch als Anteil an einem assoziierten Unternehmen gesehen und mittels der Equity-Methode bilanziert werden. In diesem Fall werden die beizulegenden Zeitwerte des erworbenen Reinvermögens sowie der sich ergebende Unterschiedsbetrag aus der Kapitalkonsolidierung unter Zugrundelegung des Tages bestimmt, an dem die Equity-Methode angewendet wurde (IAS 22.38, ED 3.59 ff).	Die Erstkonsolidierung von Tochter-, Gemeinschafts- oder assoziierten Unternehmen kann alternativ mit den Wertansätzen (§§ 301 Abs 2, 310 Abs 2, 312 Abs 3 HGB): (a) zum Erwerbszeitpunkt der Anteile, (b) zum Zeitpunkt der erstmaligen Einbeziehung des Tochter-, Gemeinschafts- oder assoziierten Unternehmens in den Konzernabschluss oder (c) bei sukzessivem Anteilserwerb zu dem Zeitpunkt, an dem das Unternehmen Tochter-, Gemeinschafts- oder assoziiertes Unternehmen geworden ist durchgeführt werden. Nach Ansicht des DRSC hat die Erstkonsolidierung gem HGB auf den Erwerbsstichtag zu erfolgen. Ein Zwischenabschluss zum Erwerbszeitpunkt muss nicht aufgestellt werden (DRS 4.9 ff).
Über Konsolidierungskreisänderungen ist im Anhang sowie mittels Sonderangaben im Rahmen der → *Kapitalflussrechnung* zu berichten (IAS 7.39) Soweit die Konsolidierungskreisänderungen aus Veräußerungen oder Einstellungen von Teilbetrieben herrühren, sind ggf die Regelungen zu nicht weitergeführten Geschäftseinheiten (→ *discontinuing operations*) maßgeblich. Im Anhang sind die Auswirkungen, die sich durch Erwerb/Veräußerung von Tochterunternehmen auf die Vermögens- und Finanzlage am Abschlussstichtag sowie den Periodenerfolg ergeben, mit entsprechenden Vorjahresvergleichszahlen anzugeben (IAS 27.32 (b) (iv)).	Liegen wesentliche Veränderungen des Konsolidierungskreises vor, so ist die Vergleichbarkeit der Konzernabschlüsse im Zeitablauf alternativ durch (§ 294 Abs 2 HGB): (a) Aufnahme zusätzlicher Angaben in den Konzernabschluss oder (b) Anpassung der entspr Beträge des vorhergehenden Konzernabschlusses an die Änderungen sicherzustellen. Über Konsolidierungskreisänderungen ist entspr dem Standardentwurf des DRSC im Anhang sowie mittels Sonderangaben im Rahmen der → *Kapitalflussrechnung* zu berichten (E-DRS 16.19, DRS 2.44 ff).
Der Konzernabschlussstichtag wird grds durch den Einzelabschlussstichtag des Mutterunternehmens determiniert (IAS 27.20).	Der Konzernabschlussstichtag wird grundsätzlich durch den Einzelabschlussstichtag des Mutterunternehmens determiniert (§ 299 Abs 1 HGB, E-DRS 16.15).
Das Erfordernis zur Erstellung eines Zwischenabschlusses stellt sich, sofern der Abschlussstichtag eines Tochterunternehmens mehr als drei Monate vor oder nach dem Konzernabschlussstichtag liegt. Bei abweichenden Stichtagen innerhalb der Drei-Monats-Frist sind Berichtigungen aufgrund wesentlicher Geschäftsvorfälle durch bilanzielle Korrektur bzw Anpassung der Konzern-GuV vorzunehmen (IAS 27.19).	Das Erfordernis zur Erstellung eines Zwischenabschlusses stellt sich, sofern der Abschlussstichtag eines Unternehmens mehr als drei Monate vor dem Konzernabschlussstichtag liegt (§ 299 Abs 2 Satz 2 HGB). Bei abweichendem Stichtag innerhalb der Drei-Monats-Frist sind Vorgänge von besonderer Bedeutung für die Vermögens-, Finanz- und Ertragslage eines einbezogenen Unternehmens in der Konzernbilanz und Konzern-GuV zu berücksichtigen oder im Konzernanhang anzugeben (§ 299 Abs 3 HGB). Das DRSC fordert in seinem Standardentwurf die Aufstellung eines Zwischenabschlusses auf den Stichtag und den

Kriterium	US-GAAP
Unterschiedliche Stichtage im Konzern (Forts)	
Konzerneinheitliche Bilanzierung und Bewertung	Es bestehen keine expliziten Regelungen zur konzerneinheitlichen Bilanzierung und Bewertung. Soweit die auf der Einzelabschlussebene angewandten Ansatz- und Bewertungsvorschriften den US-GAAP entsprechen, besteht kein Erfordernis zur Anpassung der Einzelabschlüsse an die Rechnungslegungspolitik des Mutterunternehmens. Die Übernahme rein steuerlich bedingter Wertansätze ist generell nicht möglich.
Fremdwährungsumrechnung ausländischer Einzelabschlüsse – Konzept der Fremdwährungsumrechnung	Die Fremdwährungsumrechnung erfolgt nach dem Konzept der funktionalen Währung (SFAS 52.5). Danach werden die in den Konzernabschluss einzubeziehenden ausländischen Unternehmen in Abhängigkeit ihrer wirtschaftlichen Selbständigkeit vom Mutterunternehmen • als wirtschaftlich selbständige Teileinheiten (Auslandsunternehmen; foreign entities), deren Abschlüsse nach der (modifizierten) Stichtagskursmethode umzurechnen sind (SFAS 52.5), oder • als ausländische Betriebsstätten (foreign operations), deren Abschlüsse entspr der Zeitbezugsmethode umgerechnet werden (SFAS 52.6) qualifiziert. Soweit die Landes- und die funktionale Währung nicht übereinstimmen, erfolgt zuerst die Umrechnung in die funktionale Währung mittels der Zeitbezugsmethode. Der anschließenden Umrechnung von der funktionalen Währung in die Berichtswährung liegt sodann in einem zweiten Schritt die modifizierte Stichtagskursmethode zugrunde (SFAS 52.10).

IAS/IFRS	HGB
	Zeitraum des Konzernabschlusses, sofern der Abschlussstichtag eines Tochterunternehmens vom Stichtag des Konzernabschlusses abweicht (E-DRS 16.16).
Bei der Aufstellung eines Konzernabschlusses sind für ähnliche Geschäftsvorfälle ua Ereignisse unter vergleichbaren Umständen einheitliche Bilanzierungs- und Bewertungsmethoden anzuwenden (IAS 27.21). Erweist sich die Verwendung von konzerneinheitlichen Bilanzierungs- und Bewertungsmethoden bei der Aufstellung des Konzernabschlusses als nicht praktikabel, ist diese Tatsache sowie der betroffene Anteil an den einzelnen Konzernabschlussposten, bei denen die einheitlichen Methoden nicht zur Anwendung gelangten, anzugeben. Diese Angabepflicht soll jedoch zukünftig durch das Improvements Project entfallen (ED IAS 27.21) Die Übernahme rein steuerlich bedingter Wertansätze ist generell nicht möglich.	Die Konzernrechnungslegung bestimmt sich dem Grunde und der Höhe nach entspr dem für große Kapitalgesellschaften geltenden Recht des Mutterunternehmens (§§ 300 Abs 2, 308 iVm 298 Abs 1 HGB). Bilanzierungs- und Bewertungswahlrechte dürfen unabhängig von ihrer Ausübung in den Jahresabschlüssen der in den Konzernabschluss einbezogenen Unternehmen neu ausgeübt werden; die in den Konzernabschluss übernommenen Vermögensgegenstände und Schulden sind jedoch einheitlich zu bewerten. Ausnahmen von der einheitlichen Bewertung sind in den folgenden Fällen erlaubt (§ 308 Abs 2, 3 HGB): • bei Wertansätzen, die auf der Anwendung von für Kreditinstitute oder Versicherungsunternehmen wegen der Besonderheit des Geschäftszweiges geltenden Vorschriften beruhen; auf die Anwendung dieser Ausnahme ist im Konzernanhang hinzuweisen, • im Falle von untergeordneter Bedeutung für die Vermögens-, Finanz- und Ertragslage, • in besonderen, im Konzernanhang anzugebenden und zu begründenden Ausnahmefällen
Die Fremdwährungsumrechnung erfolgt nach dem Konzept der funktionalen Währung (IAS 21). Danach werden die in den Konzernabschluss einzubeziehenden ausländischen Unternehmen in Abhängigkeit ihrer wirtschaftlichen Selbständigkeit vom Mutterunternehmen • als wirtschaftlich selbständige Teileinheiten (Auslandsunternehmen; foreign entities), deren Abschlüsse nach der (modifizierten) Stichtagskursmethode umzurechnen sind (IAS 21.30), oder • als ausländische Betriebsstätten (foreign operations), deren Abschlüsse entspr der Zeitbezugsmethode umgerechnet werden (IAS 21.27) qualifiziert. SIC-19 bestimmt die Währung, die den wirtschaftlichen Gehalt der zugrunde liegenden Ereignisse und Transaktionen widerspiegelt, als funktionale Währung (measurement currency). Sofern die funktionale Währung, von der Berichtswährung (reporting currency) abweicht sind die Vermögenswerte und Schulden sowie das Eigenkapital vorbehaltlich des Periodenergebnisses zu Stichtagskursen und die Aufwendungen und Erträge zu Durchschnittskursen umzurechnen (SIC-30.6). Für Unternehmen in Hochinflationländern, die ihre funktionale Währung nicht gem SIC-19 ermitteln, gelten Sonderregeln (SIC-30.7). Die Differenzierung wirtschaftlicher Selbständigkeit wird durch das Improvements Project aufgehoben. Generell sollen künftig alle ausländischen Teileinheiten	Die Grundsätze und Methoden, nach denen eine Währungsumrechnung ausländischer Abschlüsse zu erfolgen hat, sind gesetzlich nicht geregelt. Die Grundlagen für die Umrechnung sind jedoch gem § 313 Abs 1 Satz 2 Nr 2 HGB im Anhang anzugeben. Nach dem Standardentwurf des DRSC zur Währungsumrechnung, E-DRS 18, erfolgt die Fremdwährungsumrechnung nach dem Konzept der funktionalen Währung (E-DRS 18.6). Gem E-DRS 18 werden die Abschlüsse der in den Konzernabschluss einzubeziehenden Tochterunternehmen, unabhängig von ihrer wirtschaftlichen Selbständigkeit vom Mutterunternehmen, nach der modifizierten Stichtagskursmethode umgerechnet, sofern funktionale Währung und Berichtswährung voneinander abweichen (E-DRS 18.25 ff). Für Unternehmen in Hochinflationsländern gelten Sonderregeln (E-DRS 18.34 ff).

Kriterium	US-GAAP
Fremdwährungsumrechnung ausländischer Einzelabschlüsse – Konzept der Fremdwährungsumrechnung (Forts)	
– Bestimmung der funktionalen Währung (US-GAAP)/ Differenzierung von foreign operations und foreign entities (IAS)	Die funktionale Währung eines ausländischen Tochterunternehmens ist die Währung des ökonomischen Umfelds, in dem das Tochterunternehmen iW tätig ist. Im Regelfall entspricht die funktionale Währung in diesem Fall der Landeswährung (SFAS 52.5). Die Bestimmung der funktionalen Währung erweist sich als schwierig, soweit das ausländische Tochterunternehmen wesentliche Umsätze in abweichenden Fremdwährungen tätigt. Als Indikatoren zur Festlegung der funktionalen Währung fungieren dann ua (SFAS 52.42 u Appendix A): • die Verkaufspreise, • der Absatzmarkt, • die Finanzierung der Geschäftstätigkeit sowie • konzerninterne Transaktionen
– Modifizierte Stichtagskursmethode	Es gelten folgende Umrechnungsgrundsätze (SFAS 52.12 ff): • Umrechnung aller Vermögenswerte sowie Schulden zum Stichtagskurs, • Umrechnung von Aufwendungen und Erträgen zum jeweiligen Transaktionskurs oder vereinfachend zum gewichteten Durchschnittskurs. SEC-berichtspflichtige Unternehmen müssen den gewichteten Jahresdurchschnittskurs auf der Basis von Quartalsdurchschnitten ermitteln, • Sonderregelungen für → *Hochinflation*. Eine aus der Umrechnung resultierende Umrechnungsdifferenz ist erfolgsneutral in einen Sonderposten im Eigenkapital (cumulative translation adjustment;

<table>
<tr><th>IAS/IFRS</th><th>HGB</th></tr>
<tr><td>und Betriebsstätten unabhängig von ihrer wirtschaftlichen Selbständigkeit als ausländische Betriebsstätten (foreign operations) gelten, deren Abschlüsse generell nach der →(modifizierten) Stichtagskursmethode umzurechnen sind (ED IAS 21.37).
Weiterhin ersetzt ED IAS 21 den Begriff measurement currency durch functional currency und definiert als funktionale Währung diejenige Währung des primären wirtschaftlichen Umfelds eines Unternehmens, in dem es Bargeld generiert und ausgibt (ED IAS 21.7). Der Begriff reporting currency (Berichtswährung) soll durch presentation currency ersetzt werden (ED IAS 21.6).</td><td></td></tr>
<tr><td>Als Indikatoren zur Einordnung der Auslandsaktivität als selbständiges Auslandsunternehmen dienen folgende Merkmale (IAS 21.26):
• trotz beherrschenden Einflusses werden die Geschäfte des ausländischen Geschäftsbetriebs weitgehend unabhängig von denen des berichtenden Unternehmens geführt,
• die Geschäftsvorfälle mit dem berichtenden Unternehmen haben bezogen auf das Gesamtgeschäftsvolumen des ausländischen Geschäftsbetriebs kein großes Gewicht,
• wesentliche Finanzierung aus eigenem Cash Flow oder mittels lokaler Fremdkapitalaufnahme,
• Personal-, Material- und sonstige Kosten, die in die Produkte oder Dienstleistungen des ausländischen Geschäftsbetriebs eingehen, fallen überwiegend in lokaler Währung an,
• überwiegende Umsatzerzielung in einer anderen Währung als der Berichtswährung,
• der Cash Flow des berichtenden Unternehmens ist von den täglichen Aktivitäten des ausländischen Geschäftsbetriebs isoliert und hat auf das Tagesgeschäft des ausländischen Geschäftsbetriebs keinen großen Einfluss.
Durch die Aufhebung der Differenzierung nach wirtschaftlicher Selbständigkeit sollen diese Indikatoren zukünftig gem ED IAS 21 entfallen.</td><td>E-DRS 18 definiert als funktionale Währung diejenige Währung des primären wirtschaftlichen Umfelds eines Unternehmens (E-DRS 18.5). Als Indikatoren zur Festlegung der funktionalen Währung fungieren:
• Umrechnung des gezeichneten Kapitals sowie der in den Vorjahren dotierten Rücklagen zu historischen Kursen,
• die Verkaufspreise,
• den Absatzmarkt,
• Aufwendungen (iW Material-, Personal- und sonstige Kosten),
• die Finanzierung der Geschäftstätigkeit sowie
• konzerninterne Transaktionen.</td></tr>
<tr><td>Für wirtschaftlich selbständige ausländische Teileinheiten gelten folgende Umrechnungsgrundsätze (IAS 21.30 ff):
• Umrechnung aller Vermögenswerte sowie Schulden zum Stichtagskurs,
• Umrechnung von Aufwendungen und Erträgen zum jeweiligen Transaktionskurs oder vereinfachend zum gewichteten Durchschnittskurs,
• Sonderregelungen für → Hochinflation.
Eine aus der Umrechnung resultierende Umrechnungsdifferenz ist erfolgsneutral in einen Sonderposten im Eigenkapital einzustellen und bis zur – teilweisen oder vollständigen – Endkonsolidierung fortzuführen (IAS 21.30). Im Geschäftsjahr des Abgangs werden die</td><td>Nach E-DRS 18 gelten die folgenden Umrechnungsgrundsätze (E-DRS 18.27 ff):
• Umrechnung aller Vermögensgegenstände sowie Schulden zum Stichtagskurs,
• Umrechnung der Posten der GuV zum jeweiligen Transaktionskurs, vereinfachend zu Durchschnittskursen.
Eine aus der Umrechnung resultierende Umrechnungsdifferenz ist erfolgsneutral in einen Ausgleichsposten im Eigenkapital einzustellen und bis zur – teilweisen oder vollständigen – Endkonsolidierung fortzuführen (E-DRS 18.31 ff).
Für auf die Minderheiten entfallende Fremdwährungsdifferenzen bestehen keine gesonderten Regelungen. Die an-</td></tr>
</table>

Kriterium	US-GAAP
– Modifizierte Stichtagskursmethode (Forts)	SFAS 52.13) einzustellen und bis zur – teilweisen oder vollständigen – Endkonsolidierung fortzuführen (FIN 37). Auf Minderheiten entfallende Umrechnungsdifferenzen werden im Ausgleichsposten für Minderheiten gezeigt (SFAS 52.101). Die in der → *Kapitalflussrechnung* abgebildeten Zahlungsströme sind zu Transaktionskursen oder vereinfachend zu gewichteten Durchschnittskursen umzurechnen. Die in der → *Kapitalflussrechnung* abzubildenden Fremdwährungseinflüsse betreffen ausschließlich den Fonds aus Zahlungsmitteln und Zahlungsmitteläquivalenten.
– Zeitbezugsmethode	Für wirtschaftlich nicht selbständige ausländische Teileinheiten (Betriebsstätten) gelten grds die allgemeinen Bewertungsregelungen für Transaktionen in Fremdwährungen (→ *Fremdwährungsumrechnung*). Dabei erfolgt die Umrechnung so, als wären die Geschäftsvorfälle des ausländischen Geschäftsbetriebs diejenigen des berichtenden Unternehmens selbst gewesen. Die wesentlichen Umrechnungsgrundsätze seien vergleichend wiederholt (SFAS 52.10 iVm 16): • Umrechnung nicht-monetärer Vermögenswerte und zu Anschaffungskosten bewerteter Verbindlichkeiten mit den historischen Kursen, • Umrechnung monetärer Vermögenswerte und zu Barwerten und Stichtagszeitwerten (fair values) bewerteter Verbindlichkeiten zum Stichtagskurs, • Umrechnung der Wertänderungen von Vermögenswerten, die zu historischen Kursen umgerechnet werden, und Materialverbrauch zu den jeweiligen historischen Werten, • Umrechnung der übrigen Aufwendungen und Erträge zu Transaktionskursen. Aus der Umrechnung resultierende Differenzen sind erfolgswirksam zu berücksichtigen.

IAS/IFRS	HGB
Umrechnungsdifferenzen erfolgswirksam (IAS 21.37 f). Für auf die Minderheiten entfallenden Fremdwährungsdifferenzen bestehen keine gesonderten Regelungen. Die anteiligen Differenzen sind gleichwohl dem Ausgleichsposten für Minderheiten zuzuordnen. Die in der→ *Kapitalflussrechnung* abgebildeten Zahlungsströme sind zu Transaktionskursen oder vereinfachend zu gewichteten Durchschnittskursen umzurechnen. Die in der → *Kapitalflussrechnung* abzubildenden Fremdwährungseinflüsse betreffen ausschließlich den Fonds aus Zahlungsmitteln und Zahlungsmitteläquivalenten. Mit Inkrafttreten des Improvements Project sollen für alle ausländischen Betriebsstätten (foreign operations), unabhängig von ihrer wirtschaftlichen Selbständigkeit, die bestehenden Umrechnungsgrundsätze der (modifizierten) Stichtagskursmethode gelten (ED IAS 21.37, ED IAS 21.46). Allerdings soll künftig die Umrechnung der Aufwendungen und Erträge zum gewichteten Durchschnittskurs für den Fall, dass gravierende Kursschwankungen bestehen, untersagt werden (ED IAS 21.38).	teiligen Differenzen sind gleichwohl dem Ausgleichsposten für Minderheiten zuzuordnen (E-DRS 18.32).
Für wirtschaftlich nicht selbständige ausländische Teileinheiten (Betriebsstätten) gelten grds die allgemeinen Bewertungsregelungen für Transaktionen in Fremdwährungen (→ *Fremdwährungsumrechnung*). Dabei erfolgt die Umrechnung so, als wären die Geschäftsvorfälle des ausländischen Geschäftsbetriebs diejenigen des berichtenden Unternehmens selbst gewesen. Die wesentlichen Umrechnungsgrundsätze seien vergleichend wiederholt (IAS 21.27 iVm 8 ff): • Umrechnung nicht-monetärer Posten mit dem historischen Kurs am jeweiligen Tag des Geschäftsvorfalls, • Umrechnung monetärer Posten zum Stichtagskurs, • Umrechnung nicht-monetärer Posten, die mit ihrem beizulegenden Zeitwert bewertet werden, zum Kurs der jeweiligen Zeitbewertung, • Umrechnung von Wertänderungen von Vermögenswerten, die zu historischen Kursen umgerechnet werden, und Materialverbrauch zu den jeweiligen historischen Werten, • Umrechnung der übrigen Aufwendungen und Erträge zu Transaktionskursen. Aus praktischen Erwägungen ist es zulässig einen Näherungswert (bspw Wochen- oder Monatsdurchschnittskurs) anstelle des historischen Kurses zu wählen (IAS 21.29). Aus der Umrechnung resultierende Differenzen sind erfolgswirksam zu berücksichtigen. Mit Inkrafttreten des Improvement Projects soll die Zeitbezugsmethode entfallen.	Mit Inkrafttreten des E-DRS 18 soll die Zeitbezugsmethode entfallen.

Kriterium	US-GAAP
– Wechsel	Soweit sich die funktionale Währung von der Landeswährung in die Berichtswährung des unmittelbaren Mutterunternehmens ändert, sind die in Vorperioden erfolgsneutral als cumulative translation adjustment erfassten Beträge unverändert fortzuführen. Die im Zeitpunkt des Wechsels maßgeblichen Stichtagskurse gelten künftig als historische Kurse (SFAS 52.46). In den übrigen Fällen gelten die allgemeinen Regelungen zur Stichtagskursmethode, dh erfolgsneutrale Abgrenzung im Eigenkapital.
– Hochinflation	Eine Volkswirtschaft ist als hochinflationär einzustufen, sofern die kumulierte Inflationsrate der vergangenen drei Jahre 100 % übersteigt (SFAS 52.11). In Hochinflationsländern ansässige ausländische Tochterunternehmen haben keine eigene funktionale Währung. Die Berichtswährung des unmittelbaren Mutterunternehmens fungiert in diesem Fall als funktionale Währung. Ein in Landeswährung in einem Hochinflationsland aufgestellter Abschluss ist in die funktionale Währung des Mutterunternehmens umzurechnen. Fremdwährungsdifferenzen sind erfolgswirksam beim Tochterunternehmen zu erfassen.

IAS/IFRS	HGB
Bei einem Wechsel von einer integrierten zu einer wirtschaftlich selbständigen Teileinheit wird die aus der Umrechnung zum Stichtagskurs resultierende Differenz erfolgsneutral im Eigenkapital abgegrenzt. Bei einem Wechsel von einer wirtschaftlich selbständigen zu einer integrierten Teileinheit gelten die im Zeitpunkt des Wechsels maßgeblichen Stichtagskurse künftig als historische Kurse. Abgegrenzte Währungsdifferenzen werden bis zum Abgang des Geschäftsbetriebs nicht erfolgswirksam erfasst (IAS 21.40). Die funktionale Währung (measurement currency) ist stetig beizubehalten (SIC-19.6). Durch die Aufhebung der Differenzierung nach wirtschaftlicher Selbständigkeit im Improvements Project sollen diese Regelungen in Zukunft entfallen.	Mit Inkrafttreten des E-DRS 18 sollen die Zeitbezugsmethode und somit die Vorschriften der bilanziellen Behandlung bei einem Wechsel der Umrechnungsmethode entfallen.
Die Definition der Hochinflation knüpft an verschiedene, nicht abschließend aufgezählte Indikatoren an (IAS 29.3): (a) Flucht in Sachwerte bzw stabile Parallelwährung oder unverzügliche Investition von Beträgen in Inlandswährung, (b) Rechnung und Preisangaben in relativ stabiler Auslandswährung, (c) Indizierung selbst kurzfristiger Kredite zu Preisen, die den erwarteten Verlust der Kaufkraft in der Kreditperiode berücksichtigen, (d) Koppelung von Zinsraten, Löhnen und Preisen an einen Preisindex, (e) die kumulierte Inflationsrate innerhalb von drei Jahren nähert sich oder übersteigt 100 %. Der Abschluss eines in einem Hochinflationsland ansässigen Unternehmens ist vor der Umrechnung in die Berichtswährung um die Inflationswirkungen zu korrigieren. Dieses Erfordernis gilt unabhängig davon, ob die Bilanzierung dem Konzept der historischen Anschaffungs- oder Herstellungskosten bzw der Tageswertbilanzierung folgt. Die Vorjahresangaben sind entspr zu bereinigen (IAS 29.8, SIC-30.7). Der Gewinn oder Verlust aus der Nettoposition der monetären Posten ist in das Periodenergebnis einzubeziehen und gesondert auszuweisen (IAS 29.9). Die Bilanzposten sind wie folgt an die am Bilanzstichtag geltende Maßeinheit anzupassen (IAS 29.11 ff): • Grds sind alle Posten durch Anwendung eines allgemeinen Preisindexes anzupassen. • Bei monetären Posten (Geldmittel oder Posten, für die das Unternehmen Geld zahlt oder erhält) erfolgt keine Anpassung, da sie bereits in der am Bilanzstichtag geltenden Maßeinheit vorliegen. • Vermögenswerte und Schulden, die vertraglich an Preisveränderungen gebunden sind (zB Indexanleihen und -kredite), werden vertragsmäßig angeglichen.	Im HGB findet sich kein Definition der Hochinflation. Die Definition der Hochinflation gem E-DRS 18 knüpft an folgende Indikatoren an (E-DRS 18.35): (a) Flucht in Sachwerte bzw stabile Parallelwährungen oder unverzügliche Investition von Beträgen in Inlandswährung, (b) Rechnungen und Preisangaben in relativ stabiler Auslandswährung, (c) Indizierung selbst kurzfristiger Kredite zu Preisen, die den erwarteten Verlust der Kaufkraft in der Kreditperiode berücksichtigen, (d) Koppelung von Zinsraten, Löhnen und Preisen an einen Preisindex, (e) Die kumulierte Inflationsrate innerhalb von drei Jahren nähert sich oder übersteigt 100 %. Der Abschluss eines in einem Hochinflationsland ansässigen Unternehmens ist vor der Umrechnung in die Berichtswährung um die Inflationswirkung zu korrigieren. E-DRS 18 sieht folgende Möglichkeiten zur Bereinigung der Inflationseffekte vor: • Aufstellung des Jahresabschlusses in einer Hartwährung (z. B. funktionale Währung des Konzernmutterunternehmens (E-DRS 18.36), • Anpassung aller nicht monetären Posten mit einem allgemeinen Preisindex, anschließende Umrechnung aller Jahresabschlussposten auf Berichtswährung zum Stichtagskurs (E-DRS 18.37) Alternative Methoden, die zu aussagefähigeren Ergebnissen führen, sind zulässig (E-DRS 18.38).

Kriterium	US-GAAP
– Hochinflation (Forts)	
Vollkonsolidierung – Methoden	Unternehmenszusammenschlüsse sind ausschließlich nach der Erwerbsmethode (purchase method) abzubilden (SFAS 141.13).
– Erwerbsmethode – – Anschaffungskosten	Die Anschaffungskosten entsprechen dem Betrag, der sich aus den Zahlungsmitteln, Zahlungsmitteläquivalenten oder dem beizulegenden Zeitwert anderer Gegenleistungen für den Erwerb zum Tag des Austausches ergibt, den der Erwerber für die Beherrschung des Reinvermögens des erworbenen Unternehmens entrichtet, zzgl der dem Erwerb direkt zurechenbaren Kosten (SFAS 141.20 u 24). Sondervorschriften bestehen • für die Anpassung der Gegenleistung für den Erwerb in Abhängigkeit künftiger Ereignisse zum Erwerbsstichtag (SFAS 141.25 ff) sowie • für nachträgliche Änderungen der Anschaffungskosten (SFAS 141.26).
– – Kapitalkonsolidierung (Voraussetzungen und Verfahren)	Voraussetzung für die Anwendung der purchase method ist das Vorliegen eines Unternehmenszusammenschlusses in Form eines Unternehmenserwerbs (SFAS 141.145 ff). Das FASB hat im Rahmen des Purchase Method Projects die wahlrechtsfreie Fixierung der vollen Neubewertungsmethode beschlossen. Bis zur Veröffentlichung des Exposure Drafts werden hier Diskussionen und

IAS/IFRS	HGB
In der GuV werden alle Erträge und Aufwendungen durch einen allgemeinen Preisindex ab den Zeitpunkten umgerechnet, an denen sie erstmalig im Abschluss erfasst wurden (IAS 29.26 ff). Sofern die funktionale Währung die Währung eines Hochinflationslandes ist (SIC 19–7), • muss das Unternehmen den eigenen Abschluss entspr IAS 29 berichtigen (restatement) bzw • muss im Fall eines selbständigen Tochterunternehmens das Tochterunternehmen seinen Abschluss erst entspr IAS 29 berichtigen, bevor die Umrechnung in die Berichtswährung erfolgt.	
Unternehmenszusammenschlüsse sind entweder nach 1. der Erwerbsmethode (purchase method) oder 2. der Interessenzusammenführungsmethode (uniting-of-interests method) abzubilden (IAS 22, SIC-9). Es besteht kein Methodenwahlrecht. Sofern die drei Anwendungsvoraussetzungen der uniting-of-interests method erfüllt sind, ist diese verpflichtend anzuwenden. In allen übrigen Fällen ist die Vollkonsolidierung entspr der purchase method abzubilden. Die Regelungen des ED 3, der IAS 22 ersetzen soll, sehen vor, dass zukünftig nur noch die Erwerbsmethode als Vollkonsolidierungsmethode zulässig sein soll. Damit würde die Interessenzusammenführungsmethode abgeschafft (ED 3.13).	Unternehmenszusammenschlüsse sind entweder nach 1. der Erwerbsmethode (purchase method) oder 2. der Interessenzusammenführungsmethode (pooling-of-interests method) abzubilden (§§ 301, 302 HGB). Es besteht ein Methodenwahlrecht, sofern die Anwendungsvoraussetzungen der pooling-of-interests method erfüllt sind.
Die Anschaffungskosten entsprechen dem Betrag, der sich aus den Zahlungsmitteln, Zahlungsmitteläquivalenten oder dem beizulegenden Zeitwert anderer Gegenleistungen für den Erwerb zum Tag des Austausches ergibt, den der Erwerber für die Beherrschung des Reinvermögens des erworbenen Unternehmens entrichtet, zzgl der dem Erwerb direkt zurechenbaren Kosten (IAS 22.21). Die Anschaffungskosten entsprechen grds dem Börsen- oder Marktpreis eines Eigenkapitalinstruments am Erwerbsstichtag (SIC-28). Sondervorschriften bestehen • für die Anpassung der Gegenleistung für den Erwerb in Abhängigkeit künftiger Ereignisse zum Erwerbsstichtag (IAS 22.65) sowie • für nachträgliche Änderungen der Anschaffungskosten (IAS 22.68).	Es gelten die allgemeinen Vorschriften zur Bestimmung der → *Anschaffungskosten*. Die Anschaffungskosten für das erworbene Unternehmen bemessen sich nach der Gegenleistung des erwerbenden Unternehmens (DRS 4.12). Sondervorschriften bestehen • für die Anpassung der Gegenleistung für den Erwerb in Abhängigkeit künftiger Ereignisse zum Erwerbsstichtag (DRS 4.14) sowie • für nachträgliche Änderungen der Anschaffungskosten (DRS 4.15).
Voraussetzung für die Anwendung der purchase method ist das Vorliegen eines Unternehmenszusammenschlusses in Form eines Unternehmenserwerbs (IAS 22.17). Zwei Varianten der purchase method sind zulässig (IAS 22.32 u 34): 1. die beteiligungsproportionale Neubewertung (benchmark treatment) und	Im Gegensatz zur → *Pooling-of-Interests Method* ist die Anwendung der purchase method an keine Voraussetzungen geknüpft, sondern bei allen Formen der Anteilserlangung anwendbar. Zwei Varianten der purchase method sind zulässig (§ 301 Abs 1 HGB): 1. die Buchwertmethode und 2. die Neubewertungsmethode.

Kriterium	US-GAAP
-- Kapitalkonsolidierung (Voraussetzungen und Verfahren) (Forts)	Stellungnahmen erwartet. Bei der beteiligungsproportionalen Neubewertung sind die Vermögenswerte und Schulden mit dem beizulegenden Zeitwert der erworbenen identifizierbaren Vermögenswerte und Schulden am Erwerbsstichtag in Höhe des Anteils, der dem Erwerber zuzurechnen ist, anzusetzen. Die auf die Minderheitsgesellschafter entfallenden Vermögenswerte und Schulden sind dagegen mit den Vermögenswerten und Schulden zugeordneten Buchwerten vor dem Erwerb auszuweisen. Die Kaufpreisallokation erfolgt mittels der beteiligungsproportionalen Neubewertungsmethode (SFAS 141.35). Latente Steuern sind entspr abzugrenzen (→ *Latente Steuern/Unternehmenszusammenschlüsse*). Ein Goodwill wird ebenso wenig wie ein passivischer Unterschiedsbetrag aus der Kapitalkonsolidierung auf die Minderheiten hochgerechnet.
-- Bestimmung der beizulegenden Zeitwerte der übernommenen Vermögenswerte und Schulden	Es bestehen Leitlinien zur Bestimmung der beizulegenden Zeitwerte für erworbene Vermögenswerte und Schulden (SFAS 141.37). Das Purchase Method Project des FASB sieht Änderungen dieser Leitlinien vor, ua für die Bilanzierung laufender Forschung- und Entwicklungsaktivitäten. Die Möglichkeiten zum Ansatz von Restrukturierungsrückstellungen im Rahmen der Erstkonsolidierung sind Gegenstand von Sondervorschriften (EITF 95–3). Hier sieht das Purchase Method Project vor, die Bildung von Restrukturierungsrückstellungen im Rahmen der Erstkonsolidierung in der bisherigen Form nicht mehr zu zulassen. Weitere Sonderregelungen sind ua für preacquisition contingencies (SFAS 38) sowie Verbindlichkeiten in Erwartung eines Unternehmenszusammenschlusses (EITF 95–14) niedergelegt.
-- Ermittlung und Bilanzierung von Unterschiedsbeträgen aus der Kapitalkonsolidierung --- Goodwill	Soweit die Anschaffungskosten das – beteiligungsproportional oder voll – zu Zeitwerten bewertete Reinvermögen übersteigen, ist der verbleibende Überschuss als Vermögenswert (Goodwill) zu aktivieren (SFAS 141.43). Der Goodwill ist ausschließlich außerplanmäßig auf der Basis des in SFAS 142 beschriebenen Werthaltigkeitstests abzuschreiben (SFAS 141.47).

IAS/IFRS	HGB
2. die volle Neubewertung (allowed alternative treatment). Beide Varianten erfordern eine von den Anschaffungskosten unabhängige Neubewertung des erworbenen Reinvermögens. Bei der beteiligungsproportionalen Neubewertung sind die Vermögenswerte und Schulden mit dem beizulegenden Zeitwert der erworbenen identifizierbaren Vermögenswerte und Schulden am Erwerbsstichtag in Höhe des Anteils, der dem Erwerber zuzurechnen ist, anzusetzen. Die auf die Minderheitsgesellschafter entfallenden Vermögenswerte und Schulden sind dagegen mit den den Vermögenswerten und Schulden zugeordneten Buchwerten vor dem Erwerb auszuweisen. Bei der vollen Neubewertung sind Vermögenswerte und Schulden mit dem beizulegenden Zeitwert der erworbenen identifizierbaren Vermögenswerte und Schulden am Erwerbsstichtag in voller Höhe anzusetzen. Latente Steuern sind entspr abzugrenzen (→ *Latente Steuern/Unternehmenszusammenschlüsse*). Ein Goodwill wird ebenso wenig wie ein passivischer Unterschiedsbetrag aus der Kapitalkonsolidierung auf die Minderheiten hochgerechnet (IAS 22.34). ED 3 sieht eine Aufhebung des Wahlrechts zwischen beteiligungsproportionaler Neubewertung (benchmark treatment) und vollständiger Neubewertung (allowed alternative treatment) zugunsten der vollständigen Neubewertung vor (ED 3.39).	Bei der Buchwertmethode erfolgt die Kapitalaufrechnung mit dem anteiligen Bucheigenkapital gem HB II; die stillen Reserven werden im Rahmen der Kapitalkonsolidierung nur in Höhe des Anteils des Mutterunternehmens aufgedeckt (§ 301 Abs 1 Satz 2 Nr 1 HGB). Bei der Neubewertungsmethode werden demggü die stillen Reserven im Vorfeld der eigentlichen Kapitalaufrechnung unabhängig von der Anteilsquote des Mutterunternehmens in voller Höhe aufgedeckt. Die Kapitalkonsolidierung erfolgt daher mit dem bereits neubewerteten Eigenkapital. Die Minderheiten partizipieren entspr ihrer Anteilsquote an den stillen Reserven (§ 301 Abs 1 Satz 2 Nr 2 HGB). Ein Goodwill wird – zumindestens im einstufigen Konzern – ebenso wenig wie ein passivischer Unterschiedsbetrag aus der Kapitalkonsolidierung auf die Minderheiten hochgerechnet. Die Bewertung der Bilanzposten des erworbenen Unternehmens erfolgt nach DRS 4 allein nach der vollen Neubewertung, wobei die Anschaffungskosten im Rahmen der Neubewertung nicht überschritten werden dürfen (DRS 4.23 f). Die Anschaffungskostenrestriktion bei Anwendung der Neubewertungsmethode (§ 301 Abs 1 Satz 4 HGB aF) wurde durch das TransPuG aufgehoben. DRS 4.24 ist mithin obsolet.
Es bestehen Leitlinien zur Bestimmung der beizulegenden Zeitwerte für erworbene Vermögenswerte und Schulden (IAS 22.39). Diese gelten insbes für Verpflichtungen, die zum Erwerbsstichtag nicht im Abschluss des erworbenen Unternehmens erfasst waren (bspw Rückstellungen für Restrukturierung; IAS 22.31).	Es bestehen keine gesetzlichen Vorschriften, wie die beizulegenden Zeitwerte der übernommenen Vermögensgegenstände oder Schulden zu bestimmen sind. Ebenso kann die Aufdeckung stiller Reserven abweichenden Konzeptionen folgen (ua steigende, sinkende Liquidität und dergl). Im Rahmen der Erstkonsolidierung ist unter bestimmten Voraussetzungen eine Restrukturierungsrückstellung anzusetzen (DRS 4.19 ff).
Soweit die Anschaffungskosten das – beteiligungsproportional oder voll – zu Zeitwerten bewertete Reinvermögen übersteigen, ist der verbleibende Überschuss als Vermögenswert (Goodwill) zu aktivieren (IAS 22.41). Der Goodwill ist aufwandswirksam über seine wirtschaftliche Nutzungsdauer abzuschreiben (IAS 22.44 u 46). Soweit unter den jeweiligen Umständen keine Me-	Verbleibt nach der Aufrechnung des Beteiligungsbuchwerts mit dem konsolidierungspflichtigen Eigenkapital unter Berücksichtigung aufzudeckender stiller Reserven ein positiver/negativer Unterschiedsbetrag, stellt dieser einen Goodwill bzw passivischen Unterschiedsbetrag dar (§ 301 Abs 3 Satz 1 HGB). Der bilanzielle Charakter des Goodwill (Vermögensgegen-

Kriterium	US-GAAP
-- Ermittlung und Bilanzierung von Unterschiedsbeträgen aus der Kapitalkonsolidierung --- Goodwill (Forts)	Der mindestens jährlich durchzuführende Werthaltigkeitstest des Goodwill (sowie immaterieller Vermögenswerte mit unbegrenzter Nutzungsdauer) erfolgt auf der Ebene der Berichtseinheit (reporting unit). Eine Berichtseinheit entspricht entweder dem operating segment im Rahmen der Segmentberichterstattung oder ist eine Managementebene darunter angesiedelt. Eine Berichtseinheit muss die Anforderungen an ein business (EITF 98–3) erfüllen. Zudem müssen für die Berichtseinheit eigenständige Finanzdaten vorliegen und das operative Ergebnis regelmäßig überwacht werden. Teileinheiten mit ähnlichen ökonomischen Charakteristika sind zu einer Berichtseinheit zu aggregieren (SFAS 142.30 ff; EITF D-101) Der Werthaltigkeitstest erfolgt in zwei Schritten. Im ersten Schritt wird der Gesamtbuchwert der Berichtseinheit mit ihrem Stichtagszeitwert verglichen. Schritt zwei ist nur durchzuführen, sofern der Stichtagszeitwert der Berichtseinheit niedriger als der Gesamtbuchwert ist. Im zweiten Schritt ist der Stichtagszeitwert im Rahmen einer hypothetischen Kaufpreisaufteilung in einer Nebenrechnung aufzugliedern. Dabei erfolgt auch eine Allokation auf die während der Konzernzugehörigkeit selbst erstellten immateriellen Vermögenswerte. Die verbleibende Restgröße gilt als implied fair value of Goodwill. Dieser Vergleichswert ist dem Buchwert des Goodwill gegenüberzustellen und – sofern niedriger – auf ihn abzuschreiben (SFAS 142.19 ff). Es gilt ein Wertaufholungsverbot in den Folgejahren. Der Stichtagszeitwert ist entweder anhand von Marktwerten oder Bewertungstechniken (ua discounted cash flow Verfahren) zu bestimmen (SFAS 142.23 ff). Der Werthaltigkeitstest kann zu einem beliebigen Zeitpunkt während des Geschäftsjahres durchgeführt werden, wobei der Zeitpunkt stetig beizubehalten ist und der Zeitraum bis zum vorherigen Werthaltigkeitstest 12 Monate nicht überschreitet. Sofern Indikatoren für eine Wertminderung vorliegen, ist unterjährig ein weiterer Werthaltigkeitstest durchzuführen (SFAS 142.26 ff; siehe EITF 02–13 zur Berücksichtigung latenter Steuern beim Werthaltigkeitstest).

IAS/IFRS	HGB
thode angemessener ist, ist die lineare Methode anzuwenden (IAS 22.45). Es gilt die widerlegbare Vermutung, dass die wirtschaftliche Nutzungsdauer des Geschäfts- oder Firmenwerts 20 Jahre nicht übersteigt (IAS 22.44). Sofern die ursprüngliche Abschreibungsperiode 20 Jahre übersteigt, ist an jedem Abschlussstichtag die Wertminderung (impairment) des Goodwill zu prüfen. Dieses gilt auch, soweit die Anhaltspunkte für eine Wertminderung gem IAS 36 nicht erfüllt sind (IAS 22.56). Die Nutzungsdauer u Abschreibungsmethode sind mind jährlich zu überprüfen (IAS 22.54). Im Falle einer Änderung sind die Auswirkungen entspr IAS 8 abzubilden. Darüber hinaus gelten die allgemeinen Vorschriften zur → *außerplanmäßigen Abschreibung.* ED 3 sieht die folgenden Änderungen in Bezug auf die Bilanzierung u Bewertung von Goodwill vor: Soweit die Anschaffungskosten das voll zu Zeitwerten bewertete anteilige Reinvermögen des Erwerbers übersteigen, soll der verbleibende Überschuss als Vermögenswert (Goodwill) zu aktivieren sein (ED 3.50). Eine Hochrechnung des Goodwill auf die Minderheiten erfolgt nicht. (Aufhebung der beteiligungsproportionalen Neubewertung). Die planmäßige Abschreibung über die wirtschaftliche Nutzungsdauer soll unzulässig werden, der Goodwill soll zukünftig ausschließlich außerplanmäßig auf Basis des in IAS 36 beschriebenen Werthaltigkeitstests (test of impairment) abgeschrieben werden (ED 3.54), gleiches soll für immaterielle Vermögenswerte mit unbestimmter Lebensdauer gelten Der mind jährlich durchzuführende Werthaltigkeitstest des Goodwill (sowie immaterieller Vermögenswertee mit unbestimmter Lebensdauer) soll gem ED 3 auf Ebene der zahlungsmittelgenerierenden Einheit (cash-generating unit – CGU) (ED IAS 36.58) erfolgen. Eine CGU entspricht der kleinstmöglichen Anzahl von Vermögenswerten, die Zahlungsflüsse (→ *cash flows*) generiert (ED 36.59 f). Lässt sich der Goodwill nicht sinnvoll u stetig einer bestimmten CGU zuordnen, so soll er einer übergeordneten, die ursprüngliche CGU enthaltenden CGU zugeordnet u anhand dieser auf Werthaltigkeit getestet werden. Bzgl der Obergrenze der CGUs stellt ED 3 auf die → *Segmentberichterstattung* ab (ED IAS 36.74, IAS 14.16 f). Der Werthaltigkeitstest soll in zwei Schritten erfolgen. Im ersten Schritt wäre der Gesamtbuchwert der CGU mit ihrem erzielbaren Betrag (recoverable amount) zu vergleichen. Schritt zwei wäre nur durchzuführen, sofern der erzielbare Betrag der CGU niedriger als der Gesamtbuchwert ist. Im zweiten Schritt soll der implizierte Zeitwert (implied value) des Goodwill mit seinem Buchwert zu vergleichen. Ist der implizierte Zeitwert des Goodwill niedriger als sein Buchwert, so wäre eine	stand oder Bilanzierungshilfe) ist im HGB nicht determiniert. Gem § 309 Abs 1 HGB bestehen hinsichtlich seiner Behandlung die folgenden Wahlmöglichkeiten: • erfolgswirksame Abschreibung in jedem folgenden Geschäftsjahr zu mind einem Viertel, • erfolgswirksame Abschreibung planmäßig über die voraussichtliche Nutzungsdauer, • offene erfolgsneutrale Verrechnung mit den Konzernrücklagen. Dagegen sieht der Standard des DRSC allein die Aktivierung und planmäßige Abschreibung vor (DRS 4.7). Der Abschreibungsaufwand ist in der GuV gesondert auszuweisen (DRS 4.37). Es bestehen keine gesetzlichen Vorschriften, wie die voraussichtliche Nutzungsdauer eines Goodwill zu bestimmen ist. Entspr DRS 4 ist der Goodwill dagegen planmäßig über die voraussichtliche Nutzungsdauer linear abzuschreiben, die 20 Jahre nur in begründeten Ausnahmefällen übersteigen darf (DRS 4.31). Die Nutzungsdauer und Abschreibungsmethode sind zu jedem Konzernabschlussstichtag zu überprüfen (DRS 4.34). Zusätzlich sind nach hM → *Abschreibungen* aufgrund des Niederstwertprinzips möglich (§ 253 Abs 3 HGB). In Folgeperioden besteht eine Zuschreibungspflicht (DRS 4.36). Die US-Regeln zum Verzicht der planmäßigen Abschreibung des Goodwill erfüllen nach Ansicht des DRSC das Einklangserfordernis gem § 292 a HGB (DRS 1a.11).

Kriterium	US-GAAP
-- Ermittlung und Bilanzierung von Unterschiedsbeträgen aus der Kapitalkonsolidierung --- Goodwill (Forts)	
--- Faktoren zur Bestimmung der wirtschaftlichen Nutzungsdauer eines Goodwill	Es ist keine planmäßige Abschreibung des Goodwill vorgesehen (SFAS 141.47).

IAS/IFRS	HGB
außerordentliche Abschreibung des Goodwill auf den implizierten Zeitwert vorzunehmen. Liegt weiterhin die Differenz zwischen Buchwert und erzielbarem Betrag der CGU über der in Schritt zwei ermittelten Wertminderung des Goodwill, so soll der Unterschiedsbetrag den anderen Vermögensgegenständen der CGU zugeordnet werden und diese entspr erfolgswirksam abgeschrieben werden (ED IAS 36.85, ED IAS 36.103). Es soll ein Wertaufholungsverbot in den Folgejahren gelten (ED IAS 36.123). Der erzielbare Betrag der CGU ist definiert als der höhere Wert von Nettoveräußerungspreis (net selling price) und Nutzungswert (value in use), welcher anhand der erwarteten diskontieren Zahlungsflüsse (discounted cash-flows) ermittelt wird (ED IAS 36.69 f). Der implizierte Zeitwert des Goodwills würde sich aus der Differenz zwischen dem erzielbaren Betrag der CGU und dem Saldo aus den beizulegenden Zeitwerten der abgrenzbaren Vermögenswerte, Schulden und Eventualverbindlichkeiten der CGU ergeben, die anzusetzen wären, wenn das Unternehmen die CGU zum Zeitpunkt des Werthaltigkeitstests erworben hätte (ED IAS 36.86 f).	
Bei der Schätzung der wirtschaftlichen Nutzungsdauer eines Goodwill sind viele Einzelfaktoren zu berücksichtigen. Diese beinhalten (IAS 22.48): (a) die Art und die voraussichtliche Lebensdauer des erworbenen Geschäftszweigs, (b) die Stabilität und die voraussichtliche Lebensdauer des Industriezweigs, auf den sich der Geschäfts- oder Firmenwert bezieht, (c) öffentlich zugängliche Information über die Charakteristik des Geschäfts- oder Firmenwerts in ähnlichen Geschäfts- oder Industriezweigen und typischen Lebenszyklen ähnlicher Geschäftszweige, (d) die Auswirkungen von Produktveralterung, Nachfrageverschiebung und anderen wirtschaftlichen Faktoren des erworbenen Geschäftszweigs, (e) die erwartete verbleibende Dienstzeit von Schlüsselpersonen oder Gruppen von Angestellten und ob der erworbene Geschäftszweig unter einer anderen Unternehmensleitung effizient geführt werden könnte, (f) die Höhe der Erhaltungsausgaben oder der benötigten Mittel, die zur Erzielung des erwarteten zukünftigen wirtschaftlichen Nutzens des erworbenen Unternehmens erforderlich sind und die Fähigkeit und Absicht des Unternehmens, dies zu tun, (g) erwartete Reaktionen von Wettbewerbern oder potentiellen Wettbewerbern sowie (h) die Periode der Übernahme der Kontrolle über den erworbenen Geschäftszweig und rechtliche, gesetzliche oder vertragliche Bestimmungen, welche die	Es bestehen keine gesetzlichen Regelungen zur Bestimmung der Nutzungsdauer. Im Zweifel kann die gesetzliche, pauschale Vierjahresperiode verwendet werden (§ 309 Abs 1 Satz 1 HGB). In der Bilanzierungspraxis erfolgt die erfolgswirksame Verrechnung oftmals über 15 Jahre. Die Schätzung der Nutzungsdauer soll entspr dem Standard des DRSC durch folgende Faktoren erleichtert werden (DRS 4.33): (a) die Art und die voraussichtliche Lebensdauer des erworbenen Unternehmens, (b) die Stabilität und die voraussichtliche Lebensdauer der Branche des erworbenen Unternehmens, (c) der Lebenszyklus der Produkte des erworbenen Unternehmens, (d) die Auswirkungen von Veränderungen der Absatz- und Beschaffungsmärkte sowie der wirtschaftlichen Rahmenbedingungen auf das erworbene Unternehmen, (e) der Umfang der Erhaltungsaufwendungen, (f) die Laufzeit wichtiger Absatz- und Beschaffungsverträge des erworbenen Unternehmens, (g) voraussichtliche Dauer der Tätigkeit von wichtigen Mitarbeitern oder Mitarbeitergruppen des erworbenen Unternehmens, (h) das erwartete Verhalten von (potentiellen) Wettbewerbern des erworbenen Unternehmens sowie (i) die voraussichtliche Dauer der Beherrschung des erworbenen Unternehmens.

Kriterium	US-GAAP
--- Faktoren zur Bestimmung der wirtschaftlichen Nutzungsdauer eines Goodwill (Forts)	
--- Passivischer Unterschiedsbetrag aus der Kapitalkonsolidierung	Ein Überschuss der zu – beteiligungsproportionalen oder vollen – Zeitwerten bewerteten, erworbenen Vermögenswerte und Schulden über die Anschaffungskosten wird als passivischer Unterschiedsbetrag aus der Kapitalkonsolidierung (excess of acquired net assets over cost; SFAS 141.44) bezeichnet. Aufgrund des Anschaffungs- und Nominalwertprinzips darf der Zeitwert des erworbenen Reinvermögens die Anschaffungskosten nicht übersteigen. Daher reduziert ein passivischer Unterschiedsbetrag proportional die den erworbenen langfristigen Aktiva (mit Ausnahme bestimmter Finanzanlagen, zur Veräußerung gehaltener Vermögenswerte, aktiver latenter Steuern, bestimmter Vorauszahlungen im Zusammenhang mit Pensions- und anderen Leistungsplänen) zugeordneten Beträge, um die Zeitwerte zu bestimmen. Sofern diese Abstockung die Wertansätze der langfristigen Aktiva auf Null reduziert, ist der verbleibende Restbetrag sofort als außerordentlicher Ertrag zu erfassen (SFAS 141.45). Nach den geplanten Änderungen des FASB Purchase Method Projects soll in Zukunft bei einem Überschuss der zu vollen Zeitwerten bewerteten erworbenen Vermögenswerte, Schulden und Eventualverbindlichkeiten über die Anschaffungskosten eine erneute Prüfung der Richtigkeit von Ansatz und Bewertung der abgrenzbaren Vermögenswerte, Schulden und Eventualverbindlichkeiten erfolgen. Verbleibt nach dieser erneuten Prüfung weiterhin ein negativer Unterschiedsbetrag, so soll dieser unverzüglich ertragswirksam in der Gewinn- und Verlustrechnung erfasst werden.

IAS/IFRS	HGB
Nutzungsdauer beeinflussen. Mit Inkrafttreten des ED 3 sollen in Zukunft die Regelungen zur wirtschaftlichen Nutzungsdauer eines Goodwill entfallen, da die planmäßige Abschreibung des Goodwill unzulässig wird.	
Ein Überschuss der zu – beteiligungsproportionalen oder vollen – Zeitwerten bewerteten, erworbenen Vermögenswerte und Schulden über die Anschaffungskosten wird als passivischer Unterschiedsbetrag aus der Kapitalkonsolidierung (negative goodwill; IAS 22.59) bezeichnet. Hinsichtlich der bilanziellen Behandlung sind folgende Szenarien zu differenzieren (IAS 22.61): (a) der Unterschiedsbetrag ist zuverlässig auf messbare zukünftige Verluste und Aufwendungen zurückzuführen, die im Erwerbszeitpunkt beim Tochterunternehmen keine Schuld darstellten und die der Erwerber beim Unternehmenskauf berücksichtigt hat bzw (b) der Unterschiedsbetrag ist nicht auf messbare zukünftige Verluste und Aufwendungen zurückzuführen. In Fall (a) ist der abzugrenzende Unterschiedsbetrag beim Eintritt der erwarteten Verluste und Aufwendungen ganz oder teilweise erfolgswirksam aufzulösen (spezifizierter badwill; IAS 22.51). Treten die erwarteten Aufwendungen und Verluste hingegen nicht oder nicht vollständig ein, ist wie im Fall (b) vorzugehen. In Fall (b) ist der Unterschiedsbetrag der Summe der Zeitwerte der erworbenen nicht-monetären Vermögenswerte gegenüberzustellen: (a) in Höhe der Zeitwerte der erworbenen nicht-monetären Vermögenswerte ist der negative goodwill abzugrenzen und entspr der Nutzungsdauer dieser Vermögenswerte erfolgswirksam aufzulösen (unspezifizierter badwill; IAS 22.62 a), (b) derjenige Teil des negative goodwill, der betraglich die Zeitwerte der erworbenen nicht-monetären Vermögenswerte übersteigt, ist sofort erfolgswirksam zu realisieren (lucky buy; IAS 22.62 b). In der Konzernbilanz ist ein abzugrenzender passivischer Unterschiedsbetrag aktivisch vom (positiven) Goodwill abzusetzen (IAS 22.64). Eine Saldierung von aktivischen und passivischen Unterschiedsbeträgen aus der Kapitalkonsolidierung ist nicht zulässig. Nach den Änderungen durch ED 3 soll in Zukunft bei einem Überschuss der zu vollen Zeitwerten bewerteten, erworbenen Vermögenswerte, Schulden und Eventualverbindlichkeiten über die Anschaffungskosten eine erneute Prüfung der Richtigkeit von Ansatz und Bewertung der abgrenzbaren Vermögenswerte, Schulden und Eventualverbindlichkeiten erfolgen. Verbleibt nach dieser erneuten Prüfung weiterhin ein negativer Un-	Ein passivischer Unterschiedsbetrag aus der Kapitalkonsolidierung stellt in Abhängigkeit vom zugrundeliegenden Sachverhalt eine Belastung (badwill) oder Eigenkapital (lucky buy) dar. Er ist insoweit gesondert unter den Rückstellungen respektive im Eigenkapital oder aber als separater Posten zwischen dem Eigen- und Fremdkapital auszuweisen. Ein passivischer Unterschiedsbetrag ist zwingend erfolgswirksam aufzulösen, soweit (a) die erwartete ungünstige Entwicklung eingetreten ist oder zu diesem Zeitpunkt erwartete Aufwendungen zu berücksichtigen sind (§ 309 Abs 2 Nr 1 HGB), (b) am Abschlussstichtag feststeht, dass er einem realisierten Gewinn entspricht (§ 309 Abs 2 Nr 2 HGB). Soweit ein passivischer Unterschiedsbetrag auf während der Konzernzugehörigkeit, jedoch vor der Erstkonsolidierung erwirtschaftete Erfolgsbeiträge zurückzuführen ist, ist dieser nach hM im Zeitpunkt der Erstkonsolidierung in die Konzernrücklagen umzugliedern. Eine Saldierung von aktivischen und passivischen Unterschiedsbeträgen in der Bilanz ist gem HGB zulässig, wobei in diesem Fall die verrechneten Beträge im Anhang anzugeben sind (§ 301 Abs 3 Satz 3 HGB). In Folgejahren ist jedoch eine Einzelbetrachtung und isolierte Fortschreibung der Unterschiedsbeträge notwendig. Die Regeln nach DRS 4 spiegeln die korrespondierenden Regeln nach IAS 22 wider (DRS 4.40 f). Der negative Unterschiedsbetrag ist als gesonderter Posten in die Konzernbilanz aufzunehmen. Von einem ggf ausgewiesenen Goodwill aus anderen Unternehmenserwerben ist er offen abzusetzen (DRS 4.39).

Kriterium	US-GAAP
--- Passivischer Unterschiedsbetrag aus der Kapitalkonsolidierung (Forts)	
--- Nachträgliche Anpassungen der Unterschiedsbeträge	Die im Zuge der Erstkonsolidierung fixierten Wertansätze sind in den Folgeperioden grds nicht anzupassen. Eine erfolgsneutrale Korrektur der Erstkonsolidierung infolge nachträglicher Erkenntnisse über die Wertverhältnisse zum Erstkonsolidierungsstichtag ist indes innerhalb von 12 Monaten zulässig (SFAS 141.40). Das 12 Monats-Fenster gilt nicht für sog pre-acquisition tax contingencies. Das FASB Purchase Method Project sieht folgende Änderung vor: Veränderungen in den Wertansätzen von im Rahmen der Erstkonsolidierung berücksichtigten Steuervorteilen sind erfolgswirksam als (verringerter) Steueraufwand zu buchen. Bis zur Veröffentlichung des Exposure Drafts werden hier Diskussionen und Stellungnahmen erwartet. Des Weiteren kann der Kaufpreis bzw können nachträgliche Anschaffungskosten an bestimmte Bedingungen (ua earn-out Klauseln) gebunden sein. Diese sind vor Eintritt der jeweiligen Bedingungen nicht zu erfassen (SFAS 141.25 ff).
--- Übergangsvorschriften	Es bestehen ausführliche Übergangsvorschriften, die einen cumulative catch-up mit entspr Ausweis der Übergangsdifferenz als kumulierte Auswirkungen infolge von Änderungen der angewandten Rechnungslegungsgrundsätze vorsehen. Zur Wahrung der Vergleichbarkeit zu Vorperioden sind pro forma Angaben gefordert (SFAS 142.48 ff).

IAS/IFRS	HGB
terschiedsbetrag, so soll dieser unverzüglich ertragswirksam in der Gewinn- und Verlustrechnung erfasst werden (ED 3.55 f).	
Erworbene identifizierbare Vermögenswerte und Schulden, die zum Zeitpunkt der erstmaligen Bilanzierung des Unternehmenserwerbes die Kriterien für eine gesonderte Bilanzierung nicht erfüllen, sind nachträglich zu bilanzieren, wenn sie die Kriterien erfüllen. Die Buchwerte der erworbenen identifizierbaren Vermögenswerte und Schulden sind dann anzupassen, falls sich nach dem Erwerb zusätzliche Erkenntnisse zeigen, welche die Schätzung der Beträge erleichtern, die diesen Vermögenswerten und Schulden zum Zeitpunkt der erstmaligen Bilanzierung des Unternehmenserwerbes zugewiesen wurden. Falls notwendig, ist eine Anpassung des Goodwill oder negativen Unterschiedsbetrags durchzuführen. Dies setzt voraus, dass der Buchwert des Goodwill durch die Anpassung den erzielbaren Wert gem IAS 36 nicht übersteigt und solche Anpassungen bis zum Ende der ersten auf den Erwerb folgenden Berichtsperiode erfolgen. Ansonsten ist die Anpassung erfolgswirksam als Aufwand oder Ertrag zu erfassen (IAS 22.71). Soweit im Rahmen der Erstkonsolidierung Restrukturierungs- oder ähnliche Rückstellungen gebildet wurden, die sich in späteren Perioden als überdotiert oder nicht gerechtfertigt erweisen, führt die Auflösung stets zu einer korrespondierenden Anpassung des Goodwill oder des passivischen Unterschiedsbetrags aus der Kapitalkonsolidierung (IAS 22.75, SIC-22). Gem ED 3 wären in Zukunft nur noch dann die Buchwerte der erworbenen Vermögenswerte, Schulden und Eventualverbindlichkeiten nachträglich anzupassen, wenn die Differenz des Wertansatzes auf einen Fehler in der Bewertung zurückzuführen ist (ED 3.62). In diesem Fall soll eine retrospektive Korrektur nach ED IAS 8.31 f vorgenommen werden. Die daraus resultierende Anpassung des Goodwill oder negativen Unterschiedsbetrags soll ebenfalls retrospektiv erfolgen (ED 3.63). Weiterhin führt ED 3 die Behandlung von latenten Steuerforderungen, die zum Zeitpunkt des Unternehmenserwerbs nicht die Kriterien für eine gesonderte Bilanzierung erfüllten, aus IAS 22 fort (ED 3.64; IAS 22.85).	Die Behandlung nachträglicher Änderungen der Anschaffungskosten für die Anteile sowie nachträglicher Erkenntnisse über die Wertverhältnisse zum Erstkonsolidierungsstichtag ist im HGB nicht explizit geregelt. Grds ist jedoch im Fall von späteren Kaufpreisänderungen eine erfolgsneutrale Korrektur des verbleibenden aktivischen oder passivischen Unterschiedsbetrag als mit den GoB vereinbar anzusehen; sie darf allerdings erst bei tatsächlichem Eintritt der Bedingungen und nicht bereits bei einem wahrscheinlichen Eintritt erfolgen. Entspr dürfte im Hinblick auf die GoB bei nachträglichen Erkenntnissen über die Wertverhältnisse zum Erstkonsolidierungsstichtag eine erfolgsneutrale Korrektur zumindest im auf die Erstkonsolidierung folgenden Geschäftsjahr zulässig sein. Soweit im Rahmen der Erstkonsolidierung Restrukturierungsrückstellungen gebildet wurden, die sich als nicht mehr gerechtfertigt erweisen, führt die Auflösung stets zu einer korrespondierenden Anpassung des Goodwill oder des passivischen Unterschiedsbetrags aus der Kapitalkonsolidierung (DRS 4.21).
Gesonderte Übergangsregelungen bestehen ua für den Goodwill und den passivischen Unterschiedsbetrag aus der Kapitalkonsolidierung (IAS 22.99 ff). Diese betreffen auch Goodwill, der vor dem 1. Januar 1995 entstanden ist und gem der ursprünglichen Fassung von IAS 22 erfolgsneutral verrechnet wurde.	Es bestehen keine gesonderten Übergangsregelungen im HGB. Der Standard des DRSC sieht die erfolgsneutrale Anpassung der Vorjahre auf die geforderte Aktivierung des Goodwill oder des negativen Unterschiedsbetrags vor (DRS 4.62 f).

Kriterium	US-GAAP
– Pooling-of-Interests Method	Die Anwendung der pooling-of-interests Methode ist nicht mehr zulässig.
– Besonderheiten der Transaktionen zwischen Gesellschaften unter gemeinschaftlicher Beherrschung (transactions under common control)	Für konzerninterne Umstrukturierungen (transactions under common control; bspw konzerninterne Einbringungs- oder Verschmelzungsvorgänge) sowie Transaktionen zwischen Gesellschaften unter Beherrschung durch denselben Gesellschafter erfolgt die Konsolidierung mittels der analogen Anwendung der pooling-of-interests Methode, dh Buchwertverknüpfung. Dieselben Regeln kommen für transactions under common ownership zur Anwendung, dh die Gesellschafterstruktur ist vor und nach der Umstrukturierung identisch (SFAS 141.D11 f). EITF 90–13 behandelt Fälle sog common control merger, bei denen ua eine Mehrheitsbeteiligung zum Erwerb einer neuen Mehrbeteiligung mit und ohne Bar-

IAS/IFRS	HGB
Die uniting-of-interests method ist verpflichtend anzuwenden (IAS 22.15, SIC-9.4 ff), wenn keiner der Vertragspartner als Käufer auszumachen ist (IAS 22.13). Dazu müssen die folgenden Kriterien erfüllt sein: 1. alle oder zumindest die wesentliche Mehrheit der stimmberechtigten Anteile der sich zusammenschließenden Unternehmen müssen ausgetauscht oder gepoolt werden, 2. die Verkehrswerte der beteiligten Unternehmen dürfen sich nicht deutlich voneinander unterscheiden und 3. das Verhältnis der Stimmrechte und der Anteile der Gesellschafter zueinander wird durch den Zusammenschluss nicht wesentlich geändert. Die Posten der Abschlüsse der beteiligten Unternehmen sind für die Berichtsperiode des Zusammenschlusses und für alle vergleichbaren, veröffentlichten Perioden im Abschluss der beteiligten Unternehmen so zusammenzufassen, als habe der Zusammenschluss bereits zu Beginn der frühesten dargestellten Periode bestanden (IAS 22.78). Ein sich bei der Verrechnung zwischen den ausgegebenen Anteilen zzgl eines baren oder unbaren Spitzenausgleichs und dem Buchwert des erworbenen gezeichneten Kapitals ergebender Unterschiedsbetrag ist mit dem Konzerneigenkapital zu verrechnen, so dass es nicht zum Ausweis eines Goodwill kommt (IAS 22.79). Im Zusammenhang mit der Durchführung des Zusammenschlusses angefallene Ausgaben gehen nicht in die Anschaffungskosten ein, sondern stellen Aufwand der Periode dar (IAS 22.82). Der ED 3 sieht in Zukunft jedoch zwingend vor, jede Form des Unternehmenszusammenschlusses nach der Erwerbsmethode zu bilanzieren; die uniting-of-interests method wäre somit in Zukunft nicht mehr zulässig. Dies beinhaltet, dass in Zukunft immer einer der Vertragspartner als Käufer zu identifizieren wäre, der die Beherrschung über das oder die zusammenschliessenden Unternehmen übernimmt (ED 3.13 f).	Gem § 302 Abs 1 Satz 1 HGB ist bei Erfüllung der folgenden Voraussetzungen alternativ zur purchase method die Anwendung der pooling-of-interests method, bei der die Kapitalkonsolidierung auf das gezeichnete Kapital beschränkt ist, erlaubt: 1. die Beteiligung des Mutterunternehmens beträgt mindestens 90%, 2. die Beteiligung ist durch Anteilstausch erworben worden und 3. eine eventuelle Barabfindung darf 10% des Nennbetrags der ausgegebenen Anteile nicht übersteigen. Ein aus der Verrechnung des Beteiligungsbuchwertes mit dem anteiligen gezeichneten Kapital entstehender Unterschiedsbetrag muss gem § 302 Abs 2 HGB mit den (Konzern-)Rücklagen verrechnet werden. Diese Methode ist somit auch in den Folgeperioden erfolgsneutral. Ein Goodwill entsteht nicht. Der Standard des DRSC lässt die Regelungen zur Kapitalkonsolidierung nach der Interessenzusammenführungsmethode unberührt (DRS 4.4).
IAS 22 und SIC-9 schließen konzerninterne Umstrukturierungen explizit aus ihrem Anwendungsbereich aus. Nach hM sind die korrespondierenden US-Regeln bei der Interpretation dieser Regelungslücke heranzuziehen.	Die Einheitstheorie gebietet die Buchwertverknüpfung im Rahmen konzerninterner Umstrukturierungen. Soweit jedoch Gesellschafter bestehende Beteiligungen bspw mittels Verschmelzung zur Neugründung oder mittels Sacheinlage einbringen, besteht das Wahlrecht zur Einbringung zu Buchwerten, Zeitwerten oder einem Zwischenwert.

Kriterium	US-GAAP
– Besonderheiten der Transaktionen zwischen Gesellschaften unter gemeinschaftlicher Beherrschung (transactions under common control) (Forts)	ausgleich eingelegt wird. EITF 88–16 normiert für sog highly leveraged buy-outs ebenfalls die Buchwertverknüpfung für die Altgesellschafter. Hinsichtlich Minderheitsgesellschaftern gelten abweichende Regelungen (EITF 90–5, TB 85–5).
– Schuldenkonsolidierung	Sämtliche innerkonzernlichen Bestände und Transaktionen sowie hieraus resultierende unrealisierte Erfolge sind unbeschadet der Existenz von Minderheiten in voller Höhe zu eliminieren (ARB 51.6). Explizite Ausnahmen von der Schuldenkonsolidierung sind nach US-GAAP nicht vorgesehen. Auf die Schuldenkonsolidierung wird jedoch im Fall der Unwesentlichkeit verzichtet werden können.
– Zwischenergebniseliminierung	Sämtliche innerkonzernlichen Bestände und Transaktionen sowie hieraus resultierende unrealisierte Erfolge sind unbeschadet der Existenz von Minderheiten in voller Höhe zu eliminieren (ARB 51.6). Explizite Ausnahmen von der Zwischenergebniseliminierung sind nicht vorgesehen. Auf die Zwischenergebniseliminierung wird jedoch im Fall der Unwesentlichkeit verzichtet werden können.
– Aufwands- und Ertragskonsolidierung	Sämtliche innerkonzernlichen Bestände und Transaktionen sowie hieraus resultierende unrealisierte Erfolge sind unbeschadet der Existenz von Minderheiten in voller Höhe zu eliminieren (ARB 51.6). Explizite Ausnahmen von der Aufwands- und Ertragskonsolidierung sind nicht vorgesehen. Auf die Aufwands- und Ertragskonsolidierung wird jedoch im Fall der Unwesentlichkeit verzichtet werden können.
– Endkonsolidierung	Beteiligungen an Unternehmen, die nicht länger als Tochterunternehmen zu klassifizieren sind, müssen von der Vollkonsolidierung ausgeschlossen werden (ARB 51.6). Der Endkonsolidierungszeitpunkt wird dabei stets durch den Stichtag des Ausscheidens des Tochterunternehmens, dh den Zeitpunkt des Verlusts

IAS/IFRS	HGB
Sämtliche innerkonzernliche Bestände und Transaktionen sowie hieraus resultierende unrealisierte Gewinne sind unbeschadet der Existenz von Minderheiten in voller Höhe zu eliminieren. Unrealisierte Verluste sind hingegen nur dann in voller Höhe zu bereinigen, wenn die Kosten zurückerhalten werden können (IAS 27.17). Explizite Ausnahmen von der Schuldenkonsolidierung sind nach IAS nicht vorgesehen. Auf die Schuldenkonsolidierung wird jedoch im Fall der Unwesentlichkeit verzichtet werden können. Die Einschränkung für die Bereinigung unrealisierter Verluste soll mit Inkrafttreten des Improvement Projects entfallen (ED IAS 27.17).	Sämtliche Ansprüche und Verpflichtungen aus konzerninternen Schuldbeziehungen sind vollständig zu eliminieren (§ 303 HGB). Ist die Durchführung der Schuldenkonsolidierung für die Vermittlung der Vermögens-, Finanz- und Ertragslage von untergeordneter Bedeutung, kann auf sie verzichtet werden (§ 303 Abs 2 HGB).
Sämtliche innerkonzernliche Bestände und Transaktionen sowie hieraus resultierende unrealisierte Gewinne sind unbeschadet der Existenz von Minderheiten in voller Höhe zu eliminieren. Nicht realisierte Verluste sind ebenfalls zu eliminieren, es sei denn, dass die Kosten zurückerhalten werden können (IAS 27.17). Explizite Ausnahmen von der Zwischenergebniseliminierung sind nicht vorgesehen. Auf die Zwischenergebniseliminierung wird jedoch im Fall der Unwesentlichkeit verzichtet werden können. Die Einschränkung für die Bereinigung unrealisierter Verluste soll mit Inkrafttreten des Improvement Projects entfallen (ED IAS 27.17).	Vermögensgegenstände aus innerkonzernlichen Lieferungen und Leistungen unter Eliminierung von Zwischenerfolgen sind mit ihren Konzernanschaffungs- oder –herstellungskosten anzusetzen. Demnach sind sowohl Zwischengewinne als auch Zwischenverluste vollständig zu eliminieren (§ 304 Abs 1 HGB). Eine Ausnahme von der Zwischenergebniseliminierung (§ 304 Abs 2) ist vorgesehen bei untergeordneter Bedeutung für die Vermittlung eines den tatsächlichen Verhältnissen entspr Bilds der Vermögens-, Finanz- und Ertragslage.
Sämtliche innerkonzernlichen Bestände und Transaktionen sowie hieraus resultierende unrealisierte Gewinne sind unbeschadet der Existenz von Minderheiten in voller Höhe zu eliminieren. Nicht realisierte Verluste sind ebenfalls zu eliminieren, es sei denn, dass die Kosten zurückerhalten werden können (IAS 27.17). Explizite Ausnahmen von der Aufwands- und Ertragskonsolidierung sind nicht vorgesehen. Auf die Aufwands- und Ertragskonsolidierung wird jedoch im Fall der Unwesentlichkeit verzichtet werden können. Die Einschränkung für die Bereinigung unrealisierter Verluste soll mit Inkrafttreten des Improvement Projects entfallen (ED IAS 27.17).	Sämtliche Aufwendungen und Erträge aus konzerninternen Transaktionen sind zu eliminieren (§ 305 Abs 1 HGB). Auf die Eliminierung von Aufwendungen und Erträgen kann verzichtet werden, wenn dieses für die Vermittlung der Vermögens-, Finanz- und Ertragslage von untergeordneter Bedeutung ist (§ 305 Abs 2 HGB).
Beteiligungen an Unternehmen, die nicht länger als Tochterunternehmen zu klassifizieren sind, müssen von der Vollkonsolidierung ausgeschlossen werden und sind gem IAS 39 zu bilanzieren. Sie fallen nicht in den Anwendungsbereich der IAS 28 und 31 (IAS 27.24). Der Endkonsolidierungszeitpunkt wird dabei stets durch	Beteiligungen an Unternehmen, die aus dem (Voll-)Konsolidierungskreis ausscheiden, sind zu endkonsolidieren. Der Endkonsolidierungszeitpunkt wird dabei durch den Stichtag des Ausscheidens des Tochterunternehmens determiniert, insbes bei unterjährigem Abgang des Tochterunternehmens wird jedoch aus Vereinfachungsgründen als

Kriterium	US-GAAP
– Endkonsolidierung (Forts)	der Beherrschung durch das Mutterunternehmen, determiniert. Vereinfachungslösungen sind nicht vorgesehen, so dass bei unterjährigem Abgang stets die Anforderungen an die Periodenabgrenzung zu beachten sind, indem die bis zum Abgang entstandenen Aufwendungen und Erträge des Tochterunternehmens noch in die Konzern-GuV einbezogen werden. Die Endkonsolidierung stellt sich als Abgang aller, das abgehende Tochterunternehmen repräsentierenden Vermögenswerte und Schulden mit den Werten unmittelbar vor dem Ausscheiden aus dem Konsolidierungskreis dar (Abgangswert). Der Abgangserfolg aus Konzernsicht (Endkonsolidierungserfolg) errechnet sich dabei durch Gegenüberstellung von Veräußerungserlös und dem so ermittelten Abgangswert. Der Restbuchwert eines Goodwill ist beim teilweisen oder vollständigen Abgang eines business jeweils in die Kosten der abgehenden Werte einzubeziehen (SFAS 142.39). Mithin muss der Goodwill bei teilweisem oder vollständigem Beteiligungsabgang erfolgswirksam werden.
– Abgrenzung latenter Steuern	Es gelten die allgemeinen Regelungen zu → *latenten Steuern*, da das Konzept temporärer Differenzen nicht zwischen primären und sekundären latenten Steuern unterscheidet (SFAS 109). Dabei ist grds der Steuersatz des liefernden Unternehmens auf die Bewertung der temporären Differenzen aus Konsolidierungsbuchungen anzuwenden.

IAS/IFRS	HGB
den Stichtag des Ausscheidens des Tochterunternehmens, dh den Zeitpunkt des Verlusts der Beherrschung durch das Mutterunternehmen, determiniert. Vereinfachungslösungen sind nicht vorgesehen, so dass bei unterjährigem Abgang stets die Anforderungen an die Periodenabgrenzung zu beachten sind, indem die bis zum Abgang entstandenen Aufwendungen und Erträge des Tochterunternehmens noch in die Konzern-GuV einbezogen werden. Die Endkonsolidierung stellt sich als Abgang aller, das abgehende Tochterunternehmen repräsentierenden Vermögenswerte und Schulden mit den Werten unmittelbar vor dem Ausscheiden aus dem Konsolidierungskreis dar (Abgangswert). Der Abgangserfolg aus Konzernsicht (Endkonsolidierungserfolg) errechnet sich dabei durch Gegenüberstellung von Veräußerungserlös und dem so ermittelten Abgangswert. Der Restbuchwert eines Goodwill ist beim teilweisen oder vollständigen Abgang einer Sachgesamtheit jeweils in die Kosten der abgehenden Werte einzubeziehen. Mithin muss der Goodwill bei teilweisem oder vollständigem Beteiligungsabgang erfolgswirksam werden.	Bezugszeitpunkt für die Endkonsolidierung auch der Stichtag der letztmaligen Einbeziehung für zulässig erachtet. Die Endkonsolidierung stellt sich als Abgang aller, das abgehende Tochterunternehmen repräsentierenden Vermögenswerte und Schulden mit den Werten unmittelbar vor dem Ausscheiden aus dem Konsolidierungskreis dar (Abgangswert). Der Abgangserfolg aus Konzernsicht (Endkonsolidierungserfolg) errechnet sich dabei durch Gegenüberstellung von Veräußerungserlös und dem so ermittelten Abgangswert. Die Behandlung eines im Zuge der Erstkonsolidierung erfolgsneutral verrechneten Goodwill im Zeitpunkt der Endkonsolidierung ist strittig. Teile des Schrifttums – deren Ansicht hier nicht gefolgt wird – begründen die Beibehaltung der erfolgsneutralen Verrechnung mit dem Verrechnungswahlrecht gem § 309 HGB. Nach dem Standardentwurf des DRSC bestimmt der Zeitpunkt des Anteilsabgangs den Endkonsolidierungsstichtag (E-DRS 16.13).
Es gelten die allgemeinen Regelungen zu → *latenten Steuern*, da das Konzept temporärer Differenzen nicht zwischen primären und sekundären latenten Steuern unterscheidet (IAS 12). Dabei ist grds der Steuersatz des empfangenden Unternehmens auf die Bewertung der temporären Differenzen aus Konsolidierungsbuchungen anzuwenden.	Aktivische und passivische latente Steuern gem § 306 HGB sind abzugrenzen, sofern der Jahreserfolg im Konzernabschluss aufgrund erfolgswirksamer Konsolidierungsmaßnahmen zeitlich begrenzt von der Summe der Jahreserfolge der Einzelabschlüsse abweicht und zugleich der Steueraufwand, der auf der Grundlage des Konzernerfolgs anzusetzen wäre, von dem Steueraufwand gem Summenabschluss differiert. Erfolgswirksame Maßnahmen, die zu (Steueraufwands-) Differenzen führen, ergeben sich insbes aus der Zwischenerfolgseliminierung und der Schuldenkonsolidierung. Eine Abgrenzung latenter Steuern gem § 306 HGB ist jedoch nur für zeitlich begrenzte Differenzen (timing differences) zulässig, permanente und quasipermanente Erfolgsdifferenzen unterliegen hingegen nicht der Steuerabgrenzung. Der Abgrenzungsbetrag ist aufzulösen, soweit sich in späteren Perioden die Erfolgsabweichungen, die letztendlich zur Abgrenzung latenter Steuern geführt haben, umkehren bzw ausgleichen. Nach hM sind im Rahmen der Erstkonsolidierung auf zugeordnete stille Reserven/Lasten keine latenten Steuern abzugrenzen, da es hier zu keinen Erfolgsdifferenzen zwischen der Summe der Jahreserfolge der einbezogenen Unternehmen und dem Konzernerfolg kommt. Ihre Abgrenzung findet im Schrifttum mit Verweis auf die wirtschaftlich zutreffende Bemessung stiller Reserven und Lasten einerseits sowie des Unterschiedsbetrags aus der Kapitalkonsolidierung andererseits Unterstützung. Auch im Rahmen der Folgekonsolidierung ist bei Auflösung der stillen Reserven/Lasten aus der Erstkonsolidierung nach keine Abgrenzung latenter Steuern vorgesehen,

Kriterium	US-GAAP
– Abgrenzung latenter Steuern (Forts)	
– Minderheitsgesellschafter	Minderheitenanteile sind in der Konzernbilanz getrennt von Fremdkapital und Eigenkapital, das auf Anteilseigner des Mutterunternehmens entfällt, anzugeben, dh gesondert auszuweisen. Der auf die Minderheiten entfallende Anteil am Konzernjahreserfolg ist gesondert anzugeben; entspr gilt auch für den auf die Minderheiten entfallenden Steueranteil. Nicht SEC-berichtspflichtige Unternehmen können auch einen Ausweis im Eigenkapital oder unter den Verbindlichkeiten wählen. Ein derartiger Ausweis ist jedoch als unüblich zu charakterisieren. Im Rahmen des Purchase Method Projects soll der Ausweis der Minderheitenanteile (Noncontrolling interests) und deren Anteil am Konzernjahreserfolg umfassend neu geregelt werden. Zu erwarten ist ein Ausweis des Minderheitenanteils als gesonderte Position im Eigenkapital.
Einbeziehung von Gemeinschaftsunternehmen – Voraussetzungen	Die Bilanzierung von joint ventures erfolgt in Abhängigkeit der Rechtsform des Gemeinschaftsunternehmens. Incorporated joint ventures sind stets auf der Basis der Equity Methode einzubeziehen→ *Einbeziehung von assoziierten Unternehmen* (AIN-APB 18.2). Lediglich unincorporated joint ventures, dh grds nicht haftungsbeschränkte, nicht körperschaftliche Gemeinschaftsunternehmen, dürfen quotal konsolidiert werden. Dieses gilt auch, sofern die Quotenkonsolidierung in der betr Branche eine übliche und verbreitete industry practice bildet (ua Erdöl- und Erdgasbranche (SFAS 69.14 b), Immobilienbranche (SOP 78–9) sowie bei Arbeitsgemeinschaften). Findet die Quotenkonsolidierung im Ausnahmefall Anwendung, gelten die gleichen → *Einbeziehungsverbote* wie bei Tochterunternehmen.

IAS/IFRS	HGB
	da es sich hierbei um quasi-permanente Differenzen handelt. DRS 10 spiegelt hingegen iW die Vorschriften gem IAS 12 wider (→ *latente Steuern*)
Minderheitenanteile sind in der Konzernbilanz getrennt von Fremdkapital und Eigenkapital, das auf Anteilseigner des Mutterunternehmens entfällt, anzugeben, dh gesondert auszuweisen (IAS 27.26). Das Improvements Project schlägt einen Ausweis des Minderheitenanteils als gesonderte Position im Eigenkapital vor (ED IAS 27.26). Ist das auf Minderheiten infolge hoher Verlustzuweisungen eines konsolidierten Tochterunternehmens entfallende Eigenkapital aufgezehrt, werden darüber hinausgehende Verlustanteile grundsätzlich mit dem auf das Mutterunternehmen entfallenden Eigenkapital verrechnet. Spätere, auf die Minderheiten entfallende Gewinnanteile werden sodann zunächst ausschließlich dem Mehrheitsgesellschafter zugerechnet, bis die zuvor belasteten Verlustanteile der Minderheiten kompensiert sind (IAS 27.27). Eine Fortschreibung des Minderheitenanteils unter den Wert Null erfolgt nur, sofern die Minderheiten verbindlich zum Verlustausgleich verpflichtet und in der Lage sind. Der auf die Minderheiten entfallende Anteil am Konzernjahreserfolg ist gesondert anzugeben (IAS 27.26).	Gem § 307 Abs 1 HGB erfolgt der Ausweis der Minderheiten in der Bilanz unter einem gesonderten Posten als ‚Ausgleichsposten für Anteile anderer Gesellschafter' innerhalb des Eigenkapitals. Da nach HGB eine Verrechnung der auf Minderheiten entfallenden, ihr positives Eigenkapital übersteigenden Verluste mit dem auf das Mutterunternehmen entfallenden Eigenkapital nicht zulässig ist, ist der (aktivische) Ausweis eines negativen Ausgleichspostens für Anteile anderer Gesellschafter möglich. Diesbzgl wird im Schrifttum sowohl ein Saldierungsverbot als auch ein Saldierungswahlrecht von passivischen und aktivischen Minderheitsanteilen diskutiert. Der auf die Minderheiten entfallende Anteil am Konzernjahreserfolg ist in der Konzern-GuV nach dem Posten Jahresüberschuss/-fehlbetrag gesondert auszuweisen (§ 307 Abs 2 HGB).
Hinsichtlich der Konsolidierung von Gemeinschaftsunternehmen sind nur ‚jointly controlled entities' von Bedeutung, die als Unternehmen mit eigener Rechtspersönlichkeit aufgrund einer vertraglichen Vereinbarung zweier oder mehrerer ‚venturers' unter der gemeinsamen Beherrschung von mind einem Konzern- und einem weiteren Unternehmen stehen. Wenngleich die vertragliche Vereinbarung vielfältige Formen und Inhalte betreffen kann, stellt sie eine notwendige Voraussetzung für ein ‚joint venture' dar (IAS 31.4 iVm 5). Das IAS benchmark treatment sieht die Einbeziehung von Gemeinschaftsunternehmen mittels der Anwendung der Quotenkonsolidierung vor (IAS 31.25). Als allowed alternative treatment kommt die Einbeziehung auf der Basis der Equity-Methode in Betracht (IAS 31.32; → *Einbeziehung von assoziierten Unternehmen*). Einer Einbeziehung eines Gemeinschaftsunternehmens in den Konzernabschluss eines Vertragspartners stehen dieselben → *Einbeziehungsverbote* wie bei Tochterunternehmen entgegen (IAS 31.35). In diesen Fällen sind die Anteile gem IAS 39 zu bilanzieren. Dies gilt auch, sofern ein Anteilseigner eines joint ventures nicht an der gemeinsamen Führung beteiligt ist (IAS 31.42). Eine Abschaffung der Quotenkonsolidierung wird seitens des IASB diskutiert.	Gemeinschaftsunternehmen sind dadurch gekennzeichnet, dass sie von einem Konzernunternehmen gemeinsam mit mindestens einem konzernfremden Unternehmen geführt werden (§ 310 Abs 1 HGB). Die gemeinsame Führung unterscheidet sich vom maßgeblichen Einfluss in der Intensität der Beziehung des Mutterunternehmens zum Beteiligungsunternehmen (DRS 9.5). Hinsichtlich der Einbeziehung von Gemeinschaftsunternehmen besteht ein Wahlrecht, diese entweder auf der Grundlage der Quotenkonsolidierung (§ 310 Abs 1 HGB; DRS 9) oder aber auf der Grundlage der Equity Methode (§ 312 HGB; DRS 8 → *Einbeziehung von assoziierten Unternehmen*) in den Konzernabschluss einzubeziehen. Findet die Quotenkonsolidierung Anwendung, gelten nach herrschender Meinung die gleichen → *Einbeziehungsverbote* und → *Einbeziehungswahlrechte* wie bei Tochterunternehmen. Muss in diesen Fällen mangels Erfüllung der Voraussetzungen auch eine Einbeziehung auf der Grundlage der Equity Methode unterbleiben, sind die Anteile im Konzernabschluss nach der Anschaffungskostenmethode zu bilanzieren.

Kriterium	US-GAAP
– Stichtag sowie konzerneinheitliche Bilanzierung und Bewertung	Die Vorschriften zur → *Vollkonsolidierung* gelten analog (APB 18.19).
– Kapitalkonsolidierung	Die Kapitalkonsolidierung ist grds nach der Equity Methode vorzunehmen (→ *Einbeziehung von assoziierten Unternehmen*).
– Zwischenergebniseliminierung	Die Vorschriften zur → *Bewertung assoziierter Unternehmen* gelten analog (APB 18.19).
– Aufwands- und Ertragskonsolidierung	Die Vorschriften zur → *Bewertung assoziierter Unternehmen* gelten analog (APB 18.19).
– Abgrenzung latenter Steuern	Es gelten die allgemeinen Regelungen zu → *latenten Steuern.*
Einbeziehung von assoziierten Unternehmen – Voraussetzungen	Assoziierte Unternehmen sind Unternehmen, auf die ein Konzernunternehmen einen maßgeblichen Einfluss iSe Mitwirkung an den finanz- und geschäftspolitischen Entscheidungsprozessen des Beteiligungsunternehmens ausüben kann (APB 18.17; SFAS 94.15). Ein maßgeblicher Einfluss wird ab einem Stimmrechtsanteil von 20% widerlegbar vermutet. Bei einem Stimm-

IAS/IFRS	HGB
Die Vorschriften zur → *Vollkonsolidierung* gelten analog (IAS 31.27).	Die Vorschriften zur → *Vollkonsolidierung* gelten analog (§ 310 Abs 2 HGB). DRS 9 fordert auch für Gemeinschaftsunternehmen die Aufstellung eines Zwischenabschlusses (DRS 9.9).
Die Kapitalkonsolidierung im Rahmen der Quotenkonsolidierung basiert auf der purchase method. Hinsichtlich des Ausweises der beteiligungsproportional zum Anteil des ‚venturers' in den Konzernabschluss übernommenen Bilanz- und GuV-Posten des Gemeinschaftsunternehmens unterscheidet IAS 31 zwei Darstellungsvarianten: (a) Zusammenfassung der anteiligen Bilanz- und GuV-Posten des Gemeinschaftsunternehmens mit den Posten der übrigen einbezogenen Konzernunternehmen (‚line-by-line) oder (b) Einfügung separater Posten in das Gliederungsschema, die ausschließlich die Anteile an Gemeinschaftsunternehmen enthalten (‚separate line).	Die Kapitalkonsolidierung erfolgt auf der Grundlage der purchase method alternativ nach der Buchwert- oder der Neubewertungsmethode (§ 310 Abs 2 iVm § 301 HGB). Beide Verfahren führen infolge der auf den Anteil des Mutterunternehmens beschränkten Übernahme an Bilanz- und GuV-Posten des Gemeinschaftsunternehmens und dem damit verbundenen Nichtausweis von Minderheiten allerdings grds zum selben Ergebnis. Im Regelfall werden die in den Konzernabschluss übernommenen Posten des Gemeinschaftsunternehmens mit denen der Konzernunternehmen zusammengefasst; einem freiwilligen gesonderten Ausweis dürfte indessen nichts entgegenstehen. DRS 9 fordert den zusammengefassten Ausweis (DRS 9.19).
Im Fall von up-stream-Transaktionen (IAS 31.40) ist ein dabei entstehender Zwischengewinn in Höhe des Anteils des Mutterunternehmens am Gemeinschaftsunternehmen zu eliminieren und erst bei Weiterveräußerung an einen unabhängigen Dritten zu realisieren. Entspr gilt für Zwischenverluste, es sei denn, die Zwischenverluste stellen eine Verringerung des Nettoveräußerungswertes von kurzfristigen Vermögenswerten oder einen nicht nur vorübergehenden Rückgang im Buchwert eines langfristigen Vermögenswertes dar. In diesen Fällen ist der Zwischenverlust sofort erfolgswirksam zu erfassen. Entspr ist auch bei down-stream-Transaktionen vorzugehen (IAS 31.39).	Die Vorschriften zur → *Vollkonsolidierung* gelten analog (§ 310 Abs 2 HGB). Die Konsolidierung erfolgt stets in Höhe des Anteils des Mutterunternehmens am Gemeinschaftsunternehmen, so dass letztlich allein die Zwischenerfolge aus up-stream-Transaktionen vollständig eliminiert werden, während der betr Vermögensgegenstand nur anteilig der Bewertung gem § 304 Abs 1 HGB unterliegt. DRS 9 fordert die quotale Zwischenergebniseliminierung sowohl für up-stream als auch für down-stream Geschäfte. Bei cross-stream Geschäften erfolgt die Zwischenergebniseliminierung entspr dem Produkt der Beteiligungsquoten (DRS 9.11 u 12).
Die Vorschriften zur → *Vollkonsolidierung* gelten analog (IAS 31.27). Die Konsolidierung erfolgt stets in Höhe des Anteils des Mutterunternehmens am Gemeinschaftsunternehmen, so dass letztlich allein die Aufwendungen und Erträge des Gemeinschaftsunternehmens ggü Konzernunternehmen vollständig eliminiert werden, während die entspr Posten der Konzernunternehmen in Höhe des Anteils der anderen Partnerunternehmen des Gemeinschaftsunternehmens in den Konzernabschluss eingehen.	Die Vorschriften zur → *Vollkonsolidierung* gelten analog (§ 310 Abs 2 HGB). Da die GuV-Posten des Gemeinschaftsunternehmens lediglich quotal in die Summen-GuV eingehen, kann auch nur eine anteilsmäßige Aufwands- und Ertragskonsolidierung erfolgen. Die nicht konsolidierten Erfolgskomponenten aus den Erfolgsrechnungen von Konzernunternehmen werden dagegen wie Transaktionen mit Konzernfremden behandelt und demgem in der Konzern-GuV ausgewiesen.
Es gelten die allgemeinen Regelungen zu → *latenten Steuern*.	Die Vorschriften zur → *Vollkonsolidierung* gelten analog (§ 310 Abs 2 HGB).
Assoziierte Unternehmen sind Unternehmen, auf die ein Konzernunternehmen einen maßgeblichen Einfluss iSe Mitwirkung an den finanz- und geschäftspolitischen Entscheidungsprozessen des Beteiligungsunternehmens ausüben kann und welche weder Tochterunternehmen noch ‚joint ventures' des Anteilseigners darstellen (IAS 28.3). Ein maßgeblicher Einfluss (IAS 28.4)	Assoziierte Unternehmen sind gem § 311 Abs 1 HGB Unternehmen, an denen ein Konzernunternehmen eine Beteiligung gem § 271 Abs 1 HGB hält und auf deren Geschäfts- und Finanzpolitik dieses Konzernunternehmen einen maßgeblichen Einfluss tatsächlich ausübt. Ein maßgeblicher Einfluss wird bei einem Stimmrechtsanteil von über 20 % (widerlegbar) vermutet (§ 311 Abs 1 HGB,

Kriterium	US-GAAP
Einbeziehung von assoziierten Unternehmen – Voraussetzungen (Forts)	rechtsanteil von unter 20% wird widerlegbar vermutet, dass keine Möglichkeit zur Ausübung eines maßgeblichen Einflusses besteht (APB 18.17). Ein erheblicher Anteilsbesitz oder ein Mehrheitsbesitz eines anderen Anteilseigners schließen nicht notwendigerweise aus, dass ein Anteilseigner über einen maßgeblichen Einfluss verfügt. Es gelten die gleichen → *Einbeziehungsverbote* wie bei Tochterunternehmen.
– Stichtag sowie konzerneinheitliche Bilanzierung und Bewertung	Der Equity Methode ist jeweils der letzte (verfügbare) Jahresabschluss, sofern das assoziierte Unternehmen einen Konzernabschluss aufstellt, der letzte (verfügbare) Konzernabschluss zugrunde zu legen. Die Aufstellung eines Zwischenabschlusses bei abweichendem Stichtag ist somit – ohne zeitliche Höchstbegrenzung – nicht erforderlich. Allerdings gebietet der Stetigkeitsgrundsatz dann eine Beibehaltung der abweichenden Stichtage und damit auch die Konstanz der Periode zwischen den Abschlussstichtagen. Für SEC-berichtspflichtige Unternehmen gilt indes die 93-Tages-Regel (Reg S-X Rule 3A-02). Hinsichtlich der konzerneinheitlichen Bilanzierung und Bewertung gelten die Vorschriften zur → *Vollkonsolidierung* analog (APB 18.19).

IAS/IFRS	HGB
wird ab einem Stimmrechtsanteil von 20% widerlegbar vermutet. Ein erheblicher Anteilsbesitz oder ein Mehrheitsbesitz eines anderen Anteilseigners schließen nicht notwendigerweise aus, dass ein Anteilseigner über einen maßgeblichen Einfluss verfügt (IAS 28.4). Im Improvements Project soll die Definition von assoziierten Unternehmen auch auf Unternehmen ohne eigene Rechtspersönlichkeit (unincorporated entities such as partnerships) ausgedehnt werden. Zudem soll ein erheblicher Einfluss fortan auch dann ausgeschlossen sein, wenn eine gemeinsame Führung (joint control) des Investors und dessen Vertragspartner über das assoziierte Unternehmen besteht (ED IAS 28.3) oder wenn sich das Zielunternehmen in (rechtlicher) Reorganisation, in einem Insolvenzverfahren oder einer anderen langwierigen Restriktion befindet, die einen Transfer von finanziellen Mitteln an den Investor unterbindet (ED IAS 28.5B). Assoziierte Unternehmen sind auf der Grundlage der Equity Methode in den Konzernabschluss einzubeziehen. Einer Einbeziehung nach der Equity Methode stehen dieselben → *Einbeziehungsverbote* wie bei Tochterunternehmen entgegen (IAS 28.8 u 11). Die Einbeziehung at equity darf des Weiteren nicht fortgeführt werden, soweit der Anteilseigner nicht mehr über einen maßgeblichen Einfluss auf das assoziierte Unternehmen verfügt, die Anteile jedoch, entweder vollständig oder teilweise, bestehen bleiben (IAS 28.11). Für diesen Fall sieht das Improvements Project in Zukunft zwingend eine Bilanzierung nach IAS 39 vor (ED IAS 28.11). Die Existenz und die Auswirkungen potentieller Stammaktien bzw potentieller Wandelrechte, die sofort ausübbar oder wandelbar sind, sind zusätzlich bei der Beurteilung eines maßgeblichen Einflusses zu berücksichtigen (SIC-33, ED IAS 28.5A).	DRS 8.3), der jedoch auf mindestens 20% abstellt. Assoziierte Unternehmen sind gem § 312 HGB auf der Grundlage der Equity Methode in den Konzernabschluss einzubeziehen. Auf eine Einbeziehung nach der Equity Methode zugunsten einer Bewertung nach der Anschaffungskostenmethode darf verzichtet werden, sofern die Beteiligung am assoziierten Unternehmen für die Vermittlung der Vermögens-, Finanz- und Ertragslage des Konzerns von nur untergeordneter Bedeutung ist (§ 311 Abs 2 HGB) Die Equity-Methode ist auf assoziierte Unternehmen nicht anzuwenden, sofern der maßgebliche Einfluss nur vorübergehend bzw die Beteiligung von untergeordneter Bedeutung ist (DRS 8.5 u 6). Ein Konzernabschluss, in dem das Verbot zur Anwendung der Equity-Methode in APB 18 bzw IAS 28 beachtet wurde, erfüllt nach Ansicht des DRSC das Einklangserfordernis des § 292 a HGB (DRS 1.115 u 189).
Der Equity Methode ist – abgesehen von der Erstkonsolidierung – jeweils der letzte verfügbare Abschluss des assoziierten Unternehmens zugrunde zu legen (IAS 28.18). Grds wird jedoch davon ausgegangen, dass dieser als Jahres- oder Zwischenabschluss auf den Stichtag des Konzernabschlusses aufgestellt wird. Bei abweichenden Abschlussstichtagen kann – ohne zeitliche Höchstbegrenzung – auf die Erstellung eines Zwischenabschlusses verzichtet werden, sofern die Aufstellung eines Zwischenabschlusses nicht durchführbar ist. Allerdings gebietet der Stetigkeitsgrundsatz dann eine Beibehaltung der abweichenden Stichtage und damit auch die Konstanz der Periode zwischen den Abschlussstichtagen. Treten bei der Einbeziehung von Abschlüssen mit abweichendem Stichtag wesentliche Ereignisse oder Geschäftsvorfälle zwischen dem investierenden und dem Beteiligungsunternehmen im Zeitraum zwischen den Stichtagen ein, sind entspr	Der Equity Methode ist jeweils der letzte (verfügbare) Jahresabschluss, sofern das assoziierte Unternehmen einen Konzernabschluss aufstellt, der letzte (verfügbare) Konzernabschluss zugrunde zu legen (§ 312 Abs 6 HGB). Die Aufstellung eines Zwischenabschlusses bei abweichendem Stichtag ist somit – ohne zeitliche Höchstbegrenzung – nicht erforderlich. Allerdings gebietet der Stetigkeitsgrundsatz dann eine Beibehaltung der abweichenden Stichtage und damit auch die Konstanz der Periode zwischen den Abschlussstichtagen. DRS 9 fordert auch für assoziierte Unternehmen grds die Aufstellung eines Zwischenabschlusses (DRS 8.12 f). Auf die Anwendung der konzerneinheitlichen Regeln darf bei assoziierten Unternehmen verzichtet werden (§ 312 Abs 5 HGB). Nach hM sollte indessen zumindest eine den deutschen GoB entsprechende Bilanzierung und Bewertung im Abschluss des assoziierten Unternehmens erfolgen.

Kriterium	US-GAAP
– Stichtag sowie konzerneinheitliche Bilanzierung und Bewertung (Forts)	
– Kapitalkonsolidierung -- Verfahren	Die Anteile an assoziierten Unternehmen, die nach der Equity Methode bewertet werden, sind gesondert im langfristigen Vermögen in einem Betrag auszuweisen (APB 18.19 c). Die Equity-Bewertung ist als sog one-line-consolidation konzipiert.
-- Erstkonsolidierung	Zum Zeitpunkt des Erwerbs der Beteiligung an einem assoziierten Unternehmen ist eine positive bzw negative Differenz zwischen dem Beteiligungsbuchwert und dem anteiligen, zu Stichtagszeitwerten bewerteten Nettovermögen analog zur → *Vollkonsolidierung*, dh als Goodwill, zu bilanzieren (APB 18.19 b iVm APB 17.24 ff). Veränderungen des Anteilsbesitzes sind mittels tranchenweiser Konsolidierung zu berücksichtigen. Beim Übergang von der Anschaffungskostenmethode zur Equity Bilanzierung sind die Vorperioden rückwirkend anzupassen (APB 16.19 m).
-- Folgekonsolidierung	Der Beteiligungsbuchwert ist um (APB 18.19): • den anteiligen Jahreserfolg zu erhöhen oder zu vermindern. Dieser berechnet sich im Fall von Vorzugsaktien anderer Investoren nach Abzug der

IAS/IFRS	HGB
Korrekturen vorzunehmen (IAS 28.19). Das Improvements Project sieht vor, zukünftig eine zeitliche Begrenzung für die Befreiung von der Erstellung eines Zwischenabschlusses auf drei Monate zwischen dem Abschluss des Mutterunternehmens und des assoziierten Unternehmens vorzuschreiben (ED IAS 28.18), bei abweichendem Abschlussstichtag wäre eine entsprechende Angabe im Anhang zu machen (ED IAS 28.27). Das Erfordernis der konzerneinheitlichen Bilanzierung und Bewertung stellt sich auch für die Abschlüsse von assoziierten Unternehmen. Sind die Vereinheitlichungen indessen nicht durchführbar, kann darauf mit entspr Anhangangabe verzichtet werden (IAS 28.20); diese Befreiung soll jedoch zukünftig entfallen (ED IAS 28.20).	Gem DRS 8 müssen die für die Ermittlung des Equity-Werts anzuwendenden Bilanzierungs-, Bewertungs- und Konsolidierungsmethoden den Vorschriften des HGB sowie den Regelungen der DRS entsprechen (DRS 8.8).
Die Anteile an assoziierten Unternehmen, die nach der Equity Methode bewertet werden, sind gesondert im langfristigen Vermögen auszuweisen (IAS 28.28). Da keine Regelungen zum gesonderten Ausweis eines Geschäfts- oder Firmenwerts vorliegen, wird im Regelfall von einer der Buchwertmethode entspr one-line-consolidation auszugehen sein.	Der Gesetzgeber sieht für die Bilanzierung von Anteilen an assoziierten Unternehmen mit der Buchwert- und der Kapitalanteilsmethode zwei Equity Varianten vor (§ 312 HGB), die sich ausweistechnisch dahingehend unterscheiden, dass im Gegensatz zur Kapitalanteilsmethode der Geschäfts- oder Firmenwert bei der Buchwertmethode nicht separat, sondern zusammen mit dem anteiligen Eigenkapital als Teil der Anteile an assoziierten Unternehmen ausgewiesen wird. DRS 8 sieht allein die Buchwertmethode vor (DRS 8.17).
Zum Zeitpunkt des Erwerbs der Beteiligung an einem assoziierten Unternehmen ist eine positive bzw negative Differenz zwischen dem Beteiligungsbuchwert und dem anteiligen, zu Stichtagszeitwerten bewerteten Nettovermögen analog zur → Vollkonsolidierung gem IAS 22, dh als Goodwill, zu bilanzieren (IAS 28.17).	Zum Erstkonsolidierungszeitpunkt der Beteiligung an einem assoziierten Unternehmen ist bei Anwendung der Buchwertmethode eine positive Differenz zwischen den Anschaffungskosten und dem anteiligen Bucheigenkapital (stille Reserven/Lasten und Geschäfts- oder Firmenwert) in der Konzernbilanz zu vermerken oder im Konzernanhang anzugeben (§ 312 Abs 1 Satz 2 HGB). Bei Anwendung der Kapitalanteilsmethode ist dagegen eine positive Differenz zwischen den Anschaffungskosten und dem Eigenkapital zu Stichtagszeitwerten als Geschäfts- oder Firmenwert in der Konzernbilanz auszuweisen oder im Konzernanhang anzugeben (§ 312 Abs 1 Satz 3 HGB). Da für den Ansatz der Beteiligung an assoziierten Unternehmen als Obergrenze der Buchwert bzw die Anschaffungskosten der Beteiligung festgeschrieben ist, darf ein verbleibender passivischer Unterschiedsbetrag aus der Erstkonsolidierung bei beiden Methoden nach hM in aller Regel nicht als eigenständiger Posten ausgewiesen wer den (§ 312 Abs 1 Satz 1 Nr 1, Satz 2 und 3 HGB). Es hat jedoch ein Vermerk in der statistischen Nebenrechnung zu erfolgen, um in späteren Perioden die konzernerfolgswirksame Auflösung vornehmen zu können.
Der Beteiligungsbuchwert ist um • den anteiligen Jahreserfolg zu erhöhen oder zu vermindern (IAS 28.6). Dieser berechnet sich im Fall von Vorzugsaktien anderer Investoren nach Abzug	Der Beteiligungsbuchwert ist um • den anteiligen Jahreserfolg zu erhöhen oder zu vermindern (§ 312 Abs 4 Satz 1 HGB). Ferner sind im anteiligen Jahreserfolg insbes die erhöhten Abschrei-

Kriterium	US-GAAP
-- Folgekonsolidierung (Forts)	auf die Vorzugsaktien entfallenden Erfolgsanteile. Ferner sind im anteiligen Jahreserfolg die erhöhten Abschreibungen auf im Zuge der Erstkonsolidierung aufgedeckte stille Reserven zu berücksichtigen, • erhaltene Dividendenzahlungen zu kürzen, • erfolgsneutrale Eigenkapitalveränderungen, zB aus der Marktbewertung von zur Veräußerung gehaltenen Wertpapieren, Fremdwährungsdifferenzen oder Goodwill-Korrekturen zu erhöhen oder zu vermindern. Der Goodwill aus der Equity-Bewertung ist nicht planmäßig abzuschreiben. Ein der Vollkonsolidierung vergleichbarer Werthaltigkeitstest ist indes nicht durchzuführen. Stattdessen ist bei Vorliegen einer dauernden Wertminderung der Beteiligungsbuchwert in Höhe dieser Wertminderung außerplanmäßig abzuschreiben. Die Ermittlung eventueller Wertminderungen hat dabei für jede Beteiligung einzeln zu erfolgen (APB 18.19 h). Die Erträge und Aufwendungen aus assoziierten Unternehmen sind ebenso wie der Anteil des investierenden Unternehmens an außerordentlichen Posten in der Konzern-GuV gesondert zu zeigen (APB 18.19 c u d).
-- Sonderfall: Negativer Beteiligungsbuchwert	Im Regelfall wird die Equity Methode bei einem Buchwert von Null ausgesetzt. Die Erfassung weitergehender Verluste erfolgt jedoch in einer Nebenrechnung, da die Equity Methode in der Konzernbilanz bei zukünftigen Gewinnen des assoziierten Unternehmens erst nach Kompensation sämtlicher Verlustanteile aus Vorperioden wieder fortgesetzt werden darf (APB 18.19 i). Eine Wertfortführung unter Null ist nur gerechtfertigt, soweit Zuschüsse zugesagt, Garantien gegeben oder weitere Verpflichtungen eingegangen wurden. Sie ist des Weiteren gefordert, sofern neben der Beteiligung weitere finanzielle Vermögenswerte am assoziierten Unternehmen gehalten werden.
- Schuldenkonsolidierung	Sämtliche innerkonzernlichen Bestände und Transaktionen sowie hieraus resultierende unrealisierte Erfolge aus up-stream und down-stream Transaktionen sind

IAS/IFRS	HGB
der auf die Vorzugsaktien entfallenden Erfolgsanteile (IAS 28.21). Ferner sind im anteiligen Jahreserfolg die erhöhten Abschreibungen auf im Zuge der Erstkonsolidierung aufgedeckte stille Reserven sowie die Abschreibung/Zuschreibung des positiven/negativen Goodwill zu berücksichtigen (IAS 28.17), • erhaltene Dividendenzahlungen zu kürzen (IAS 28.6), • erfolgsneutrale Eigenkapitalveränderungen, zB aus der Neubewertung einzelner Aktiva, Fremdwährungsdifferenzen, oder Goodwill-Korrekturen zu erhöhen oder zu vermindern (IAS 28.6). Bei Vorliegen einer dauernden Wertminderung ist der Beteiligungsbuchwert in Höhe dieser Wertminderung außerplanmäßig abzuschreiben. Die Ermittlung eventueller Wertminderungen hat dabei für jede Beteiligung einzeln zu erfolgen (IAS 28.23 f). Die Erträge und Aufwendungen aus assoziierten Unternehmen sind ebenso wie der Anteil des investierenden Unternehmens an außerordentlichen oder aperiodischen Posten in der Konzern-GuV gesondert zu zeigen (IAS 28.28).	bungen/Zuschreibungen auf im Zuge der Erstkonsolidierung aufgedeckte stille Reserven/Lasten sowie die erfolgsneutrale Verrechnung oder Abschreibung respektive Zuschreibung eines positiven Goodwill respektive passivischen Unterschiedsbetrags aus der Erstkonsolidierung zu berücksichtigen, • erhaltene Dividendenzahlungen zu kürzen (§ 312 Abs 4 HGB), • erfolgsneutrale Eigenkapitalveränderungen, zB aus Kapitalein- oder –auszahlungen zu erhöhen oder zu vermindern. Im Falle einer dauernden Wertminderung der Anteile am assoziierten Unternehmen ist eine außerplanmäßige Abschreibung vorzunehmen. Zusätzlich dürfen Abschreibungen auch dann vorgenommen werden, wenn die Wertminderung nur vorübergehend ist (§ 298 Abs 1 iVm § 253 Abs 2 HGB). Die Wertminderung ist für jede Beteiligung einzeln zu ermitteln. Die Folgebewertung des positiven und negativen Goodwill entspricht den in DRS 4 zur Vollkonsolidierung niedergelegten Regeln (DRS 8.22 ff). In der Konzern-GuV ist das auf assoziierte Unternehmen entfallende Ergebnis in einem gesonderten Posten auszuweisen.
Im Regelfall wird die Equity Methode bei einem Buchwert von Null ausgesetzt. Die Erfassung weitergehender Verluste erfolgt jedoch in einer Nebenrechnung, da die Equity Methode in der Konzernbilanz bei zukünftigen Gewinnen des assoziierten Unternehmens erst nach Kompensation sämtlicher Verlustanteile aus Vorperioden wieder fortgesetzt werden darf (IAS 28.22; SIC-20). Lediglich in Ausnahmefällen, in denen das investierende Unternehmen Verpflichtungen eingegangen ist oder Zahlungen für Verpflichtungen des assoziierten Unternehmens geleistet wurden, für die das investierende Unternehmen garantiert oder haftet, sind Verluste über die Nullgrenze hinaus zu erfassen (IAS 28.22). Gemäß Improvements Project sollen anteilige Verluste, die den Buchwert der Anteile übersteigen, künftig mit allen Komponenten des langfristigen finanziellen Engagements nach dem Senioritätsprinzip (z. B. Reihenfolge der Abwicklung) verrechnet werden. Neben dem Buchwert der Anteile zählen dazu beispielsweise Vorzugsaktien, langfristige Forderungen und Kredite, jedoch keine Forderungen und Verbindlichkeiten aus Lieferungen und Leistungen. Weiterhin soll in Übereinstimmung mit IAS 39 geprüft werden, ob zusätzlicher Wertminderungsbedarf bei den einzelnen Komponenten des langfristigen finanziellen Engagements erforderlich ist (ED IAS 28.22 f).	Im Regelfall wird die Equity Methode bei einem Buchwert von Null ausgesetzt und die Beteiligung nur noch mit einem Erinnerungswert im Konzernabschluss aufgeführt. Die Erfassung weitergehender Verluste erfolgt jedoch in der statistischen Nebenrechnung. Erwirtschaftet das assoziierte Unternehmen in Folgeperioden wieder Gewinne sind zunächst die in der Nebenrechnung vorgetragenen Verluste zu kompensieren, bevor die Equity Methode in der Konzernbilanz fortgesetzt werden darf (DRS 8.27). Der Ausweis eines negativen Beteiligungsbuchwerts in Form einer Rückstellung oder Verbindlichkeit infolge der Berücksichtigung von Verlusten über die Nullgrenze hinaus kommt bisher nach hM nur dann in Frage, wenn das investierende Unternehmen für die Verluste des assoziierten Unternehmens bspw aufgrund einer Bürgschaft oder Patronatserklärung einstehen muss.
Die Notwendigkeit einer Schuldenkonsolidierung kann aus IAS 28 nicht eindeutig abgeleitet werden; gleichwohl enthält IAS 28.16 einen Generalverweis auf die	Eine Schuldenkonsolidierung im Rahmen der Equity Methode ist gesetzlich nicht vorgesehen.

Kriterium	US-GAAP
– Schuldenkonsolidierung (Forts)	anteilig zu eliminieren (APB 18.19).
– Zwischenergebniseliminierung	Sämtliche innerkonzernlichen Bestände und Transaktionen sowie hieraus resultierende unrealisierte Erfolge aus up-stream und down-stream Transaktionen sind anteilig zu eliminieren (APB 18.19).
– Aufwands- und Ertragskonsolidierung	Sämtliche innerkonzernliche Bestände und Transaktionen sowie hieraus resultierende unrealisierte Erfolge aus up-stream und down-stream Transaktionen sind anteilig zu eliminieren (APB 18.19).
– Abgrenzung latenter Steuern	Es gelten die allgemeinen Regelungen zur Abgrenzung → *latenter Steuern.*

IAS/IFRS	HGB
Anwendbarkeit der Vollkonsolidierungsgrundsätze gem IAS 27.	
Zwischenergebnisse aus Lieferungen und Leistungen zwischen dem assoziierten Unternehmen und den in den Konzernabschluss einbezogenen Unternehmen sind anteilig zu eliminieren. Unrealisierte Verluste dürfen nicht eliminiert werden, soweit die Transaktion substantielle Hinweise auf eine Wertminderung des übertragenen Vermögenswerts gibt (IAS 28.16 iVm SIC-3, ED IAS 28.16B).	Zwischenergebnisse aus Lieferungen und Leistungen zwischen dem assoziierten Unternehmen und den in den Konzernabschluss einbezogenen Unternehmen sind nach HGB wahlweise anteilig oder vollständig zu eliminieren, soweit die für die Beurteilung maßgeblichen Sachverhalte bekannt oder zugänglich sind (§ 312 Abs 5 Satz 4 HGB). DRS 8 verpflichtet hingegen zur Zwischengewinnelimierung (DRS 8.30 ff).
Die Notwendigkeit einer Aufwands- und Ertragskonsolidierung kann aus IAS 28 nicht eindeutig abgeleitet werden; gleichwohl enthält IAS 28.16 einen Generalverweis auf die Anwendbarkeit der Vollkonsolidierungsgrundsätze gem IAS 27.	Eine Aufwands- und Ertragskonsolidierung im Rahmen der Equity Methode ist gesetzlich nicht vorgesehen.
Ertragsabhängige Steuern im Zusammenhang mit Anteilen an assoziierten Unternehmen sind gem IAS 12 (→ *Vollkonsolidierung, latene Steuern*) zu ermitteln (IAS 28.25).	Da die Equity Methode außerhalb des Vierten Titels, auf den die Steuerabgrenzung gem § 306 HGB abstellt, geregelt ist, besteht diesbzgl keine Pflicht zur Abgrenzung latenter Steuern. Gleichwohl wird allgemein die freiwillige Abgrenzung latenter Steuern auch im Rahmen der Equity Methode befürwortet.

Kapitel 6: Weitere Abschlussbestandteile sowie Zwischenberichterstattung

Kriterium	US-GAAP

Gewinn- und Verlustrechnung

Ausweisvorschriften	Die GuV ist grds entspr dem Umsatzkostenverfahren zu gliedern (→ *Gliederungsschemata und -konzeptionen*). Unabhängig vom gewählten Format sind nachfolgende Posten stets gesondert zu zeigen (APBs 9, 30, 51): 1. ungewöhnliche oder seltene Aufwendungen oder Erträge (Darstellung auf vor-Steuerbasis) innerhalb des Ergebnisses der gewöhnlichen Geschäftstätigkeit (APB 30.26), 2. Verkauf einer Unternehmenseinheit (Darstellung auf nach-Steuerbasis) zwischen dem Ergebnis der gewöhnlichen Geschäftstätigkeit und der Zwischensumme (APB 30.8, SFAS 144,41 ff), 3. Ergebnis vor außerordentlichen Posten und dem kumulativen Effekt aus einem Wechsel der Rechnungslegungsprinzipien (APB 30), 4. außerordentliches Ergebnis (Darstellung auf nach-Steuerbasis) nach dem Ergebnis vor außerordentlichen Posten und dem kumulativen Effekt aus einem Wechsel der Rechnungslegungsprinzipien (APB 30.19), 5. kumulierter Effekt aus einem Wechsel der Rechnungslegungsprinzipien (Darstellung auf nach-Steuerbasis im Anschluss an das außerordentliche Ergebnis; APB 20.18 ff), 6. Minderheitsanteile am Konzernjahreserfolg (Darstellung auf nach-Steuerbasis vor dem Konzernjahresüberschuss/-fehlbetrag). Der dem Gewinn oder Verlust der gewöhnlichen Geschäftstätigkeit zuzurechnende lfd und latente Steueraufwand/-ertrag ist als Gesamtbetrag gesondert darzustellen. Wesentliche Aufwendungen und Erträge sind gesondert auszuweisen.
Umsatzerlöse	Die SEC hat die bisher in unterschiedlichen Verlautbarungen niedergelegten Regeln zur Umsatzrealisierung in einem Dokument, SAB 101, zusammengefasst und darüber hinaus mit den Frequently Asked Questions weitere Anwendungsleitlinien zu SAB 101 veröffentlicht. Damit interpretiert die SEC lediglich bestehende GAAP, ohne neue Regeln zu schaffen. SAB 101 ist von allen Unternehmen anzuwenden, soweit nicht branchenspezifische Regeln Sondernormen determinieren (ua Softwarelizenzen SOP 97–2, Franchiseverträge SFAS 45, Langfristfertigung ARB 45, SOP 81–1 etc). Umsätze sind nur dann zu realisieren, sofern alle nachfolgenden vier Kriterien erfüllt sind, wobei ua die weiteren Unterkriterien jeweils die vier Hauptkriterien interpretieren: • Überzeugender Nachweis einer Vereinbarung/eines Vertrags:

IAS/IFRS	HGB
Die GuV kann sowohl gem dem Gesamtkosten- als auch dem Umsatzkostenverfahren gegliedert werden (→ *Gliederungsschemata und -konzeptionen*). IdR sind folgende Posten alternativ in der GuV oder im Anhang gesondert anzugeben (IASs 8.18, 1.75): 1. außerplanmäßige Abschreibungen der Vorräte auf den Nettoveräußerungswert oder der Sachanlagen auf den erzielbaren Betrag sowie die Rückbuchung solcher außerplanmäßigen Abschreibungen, 2. eine Restrukturierung der Tätigkeiten eines Unternehmens und die Auflösung von Rückstellungen für Restrukturierungskosten, 3. Erfolge aus dem Abgang von Vermögenswerten des Sachanlagevermögens, 4. Erfolge aus dem Abgang langfristiger Finanzinvestitionen, 5. Erfolge aus der Einstellung von Bereichen, 6. Erfolge aus der Beendigung von Rechtsstreitigkeiten und 7. sonstige Auflösungen von Rückstellungen. Der dem Gewinn oder Verlust der gewöhnlichen Geschäftstätigkeit zuzurechnende lfd und latente Steueraufwand/-ertrag ist als Gesamtbetrag gesondert darzustellen (IAS 12.77).	Die GuV kann sowohl gem dem Gesamtkosten- als auch dem Umsatzkostenverfahren gegliedert werden (§ 275 Abs 1 HGB; → *Gliederungsschemata und -konzeptionen*). Es existiert ein fixes Gliederungsschema. Kleine und mittelgroße KapGes sowie PHG iSd § 264 a HGB dürfen ein Rohergebnis ausweisen und kleine KapGes sowie PHG iSd § 264 a HGB können außerdem auf die Erläuterungen zum außerordentlichen Ergebnis verzichten (§ 276 HGB).
IAS 18 differenziert für die Zwecke der Umsatzrealisierung: • Erlöse aus dem Verkauf von Waren und Erzeugnissen, • Erträge aus der Erbringung von Dienstleistungen und • Erträge aus Zinsen, Lizenzverträgen und Dividenden. Erlöse aus dem Verkauf von Waren und Erzeugnissen sind zu erfassen, wenn die folgenden Kriterien erfüllt sind (IAS 18.14): (a) das Unternehmen hat die maßgeblichen Risiken und Chancen, die mit dem Eigentum der verkauften Waren und Erzeugnisse verbunden sind, auf den Käufer übertragen, (b) dem Unternehmen verbleibt weder ein fortdauerndes Verfügungsrecht, wie es gewöhnlich mit dem	Umsatzerlöse sind im HGB definiert. Demnach sind Umsatzerlöse Erlöse aus dem Verkauf und der Vermietung oder Verpachtung von für die gewöhnliche Geschäftstätigkeit der Gesellschaft typischen Erzeugnisse und Waren sowie aus von für die gewöhnliche Geschäftstätigkeit der Gesellschaft typischen Dienstleistungen nach Abzug von Erlösschmälerungen und Umsatzsteuer (§ 277 Abs 1 HGB). Konkrete Ausführungen zum Realisierungszeitpunkt sind dem Gesetz nicht zu entnehmen. Nach dem Realisationsprinzip sind Gewinne nur zu berücksichtigen, wenn sie am Abschlussstichtag realisiert sind. (§ 252 Abs 1 Nr 4 HGB). Die Festlegung des Zeitpunktes bleibt den GoB vorbehalten. Erträge aus Lieferungs- und Leistungsgeschäften gelten als realisiert, wenn • der Lieferer den betreffenden Vermögensgegenstand vertragsgem übergeben hat und die Gefahr überge-

Kriterium	US-GAAP
Umsatzerlöse (Forts)	– Dokumentation in Schriftform, online Bestätigung oder sonstige handelsübliche Vorgehensweise, – endgültige Vereinbarung, – stetige Anwendung der definierten Vorgehensweise auf alle Geschäfte, – Problematik von Nebenabreden, – Eigentumsübergang nicht ausreichend bei Rückgaberechten, Demonstrationsprodukten etc. • Lieferung oder Leistung wurden erbracht: – wesentlicher Abschluss des Umsatzprozesses ausreichend (Definitionsproblematik), – Kundensicht ist entscheidend, – Besonderheiten bei bill and hold Geschäften, – Abnahme durch den Kunden, – nicht zurückzuerstattende Einmalentgelte, – besondere Schwierigkeiten bei multiple-element Verträgen (Mehrkomponentenverträge), die idR als ein Vertrag zu würdigen sind (EITFs 00–21, 00–24), – Lizenzeinnahmen, – Besonderheiten der layaway sales. • Verkaufspreis ist bestimmt oder bestimmbar: – nicht zurückzuerstattende Einmalentgelte, – Produktrückgaben, – bedingte Mieten. • Die Einbringlichkeit der Forderungen ist hinreichend sicher. SAB 101 und EITF 99–19 bestimmen zudem anhand eines Kriterienkatalogs, ob die Umsätze inklusive oder exklusive Vorstufenumsätzen (brutto oder netto) auszuweisen sind. EITF 00–21 enthält Regelungen bzgl der Umsatzrealisierung bei Transaktionen, die zu wiederholten Lieferungen und/oder Leistungen führen. Zur Umsatzrealisierung aus Tauschgeschäften (barter transactions) bestehen Sonderregelungen (EITF 99–17, APB 29). Das FASB diskutiert zZt im Rahmen des Projekts Revenue Recognition vertieft die Regelungen zur Umsatzrealisation. Zinsen sind zeitproportional unter Berücksichtigung der Effektivverzinsung des Vermögenswertes, Lizenzerträge periodengerecht in Übereinstimmung mit den Bestimmungen des zugrundeliegenden Vertrages und Dividenden mit der Entstehung des Rechtsanspruches auf Zahlung zu erfassen.
Außerordentliche Posten	Um sich für einen Ausweis innerhalb des außerordentlichen Ergebnisses zu qualifizieren, müssen die betreffenden Aufwendungen und Erträge sowohl ungewöhnlich (iSv artfremd) als auch selten – und wesentlich – sein (APB 30.20). Auch Gewinne/Verluste aus einem Schulderlass Dritter sind nur dann im außerordentlichen Ergebnis auszu-

IAS/IFRS	HGB
Eigentum verbunden ist, noch eine wirksame Beherrschung über die verkauften Waren und Erzeugnisse, (c) die Höhe der Erlöse kann verlässlich bestimmt werden, (d) es ist hinreichend wahrscheinlich, dass dem Unternehmen der wirtschaftliche Nutzen aus dem Verkauf zufließen wird und (e) die im Zusammenhang mit dem Verkauf angefallenen oder noch anfallenden Kosten können verlässlich bestimmt werden. Soweit maßgebliche Eigentumsrisiken beim Unternehmen verbleiben (ua Rückgaberechte ohne verlässliche Schätzung für die Rückgabequote, über die normalen Geschäftsbedingungen hinausgehende Garantien etc), wird der Vorgang nicht als Verkauf angesehen (IAS 18.16) Erträge aus der Erbringung von Dienstleistungen sind zu realisieren, wenn (IAS 18.20) (a) die Höhe der Erträge verlässlich bemessen werden kann, (b) es hinreichend wahrscheinlich ist, dass der wirtschaftliche Nutzen aus dem Geschäft dem Unternehmen zufließen wird, (c) der Fertigstellungsgrad des Geschäftes am Bilanzstichtag verlässlich bemessen werden kann und (d) die für das Geschäft angefallenen Kosten und die bis zu seiner vollständigen Abwicklung zu erwartenden Kosten verlässlich bemessen werden können. Zur Umsatzrealisierung aus Tauschgeschäften (barter transactions) bestehen Sonderregelungen (SIC-31, IAS 18.12). Zinsen sind zeitproportional unter Berücksichtigung der Effektivverzinsung des Vermögenswertes, Lizenzerträge periodengerecht in Übereinstimmung mit den Bestimmungen des zugrundeliegenden Vertrages und Dividenden mit der Entstehung des Rechtsanspruches auf Zahlung zu erfassen (IAS 18.30, RS HFA 2.21 f).	gangen ist oder der Leistende die Leistung erbracht hat und • dadurch ein Anspruch auf Gegenleistung entstanden ist. An die Stelle der Übergabe des Vermögensgegenstandes kann auch die Vereinbarung eines Besitzkonstitutes treten. Soweit der Empfänger über ein Rückgaberecht verfügt, ist der Ertrag erst nach Ablauf der Rückgabefrist realisiert. Unbedeutend ist der Zeitpunkt des Vertragsschlusses, des Erbringens der Gegenleistung oder von Anzahlungen. E-DRS 17 regelt die Erlöserealisierung und -bewertung im Zusammenhang mit dem Verkauf von Vermögenswerten und von Dienstleistungen aus der gewöhnlichen Geschäftstätigkeit. In diesem Rahmen werden auch die Erfassung und Bewertung von Erlösen aus periodenübergreifenden Aufträgen und aus Mehrkomponentengeschäften behandelt. Erlöse aus dem Verkauf von Vermögenswerten oder Dienstleistungen sind zu erfassen, wenn die folgenden Kriterien erfüllt sind (E-DRS 17.8): • es liegt eine wirksame Vereinbarung vor, • die mit den verkauften Vermögenswerten verbundenen Chancen und Risiken sind dauerhaft auf den Käufer übergegangen oder die Dienstleistungen sind erbracht und • die Höhe der Erlöse kann verlässlich bestimmt werden. Die Grundsätze gelten gemäß E-DRS 17.9 auch für den Tausch von Vermögenswerten oder von Dienstleistungen. Die Realisierung von Erlösen aus periodenübergreifenden Aufträgen soll gem Entwurf des DRSC analog IAS 18 erfolgen (E-DRS 17.31;→ *Langfristfertigung*), während die Erfassung von Erlösen aus Mehrkomponentengeschäften eher die US-Regeln widerspiegeln. Zinserträge aus festverzinslichen Wertpapieren und Forderungen werden üblicherweise unabhängig vom Zeitpunkt der Fälligkeit pro rata temporis erfasst. Ansprüche aus Gewinnbeteiligungen an Kapitalgesellschaften oder aus Gewinnabführungsverträgen gelten grds im Zeitpunkt des Beschlusses der Gewinnausschüttung als realisiert. Bei Mehrheitsgesellschaftern können Erträge bereits aufgrund eines Gewinnverwendungsvorschlages als realisiert angesehen werden, wenn das Geschäftsjahr der Tochtergesellschaft mit dem des Mehrheitsgesellschafters übereinstimmt und der Jahresabschluss der Tochtergesellschaft vor dem des Mehrheitsgesellschafters festgestellt ist.
Das Periodenergebnis umfasst sowohl das Ergebnis der gewöhnlichen Tätigkeit als auch außerordentliche Posten (IAS 8.10). Als außerordentliche Posten gelten dabei Erträge oder Aufwendungen, die aus Ereignissen oder Geschäftsvorfällen entstehen, welche sich klar von der gewöhnlichen Tätigkeit des Unternehmens unterscheiden und von denen nicht anzunehmen ist, dass sie	Erträge und Aufwendungen, die außerhalb der gewöhnlichen Geschäftstätigkeit anfallen, sind unter dem Posten außerordentliche Erträge/Aufwendungen zu erfassen. Die Posten sind hinsichtlich ihrer Art und ihrem Umfang im Anhang zu erläutern, soweit die ausgewiesenen Beträge für die Beurteilung der Ertragslage nicht von untergeordneter Bedeutung sind (§ 277 Abs 4 HGB).

Kriterium	US-GAAP
Außerordentliche Posten (Forts)	weisen, soweit sie die Kriterien ungewöhnlich und selten kumulativ erfüllen (SFAS 145.6). Der Ausweis erfolgt in unmittelbarem Anschluss an die Erfolgswirkungen aus der Veräußerung einer Unternehmenseinheit auf einer nach-Steuerbasis.
Auswirkungen aus Änderungen der bisherigen Rechnungslegungsprinzipien des Unternehmens	Grds sind die Effekte aus der retrospektiven Anwendung geänderter Rechnungslegungspolitik (bilanzpolitische Änderungen) im Jahr des Wechsels kumuliert als Gesamteffekt gesondert erfolgswirksam zu erfassen. Eine erfolgsneutrale Korrektur ist nur in den abschließend genannten Ausnahmefällen gem APB 20.9 (bspw Wechsel von der Lifo-Methode) zulässig (→ *Wechsel der Rechnungslegungspolitik*).

Discontinued(-ing) Operations

Definitionen	Ein Geschäftsbereich (component of an entity) beinhaltet Geschäftstätigkeiten und Zahlungsströme, die operativ und auf der Basis des Berichtswesens klar von den übrigen Unternehmensteilen separiert werden können. Dabei kann es sich um ein berichtspflichtiges Segment gem SFAS 131, eine Berichtseinheit gem SFAS 142, eine Tochtergesellschaft oder eine Sachgesamtheit (asset group) handeln (SFAS 144.41)

IAS/IFRS	HGB
häufig oder regelmäßig wiederkehren (IAS 8.6). Ein Ereignis oder Geschäftsvorfall führt nur selten zu einem außerordentlichen Posten (IAS 8.12). Im Ausweisfall sind Art und Betrag eines jeden außerordentlichen Postens gesondert anzugeben (IAS 8.11). Diese Angabe kann im Rahmen der GuV erfolgen, oder, wenn diese Angaben im Anhang zum Abschluss gemacht werden, ist der Gesamtbetrag aller außerordentlichen Posten im Rahmen der GuV anzugeben (IAS 8.15). Der Ausweis kann auf einer nach-Steuerbasis erfolgen (IAS 1.36 c). Lt Improvements Project soll die Position »außerordentliche Posten« gestrichen werden (ED IAS 1.78). Der Ausweis von ausserordentlichen Posten in der GuV und im Anhang wäre demnach nicht mehr zulässig. Es würde danach keine Ertrags- oder Aufwandsposten mehr geben, die nicht aus der gewöhnlichen Tätigkeit des Unternehmens resultieren.	
IAS 8 differenziert für die Korrektur: • die erfolgsneutrale – sofern praktikabel – retrospektive Änderung unter – sofern praktikabel – Berücksichtigung geänderter Vorjahreswerte (benchmark treatment; IAS 8.49) und • die erfolgswirksame – sofern praktikabel – retrospektive Änderung ohne Anpassung der Vorjahreswerte jedoch unter – sofern praktikabel – ergänzender Angabe geänderter (pro forma) Vorjahreswerte (allowed alternative treatment; IAS 8.54). Das Improvements Project sieht vor, bei freiwilligen Änderungen der Rechnungslegungspolitik die retrospektive Methode anzuwenden (ED IAS 8.20–23). Die Alternative der prospektiven Methode soll entfallen (IAS 8.54–57).	Ein Wechsel der Rechnungslegungspolitik führt in der Periode des Wechsels zu einer erfolgswirksamen prospektiven Anpassung der jeweiligen Abschlussposten. Stetigkeitsdurchbrechungen führen zu keinem gesonderten GuV-Ausweis (→ *Wechsel der Rechnungslegungspolitik*).

Ein aufzugebender Geschäftsbereich ist ein Bestandteil eines Unternehmens (IAS 35.2): (a) den das Unternehmen im Rahmen eines einzelnen Plans: • iW in seiner Gesamtheit veräußert und zwar bspw durch Verkauf in einer einzigen Transaktion, durch Entflechtung oder durch Ausgliederung und Überführung des Bestandteils in das Eigentum der Anteilseigner des Unternehmens, • stückweise veräußert und zwar bspw durch den Verkauf einzelner Vermögenswerte des Bestandteils bzw die Tilgung einzelner Schulden des Bestandteils, oder • durch Aufgabe einstellt, (b) der einen gesonderten, wesentlichen Geschäftsbereich oder geographischen Bereich darstellt und	Das HGB enthält keine Regelungen zu den abgehenden Teilbereichen bzw einzustellenden Bereichen. Dennoch finden sich zur Einstellung bzw Abspaltung von Geschäftsbereichen Regelungen im UmwG.

Kriterium	US-GAAP
Definitionen (Forts)	
Bestimmung und zeitliche Erfassung	Eine Eingruppierung als discontinued operation erfolgt, sobald beide nachfolgenden Kriterien erfüllt sind (SFAS 144.42): • die Geschäftstätigkeit und die Zahlungsströme scheiden aus der gewöhnlichen Geschäftstätigkeit mittels Abgang aus und • das Unternehmen wird keinen wesentlichen dauerhaften Einfluss (significant continuing involvement) auf den Geschäftsbereich nach dem Abgang aus dem Unternehmen haben.
Erfolgsrechnerische Teilkomponenten	In der Berichtsperiode, in der der Geschäftsbereich tatsächlich abgeht oder als zum Verkauf stehend (held for sale) eingestuft wird, ist in der GuV der Berichtsperiode sowie der Vorperioden das Ergebnis aus der Geschäftstätigkeit dieses Geschäftsbereichs gesondert zu zeigen. Ein Wertminderungsverlust (→ *außerplanmäßige Abschreibung*) oder Ertrag aus der Wertaufholung, der jeweils als Differenz zwischen dem Buchwert und dem absatzmarktorientierten Stichtagszeitwert bestimmt ist (SFAS 144.37), gehen in dieses Ergebnis ein (SFAS 144.43). Ebenso muss mindestens der Zinsaufwand aus Schulden des Geschäftsbereichs ins Ergebnis einfließen, die durch den Verkauf abgehen (EITF 87–24). Die discontinued operations sind unter gesonderter Angabe der verursachten Steuern vom Einkommen und Ertrag auf einer nach-Steuer-Basis zu zeigen.
– Abgangserfolg	Der Abgangserfolg entspricht grds dem gem SFAS 144.37 zu ermittelnden Wertminderungsverlust bzw Wertaufholungsertrag und ist gesondert in der GuV oder im Anhang zu zeigen (SFAS 144.44). Bewertungsänderungen in Vorperioden als discontinued operations ausgewiesener Beträge sind in der lfd Berichtsperiode gesondert innerhalb der discontinued operations auszuweisen (SFAS 144.44).
– Phase-out Periode	Der Regelfall stellt auf eine Veräußerung innerhalb von 12 Monaten ab. In seltenen Ausnahmefällen, die sich der Kontrolle des Unternehmens entziehen, kann dieses Zeitfenster über ein Jahr verlängert werden (SFAS 144.30 f).

IAS/IFRS	HGB
(c) der betrieblich und für die Zwecke der Rechnungslegung abgegrenzt werden kann. Eine Restrukturierung, Geschäftsvorfälle oder Ereignisse, die nicht unter die Definition des Begriffes ›einzustellender Bereich‹ fallen, dürfen nicht als einzustellender Bereich bezeichnet werden (IAS 35.43).	
In Bezug auf einen einzustellenden Bereich ist das die erstmalige Angabe auslösende Ereignis der Eintritt eines der folgenden Ereignisse, und zwar je nachdem, welches zuerst eintritt (IAS 35.16): (a) das Unternehmen hat einen verbindlichen Vertrag über den Verkauf aller wesentlichen, dem einzustellenden Bereich zuzurechnenden Vermögenswerte abgeschlossen, oder (b) das Geschäftsführungs-/ Aufsichtsorgan oder ein ähnliches Gremium hat sowohl (i) einen detaillierten, formellen Plan für die Einstellung genehmigt als auch (ii) den Plan bekannt gemacht. IAS 35 normiert keine eigenständigen Rechnungslegungsgrundsätze, sondern verweist auf die in anderen IAS enthaltenen Ansatz- und Bewertungsgrundsätze (IAS 35.17).	Es bestehen keine gesetzlichen Regelungen zur Bestimmung und zeitlichen Erfassung des Nettoabgangs.
Die im Rahmen der GuV gesondert auszuweisenden Erfolge aus einzustellenden Bereichen setzen sich (IAS 35.27 u 31): (a) aus den bisherigen (year-to-date) gewöhnlichen Erfolgskomponenten und (b) dem Erfolg aus dem Abgangsvorgang zusammen. Die Vorjahreszahlen sind entspr anzupassen (IAS 35.45). Darüber hinaus sind auch im Rahmen der Bilanz und der Kapitalflussrechnung die auf den einzustellenden Bereich entfallenden Bestände und Zahlungsströme gesondert aufzugliedern. Die Angaben können alternativ bis auf den Gewinn oder Verlust vor Steuern aus dem Abgang, der in der GuV ausgewiesen ist, im Anhang erfolgen (IAS 35.39).	Ein gesonderter Ausweis ist nicht vorgesehen. Zudem sind die bisherigen, auf den abgehenden Teilbereich entfallenden (operativen) Erfolgsbestandteile nicht umzugliedern.
Die IAS bestimmen in IAS 35 allein Ausweis- und Angabevorschriften. Gesonderte, über die allgemeinen Ansatz- und Bewertungsvorschriften hinausgehende Regelungen, sind nicht determiniert. Vielmehr gelten die allgemeinen Vorschriften, insbes IAS 36 u 37.	Der Abgangserfolg wird zum Abgangsstichtag ermittelt. Im Vorfeld können sich aufgrund der allgemeinen Regelungen (insbes bzgl planmäßiger Abschreibungen und Rückstellungen) bereits Konsequenzen ergeben.
Eine zeitliche Limitierung der phase-out Periode ist nicht vorgesehen (IAS 35.33). Nach dem erstmaligen Eintritt des auslösenden Ereignisses (→ *Bestimmung und zeitliche Erfassung*) eintretende Änderungen führen zur obligatorischen Aktualisierung der Angaben (IAS 35.33).	Es bestehen keine gesetzlichen Regelungen zur phase-out Periode.

Kriterium	US-GAAP
Ansatz und Bewertung	Es gilt dasselbe Bewertungskonzept wie für Vermögenswerte, die durch Verkauf, Stilllegung, Tausch oder anderweitig abgehen (SFAS 144.43), sowie die allgemeinen Ansatz- und Bewertungsvorschriften.

Ergebnis je Aktie

Anwendungsbereich	Die Angabe eines Ergebnisses je Aktie (earnings per share; EPS), sowie detaillierter Angaben zu dessen Berechnung ist für Unternehmen verpflichtend, deren (potentielle) Aktien öffentlich gehandelt werden oder die die Ausgabe von Stammaktien oder potentiellen Stammaktien an einer Wertpapierbörse in die Wege geleitet haben (SFAS 128.6). Die Offenlegung von EPS-Daten ist sowohl für Jahres- als auch für Zwischenabschlüsse obligatorisch (SFAS 128.43). 100 %ige Tochterunternehmen, nicht börsennotierte Unternehmen und investment companies sind von der Offenlegungspflicht ausgenommen (SFAS 128.6). Unternehmen, die auf freiwilliger Basis ein Ergebnis je Aktie angeben, haben dieses in Übereinstimmung mit den Regelungen des SFAS 128 zu ermitteln und anzugeben (SFAS 128.6). Offenzulegen sind EPS-Zahlen zum unverwässerten Ergebnis und zum verwässerten Ergebnis je Aktie. Die EPS-Zahlen sind im Anschluss an die Ergebnisrechnung darzustellen. Eine Ausnahme besteht für die Auswirkungen von • discontinued operations, • außerordentlichen Posten sowie • dem kumulierten Effekt aus einem Wechsel der Rechnungslegungsprinzipien. Diese können alternativ in den Anhangerläuterungen dargestellt werden (SFAS 128.36 f).
Bewertung – Unverwässertes Ergebnis je Aktie	Das unverwässerte Ergebnis je Aktie (basic EPS) ist definiert als das den Stammaktionären zustehende Periodenergebnis (→ *unverwässertes Ergebnis*) dividiert durch die gewichtete Anzahl der während der Periode ausstehenden Stammaktien (SFAS 128.8).

IAS/IFRS	HGB
Bei der Entscheidung darüber, wann und wie mit der Einstellung eines Bereiches verbundene Änderungen bei Vermögenswerten, Schulden, Erträgen, Aufwendungen sowie Mittelabflüssen und -zuflüssen zu erfassen und zu bewerten sind, hat ein Unternehmen die in anderen IAS enthaltenen Ansatz- und Bewertungsvorschriften zu beachten (IAS 35.17).	Es gelten die allgemeinen Ansatz- und Bewertungsvorschriften.

Die Angabe eines Ergebnisses je Aktie (earnings per share; EPS) sowie detaillierter Angaben zu dessen Berechnung ist für Unternehmen verpflichtend, deren (potentielle) Aktien öffentlich gehandelt werden oder die die Ausgabe von Stammaktien oder potentiellen Stammaktien an einer Wertpapierbörse in die Wege geleitet haben (IAS 33.1). Die Offenlegung von EPS-Daten ist sowohl für Jahres- als auch für Zwischenabschlüsse obligatorisch (IAS 33.47 iVm 34.11). Wenn ein Unternehmen sowohl einen Einzel- als auch einen Konzernabschluss aufstellt, hat es die EPS-Berechnungen ausschließlich auf Basis des konsolidierten Abschlusses anzugeben (IAS 33.2). Unternehmen, die auf freiwilliger Basis ein Ergebnis je Aktie angeben, haben dieses in Übereinstimmung mit den Regelungen des IAS 33 zu ermitteln und anzugeben (IAS 33.4). Offenzulegen sind EPS-Zahlen zum unverwässerten Ergebnis (basic earnings per share) und zum verwässerten (diluted earnings per share) Ergebnis sowohl für Stamm- als auch für Vorzugsaktien i. S. d. § 139 AktG (IAS 33.47, RS HFA 2.104). Das Improvements Project sieht vor, neben EPS-Kennziffern, die sich auf das Periodenergebnis beziehen, zusätzlich auch Kennziffern auszuweisen, die auf das Ergebnis aus fortgeführten Geschäftsbereichen (continuing operations) Bezug nehmen (ED IAS 33.8). Darüber hinaus wären im Falle aufgegebener Geschäftsbereiche für deren Ergebnis ebenfalls die verwässerten und unverwässerten EPS-Kennziffern anzugeben (ED IAS 33.60). Ferner soll IAS 33.2, der besagt, dass bei der Veröffentlichung von Einzel- und Konzernabschluss die Angabe von EPS-Kennziffern für den Konzern ausreicht, entfallen.	Es besteht keine gesetzliche Verpflichtung zum Ausweis von EPS-Daten. In der Bilanzierungspraxis erfolgt indes oftmals der (freiwillige) Ausweis des Ergebnisses je Aktie nach DVFA/SG. Das Berechnungsschema ist teilweise branchenspezifisch angepasst.
Das unverwässerte Ergebnis je Aktie (basic EPS) ist definiert als das den Stammaktionären (ordinary shares) zustehende Periodenergebnis (net profit or loss) dividiert durch die gewichtete Anzahl der während der Periode ausstehenden Stammaktien (IAS 33.10).	Das Ergebnis nach DVFA/SG ist definiert als bereinigtes Ergebnis dividiert durch die adjustierten durchschnittlich dividendenberechtigten Aktien.

Kriterium	US-GAAP
-- Unverwässertes Ergebnis	Das unverwässerte Ergebnis ist definiert als Periodenergebnis nach Abzug des auf die Minderheiten entfallenden Anteils sowie nach Abzug der Vorzugsdividende und der kumulierten Dividende für die kumulativen Vorzugsaktien (SFAS 128.9).
-- Unverwässerte Aktienzahl	Die Berechnung erfolgt auf Basis des zeitanteilig gewichteten Durchschnitts der Anzahl der während der Berichtsperiode im Umlauf befindlichen Stammaktien (SFAS 128.8).
- Verwässertes Ergebnis je Aktie	Die Berechnung der diluted EPS entspricht grds derjenigen der basic EPS, allerdings sind hierbei aufgrund der komplexen Kapitalstruktur des Unternehmens die in die Berechnung eingehenden Größen um alle Kapitalverwässerungseffekte, die durch eine zukünftige Ausgabe von potentiellen Stammaktien hervorgerufen werden, zu bereinigen. Das verwässerte Ergebnis je Aktie berechnet sich demnach, indem sowohl der den Stammaktionären zurechenbare Periodengewinn als auch der gewichtete Durchschnitt der sich in Umlauf befindlichen Aktien um die Auswirkungen aller verwässernden potentiellen Stammaktien bereinigt wird (SFAS 128.11). Die Angaben sind um Überleitungsrechnungen zur Bestimmung der jeweiligen Zähler- und Nennergrößen für die Berechnung der unverwässerten EPS auf die verwässerten EPS zu ergänzen. Im Ausnahmefall einer gegenläufigen Verwässerung (sog antidilution), die zu höheren diluted EPS im Vergleich zu den basic EPS führt, ist dieser Effekt nicht zu berücksichtigen und ggf auf eine gesonderte Angabe der verwässerten Kennzahl zu verzichten (Angabe gemeinsam mit unverwässerten EPS).
-- Verwässertes Ergebnis	Ausgehend vom Ergebnis der GuV sind sämtliche gewinnmindernden Aufwendungen für die potentiellen Aktien, die im Nenner einbezogen wurden, zum Jahresergebnis zu addieren. Aufwendungen, die aus dem Umtausch der potentiellen Aktien in tatsächliche Akti-

IAS/IFRS	HGB
Das unverwässerte Ergebnis ist definiert als Periodenergebnis nach Abzug des auf die Minderheiten entfallenden Anteils sowie nach Abzug der Vorzugsdividende und der kumulierten Dividende für die kumulativen Vorzugsaktien (IAS 33.11). Das Improvements Project sieht vor, dass eine Bereinigung der Ergebnisgrößen zusätzlich die Fälle umfassen soll, in denen Dividendenansprüche von Vorzugsaktionären als Verbindlichkeiten bilanziert sind oder zur gegenwärtigen oder künftigen Bedienung von Vorzugsaktien Beträge aus den retained earnings entnommen werden oder eingestellt werden (ED IAS 33.10 f).	Entspr dem Bereinigungsschema nach DVFA/SG ist das Periodenergebnis um die Effekte der abweichenden zwischenbetrieblichen Anwendung von Wahlrechten zu korrigieren.
Die Berechnung erfolgt auf Basis des zeitanteilig gewichteten Durchschnitts der Anzahl der während der Berichtsperiode im Umlauf befindlichen Stammaktien (IAS 33.14). Stammaktien iSv IAS 33.6 umfassen die Eigenkapitalinstrumente, die ggü allen anderen nachrangig sind. Neben Stammaktien zählen auch stimmrechtslose Vorzugsaktien iSd § 139 AktG zu diesen (RS HFA 2.103). Anders dagegen die üblichen Vorzugsaktien, die aufgrund der festen Rückzahlungsverpflichtung bzw des festen Rückzahlungsforderungsrechts gesondert zu behandeln sind (IAS 33.7).	Die durchschnittlich dividendenberechtigten Aktien werden um normale Kapitalerhöhungen, Kapitalberichtigungen und Aktiensplits, Bezugsrechte auf eine neue Aktiengattung oder andere Wertpapiere, Kapitalherabsetzungen sowie Sonderfälle (ua überkreuzte Bezugsrechte) adjustiert.
Die Berechnung der diluted EPS entspricht grds derjenigen der basic EPS, allerdings sind hierbei aufgrund der komplexen Kapitalstruktur des Unternehmens die in die Berechnung eingehenden Größen um alle Kapitalverwässerungseffekte, die durch eine zukünftige Ausgabe von potentiellen Stammaktien hervorgerufen werden, zu bereinigen. Alle Finanzinstrumente oder sonstigen Verträge, die nach Wahl des Emittenten oder des Inhabers zu einer Emission von Stammaktien des Rechnung legenden Unternehmens führen können, sind potentielle Stammaktien des Unternehmens (SIC-24). Das verwässerte Ergebnis je Aktie berechnet sich demnach, indem sowohl der den Stammaktionären zurechenbare Periodengewinn, als auch der gewichtete Durchschnitt der sich in Umlauf befindlichen Aktien um die Auswirkungen aller verwässernden potentiellen Stammaktien bereinigt wird (IAS 33.24). Potentielle Stammaktien sind ausschließlich dann als verwässernd zu betrachten, wenn sie nicht zu höheren Ergebnissen je Aktie im Vergleich zu den basic EPS führen (sog antidilution; IAS 33.38).	Die Berechnung des verwässerten Ergebnisses entspricht grds der des bereinigten Ergebnisses, allerdings sind hierbei aufgrund der komplexen Kapitalstruktur des Unternehmens die in die Berechnung eingehenden Größen um alle Kapitalverwässerungseffekte, die durch eine zukünftige Ausgabe von potentiellen Stammaktien hervorgerufen werden, zu bereinigen. Das verwässerte Ergebnis je Aktie berechnet sich demnach, indem sowohl das den Stammaktionären zurechenbare bereinigte Ergebnis, als auch die adjustierte dividendenberechtigte Aktienzahl bereinigt wird. Eine Berechnung ist gem DVFA/SG nur im Fall von Wandelanleihen und Optionsrechten vorgesehen.
Zur Berechnung des verwässerten Ergebnisses je Aktie ist das den Stammaktionären zurechenbare unverwässerte Periodenergebnis um die nach-Steuerwirkungen zu bereinigen (auch if-converted Methode genannt; IAS 33.26):	Das bereinigte Ergebnis nach DVFA/SG ohne Anteile Dritter ist im Fall von Wandelanleihen um die Zinsersparnis bei Wandlung korrigierend zu erhöhen. Im Fall von Optionsrechten wird das bereinigte Ergebnis nicht gesondert korrigiert.

Kriterium	US-GAAP
-- Verwässertes Ergebnis (Forts)	en entstünden, mindern das Jahresergebnis. Bei der Umrechnung sind potentielle Steuereffekte zu berücksichtigen. Dieses Verfahren wird if-converted Methode genannt, da es davon ausgeht, dass die potentiellen Aktien tatsächlich umgetauscht worden wären. Der Verwässerungseffekt aus wandelbaren Wertpapieren (convertible debt) ist stets gem der if-converted Methode zu bestimmen (SFAS 128.26).
-- Verwässerte Aktienzahl	Die verwässerte Aktienanzahl entspricht der gewichteten Durchschnittszahl der unverwässerten Stammaktien plus der gewichteten Durchschnittszahl der Stammaktien, welche aufgrund der Umwandlung aller verwässernden potentiellen Stammaktien in Stammaktien ausgegeben würden (SFAS 128.11). Bei der Berechnung ist der aus der Sicht des Besitzers der potentiellen Stammaktien günstigste Ausübungspreis bzw die vorteilhafteste Umwandlungsrate zugrunde zu legen (SFAS 128.12). Der Verwässerungseffekt aus Optionen und warrants ist gem der treasury stock Methode zu bestimmen (SFAS 128.17). Dieses Verfahren ermittelt die Anzahl eigener Aktien, die erworben werden muss, um die Differenz zwischen dem Marktpreis der verwässernd wirkenden Anteile und ihrem niedrigeren Emissionskurs zu kompensieren. Sofern die verwässernd wirkenden Anteile an Bedingungen geknüpft sind, gelten diese – im Gegensatz zu den basic EPS – vom Periodenbeginn an als erfüllt.
Rückwirkende Anpassung	Die Berechnung des verwässerten Ergebnisses je Aktie ist für nachfolgende Umwandlungen oder Veränderungen des Börsenkurses der Aktien nicht rückwirkend zu berichtigen (SFAS 128.12). Aktiensplits, Dividendenaktien, die Ausgabe bestimmter junger Aktien sowie Änderungen der Vorjahresabschlüsse führen zu einer entspr Korrektur der EPS Angaben (verwässert und unverwässert) für die lfd und die Vorperioden (SFAS 128.54ff). Gratisaktien sowie Akiensplits erhöhen die Aktienanzahl für die gesamte Berichtsperiode (SFAS 128.47).

IAS/IFRS	HGB
(a) alle Dividenden auf verwässernde potentielle Stammaktien, welche im Rahmen der Berechnung des unverwässerten Ergebnisses abgezogen wurden, um den Periodengewinn zu erhalten, der den Stammaktionären zurechenbar ist, (b) in der Periode erfasste Zinsen für die verwässernden potentiellen Stammaktien und (c) jegliche sonstige Änderungen im Ertrag oder Aufwand, die sich aus der Umwandlung der verwässernden potentiellen Stammaktien ergeben hätten.	
Die verwässerte Aktienanzahl entspricht der gewichteten Durchschnittszahl der unverwässerten Stammaktien plus der gewichteten Durchschnittszahl der Stammaktien, welche aufgrund der Umwandlung aller verwässernden potentiellen Stammaktien in Stammaktien ausgegeben würden (IAS 33.29). Hierzu zählen auch die aus einer bedingten Kapitalerhöhung iSd §§ 192 ff AktG resultierenden Umtausch- und Bezugsrechte (RS HFA 2.108). Dagegen ist das genehmigte Kapital iSd §§ 202 ff AktG nicht zu berücksichtigen (RS HFA 2.109). Potentielle Stammaktien sind ausschließlich dann als verwässernd anzunehmen, wenn ihre Umwandlung in Stammaktien den Periodengewinn je Aktie aus dem Fortgang der gewöhnlichen Tätigkeit kürzen würde (IAS 33.38). Bei der Berechnung ist der aus der Sicht des Besitzers der potentiellen Stammaktien günstigste Ausübungspreis bzw die vorteilhafteste Umwandlungsrate zugrunde zu legen (IAS 33.30). Der Verwässerungseffekt aus Optionen und warrants ist gem der treasury stock Methode zu bestimmen (IAS 33.35; RS HFA 2.110). Das Improvements Project greift zahlreiche Praxisfälle auf, aus denen Verwässerungen entstehen können. Dies sind insbesondere Optionsrechte oder Bezugsrechte und ihre Äquivalente, contingently issuable shares, Verträge, die in Stammaktien oder in bar abgeschlossen werden sowie Kaufoptionen und geschriebene Optionen (ED IAS 33.37 ff. sowie Appendix B).	Die verwässerte Aktienzahl entspricht den am Geschäftsjahr ausstehenden Aktien zzgl • der Anzahl der durch die Wandlung auszugebenden Aktien oder • der Anzahl der durch die Optionsausübung entstehenden Aktien nach der treasury stock Methode.
Die Berechnung des unverwässerten und verwässerten Ergebnisses je Aktie aufgrund von Änderung der Aktienzahl ohne entsprechende Änderung der Ressourcen ist für alle vorgelegten Perioden rückwirkend zu berichtigen. Treten diese Änderungen nach dem Bilanzstichtag, aber vor der Veröffentlichung des Abschlusses ein, dann sind die je-Aktie-Berechnungen für den Abschluss, der für diese Periode vorgelegt wird, sowie für die Abschlüsse aller früheren Perioden auf der Grundlage der neuen Anzahl der Aktien vorzunehmen. Die Änderung in der Anzahl der Aktien ist ferner anzugeben. Zusätzlich sind die unverwässerten und verwässerten Ergebnisse je Aktie für alle dargestellten Perioden anzupassen bzgl erfolgsneutraler Durchbrechungen der	Das Berechnungsschema nach DVFA/SG sieht keine diesbzgl rückwirkenden Anpassungen vor.

Kriterium	US-GAAP
Rückwirkende Anpassung (Forts)	

Kapitalflussrechnung

Anwendungsbereich	Die Kapitalflussrechnung stellt Informationen über die Art, Zusammensetzung und Veränderungen der Zahlungsmittelflüsse eines Unternehmens bereit. Als Zahlungsmittelzuflüsse und -abflüsse gelten dabei Zuflüsse und Abflüsse von Zahlungsmitteln und Zahlungsmitteläquivalenten (cash and cash equivalents; Finanzmittelfonds). Im Rahmen der Kapitalflussrechnung ist insbes die durch Ein- und Auszahlungen verursachte Veränderung des Finanzmittelfonds darzustellen. Hierzu wird nach Mittelzu- und -abflüssen aus lfd Geschäftstätigkeit (operating activities), Investitionstätigkeit (investing activities) und Finanzierungstätigkeit (financing activities) differenziert. Die Kapitalflussrechnung zählt zu den Pflichtbestandteilen des Abschlusses für alle Unternehmen (SFAS 95.3, Reg S-X Rule 3–02).
Finanzmittelfonds	Die Zahlungsmittel umfassen idR Barmittel und täglich fällige Sichteinlagen. Zahlungsmitteläquivalente sind kurzfristige, äußerst liquide Finanzinvestitionen, die jederzeit in bestimmte Zahlungsmittelbeträge umgewandelt werden können und nur unwesentlichen Wertschwankungsrisiken unterliegen (SFAS 95.7 f). Dies ist idR bei einer ursprünglichen Restlaufzeit von nicht mehr als drei Monaten der Fall (SFAS 95.8). Es müssen daher alle Bilanzposten betrachtet werden,

IAS/IFRS	HGB
Stetigkeit sowie Auswirkungen eines Unternehmenszusammenschlusses in Form einer Interessenzusammenführung (IAS 33.43).	

Die Kapitalflussrechnung stellt Informationen über die Art, Zusammensetzung und Veränderungen der Zahlungsmittelflüsse eines Unternehmens bereit. Als Zahlungsmittelzuflüsse und -abflüsse gelten dabei Zuflüsse und Abflüsse von Zahlungsmitteln und Zahlungsmitteläquivalenten (cash and cash equivalents; Finanzmittelfonds). Im Rahmen der Kapitalflussrechnung ist insbes die durch Ein- und Auszahlungen verursachte Veränderung des Finanzmittelfonds darzustellen. Hierzu wird nach Mittelzu- und -abflüssen aus lfd Geschäftstätigkeit (operating activities), Investitionstätigkeit (investing activities) und Finanzierungstätigkeit (financing activities) differenziert. Die Kapitalflussrechnung zählt zu den Pflichtbestandteilen des Abschlusses für alle Unternehmen (IAS 7.1).	Die Kapitalflussrechnung stellt Informationen über die Art, Zusammensetzung und Veränderungen der Zahlungsmittelflüsse eines Unternehmens bereit. Als Zahlungsmittelzuflüsse und -abflüsse gelten dabei Zuflüsse und Abflüsse von Zahlungsmitteln und Zahlungsmitteläquivalenten (cash and cash equivalents; Finanzmittelfonds). Im Rahmen der Kapitalflussrechnung ist insbes die durch Ein- und Auszahlungen verursachte Veränderung des Finanzmittelfonds darzustellen. Hierzu wird nach Mittelzu- und -abflüssen aus lfd Geschäftstätigkeit (operating activities), Investitionstätigkeit (investing activities) und Finanzierungstätigkeit (financing activities) differenziert. Eine Kapitalflussrechnung zählt grds nicht zu den Pflichtbestandteilen des Abschlusses nach HGB. Mutterunternehmen, die einen organisierten Markt iSd § 2 Abs 5 WpHG durch von ihm oder einem seiner Tochterunternehmen ausgegebene Wertpapiere iSd § 2 Abs 2 Satz 1 WpHG in Anspruch nehmen (oder ist die Zulassung zum Handel beantragt), müssen eine Kapitalflussrechnung als eigenständigen Bestandteil des Konzernabschlusses aufstellen (§ 297 Abs 1 Satz 2 HGB). Es bestehen keine gesetzlichen Regelungen zur Kapitalflussrechnung. Regelungen sind dem DRS 2 zu entnehmen. Das DRSC hat mit DRS 2-10 Sondervorschriften für Kreditinstitute bzw DRS 2-20 für Versicherungen verabschiedet. Die Kapitalflussrechnung muss in einem sog. dualen Konzernabschluss stets auf den gem IAS ermittelten Daten beruhen (RS HFA 2.20). Dieses gilt auch für den Fall, dass eine IAS-konforme Bilanzierung und Bewertung aufgrund handelsrechtlicher Vorschriften nicht in allen Bereichen möglich ist. In einem solchen Fall sind geeignete Überleitungsrechnungen sachgerecht, die den Adressaten eine Abstimmung der Kapitalflussrechnung mit der Bilanz bzw der GuV gestatten.
Die Zahlungsmittel umfassen idR Barmittel und täglich fällige Sichteinlagen. Zahlungsmitteläquivalente sind kurzfristige, äußerst liquide Finanzinvestitionen, die jederzeit in bestimmte Zahlungsmittelbeträge umgewandelt werden können und nur unwesentlichen Wertschwankungsrisiken unterliegen (IAS 7.6 ff). Dies ist idR bei einer Restlaufzeit von nicht mehr als drei Monaten (gerechnet vom Erwerbszeitpunkt an) der Fall (IAS 7.7).	Die Zahlungsmittel umfassen idR Barmittel und täglich fällige Sichteinlagen. Zahlungsmitteläquivalente sind als Liquiditätsreserve gehaltene, kurzfristige, äußerst liquide Finanzinvestitionen, die jederzeit in bestimmte Zahlungsmittelbeträge umgewandelt werden können und nur unwesentlichen Wertschwankungsrisiken unterliegen. Dies ist idR bei einer Restlaufzeit von nicht mehr als drei Monaten (gerechnet vom Erwerbszeitpunkt an) der Fall (DRS 2.6 u 18).

Kriterium	US-GAAP
Finanzmittelfonds (Forts)	die jederzeit ohne Kündigungsfrist und Zusatzgebühren verfügbar sind. Sowohl die Zusammensetzung des Finanzmittelfonds als auch eine Überleitungsrechnung zu den entspr Bilanzposten muss in den Erläuterungen angegeben werden (SFAS 95.7 u 10). Unternehmensspezifische Besonderheiten können berücksichtigt werden (SFAS 95.10). Für die Zusammensetzung des Finanzmittelfonds gilt der Stetigkeitsgrundsatz (SFAS 95.10).
– Einbeziehung von Wertpapieren	Eine Einbeziehung von Wertpapieren in den Fonds ist nur in jenen Fällen möglich, in denen diese ohne weiteres in einen bestimmten Zahlungsmittelbetrag umgewandelt werden können und dabei nur unwesentlichen Wertschwankungsrisiken unterliegen. Als Restlaufzeit (vom Erwerbszeitpunkt an) werden hierbei drei Monate angenommen (SFAS 95.8). Eine Einbeziehung von Aktien in den Fonds ist nicht vorgesehen (SFAS 95.8 ff).
– Einbeziehung von Verbindlichkeiten gegenüber Kreditinstituten	Fällige Bankverbindlichkeiten (bank overdrafts; Kontokorrentkredite) dürfen nur unter bestimmten Voraussetzungen in den Finanzmittelfonds einbezogen werden (SFAS 95.7). Eine Saldierung ist für kurzfristige Aktiva und Passiva mit einer ursprünglichen Restlaufzeit von weniger als drei Monaten zulässig (SFAS 95.11 ff). Bank overdrafts sind üblicherweise im Rahmen der Finanzierungstätigkeit abzubilden.
Darstellung einer Kapitalflussrechnung	Es ist eine Darstellung in drei Aktivitätsformaten vorzunehmen (SFAS 95.14): 1. Cash Flow aus lfd Geschäftstätigkeit, 2. Cash Flow aus Investitionstätigkeit, 3. Cash Flow aus Finanzierungstätigkeit. Die Kapitalflussrechnung ist in einer Staffelform zu erstellen und um die Vergleichswerte der Vorperioden zu ergänzen. Für die Darstellung der Kapitalflussrechnung gilt der Stetigkeitsgrundsatz.
– Mittelzuflüsse und -abflüsse aus lfd Geschäftstätigkeit	Zahlungsströme, die nicht unmittelbar der Investitions- oder Finanzierungstätigkeit zuzuordnen sind, werden grds den Mittelzu- und -abflüssen aus lfd Geschäftstätigkeit zugeordnet. IW ergeben sie sich aus der Umsatztätigkeit des Unternehmens, also aus der Produktion und Lieferung von Gütern und Dienstleistungen (SFAS 95.21 ff).

IAS/IFRS	HGB
Es müssen daher alle Bilanzposten betrachtet werden, die jederzeit ohne Kündigungsfrist und Zusatzgebühren verfügbar sind. Sowohl die Zusammensetzung des Finanzmittelfonds als auch eine Überleitungsrechnung zu den entspr Bilanzposten muss in den Erläuterungen angegeben werden (IAS 7.45). Für die Zusammensetzung des Finanzmittelfonds gilt der Stetigkeitsgrundsatz.	Es müssen daher alle Bilanzposten betrachtet werden, die jederzeit ohne Kündigungsfrist und Zusatzgebühren verfügbar sind. Sowohl die Zusammensetzung des Finanzmittelfonds als auch eine Überleitungsrechnung zu den entspr Bilanzposten muss im Anhang angegeben werden (DRS 2.52). Für die Zusammensetzung des Finanzmittelfonds gilt der Stetigkeitsgrundsatz.
Eine Einbeziehung von Wertpapieren in den Fonds ist nur in jenen Fällen möglich, in denen diese ohne weiteres in einen bestimmten Zahlungsmittelbetrag umgewandelt werden können und dabei nur unwesentlichen Wertschwankungsrisiken unterliegen. Als Restlaufzeit (vom Erwerbszeitpunkt an) werden hierbei drei Monate angenommen (IAS 7.7). Eine Einbeziehung von Aktien in den Fonds ist grds nicht zulässig. Ausnahmen gelten zB für Vorzugsaktien mit kurzer Restlaufzeit und festgelegtem Einlösungszeitpunkt, da diese ihrem wirtschaftlichen Gehalt nach Zahlungsmitteläquivalente darstellen (IAS 7.7).	Eine Einbeziehung von Wertpapieren in den Fonds ist nur in jenen Fällen möglich, in denen diese ohne weiteres in einen bestimmten Zahlungsmittelbetrag umgewandelt werden können und dabei nur unwesentlichen Wertschwankungsrisiken unterliegen. Als Restlaufzeit (vom Erwerbszeitpunkt an) werden hierbei drei Monate angenommen (DRS 2.18). Außerdem müssen sie dem Unternehmen als Liquiditätsreserve dienen (DRS 2.18). Eine Einbeziehung von Aktien in den Fonds ist aufgrund der damit verbundenen Wertschwankungsrisiken idR unzulässig.
Verbindlichkeiten ggü Kreditinstituten (bank borrowings) sind grds der Finanzierungstätigkeit des Unternehmens zuzuordnen und insofern nicht in den Finanzmittelfonds einzubeziehen. Eine Einbeziehung von Verbindlichkeiten ggü Kreditinstituten in den Fonds ist im Fall kurzfristiger Verbindlichkeiten (bank overdrafts; Kontokorrentkredite) vorgeschrieben, sofern diese einen integralen Bestandteil des Cash Managements des Unternehmens darstellen (IAS 7.8).	Eine Einbeziehung von Verbindlichkeiten ggü Kreditinstituten in den Fonds ist im Fall jederzeit fälliger Verbindlichkeiten (bank overdrafts; Kontokorrentkredite) erlaubt, sofern diese vom Unternehmen in die Disposition der liquiden Mittel einbezogen werden (DRS 2.19).
Es ist eine Darstellung in drei Aktivitätsformaten vorzunehmen (IAS 7.10): 1. Cash Flow aus lfd Geschäftstätigkeit, 2. Cash Flow aus Investitionstätigkeit, 3. Cash Flow aus Finanzierungstätigkeit. IAS 7 legt für die Kapitalflussrechnung keine formalen Anforderungen fest (jedoch faktisch Staffelform). Die Kapitalflussrechnung ist um die Vergleichswerte der Vorperioden zu ergänzen (IAS 1.38). Für die Darstellung der Kapitalflussrechnung gilt der Stetigkeitsgrundsatz.	Es ist eine Darstellung in drei Aktivitätsformaten vorzunehmen (DRS 2.7): 1. Cash Flow aus lfd Geschäftstätigkeit, 2. Cash Flow aus Investitionstätigkeit, 3. Cash Flow aus Finanzierungstätigkeit. Die Kapitalflussrechnung ist in Staffelform unter Beachtung der durch DRS 2 vorgegebenen Mindestgliederungen zu erstellen und um die Vergleichswerte der Vorperioden zu ergänzen (DRS 2.10). Für die Darstellung der Kapitalflussrechnung gilt der Stetigkeitsgrundsatz (DRS 2.10).
Mittelzu- und -abflüsse aus lfd Geschäftstätigkeit stammen in erster Linie aus der erlöswirksamen Tätigkeit des Unternehmens. Daher resultieren sie iA aus Geschäftsvorfällen und anderen Ereignissen, die das Periodenergebnis beeinflussen (IAS 7.14). Ferner sind alle Aktivitäten, die nicht den Investitions- oder Finanzierungstätigkeiten zuzuordnen sind, unter der laufenden Geschäftstätigkeit zu erfassen.	Zahlungsströme aus der auf Erlöserzielung ausgerichteten Tätigkeit des Unternehmens, die nicht unmittelbar der Investitions- oder Finanzierungstätigkeit zuzuordnen sind, werden grds den Mittelzu- und -abflüssen aus lfd Geschäftstätigkeit zugeordnet (DRS 2.23). IW ergeben sie sich aus der Umsatztätigkeit des Unternehmens, also aus der Produktion und Lieferung von Gütern und Dienstleistungen.

Kriterium	US-GAAP
– Mittelzuflüsse und -abflüsse aus lfd Geschäftstätigkeit (Forts)	Der Cash Flow aus lfd Geschäftstätigkeit kann nach der direkten oder indirekten Methode ermittelt werden (SFAS 95.27 ff). Bei der direkten Methode werden die jeweiligen Bruttoeinzahlungen und Bruttoauszahlungen unmittelbar erfasst. Bei der indirekten Methode werden ausgehend vom Jahresüberschuss/-fehlbetrag die Auswirkungen der nicht zahlungswirksamen Geschäftsvorfälle, der Bestandsveränderungen bei Posten des Nettoumlaufvermögens (ohne Finanzmittelfonds), der Erfolgswirkungen von Investitions- und Finanzierungstätigkeiten etc eliminiert. Die direkte Methode ist der indirekten konzeptionell vorzuziehen (SFAS 95.27). Die meisten Unternehmen verwenden jedoch aus Praktikabilitätsgründen die indirekte Methode. Bei Anwendung der indirekten Methode sind die in der Periode gezahlten Zinsen und Ertragssteuern gesondert anzugeben (SFAS 95.29). Bei Anwendung der direkten Methode ist zusätzlich eine Überleitungsrechnung vom Jahresüberschuss zum Cash Flow aus lfd Geschäftstätigkeit auszuweisen.
– Mittelzuflüsse und -abflüsse aus Investitionstätigkeit	Investitionstätigkeiten sind Investitionen und Desinvestitionen in Darlehen, in sonstige Fremd- oder Eigenkapitalpapiere, Sachanlagen und sonstige Produktionsgüter, die im Rahmen des Umsatzprozesses beim jeweiligen Unternehmen eingesetzt werden (SFAS 95.15 ff).
– Mittelzuflüsse und -abflüsse aus Finanzierungstätigkeit	Finanzierungstätigkeiten sind Aktivitäten, die sich auf den Umfang und die Zusammensetzung der Eigenkapitalposten und der Finanzschulden des Unternehmens auswirken. Die Finanzierungstätigkeit umfasst einerseits Fondsmittelveränderungen, die aus Transaktionen mit Anteilseignern resultieren und andererseits Mittelzu- oder -abflüsse aus Kreditfinanzierungen (SFAS 95.18 f).

IAS/IFRS	HGB
Geschäftsvorfälle, die sich aus Sicht der GuV im Ergebnis aus gewöhnlicher Geschäftstätigkeit niederschlagen, müssen in der Kapitalflussrechnung nicht zwangsläufig unter lfd Geschäftstätigkeit ausgewiesen werden. Sie sind vielmehr den betreffenden Bereichen zuzurechnen (IAS 7.14 u 20). Der Cash Flow aus lfd Geschäftstätigkeit kann nach der direkten oder indirekten Methode ermittelt werden (IAS 7.18 ff). Bei der direkten Methode werden die jeweiligen Bruttoeinzahlungen und Bruttoauszahlungen unmittelbar erfasst. Bei der indirekten Methode werden idR ausgehend vom Jahresüberschuss/-fehlbetrag die Auswirkungen der nicht zahlungswirksamen Geschäftsvorfälle, der Bestandsveränderungen bei Posten des Nettoumlaufvermögens (ohne Finanzmittelfonds), der Erfolgswirkungen von Investitions- und Finanzierungstätigkeiten etc eliminiert. Die direkte Methode ist der indirekten konzeptionell vorzuziehen (IAS 7.19). Die meisten Unternehmen verwenden jedoch aus Praktikabilitätsgründen die indirekte Methode.	DRS 2 gibt ein Mindestgliederungsschema für den Cash Flow aus lfd Geschäftstätigkeit vor. Der Cash Flow aus lfd Geschäftstätigkeit kann nach der direkten oder indirekten Methode ermittelt werden (DRS 2.24 ff). Bei der direkten Methode werden die jeweiligen Bruttoeinzahlungen und Bruttoauszahlungen unmittelbar erfasst. Bei der indirekten Methode werden ausgehend vom Jahresüberschuss/-fehlbetrag vor außerordentlichen Posten die Auswirkungen der nicht zahlungswirksamen Geschäftsvorfälle, der Bestandsveränderungen bei Posten des Nettoumlaufvermögens (ohne Finanzmittelfonds), der Erfolgswirkungen von Investitions- und Finanzierungstätigkeiten etc eliminiert (DRS 2.24 u 28). Die direkte Methode ist der indirekten konzeptionell vorzuziehen (DRS 2). Die meisten Unternehmen verwenden jedoch aus Praktikabilitätsgründen die indirekte Methode.
Investitionstätigkeiten sind der Erwerb und die Veräußerung langfristiger Vermögenswerte und sonstiger Finanzinvestitionen, die nicht zu den Zahlungsmitteläquivalenten gehören (IAS 7.6). Die gesonderte Angabe der Mittelzu- und -abflüsse aus der Investitionstätigkeit ist von Bedeutung, da die Mittelzu- und -abflüsse das Ausmaß angeben, in dem Ausgaben für Ressourcen getätigt wurden, die künftige Erträge und Mittelzu- und -abflüsse erwirtschaften sollen (IAS 7.16).	Investitionstätigkeiten sind der Erwerb und die Veräußerung von Gegenständen des Anlagevermögens, von längerfristigen finanziellen Vermögenswerten, die nicht dem Finanzmittelfonds oder der Finanzierungstätigkeit zugehören, sowie die Anlage von Finanzmittelbeständen (bspw Wertpapieren des Umlaufvermögens ohne Handelsbestand), die nicht dem Finanzmittelfonds oder der Finanzierungstätigkeit zugehören (DRS 2.6). Der Cash Flow aus Investitionstätigkeit stammt aus Zahlungsströmen im Zusammenhang mit den Ressourcen des Unternehmens, mit denen langfristig, meist länger als ein Jahr, ertragswirksam gewirtschaftet werden soll (DRS 2.29 ff). DRS 2 gibt ein Mindestgliederungsschema für den Cash Flow aus Investitionstätigkeit vor.
Finanzierungstätigkeiten sind Aktivitäten, die sich auf den Umfang und die Zusammensetzung der Eigenkapitalposten und der Finanzschulden des Unternehmens auswirken (IAS 7.6). Die Finanzierungstätigkeit umfasst einerseits Fondsmittelveränderungen, die aus Transaktionen mit Anteilseignern resultieren und andererseits Mittelzu- oder -abflüsse aus Kreditfinanzierungen (IAS 7.17).	Finanzierungstätigkeiten sind zahlungswirksame Aktivitäten, die sich auf den Umfang und die Zusammensetzung der Eigenkapitalposten und der Finanzschulden des Unternehmens auswirken (DRS 2.6). Dem Cash Flow aus Finanzierungstätigkeit sind grds die Zahlungsströme zuzuordnen, die aus Transaktionen mit den Unternehmenseignern und Minderheitsgesellschaftern konsolidierter Tochterunternehmen sowie aus der Aufnahme oder Tilgung von Finanzschulden resultieren (DRS 2.33 ff). DRS 2 gibt ein Mindestgliederungsschema für den Cash Flow aus Finanzierungstätigkeit vor.

Kriterium	US-GAAP
Darstellung der Mittelzuflüsse und -abflüsse	Grds gilt das Bruttoprinzip. Für den Cash Flow aus lfd Geschäftstätigkeit bei indirekter Darstellung sowie für einzeln benannte Ausnahmefälle ist jedoch eine Nettodarstellung der Mittelzu- und -abflüsse aus lfd Geschäftstätigkeit, Investitions- oder Finanzierungstätigkeit zulässig (SFAS 95.11 ff).
Sonderfragen – Mittelzuflüsse und -abflüsse in Fremdwährung	Mittelzu- oder -abflüsse, die aus Geschäftsvorfällen in fremder Währung resultieren, werden zu historischen Kursen zum jeweiligen Zahlungszeitpunkt (Transaktionskurs) umgerechnet. Als Vereinfachung besteht die Möglichkeit der Verwendung (wöchentlicher oder monatlicher) Durchschnittskurse, soweit sie nicht wesentlich von den Transaktionskursen abweichen (SFAS 95.25). Die Auswirkungen von Kursänderungen auf den Zahlungsmittelbestand, der in Fremdwährung gehalten wird, sind im Rahmen der Überleitung der Finanzmittelfonds von Beginn bis zum Ende der Berichtsperiode gesondert zu zeigen (SFAS 95.25).
– Außerordentliche Posten	Der separate Ausweis außerordentlicher Geschäftsvorfälle wird nicht verlangt (SFAS 95.26).
– Zinsen und Dividenden	Der Ausweis von erhaltenen und gezahlten Zinsen und erhaltenen Dividenden hat als gesonderter Posten unter lfd Geschäftstätigkeit zu erfolgen. Gezahlte Dividenden sind unter den Zahlungsströmen aus der Finanzierungstätigkeit auszuweisen (SFAS 95.22 b u 23 d iVm 95.27 b,e). Wählt ein Unternehmen die indirekte Methode zur Bestimmung des Cash Flow aus der lfd Geschäftstätigkeit, sind die gezahlten Zinsen gesondert anzugeben (SFAS 95.29).
– Ertragsteuern	Der Ausweis der Ertragsteuern hat als gesonderter Posten unter lfd Geschäftstätigkeit zu erfolgen (SFAS 95.23 c iVm 95.27 f). Wählt ein Unternehmen die indirekte Methode zur Bestimmung der Mittelzu- bzw -abflüsse, sind die gezahlten Ertragsteuern gesondert anzugeben (SFAS 95.29).

IAS/IFRS	HGB
Grds gilt das Bruttoprinzip. Für den Cash Flow aus lfd Geschäftstätigkeit bei indirekter Darstellung sowie für einzeln benannte Ausnahmefälle ist jedoch eine Nettodarstellung der Mittelzu- und -abflüsse aus lfd Geschäftstätigkeit, Investitions- oder Finanzierungstätigkeit zulässig (IAS 7.22 ff).	Grds gilt das Bruttoprinzip. Für den Cash Flow aus lfd Geschäftstätigkeit bei indirekter Darstellung sowie für einzeln benannte Ausnahmefälle ist jedoch eine Nettodarstellung der Mittelzu- und abflüsse aus lfd Geschäftstätigkeit, Investitions- oder Finanzierungstätigkeit zulässig (DRS 2.15).
Mittelzu- oder -abflüsse, die aus Geschäftsvorfällen in fremder Währung resultieren, werden zu historischen Kursen zum jeweiligen Zahlungszeitpunkt (Transaktionskurs) umgerechnet (IAS 7.25). Als Vereinfachung besteht die Möglichkeit der Verwendung (wöchentlicher oder monatlicher) Durchschnittskurse. Starke Kursschwankungen stehen der Umrechnung zu Durchschnittskursen entgegen (IAS 7.27 iVm 21.9 f). Unrealisierte Gewinne bzw Verluste aus Kursänderungen sind nicht als Mittelzu- oder -abflüsse zu betrachten. Die Auswirkungen von Kursänderungen auf Zahlungsmittel und Zahlungsmitteläquivalente, die in Fremdwährung gehalten werden oder fällig sind, werden als gesonderte Veränderungen des Finanzmittelfonds erfasst (IAS 7.28).	Mittelzu- oder -abflüsse, die aus Geschäftsvorfällen in fremder Währung resultieren, werden zu historischen Kursen zum jeweiligen Zahlungszeitpunkt (Transaktionskurs) umgerechnet. Als Vereinfachung besteht die Möglichkeit der Verwendung (wöchentlicher oder monatlicher) Durchschnittskurse, soweit sie nicht wesentlich von den Transaktionskursen abweichen (DRS 2.22).
Mittelzu- und -abflüsse aus außerordentlichen Geschäftsvorfällen sind als gesonderter Posten auszuweisen. Die Zuordnung erfolgt verursachungsgerecht entweder unter lfd Geschäftstätigkeit, Investitionstätigkeit oder Finanzierungstätigkeit (IAS 7.29).	Mittelzu- und -abflüsse aus außerordentlichen Geschäftsvorfällen sind als gesonderter Posten in der Kapitalflussrechnung auszuweisen (DRS 2.50).
Mittelzu- und -abflüsse aus erhaltenen und gezahlten Zinsen und Dividenden sind jeweils gesondert anzugeben (IAS 7.31). Der Ausweis der gezahlten Zinsen sowie erhaltenen Zinsen und Dividenden kann alternativ im Rahmen der lfd Geschäftstätigkeit (Standardfall) oder der Investitions- bzw Finanzierungstätigkeit erfolgen (IAS 7.33). Gezahlte Dividenden können alternativ als Zahlungsströme (Standardfall) oder der Finanzierungstätigkeit der lfd Geschäftstätigkeit abgebildet werden (IAS 7.34). Der Ausweis ist stetig beizubehalten.	Erhaltene und gezahlte Zinsen sowie erhaltene Dividenden und andere übernommene Ergebnisse sind grds der lfd Geschäftstätigkeit zuzuordnen (DRS 2.36). Gezahlte Dividenden sind der Finanzierungstätigkeit zuzuordnen und gesondert anzugeben (DRS 2.37). Erhaltene Zinsen und Dividenden dürfen auch der Investitionstätigkeit, gezahlte Zinsen auch der Finanzierungstätigkeit zugeordnet werden, sofern dies sachlich begründet ist (DRS 2.39).
Grds hat der Ausweis unter lfd Geschäftstätigkeit zu erfolgen. Steuerzahlungen, die jedoch spezifischen Investitions- oder Finanzierungsaktivitäten zugeordnet werden können, sind in dem entspr Bereich auszuweisen (IAS 7.35).	IdR werden die Zahlungsströme aus Ertragsteuern als gesonderter Posten der lfd Geschäftstätigkeit zugeordnet (DRS 2.40 f). Steuerzahlungen, die jedoch spezifischen Investitions- oder Finanzierungsaktivitäten zugeordnet werden können, dürfen in dem entspr Bereich ausgewiesen werden (DRS 2.42). Wenn Ertragsteuern gesondert in der Kapitalflussrechnung gezeigt werden, ist bei Anwendung der indirekten Methode der Cash Flow aus lfd Geschäftstätigkeit aus dem Jahresergebnis vor Ertragsteuern und außerordentlichen Posten abzuleiten (DRS 2.43).

Kriterium	US-GAAP
Erwerb und Verkauf von Tochterunternehmen und sonstigen Geschäftseinheiten	Mittelzu- und -abflüsse, die sich aus dem Erwerb oder der Veräußerung von Tochterunternehmen sowie anderen Beteiligungen ergeben, sind als gesonderter Posten unter der Investitionstätigkeit auszuweisen (SFAS 95.131). Der Ausweis hat als Nettoangabe zu erfolgen, dh nach Abzug der Nettozahlungsmittel (SFAS 95.131).
Nicht zahlungswirksame Transaktionen	Investitions- und Finanzierungsvorgänge, die zu keiner Veränderung der Zahlungsmittel bzw Zahlungsmitteläquivalente führen (zB Umschuldung von kurz- in langfristiges Fremdkapital, Bezug einer Maschine auf Lieferantenkredit), fließen nicht in die Kapitalflussrechnung ein. Über solche Vorgänge ist gesondert zu berichten (SFAS 95.32).

Segmentberichterstattung

Anwendungsbereich	Eine Segmentberichterstattung ist ausschließlich für Unternehmen verpflichtend, deren Wertpapiere (Dividendenpapiere oder schuldrechtliche Wertpapiere) öffentlich gehandelt werden oder die eine Börseneinführung planen (SFAS 131.9, Reg S-K Item 101(b)). Wenngleich in deutlich niedrigerem Umfang, besteht auch in Zwischenberichten die Pflicht zur Segmentberichterstattung (SFAS 131.33).
Konzeption (management approach)	Der management approach bildet die der US-amerikanischen Regelung zugrunde liegende Konzeption der Segmentabgrenzung. Er stellt auf die Führungsstruktur bzw Struktur der internen Berichterstattung als Grundlage für die externe Berichterstattung ab, dh, wie die Unternehmensleitung (chief operating decision maker) die Segmente ihres Unternehmens als Basis für

IAS/IFRS	HGB
Mittelzu- und – abflüsse, die sich aus dem Erwerb oder der Veräußerung von Tochterunternehmen sowie anderen Beteiligungen ergeben, sind als gesonderter Posten unter der Investitionstätigkeit auszuweisen (IAS 7.39). Der Ausweis hat als Nettoangabe zu erfolgen, dh nach Abzug der Nettozahlungsmittel (IAS 7.42).	Mittelzu- und -abflüsse, die sich aus dem Erwerb oder der Veräußerung von Tochterunternehmen sowie anderer Beteiligungen ergeben, sind als gesonderter Posten unter der Investitionstätigkeit auszuweisen. Der Ausweis hat als Nettoangabe zu erfolgen, dh nach Abzug der Nettozahlungsmittel (DRS 2.44).
Investitions- und Finanzierungsvorgänge, die zu keiner Veränderung der Zahlungsmittel bzw Zahlungsmitteläquivalente führen (zB Umschuldung von kurz- in langfristiges Fremdkapital, Bezug einer Maschine auf Lieferantenkredit), fließen nicht in den Kapitalflussrechnung ein. Über solche Vorgänge ist gesondert zu berichten (IAS 7.43 f).	Bestimmte Geschäftsvorfälle, insbes aus Investitions- und Finanzierungstätigkeiten, aus denen keine Veränderungen der Zahlungsmittel oder der Zahlungsmitteläquivalente resultieren, werden nicht in die Kapitalflussrechnung aufgenommen (DRS 2.48 f).

Eine Segmentberichterstattung ist ausschließlich für Unternehmen verpflichtend, deren Wertpapiere (Dividendenpapiere oder schuldrechtliche Wertpapiere) öffentlich gehandelt werden oder die eine Börseneinführung in die Wege geleitet haben (IAS 14.3 ff). Unternehmen, die freiwillig eine Segmentberichterstattung veröffentlichen, haben die Vorschriften gem IAS 14 anzuwenden. Wenn ein Unternehmen sowohl einen Einzel- als auch einen Konzernabschluss aufstellt, müssen die Segmentinformationen lediglich auf der Grundlage des Konzernabschlusses dargestellt werden (IAS 14.6).	KapGes sowie PHG iSd § 264 a HGB müssen ihre Umsatzerlöse nach Tätigkeitsbereichen und geographischen Märkten aufteilen (§ 285 Nr 4 HGB). Mutterunternehmen, die einen organisierten Markt iSd § 2 Abs 5 WpHG durch von ihm oder einem seiner Tochterunternehmen ausgegebene Wertpapiere iSd § 2 Abs 2 Satz 1 WpHG in Anspruch nehmen (oder ist die Zulassung zum Handel beantragt), müssen eine Segmentberichterstattung als eigenständigen Bestandteil des Konzernabschlusses aufstellen (§ 297 Abs 1 Satz 2 HGB). Zuvor hatten lediglich börsennotierte Mutterunternehmen den Konzernanhang um eine Segmentberichterstattung zu erweitern. Der Gesetzgeber hat weder Vorschriften betr die Segmentierung noch konkrete Angabeerfordernisse bestimmt. Mit DRS 3 hat das DRSC einen Standard zur Segmentberichterstattung verabschiedet. Das DRSC hat mit DRS 3-10 Sondervorschriften für Kreditinstitute bzw DRS 3-20 für Versicherungen herausgegeben. Die Segmentberichterstattung muss in einem sog dualen Konzernabschluss stets auf den gem IAS ermittelten Daten beruhen (RS HFA 2.20). Dieses gilt auch für den Fall, dass eine IAS-konforme Bilanzierung und Bewertung aufgrund handelsrechtlicher Vorschriften nicht in allen Bereichen möglich ist. In einem solchen Fall sind geeignete Überleitungsrechnungen sachgerecht, die den Adressaten eine Abstimmung der Segmentberichterstattung mit der Bilanz bzw. der GuV gestatten.
Die IAS-Segmentberichterstattung orientiert sich grds am management approach. Sie ist jedoch teilweise durch Einflüsse des Chancen/Risiken Ansatzes (risk and reward approach) gekennzeichnet, dh neben dem Abstellen auf die Struktur der internen Berichterstattung werden die Segmente nach Risiken- und Chancenaspekten abgegrenzt (sog soft management approach;	Nach der Konzeption des DRS 3 ergibt sich die Segmentabgrenzung aus der internen Organisations- und Berichtsstruktur, wobei angenommen wird, dass die Strukturierung auf die unterschiedlichen Chancen und Risiken der Unternehmensaktivitäten abstellt (DRS 3.10).

Kriterium	US-GAAP
Konzeption (management approach) (Forts)	Entscheidungsfindungen und Leistungsbeurteilungen organisiert (SFAS 131.5).
Bestimmung der Segmente	Die eigentliche Segmentberichterstattung betrifft allein operating segments (SFAS 131.10): • deren Aktivitäten zu Erträgen und Aufwendungen führen, • deren operativen Ergebnisse (operating results) regelmäßig vom Management zur Beurteilung des Erfolges und zur Allokation von Ressourcen herangezogen werden, • für die finanzwirtschaftliche Daten verfügbar sind. Angaben sind ferner zu • Produkten/Dienstleistungen oder Gruppen verwandter Produkte/Dienstleistungen (SFAS 131.37), • geographischen Gebieten (SFAS 131.38) und • Hauptkunden (major customers; SFAS 131.39) auszuweisen. Für Produkte/Dienstleistungen oder Gruppen von Produkten/Dienstleistungen müssen jeweils die externen Umsätze angegeben werden (SFAS 131.37). In Matrixorganisationen bilden im Zweifel Produkte oder Dienstleistungen bzw Gruppen verwandter Produkte oder Dienstleistungen die operating segments (SFAS 131.15). Eine Konkurrenzklausel, durch die Vorschriften zur Segmentberichterstattung aus Wettbewerbsgründen eingeschränkt werden, bestehen nicht.
Aggregation	Segmente können zusammengefasst werden, wenn sie gemeinsame ökonomische Charakteristika ausweisen und sich hinsichtlich aller nachfolgenden Kriterien ähneln (SFAS 131.17): • Art des Produkts und der Dienstleistungen, • Art des Produktionsprozesses, • Kundenmerkmale, • Vertriebswege der Produkte und Dienstleistungen, • rechtliche Rahmenbedingungen. Dabei können mehrere unwesentliche Segmente zu einem wesentlichen aggregriert werden, sofern sie die Mehrzahl der Aggregationskriterien erfüllen (SFAS 131.19).
Bestimmung der berichtspflichtigen Segmente	Eine Berichterstattung wird nur für wesentliche Segmente gefordert, wobei auf eine dauerhafte Wesentlichkeit abzustellen ist. Ein Segment ist als berichts-

IAS/IFRS	HGB
IAS 14.26 f).	
Die Segmente werden grds durch die interne Organisations- und Führungsstruktur sowie durch das interne Berichtssystem vorgegeben (IAS 14.27). Erfüllen diese Segmente die Definitionsvoraussetzungen für Geschäftsfelder und geographische Segmente nicht, muss die nächst niedrigere Ebene der internen Segmentierung herangezogen werden (IAS 14.31 u 32). Geschäftsfelder sind unterscheidbare Teilaktivitäten eines Unternehmens, die ein individuelles Produkt oder eine Dienstleistung oder eine Gruppe ähnlicher Produkte oder Dienstleistungen erstellen oder erbringen. Diese Teilaktivitäten sind Risiken ausgesetzt oder erwirtschaften Erträge, die sich von denen anderer Geschäftsfelder unterscheiden (IAS 14.9). Geographische Segmente sind unterscheidbare Teilaktivitäten eines Unternehmens, die Produkte oder Dienstleistungen innerhalb eines spezifischen, wirtschaftlichen Umfeldes anbieten oder erbringen und die Risiken ausgesetzt sind und Erträge erwirtschaften, die sich von Teilaktivitäten, die in anderen wirtschaftlichen Umfeldern tätig sind, unterscheiden (IAS 14.9). Es sind primäre und sekundäre Segmente zu differenzieren. Primäre Segmente sind entweder Geschäftsfelder oder geographische Segmente. In Matrixorganisationen bilden die Geschäftsfelder das primäre Segmentberichtsformat und geographische Segmente das sekundäre Berichtsformat (IAS 14.27 a). Basiert die interne Steuerung indes weder auf Geschäftsfeldern noch auf geographischen Segmente, bilden entweder die Geschäftsfeldern oder geographischen Segmente das primäre Segment (IAS 14.27 b). Eine Konkurrenzklausel, durch die Vorschriften zur Segmentberichterstattung aus Wettbewerbsgründen eingeschränkt werden, besteht nicht.	Im HGB sind keine expliziten Regelungen zu berichtspflichtigen Segmenten enthalten. Die Segmentierung erfolgt dagegen gem DRS 3 anhand operativer Segmente, die wiederum produktorientiert oder/und geographisch abgegrenzt werden können. Ein operatives Segment ist ein Teil des Unternehmens, • der geschäftliche Tätigkeiten entfaltet, die potentiell oder tatsächlich zu externen bzw intersegmentären Umsatzerlösen führen und • der regelmäßig von der Unternehmensleitung überwacht wird, um seine wirtschaftliche Lage zu beurteilen (DRS 3.8). Als operatives Segment gilt auch ein Segment, das seine Leistung ausschließlich oder überwiegend an andere operative Segmente abgibt. Ein produktorientiertes Segment ist eine anhand gleicher oder ähnlicher Produkte oder Dienstleistungen, ein geographisches Segment eine nach einem spezifischen regionalen Umfeld abgrenzbare Teileinheit (DRS 3.8). Sofern in der internen Organisations- und Berichtsstruktur mehrere Segmentierungen bestehen, ist eine Segmentierung zu wählen, die die Chancen- und Risikostruktur des Unternehmens am besten widerspiegelt (DRS 3.11). Eine Konkurrenzklausel, durch die Vorschriften zur Segmentberichterstattung aus Wettbewerbsgründen eingeschränkt werden, besteht gem DRS 3 nicht. Mutterunternehmen, die eine Segmentberichterstattung entsprechend den gesetzlichen Anforderungen erstellen, sind von der Pflicht zur Aufgliederung der Umsatzerlöse gem § 314 Abs 1 Nr 3 HGB befreit (§ 314 Abs 2 HGB).
Zwei oder mehr intern dargestellte Geschäftsfelder oder geographische Segmente, die sich iW ähnlich sind, können zu einem einzigen Geschäftsfeld oder geographischen Segment zusammengefasst werden. Zwei oder mehr Geschäftsfelder oder geographische Segmente sind sich nur dann iW ähnlich, wenn (IAS 14.34): (1) sie eine ähnliche langfristige Vermögens-, Finanz- und Ertragslage aufweisen und (2) sie sich bzgl sämtlicher Kriterien der entspr Definition von Geschäftsfeldern bzw geographischen Segmenten ähnlich sind.	Zur Verbesserung der Klarheit und Übersichtlichkeit dürfen operative Segmente, die im Verhältnis zueinander homogene Chancen und Risiken aufweisen, zusammengefasst werden (DRS 3.13).
Eine Berichterstattung wird nur für wesentliche Segmente gefordert, wobei auf eine dauerhafte Wesentlichkeit abzustellen ist. Ein Segment ist als berichts-	Eine Berichterstattung wird nur für wesentliche Segmente gefordert. Ein Segment ist als berichtspflichtig einzustufen, wenn zumindest eines der folgenden Kriterien erfüllt

Kriterium	US-GAAP
Bestimmung der berichtspflichtigen Segmente (Forts)	pflichtig einzustufen, wenn zumindest eines der folgenden Kriterien erfüllt ist (SFAS 131.18): • die Segment-Umsatzerlöse, einschl der Innenumsätze mit anderen Segmenten, betragen mind 10% der Gesamtumsätze aller berichtspflichtigen operating segments, • der Betrag des jeweiligen Segmentgewinns oder -verlusts beträgt mind 10% des höheren Betrages des: – gesamten betrieblichen Gewinns aller Segmente, die keinen Verlust haben, – gesamten betrieblichen Verlusts aller Segmente, die keinen Gewinn haben, • die Aktiva eines Segments entsprechen mind 10% der Summe aller Segmentaktiva. Die Umsatzerlöse mit Drittkunden der gesondert zu berichtenden Segmente müssen mind 75% der Gesamtumsatzerlöse mit Drittkunden betragen. Ist dies nicht der Fall, müssen zusätzliche Segmente (unter Vernachlässigung der oben genannten Wesentlichkeitsgrenzen) bis zum Erreichen der 75%-Grenze gebildet werden (SFAS 131.20).
Angabepflicht für operating segments (US-GAAP)/ primäre Segmente (IAS)/berichtspflichtige Segmente (DRS)	Bzgl operating segments sind folgende Angaben gefordert (SFAS 131.25): • allgemeine Angaben zur Bestimmung der operating segments sowie der Produkte und Dienstleistungen, • Informationen über: – das Segmentergebnis, – das Segmentvermögen, – die Bewertungsgrundlagen, • Überleitungsrechnungen.
– Angaben über das Segmentergebnis	Informationen über das Segmentergebnis enthalten, sofern diese vom chief operating decision maker überwacht/ reviewt werden, Angaben über (SFAS 131.27): • externe Umsatzerlöse, • interne (intersegmentäre) Umsatzerlöse, • Zinserträge, • Zinsaufwendungen, • Abschreibungen und Wertminderungen, • ungewöhnliche Aufwendungen und Erträge gem APB 30, • anteilige Beteiligungserträge von nach der Equity Methode bewerteten Investments, • Steueraufwendungen/-erträge der Steuern vom Einkommen und Ertrag, • außerordentliches Ergebnis, • bedeutende nicht zahlungswirksame Aufwendungen mit Ausnahme von Abschreibungen. Zu den Pflichtangaben zählt hingegen die Definition des Segmentergebnisses.

IAS/IFRS	HGB
pflichtig einzustufen, wenn zumindest eines der folgenden Kriterien erfüllt ist (IAS 14.35): • die Segment-Umsatzerlöse, einschl der Innenumsätze mit anderen Segmenten, betragen mind 10 % der Gesamtumsätze aller Segmente, • der Betrag des jeweiligen Segmentgewinns oder -verlusts beträgt mind 10 % des höheren Betrages des: – gesamten betrieblichen Gewinns aller Segmente, die keinen Verlust haben, – gesamten betrieblichen Verlusts aller Segmente, die keinen Gewinn haben, • die Aktiva eines Segments entsprechen mind 10 % der Summe aller Segmentaktiva. Die Umsatzerlöse mit Drittkunden der gesondert zu berichtenden Segmente müssen mind 75 % der Gesamtumsatzerlöse mit Drittkunden betragen. Ist dies nicht der Fall, müssen zusätzliche Segmente (unter Vernachlässigung der oben genannten Wesentlichkeitsgrenzen) bis zum Erreichen der 75 %-Grenze gebildet werden (IAS 14.37).	ist (DRS 3.15): • die Segment-Umsatzerlöse, einschl der Innenumsätze mit anderen Segmenten, betragen mind 10 % der Gesamtumsätze aller Segmente, • der Betrag des jeweiligen Segmentgewinns oder -verlusts beträgt mind 10 % des höheren Betrages des: – gesamten betrieblichen Gewinns aller Segmente, die keinen Verlust haben, – gesamten betrieblichen Verlusts aller Segmente, die keinen Gewinn haben, • die Aktiva eines Segments entsprechen mind 10 % der Summe aller Segmentaktiva. Die Umsatzerlöse mit Drittkunden der gesondert zu berichtenden Segmente müssen mind 75 % der Gesamtumsatzerlöse mit Drittkunden betragen (DRS 3.12). Ist dies nicht der Fall, müssen zusätzliche Segmente (unter Vernachlässigung der oben genannten Wesentlichkeitsgrenzen) bis zum Erreichen der 75 %-Grenze gebildet werden.
Bzgl primärer Segmente sind folgende Angaben gefordert: • allgemeine Angaben zur Bestimmung der operating segments, • Informationen über: – das Segmentergebnis, – das Segmentvermögen, – die Bewertungsgrundlagen, • Überleitungsrechnungen.	Mit Ausnahme der Regelungen gem § 285 HGB betr die Umsatzerlöse bestehen keine gesetzlichen Regelungen. Das DRSC fordert bzgl berichtspflichtiger Segmente folgende Angaben (DRS 3.25 ff): • Beschreibung der Segmente und Erläuterung der Abgrenzungs- und ggf Zusammenfassungsmerkmale sowie Angabe der zuordenbaren Produkte und Dienstleistungen bei nicht produktorientiert abgrenzbaren Segmenten, • Informationen über: – das Segmentergebnis, – das Segmentvermögen, • Überleitungsrechnungen.
Informationen über das Segmentergebnis enthalten Angaben über (IAS 14.50 ff): • externe Umsatzerlöse, • interne (intersegmentäre) Umsatzerlöse, • Segmentergebnis, • Planmäßiger Aufwand aus Abschreibung des Segmentvermögens, • wesentliche andere Segmentaufwendungen und -erträge (Angabe empfohlen), • Gesamtbetrag wesentlicher, nicht-zahlungswirksamer Aufwendungen ohne Abschreibungen, • Cash Flow Angaben je Segment werden empfohlen; in diesem Fall entfällt die Verpflichtung zur Angabe der segmentierten Abschreibungs- und wesentlichen anderen nicht-zahlungswirksamen Aufwendungen, • Anteiliges Ergebnis assoziierter Unternehmen, joint ventures und anderer Beteiligungen, die nach der Equity Methode bewertet werden.	Mit Ausnahme der Regelungen gem § 285 HGB betr die Umsatzerlöse bestehen keine gesetzlichen Regelungen. Entspr der Verlautbarung des DRSC enthalten die Informationen über das Segmentergebnis Angaben über (DRS 3.31 ff): • externe Umsatzerlöse, • interne Umsatzerlöse, • Segmentergebnis (bei Ausweis des Ergebnisses der gewöhnlichen Geschäftstätigkeit sind zusätzlich Zinsertrag und -aufwand, bei Ausweis des Periodenergebnisses Zinsertrag und -aufwand sowie Ertragssteuern anzugeben), • Abschreibungen, • andere zahlungsunwirksame Posten, • Ergebnis aus Beteiligungen an assoziierten Unternehmen, • Erträge aus sonstigen Beteiligungen. Angaben zum Cash Flow aus lfd Geschäftstätigkeit je Segment werden empfohlen; in diesem Fall entfällt die

Kriterium	US-GAAP
– Angaben über das Segmentergebnis (Forts)	
– Angaben über das Segmentvermögen	Informationen über das Segmentvermögen enthalten Angaben über (SFAS 131.28 u 94): • Segmentaktiva, • weitere Informationen über die Segmentvermögensbeträge, sofern diese vom chief operating decision maker überwacht werden: – Beteiligungsansatz der at equity bewerteten Investments, – Gesamtbetrag der Investitionen im langfristigen Vermögen mit Ausnahme der Finanzinstrumente, langfristiger Geschäftsbeziehungen von Finanzintermediären, Grundschulden und anderen Rechte Dritter, deferred policy acquisition costs, und aktiver latenter Steuern. Zu den Pflichtangaben zählt die Definition des Segmentvermögens (SFAS 131.27).
Angaben für geographical segments sowie Produkte und Dienstleistungen (US-GAAP)/ Angabepflichten bzgl des sekundären Segments (IAS)/sonstige Angaben (DRS)	Die externen Umsätze sind je Produkt- bzw Dienstleistungsart oder je Produkt- und Dienstleistungsgruppe zu erläutern, soweit diese Angaben verfügbar und nicht mit unverhältnismäßig hohem Aufwand verbunden sind. Darüber hinaus sind zusätzliche Informationen zu den geographischen Regionen auszuweisen, sofern diese nicht bereits mit den operating segments übereinstimmen (SFAS 131.38): • externe Umsätze des Segments getrennt nach Inland und gesamten Ausland; separater Ausweis eines wesentlichen Auslandsumsatzes mit einem bestimmten Land und • langfristiges Segmentvermögen ohne Finanzanlagen, langfristige Geschäftsbeziehungen von Finanzintermediären, Grundschulden und andere Rechte Dritter, deferred policy acquisition costs und aktive latente Steuern getrennt nach Inland und gesamten Ausland bzw gesondert für einzelne Länder bei bedeutenden Vermögensteilen.
Segmentbilanzierungs- und Bewertungsmethoden	Segmentinformationen sind in Übereinstimmung mit den für die interne Steuerung verwandten Bilanzierungs- und Bewertungsmethoden aufzustellen (SFAS 131.29). Soweit parallel mehrere interne Bilanzierungs-

IAS/IFRS	HGB
	Angabepflicht bzgl Abschreibungen und anderer wesentlicher nicht zahlungswirksamer Posten.
Informationen über das Segmentvermögen enthalten Angaben über (IASs 14.55, 56 u 64): • Gesamtbuchwert des Segmentvermögens, • Segmentverbindlichkeiten, • Investitionen in das langfristige Segmentvermögen, • Beteiligungsansatz assoziierter Unternehmen und joint ventures, die nach der Equity Methode bewertet werden.	Informationen über das Segmentvermögen müssen Angaben enthalten über (DRS 3.31): • Vermögen einschl der Beteiligungen, • Investitionen in das langfristige Segmentvermögen, • Schulden.
Falls das primäre Segment der Geschäftsbereich und das sekundäre Segment das geographische Segment ist, sind folgende Pflichtangaben für das Sekundärsegment, jeweils entspr dem geographischen Standort, offenzulegen (IAS 14.69): • die Umsatzerlöse mit externen Kunden, soweit die Segmentumsätze mit externen Kunden 10 % oder mehr der Gesamtumsätze mit externen Kunden ausmachen, • Gesamtbuchwert des Segmentvermögens, soweit das Segmentvermögen 10 % oder mehr des Gesamtvermögens ausmacht, • Gesamtbetrag der Investitionen in das langfristige Segmentvermögen, soweit das Segmentvermögen 10 % oder mehr des Gesamtvermögens ausmacht. Falls das primäre Segment dagegen das geographische Segment und das sekundäre Segment der Geschäftsbereich ist, sind folgende Pflichtangaben für das Sekundärsegment offenzulegen, soweit dessen Segmentumsätze mit externen Kunden 10 % oder mehr der Gesamtumsätze oder dessen Segmentvermögen 10 % oder mehr des Gesamtvermögens ausmachen (IAS 14.70): • Umsatzerlöse mit externen Kunden, • Gesamtbuchwert des Segmentvermögens, • Gesamtbetrag der Investitionen in das langfristige Segmentvermögen. Weitere Angaben zu den geographischen Segmenten sind in Abhängigkeit davon erforderlich, ob die geographische Segmentierung nach Produktionsstandorten oder Absatzmärkten erfolgt (IAS 14.71 f).	Soweit ein berichtspflichtiges Segment nicht produktorientiert abgegrenzt ist, sind die Umsatzerlöse, das Segmentvermögen und die Investitionen in das langfristige Vermögen je Produkt- oder Dienstleistungsgruppe in einem Betrag anzugeben (DSR 3.38); soweit ein berichtspflichtiges Segment produktorientiert oder nach anderen Kriterien abgegrenzt ist, sind für die unternehmensrelevanten geographischen Regionen entsprechende Angaben zu machen (DSR 3.39). Dabei gilt eine geographische Region dann als unternehmensrelevant, wenn in ihr mindestens 10 % der Umsatzerlöse des Unternehmens erzielt werden oder mindestens 10 % seines Vermögens liegt (DRS 3.40).
Segmentinformationen sind in Übereinstimmung mit den Bilanzierungs- und Bewertungsmethoden, die für die Aufstellung und Darstellung der Abschlüsse eines Konzerns oder Unternehmens angewendet werden,	Segmentinformationen haben in Übereinstimmung mit den Bilanzierungs- und Bewertungsmethoden des zugrundeliegenden Abschlusses zu erfolgen (DRS 3.19). Vermögenswerte oder Schulden, die zwei oder mehreren

Kriterium	US-GAAP
Segmentbilanzierungs- und Bewertungsmethoden (Forts)	und Bewertungsmethoden zur Anwendung gelangen, sind die Methoden maßgeblich, die die grösste Übereinstimmung mit den im (externen) konsolidierten Abschluss verwandten Methoden aufweisen (SFAS 131.30). Die entspr den internen Bilanzierungs- und Bewertungsmethoden ausgewiesenen Informationen sind auf die jeweils im (externen) Konzernabschluss ausgewiesenen Posten überzuleiten.
Weitere Angabepflichten	Werden mind 10% der konsolidierten Umsätze mit einem Kunden erzielt, muss dieser Umsatz beziffert und die Segmente, in denen die Umsätze erwirtschaftet werden, genannt werden, allerdings ohne Namensnennung des Kunden (SFAS 131.39). Einzelne staatliche Stellen sind immer als separate Kunden zu behandeln. Des Weiteren sind Angaben zur Bestimmungsmethode bzgl der intersegmentären Verrechnungspreise sowie den jeweiligen Ertragsbeiträgen zu machen (SFAS 131.31).
Anpassung von Vorjahreszahlen	Entspr dem management approach kann eine Änderung der Organisationsstruktur ebenso eine Anpassung der Vorjahreswerte zur Folge haben wie eine Änderung der (internen) Bilanzierungs- und Bewertungsmethoden (SFAS 131.34 f). Eine Änderung der Segmentierung hat grds die Anpassung der Vorjahreswerte zur Folge. Soweit dieses unzweckmäßig ist, erfolgt der Ausweis für die aktuelle Periode gem der alten und neuen Segmentierung.

Eigenkapitalveränderungsrechnung

Anwendungsbereich	Die Darstellung der Gesamtleistung ist eigenständiger Abschlussbestandteil (CON 5.13). Daneben ist eine Darstellung der Eigenkapitalveränderung durch Einzahlungen und Auszahlungen von/an Anteilseigner erforderlich. Eine zusammengefasste Darstellung der Angaben durch eine Eigenkapitalveränderungsrechnung ist zulässig. Die Veröffentlichung einer Eigenkapitalveränderungsrechnung wird zudem von der SEC vorgeschrieben. (SEC, Reg S-X, Rule 3–04).
Darstellung der Entwicklung des Eigenkapitals	Überleitung aller Posten des Eigenkapitals aus dem Vorjahr auf die Beträge des aktuellen Geschäftsjahres unter Berücksichtigung von Einlagen, Kapitalzuführungen und Entnahmen und Veränderungen der Ge-

IAS/IFRS	HGB
aufzustellen (IAS 14.44). Vermögenswerte, die gemeinsam von zwei oder mehr Segmenten verwendet werden, sind nur, und nur dann, auf die Segmente zu verteilen, wenn die darauf bezogenen Erträge und Aufwendungen auch auf Segmente verteilt worden sind (IAS 14.47).	Segmenten zuzurechnen sind, sind aufzuteilen, wenn dies nach einem sachgerechten Schlüssel möglich ist und die darauf bezogenen Erträge und Aufwendungen nach den gleichen Kriterien zugeordnet werden (DRS 3.23).
Erzielt ein nicht gesondert dargestelltes Segment 10% oder mehr der gesamten Umsätze mit allen externen Kunden, hat das Unternehmen diese Tatsache und die Beträge der Erlöse aus (a) den Verkäufen an externe Kunden und (b) aus internen Verkäufen an andere Segmente anzugeben (IAS 14.74). Des Weiteren sind Angaben zu den Verrechnungspreisen sowie Änderungen der Verrechnungspreise obligatorisch (IAS 14.75). Beschreibungen der Arten der Produkte und Dienstleistungen sowie der Zusammensetzung des geographischen Segments sind erforderlich, soweit nicht an anderer Stelle im Geschäftsbericht bereits erfolgt (IAS 14.81).	Falls die Umsatzerlöse mit einem externen Kunden 10% der gesamten externen und intersegmentären Außenumsatzerlöse übersteigen, sind zumindest die Größenordnung sowie die betroffenen Segmente anzugeben (DRS 3.42). Des Weiteren ist das gewählte Segmentergebnis zu definieren und sind die Grundsätze sowohl für die Zusammensetzung der Segmentbeträge und etwaige Aufteilungen gemeinsam zuordenbarer Vermögenswerte und Schulden als auch für die Verrechnungspreise zwischen den Segmenten anzugeben (DRS 3.44 f). Für die nicht berichtspflichtigen Segmente sind die für die berichtspflichtigen Segmente geforderten Beträge zusammenzufassen (DRS 3.29).
Änderungen der Bilanzierungs- und Bewertungsmethoden haben grds eine Anpassung der Vorjahreswerte zur Folge und sind in Bezug auf Art, Gründe und Auswirkungen zu beschreiben (IAS 14.76). Eine Änderung der Segmentierung hat grds die Anpassung der Vorjahreswerte zur Folge. Soweit dieses unzweckmäßig ist, erfolgt der Ausweis für die aktuelle Periode gem der alten und neuen Segmentierung (IAS 14.76).	Sofern in zu begründenden Ausnahmefällen die Stetigkeit der Segmentberichterstattung durchbrochen wird, sind die Vorjahreswerte anzupassen (DRS 3.46 f).

Die Eigenkapitalveränderungsrechnung ist eigenständiger Abschlussbestandteil (IAS 1.86). Eine zusammengefasste Darstellung der Angaben durch eine Eigenkapitalveränderungsrechnung ist zulässig.	Ein Eigenkapitalspiegel ist eigenständiger Bestandteil des Konzernabschlusses eines kapitalmarktorientierten Unternehmens (§ 297 Abs 1 Satz 2 HGB). DRS 7, der die Darstellung der Entwicklung des Konzerneigenkapitals und des Konzerngesamtergebnisses regelt, fordert die Anwendung des Standards für alle Konzernabschlüsse nach § 290 HGB oder § 11 PublG. Bei Anwendung des DRS 7 gilt die Vermutung des § 342 Abs 2 HGB, den GoB der Konzernrechnungslegung zu entsprechen (→ *Hierarchy of GAAP*). Die Eigenkapitalveränderungsrechnung nach DRS 7 ist entspr GoB-Vermutung Bestandteil des Konzernanhangs.
Überleitung aller Posten des Eigenkapitals aus dem Vorjahr auf die Beträge des aktuellen Geschäftsjahres unter gesonderter Angabe jeder Bewegung in der Eigenkapitalveränderungsrechnung oder im Anhang.	Der Gesetzestext gibt keine weiteren Hinweise auf Inhalt und Form der Eigenkapitalveränderungsrechnung. Gem DRS 7.6 ist die Entwicklung des Konzerneigenkapitals im Konzerneigenkapitalspiegel darzustellen.

Kriterium	US-GAAP
Darstellung der Entwicklung des Eigenkapitals (Forts)	winnrücklagen sowie von Anpassungen der Vorjahre (prior period adjustments).
Darstellung der Entwicklung des Gesamtergebnisses	Das Gesamtergebnis (Comprehensive Income) wird in Jahresüberschuss/-fehlbetrag (Net Income) und übriges Ergebnis (Other Comprehensive Income) untergliedert. Nach SFAS 130 sind dabei drei unterschiedliche Darstellungsformen zulässig (im Anschluss an die GuV, innerhalb der Eigenkapitalveränderungsrechnung oder in einem eigenständigen, gesonderten Statement). Eine weitere Aufgliederung des Gesamtergebnisses ist erforderlich
Ergänzende Angaben	Ergänzende Angaben bzgl Umgliederungen innerhalb der Gesamtleistung (zB bei im Geschäftsjahr realisierten Gewinnen von zur Veräußerung verfügbaren Investitionen, die bisher in other comprehensive income enthalten waren) sind erforderlich.

Angaben über Beziehungen zu nahestehenden Unternehmen und Personen (Related Parties)

Anwendungsbereich	Als nahestehende Unternehmen und Personen fungieren (SFAS 57.1): • Mutter- und Tochterunternehmen,

IAS/IFRS	HGB
	In diesem sind die Zwischensummen: • Eigenkapital des Mutterunternehmens gemäß Konzernbilanz • Eigenkapital des Mutterunternehmens • Eigenkapital der Minderheitsgesellschafter • Konzerneigenkapital auszuweisen (→ *Gliederungsschemata- und -konzeptionen: Eigenkapitalveränderungsrechnung*). Die Posten sind entsprechend der Rechtsform anzupassen. Die Posten lt § 264c Abs 2 HGB sind von PHG iSd § 264 a HGB zu berücksichtigen. Eine branchenspezifische Anpassung des Gliederungsschemas ist zulässig (→ *Gliederungsschemata- und -konzeptionen: Eigenkapitalveränderungsrechnung*).
Der Betrag der angesammelten Ergebnisse (accumulated profit or loss) zu Beginn und zum Ende der Periode und die Bewegungen dazwischen sind anzugeben. Das Beispiel im Anhang zu IAS 1.86 b (Pflichtbestandteil) enthält die Zwischensumme ›Nicht in der Gewinn- und Verlustrechnung berücksichtigte Gewinne‹. Zu einzelnen auszuweisenden *Posten → Gliederungsschemata- und -konzeptionen: Eigenkapitalveränderungsrechnung*.	Der Gesetzestext gibt keine weiteren Hinweise auf Inhalt und Form der Eigenkapitalveränderungsrechnung. Gem DRS 7.6 ist die Entwicklung des Konzerngesamtergebnisses im Konzerneigenkapitalspiegel darzustellen. Das Konzerngesamtergebnis umfasst den Konzernjahresüberschuss/ -fehlbetrag und das übrige Konzernergebnis. Dabei umfasst das übrige Konzernergebnis die dem Mutterunternehmen sowie den Minderheitsgesellschaftern zuzurechnenden Veränderungen des Konzerneigenkapitals im Geschäftsjahr, die aufgrund der handelsrechtlichen Rechnungslegungsgrundsätze sowie von Regelungen in anderen DRS nicht in der Gewinn- und Verlustrechnung zu erfassen sind und die nicht auf Ein- und Auszahlungen auf der Ebene der Gesellschafter beruhen. Der Konzernjahresüberschuss/-fehlbetrag ist im Eigenkapitalspiegel getrennt für das Mutterunternehmen und die Minderheitsgesellschafter unter Berücksichtigung des übrigen Konzernergebnisses auf das Konzerngesamtergebnis überzuleiten (DRS 7.14).
Ergänzende Angaben sind vom gewählten Ausweisformat abhängig. Teile der Pflichtangaben können in den Anhang verlagert werden. (IAS 1.89).	Zum erwirtschafteten Konzerneigenkapital sind anzugeben: • der am Stichtag zur Ausschüttung an die Gesellschafter zur Verfügung stehende Betrag, • jeweils separat der einer gesetzlichen, satzungsmäßigen oder gesellschaftsvertraglichen Ausschüttungssperre unterliegende Betrag. Die Angabe und Erläuterung der übrigen Veränderungen der einzelnen Posten des Konzerneigenkapitals sowie des übrigen Konzernergebnisses hat zu erfolgen, sofern diese wesentlich sind. Der Konzerneigenkapitalspiegel ist für das Berichtsjahr und das Vorjahr aufzustellen. Die Angabepflichten gem AktG bleiben unberührt.

Unternehmen oder Personen werden als nahestehend betrachtet, wenn eine der Parteien über die Möglichkeit verfügt, die andere Partei zu beherrschen oder einen	Im HGB ist der Begriff der nahestehenden Unternehmen und Personen nicht vorgesehen. Vielmehr wird auf den Begriff des verbundenen Unternehmens (§§ 15 AktG, 271

Kriterium	US-GAAP
Anwendungsbereich (Forts)	• Tochterunternehmen einer gemeinsamen Muttergesellschaft, • juristische Personen oder Stiftungen unter Einfluss des Managements (beispielsweise Pensionsfonds, Unterstützungskassen), • wesentliche Eigentümer und das Management des Unternehmens, • enge Familienmitglieder der wesentlichen Eigentümer und des Managements, • verbundene Unternehmen. Eine Partei kann ferner nahestehend sein, wenn sie die Geschäftsführung oder die Geschäftspolitik der berichtenden Partei maßgeblich beeinflussen kann oder Eigentümerinteressen an der berichtenden Partei hat und diese Position in einer Weise nutzen kann, die die berichtende Partei davon abhält, ihre eigenen wirtschaftlichen Interessen vorbehaltlos wahrzunehmen (SFAS 57.24 f).
Angabepflichten – allgemein	Zu nahestehenden Unternehmen und Personen sind im Anhang folgende Angaben zu machen (SFAS 57.2): • grds Beschreibung aller Beziehungen, • Beschreibung sämtlicher Geschäftsvorfälle (inkl derer, für die kein Nominalwert angesetzt wurde), • der Betrag der verursachten Aufwendungen und Erträge, • Forderungen und Verbindlichkeiten einschl Fälligkeiten und Art ihrer Begleichung/ Tilgung. Alle wesentlichen Transaktionen mit nahestehenden Unternehmen und Personen lösen Angabepflichten aus. Hierzu zählen bspw (SFAS 57.2): • Warenein- und -verkäufe, • Übertragung von Immobilien und Mobilien, • Dienstleistungen, • Leasingverträge, • Darlehensvereinbarungen, • Garantien. Angaben zu Anstellungsbedingungen, Spesenvorschüssen und dergl sowie zu konsolidierungspflichtigen Vorgängen sind explizit ausgenommen (SFAS 57.2).

IAS/IFRS	HGB
maßgeblichen Einfluss auf deren Finanz- und Geschäftspolitik auszuüben (IAS 24.5). Als nahestehende Unternehmen und Personen fungieren mithin (IAS 24.3): • Mutter- und Tochterunternehmen (einschl Holdinggesellschaften und Schwestergesellschaften), • Assoziierte Unternehmen, • Eigentümer mit maßgeblichem Einfluss auf das Unternehmen sowie deren nahe Familienangehörige, • Mitglieder der Unternehmensleitung in Schlüsselpositionen sowie deren nahe Familienangehörige und • Unternehmen, an denen ein beträchtlicher Anteil der Stimmrechte durch eine beliebige der zuvor beschriebenen Personen gehalten wird oder über die eine solche Person die Möglichkeit der Ausübung eines maßgeblichen Einflusses hat. Die Definitionen für nahestehende Unternehmen und Personen werden im Improvements Project differenziert und präzisiert. Gemäß ED IAS 24.9 soll eine Partei einer anderen Partei auch nahestehend sein, wenn sie • ein Gemeinschaftsunternehmen (»joint venture«) und die andere Partei ein Partner- Unternehmen (»venturer«) ist, • direkt oder indirekt die andere Partei mit einer dritten Partei gemeinsam kontrolliert, • ein »post-employment benefit plan« für Beschäftigte der anderen Partei oder einer dritten Partei, die der anderen Partei nahe steht, ist. Nicht zu den nahe stehenden Unternehmen sollen zwei Partnerunternehmen zählen, nur weil sie ein anderes Gemeinschaftsunternehmen gemeinschaftlich kontrollieren (ED IAS 24.11(b)).	Abs 2 HGB) abgestellt. DRS 11 verpflichtet kapitalmarktorientierte Mutterunternehmen, über Beziehungen zu nahestehenden Personen zu berichten. Nicht kapitalmarktorientierten Mutterunternehmen und kapitalmarktorientierten Unternehmen, die lediglich einen Jahresabschluss aufstellen, wird die Anwendung des Standards empfohlen. Als nahe stehende Personen definiert das DRSC natürliche Personen sowie juristische Personen und Unternehmen, die das berichtende Unternehmen oder eines seiner Tochterunternehmen beherrschen können oder die auf das berichtende Unternehmen oder auf seine Tochterunternehmen unmittelbar oder mittelbar wesentlich einwirken können. Nahestehende Personen sind ebenfalls diejenigen natürlichen sowie juristischen Personen und Unternehmen, die das berichtende Unternehmen beherrschen kann oder auf die es wesentlich einwirken kann (DRS 11.6).
Soweit Transaktionen zwischen den nahestehenden Unternehmen und Personen stattgefunden haben, hat das berichtende Unternehmen die Art der Beziehung zu den jeweiligen nahestehenden Unternehmen und Personen, die Art der Geschäfte und die zum Verständnis des Abschlusses notwendigen Bestandteile der Geschäfte anzugeben (IAS 24.22). Lt Improvements Project sollen zukünftig alle Erläuterungen zu Methoden der Preisgestaltung zwischen nahestehenden Unternehmen und Personen entfallen (IAS 24.11–16 sowie IAS 24.23(c) entfallen). Des Weiteren sind – unabhängig davon, ob Transaktionen stattgefunden haben – alle Beziehungen zu nahestehenden Unternehmen und Personen, bei denen ein Beherrschungsverhältnis vorliegt, anzugeben (IAS 24.20). Keine Angaben über Geschäftsvorfälle sind erforderlich (IAS 24.4): (a) im Konzernabschluss in Bezug auf Geschäftsvorfälle zwischen einbezogenen Unternehmen, (b) im Abschluss des Mutterunternehmens, wenn die-	Abgesehen vom gesonderten Ausweis der nicht konsolidierten Beziehungen zu verbundenen Unternehmen und Unternehmen, mit denen ein Beteiligungsverhältnis besteht, existieren keine gesetzlichen Regelungen. Im Zweifel ist des Weiteren im Abhängigkeitsbericht (§ 312 AktG) über Beziehungen zu verbundenen Unternehmen zu berichten. Gemäß DRS 11 sind Personen und Unternehmen, die dem berichtenden Unternehmen auf Grund eines Beherrschungsverhältnisses nahe stehen, und die Art ihrer Beziehung zum berichtenden Unternehmen unabhängig davon im Konzernanhang anzugeben, ob zwischen den Parteien tatsächlich Geschäftsvorfälle stattgefunden haben. Über andere nahestehende Personen und Unternehmen und ihre Beziehungen zum Unternehmen ist nur zu berichten, wenn tatsächlich Geschäftsvorfälle zwischen den Parteien angefallen sind. Ferner müssen zu den Geschäftsvorfällen folgende Angaben im Konzernanhang gemacht werden (DRS 11.7 ff): (a) Art der Beziehung zu der jeweiligen nahe stehenden Person,

Kriterium	US-GAAP
Angabepflichten – allgemein (Forts)	
– berichtspflichtige Transaktionen	Zu wesentlichen Transaktionen mit/zwischen related parties mit Ausnahme von Vergütungen aus einem Anstellungsverhältnis, Spesenvorschüssen uä Vorgängen sowie im Zuge der Konsolidierung eliminierten konzerninternen Vorgängen sind Angaben zu machen. Gesonderte Angabepflichten bestehen für: • die Art der Beziehung zwischen den related parties, • Geschäftsvorfälle zwischen related parties, die unabhängig davon zu beschreiben sind, ob ein Nominalbetrag angesetzt wurde, • den Betrag jeder Transaktion gesondert für jede Berichtsperiode, für die eine GuV dargestellt wird, sowie ggf Änderung zur Bestimmung des Betrags im Vergleich zur Vorperiode und • Forderungen und Verbindlichkeiten ggü related parties einschließlich der Zahlungskonditionen und Laufzeiten.

Unterjährige Rechnungslegung

Anwendungsbereich	SEC-berichtspflichtige Unternehmen müssen 45 Tage nach Quartalsende einen quarterly report einreichen. Ausländische Gesellschaften haben idR die Möglichkeit, Halbjahresabschlüsse einzureichen. Der Zwischenbericht für das vierte Quartal entfällt idR zugunsten des annual report (ergänzt um Zusatzangaben). Es besteht keine Prüfungspflicht für den Zwischenbericht; eine

IAS/IFRS	HGB
ser zusammen mit dem Konzernabschluss vorliegt oder veröffentlicht wird, (c) im Abschluss eines hundertprozentigen Tochterunternehmens, wenn das Mutterunternehmen seinen Firmensitz im gleichen Staat hat und in diesem Staat einen Konzernabschluss vorlegt, und (d) im Abschluss von öffentlichen Unternehmen für Geschäftsvorfälle mit anderen öffentlichen Unternehmen. Das Improvements Project sieht die Streichung der Befreiungsregelung für öffentliche Unternehmen vor (IAS 24.4(d) entfällt).	(b) Beschreibung des Geschäftsvorfalls, (c) sein Umfang entweder als Betrag oder als prozentualer Wert, (d) Forderungen und Verbindlichkeiten sowie Eventualforderungen und -verbindlichkeiten gegenüber nahe stehenden Personen und (e) die Preisgestaltung. Es können nahe stehende Personen mit gleichartigen Beziehungen zum berichtenden Unternehmen ebenso wie gleichartige Geschäftsvorfälle zu einer Gesamtheit zusammengefasst werden. Die entsprechenden Vorjahresbeträge sind anzugeben.
Folgende Transaktionen während der Berichtsperiode können Angabepflichten nach sich ziehen (IAS 24.19): • Käufe oder Verkäufe von (fertigen oder unfertigen) Gütern, • Käufe oder Verkäufe von Grundstücken, Bauten und anderen Vermögenswerten, • geleistete oder bezogene Dienstleistungen, • Handelsvertreterverträge, • Leasingvereinbarungen, • Transfer von Dienstleistungen im Bereich Forschung und Entwicklung, • Lizenzvereinbarungen, • Finanzierungen, • Bürgschaften und Sicherheiten und • Verträge der Unternehmensleitung. Das Improvements Project fordert, die Angaben zu nahe stehenden Unternehmen und Personen auszuweiten, indem zukünftig auch Erläuterungen über offene Positionen (»outstanding balances«) zwischen nahe stehenden Unternehmen und Personen (ED IAS 24.15), den Geschäften zugrunde liegende Konditionen, Garantien sowie entsprechende Rückstellungen für ungewisse Verbindlichkeiten (ED IAS 24.22 f) erfolgen müssen. Die Angaben sollen in absoluten Beträgen getrennt nach den unter →*Anwendungsbereich* genannten Unternehmenskategorien erfolgen (ED IAS 24.22 f). Angaben zu Managementvergütungen, Aufwandsentschädigungen und ähnlichen Leistungen sollen nicht notwendig sein (ED IAS 24.2).	Gesetzlich sind keine Transaktionen aufgeführt, die gesonderte Angabepflichten auslösen. Ebenso führt der DRS 11 des DRSC keine Einzeltransaktion gesondert auf.

Es wird weder vorgeschrieben, welche Unternehmen Zwischenberichte zu veröffentlichen haben, noch wann oder in welchen Abständen dies erfolgen soll (IAS 34.1). Diese Regelung obliegt den nationalen Rechnungslegungsgremien. Eine Zwischenberichterstattung wird für börsennotierte Unternehmen mind auf Halbjahresbasis empfohlen. Der Zwischenbericht ist spätestens	Ein Zwischenbericht ist für nicht börsennotierte Gesellschaften nicht vorgesehen. Börsennotierte Unternehmen haben innerhalb von 2 Monaten nach Ende des Berichtszeitraumes einen Zwischenbericht zu erstellen und im Bundesanzeiger zu veröffentlichen (§ 44 b Abs 2 BörsG). Der Zwischenbericht ist kein vollständiger Abschluss; es sind lediglich ausgewählte Unternehmensdaten zu veröf-

Kriterium	US-GAAP
Anwendungsbereich (Forts)	Durchsicht (review) wird empfohlen. Die privatrechtlichen Verlautbarungen APB 28, SFAS 3 sowie FIN 18 sind sowohl von SEC-berichtspflichtigen Gesellschaften als auch im Rahmen der freiwilligen Zwischenberichterstattung anzuwenden.
Definitionen	Eine Zwischenberichtsperiode umfasst exakt drei Monate (vierteljährliche Berichterstattung). Die Berichterstattung ggü der SEC erfolgt mittels Form 10-Q (US-Gesellschaften) und Form 6-K (Auslandsgesellschaften).
Konzepte der unterjährigen Rechnungslegung	Die unterjährige Rechnungslegung folgt iW dem integral view. Danach wird die Zwischenberichterstattung als integraler Bestandteil des Jahresabschlusses gesehen und ist idS von letzterem abhängig. Das Zwischenergebnis muss linear auf das Jahresergebnis extrapolierbar sein. Trotz der Extrapolierung folgt der Umsatzausweis streng nach dem Realisationsprinzip. Es wird dasselbe Verhältnis zwischen Aufwand und Umsatz unterstellt wie im Jahresabschluss, dh, es erfolgt grds eine Glättung der Periodenergebnisse mit Ausnahme saisonaler, konjunktureller und gelegentlich erhaltener Erträge (APB 28.11 u 18).
Inhalt eines Zwischenberichts – Mindestbestandteile eines Zwischenberichts	Der Zwischenabschluss setzt sich aus der • Bilanz, • GuV, • Kapitalflussrechnung und • dem Anhang zusammen, die in verkürzter Form dargestellt werden können (Reg S-X Art 10). Eine Eigenkapitalveränderungsrechnung ist nicht vorgeschrieben, wird aber in der Bilanzierungspraxis häufig ausgewiesen. SFAS 130 fordert auch im Rahmen der unterjährigen Rechnungslegung den Ausweis der Gesamtleistung der Periode (total comprehensive income). Der unterjährige Abschluss muss ebenfalls eine Segmentberichterstattung enthalten (SFAS 131.33). Für SEC-berichtspflichtige US-Gesellschaften gibt Form 10-Q folgenden Mindestumfang vor: Part I: Financial Information: (a) Financial Statements (entspr dem annual report), (b) Rechenschaftsberichte und Analyse des Managements über die Geschäftslage und die Ergebnisse der Geschäftsbereiche. Part II: Other Information: (a) Rechtsstreitigkeiten, (b) Änderungen der Rechte, die aus Wertpapieren der Gesellschaft erwachsen, (c) Verzug bei der Bedienung von Vorzugsaktien, (d) Vorlage von Sachverhalten zur Entscheidung durch die Wertpapierbesitzer,

IAS/IFRS	HGB
60 Tage nach Ende der Zwischenberichtsperiode vorzulegen. Soweit Zwischenberichte veröffentlicht werden, ist IAS 34 bindend.	fentlichen (§ 54 BörsZulV). Der Zwischenbericht ist nicht prüfungspflichtig. Das Regelwerk der Deutschen Börse sieht für den Prime Standard die Pflicht zur Quartalsberichterstattung vor (§ 78 BörsO). Für den General Standard besteht keine Quartalsberichtserstattungspflicht.
Eine Zwischenberichtsperiode umfasst eine Finanzberichtsperiode, die kürzer als ein gesamtes Geschäftsjahr ist. Ein Zwischenbericht ist ein Finanzbericht, der einen vollständigen Abschluss (→ *Abschlusselemente*) oder einen verkürzten Abschluss für eine Zwischenberichtsperiode beinhaltet (IAS 34.4).	Eine Zwischenberichtsperiode umfasst maximal sechs Monate. Ein Zwischenbericht ist ein Finanzbericht, der aus Einzelangaben bezüglich der Vermögens-, Finanz- und Ertragslage besteht.
Die unterjährige Rechnungslegung folgt iW dem sog discrete view. Danach wird die Zwischenberichtsperiode als eigenständige und vom Jahresabschluss unabhängige Abrechnungsperiode verstanden. Die Zielsetzung besteht in der adäquaten Darstellung periodenspezifischer Zwischenergebnisse (IAS 34.29 u 37).	Weder das BörsG noch die BörsZulV fixieren, welchem Konzept die Zwischenberichterstattung folgt. Einzig ein sachgerechter Kompromiss zwischen integral view und discrete view kann den Zielsetzungen der Prognose, Vergleichbarkeit und adäquater Information jedoch gerecht werden. Zu diesem Zweck sind umsatz- und zeitraumbezogene Aufwendungen und Erträge zu unterscheiden.
Ein Zwischenbericht hat mind die folgenden Bestandteile zu enthalten (IAS 34.8): (a) eine verkürzte Bilanz, (b) eine verkürzte GuV, (c) eine verkürzte Aufstellung, die entweder – alle Veränderungen des Eigenkapitals oder – Veränderungen des Eigenkapitals, die nicht aus Kapitaltransaktionen mit Eigentümern oder Ausschüttungen an Eigentümer resultieren, aufzeigt, (d) eine verkürzte Kapitalflussrechnung und (e) ausgewählte erläuternde Anhangangaben. Die ausgewählten erläuternden Anhangangaben enthalten auch Angaben zum primären Segmentberichtsformat (IAS 34.16 g) Die Anforderungen sind als Mindestanforderungen zu verstehen (IAS 34.7). RH HFA 1.003 beinhaltet Rechnungslegungshinweise zur erstmaligen Anwendung von IAS im Quartalsabschluss. Dabei umfasst der Begriff der Bilanzierungs-, Bewertungs- und Konsolidierungsmethoden auch die für einen true and fair view nach IAS notwendigen Anhangangaben.	Der Zwischenbericht umfasst mind folgende Bestandteile (§ 54 BörsZulV): (a) Betrag der Umsatzerlöse, (b) Ergebnis vor oder nach Steuern, (c) Vergleichszahlen des Vorjahres für die Umsatzerlöse und das Zwischenergebnis, (d) zur Ausschüttung vorgeschlagene Zwischendividende, (e) Ergebnis nach Steuern im Fall der Ausschüttung einer Zwischendividende. Ein Wahlrecht besteht bzgl folgender Angaben: (a) ein Zwischenbericht kann sowohl vor als auch nach Steuern aufgestellt werden (§ 54 Abs 1 Satz 1 BörsZulV), (b) der Zwischenbericht kann sich entweder auf das Mutterunternehmen oder den Konzern beziehen (§ 56 Satz 1 BörsZulV), (c) der Zwischenbericht kann unter den Voraussetzungen des § 54 Abs 3 BörsZulV geschätzte Zahlenwerte enthalten. Das DRSC schreibt die folgenden Mindestbestandteile vor (DRS 6.13): (a) GuV für das zum Stichtag endende Quartal, sowie für den Zeitraum vom Bilanzstichtag bis zu dem für den Zwischenabschluss maßgeblichen Stichtag, (b) Bilanz zum Zeitpunkt des Zwischenabschlusses, (c) Kapitalflussrechnung vom Beginn des Geschäftsjahres bis zum Stichtag des Zwischenabschlusses, (d) erläuternde Angaben zum Zwischenabschluss,

Kriterium	US-GAAP
Inhalt eines Zwischenberichts – Mindestbestandteile eines Zwischenberichts (Forts)	(e) weitere Informationen, (f) Ausführungen zu Form 8-K.
– Form und Inhalt von Zwischenabschlüssen	Parallel zu den Anforderungen aus Form 10-Q formuliert APB 28 ebenfalls formale Kriterien zur unterjährigen Rechnungslegung. Gem Form 10-Q müssen alle Daten analog zum annual report eingereicht werden, allerdings dürfen die Komponenten zusammengefasst werden. Eine Ausnahme besteht für das Vorratsvermögen, das bei wesentlichem Einfluss auf die Geschäftstätigkeit entweder in der Bilanz oder im Anhang separat dargestellt werden muss. Das unverwässerte und verwässerte Ergebnis je Aktie sind im Rahmen der GuV anzugeben. Für die einzelnen Abschlusselemente sind jeweils unterschiedliche Vorjahresvergleichszahlen gefordert (Reg S-X Art 10(c)): • Bilanz: zum Ende des unmittelbar vorangegangenen Geschäftsjahrs, • GuV: jeweilige korrespondierende Vorperiode, • Kapitalflussrechnung: jeweilige korrespondierende Vorperiode. Die Kapitalflussrechnung und die GuV sind jeweils als ›year-to-date‹ Zeiträume abzubilden. Die GuV ist zudem für das drei Monate umfassende Quartal darzustellen.
– Wesentlichkeit	Bei der Entscheidung, wie ein Posten zum Zweck der Zwischenberichterstattung zu erfassen, bewerten, zu klassifizieren oder anzugeben ist, ist die Wesentlichkeit im Verhältnis zu den Finanzdaten der Zwischenberichtsperiode einzuschätzen. Bei der Einschätzung der Wesentlichkeit ist zu beachten, dass Zwischenbewertungen in einem größeren Umfang auf Schätzungen aufbauen als die Bewertung von jährlichen Finanzdaten.
Ansatz und Bewertung – Bilanzierungs- und Bewertungsmethoden	Ein Unternehmen hat die gleichen Bilanzierungs- und Bewertungsmethoden in seinen Zwischenabschlüssen anzuwenden, die es in seinen Abschlüssen auf Jahresbasis anwendet, mit Ausnahme von Änderungen der Bilanzierungs- und Bewertungsmethoden, die nach dem Stichtag des letzten Jahresabschlusses vorgenommen wurden und die in dem nächsten Jahresabschluss wiederzugeben sind. Von der Bilanzierung der Her-

IAS/IFRS	HGB
	(e) Angaben zum Geschäftsverlauf und zu der voraussichtlichen Entwicklung des Geschäftsjahres. Die Bilanz, GuV und die Kapitalflussrechnung müssen die gleiche Gliederung aufweisen wie zum Jahresabschluss (DRS 6.15). Der unterjährige Abschluss muss ebenfalls Segmentangaben enthalten (DRS 6.26).
Bei Veröffentlichung eines vollständigen Abschlusses müssen sich Form und Inhalt an die Vorschriften zum annual report anlehnen (IAS 34.9). Verkürzte Abschlüsse haben mind jede der Überschriften und Zwischensummen zu enthalten, die im letzten Jahresabschluss enthalten waren. Weitere Posten sind einzubeziehen, wenn ihr Weglassen den Zwischenbericht irreführend erscheinen lassen würde (IAS 34.10). Außerdem sind die zusätzlichen Anhangangaben (IAS 34.15 ff) aufzunehmen, sowie Posten einzubeziehen, die das tatsächliche Bild der Vermögens-, Finanz- und Ertragslage erheblich beeinflussen. Das verwässerte und unverwässerte Ergebnis je Aktie sind im Rahmen der GuV anzugeben (IAS 34.11). Für die einzelnen Abschlusselemente sind jeweils unterschiedliche Vorjahresvergleichzahlen gefordert (IAS 34.20): • Bilanz: zum Ende des unmittelbar vorangegangenen Geschäftsjahrs, • GuV: jeweilige korrespondierende Vorperiode, • Eigenkapitalveränderungsrechnung: jeweilige korrespondierende Vorperiode, • Kapitalflussrechnung: jeweilige korrespondierende Vorperiode. Die Eigenkapitalveränderungsrechnung, die Kapitalflussrechnung und die GuV sind jeweils als ›year-to-date‹ Zeiträume abzubilden. Die GuV ist zudem für das drei Monate umfassende Quartal darzustellen.	Erläuterungen müssen im Zwischenbericht für folgende Angaben erfolgen: (a) Aufgliederung der Umsatzerlöse, (b) Ausführungen über die Auftragslage, (c) Entwicklung der Kosten und Preise, (d) Zahl der Arbeitnehmer, (e) Investitionen, (f) Vorgänge von besonderer Bedeutung. Trotz der Veröffentlichungspflicht für Eckdaten der Geschäftstätigkeit erfolgt keine vollständige Trennung vom Jahresabschluss. Es müssen für alle Daten die entspr Vorjahresvergleichswerte ausgewiesen werden. DRS 6 sieht weitere Angaben (ua Restrukturierungsrückstellungen, wesentliche Investitionen, Forschungs- und Entwicklungsaktivitäten etc) vor. Sofern der Zwischenabschluss einer prüferischen Durchsicht unterzogen wurde, ist dieser Umstand angabepflichtig (DRS 6.26). Für die einzelnen Abschlusselemente sind jeweils unterschiedliche Vorjahresvergleichzahlen gefordert (DRS 6.13): • Bilanz: zum Ende des unmittelbar vorangegangenen Geschäftsjahrs, • GuV: jeweilige korrespondierende Vorperiode, • Kapitalflussrechnung: jeweilige korrespondierende Vorperiode. Die Kapitalflussrechnung und die GuV sind jeweils als ›year-to-date‹ Zeiträume abzubilden. Die GuV ist zudem für das drei Monate umfassende Quartal darzustellen.
Bei der Entscheidung, wie ein Posten zum Zweck der Zwischenberichterstattung zu erfassen, zu bewerten, zu klassifizieren oder anzugeben ist, ist die Wesentlichkeit im Verhältnis zu den Finanzdaten der Zwischenberichtsperiode einzuschätzen. Bei der Einschätzung der Wesentlichkeit ist zu beachten, dass Zwischenbewertungen in einem größeren Umfang auf Schätzungen aufbauen, als die Bewertung von jährlichen Finanzdaten (IAS 34.23).	Es gelten die allgemeinen Regelungen betr die→ *Wesentlichkeit.*
Ein Unternehmen hat die gleichen Bilanzierungs- und Bewertungsmethoden in seinen Zwischenabschlüssen anzuwenden, die es in seinen jährlichen Abschlüssen anwendet, mit Ausnahme von Änderungen der Bilanzierungs- und Bewertungsmethoden, die nach dem Stichtag des letzten Jahresabschlusses vorgenommen wurden und im nächsten Jahresabschluss wiederzugeben sind. Die Häufigkeit der Berichterstattung eines	Es bestehen keine Vorschriften zu den Methoden zur Erstellung eines Zwischenberichts.

Kriterium	US-GAAP
Ansatz und Bewertung – Bilanzierungs- und Bewertungsmethoden (Forts)	stellungskosten nach den allgemeingültigen Regelungen gewährt APB 28 insgesamt vier Ausnahmen (APB 28.14): 1. Zulassung der Bruttomargen-Methode (gross profit method) zur Vermeidung einer unterjährigen Inventur, 2. Ganzjahressichtweise bei Anwendung des LIFO Verfahrens, sofern eine Umkehrung bis zum Jahresende erwartet wird, 3. Verzicht auf die Erfassung vorübergehend gesunkener Marktpreise, sofern eine Umkehrung bis zum Jahresende erwartet wird bzw unterjährige Zuschreibungspflicht in allen übrigen Fällen unterjährig gesunkener Marktpreise, 4. Erfolgsneutrale Erfassung geplanter unterjähriger Standardkostenabweichungen, die sich bis zum Ende der Gesamtjahresperiode wieder ausgleichen.
– Saisonal, konjunkturell oder gelegentlich erhaltene Erträge	Saisonal, konjunkturell oder gelegentlich erhaltene Erträge sind in den Zwischenberichtsperioden zu erfassen, in denen sie realisiert werden (APB 28.18).
– Aufwendungen, die während des Geschäftsjahres unregelmäßig anfallen	Unregelmäßig während des Geschäftsjahres anfallende Aufwendungen sind in den Zwischenberichtsperioden zu erfassen, in denen sie realisiert werden (APB 28.18).
– Verwendung von Schätzungen	Die Verwendung von Schätzungen in den Zwischenberichten wird idR umfangreicher sein als in den Jahresabschlüssen. Trotzdem ist es erforderlich, dass die Informationen in der Zwischenberichterstattung sowohl verlässlich sind als auch die Vermögens-, Finanz- und Ertragslage des Unternehmens angemessen widerspiegeln (APB 28.17).
– Stetigkeitswechsel in Zwischenperioden	Grds sind die Eröffnungsbilanzen der ersten dargestellten Zwischenperiode anzupassen. Eine erfolgswirksame Korrektur erfolgt nur, soweit sich der Wechsel innerhalb der ersten Zwischenperiode ereignet (SFAS 3.9 ff).
Anpassung bereits dargestellter Zwischenberichtsperioden	Änderungen der Bilanzierungs- oder Bewertungsmethoden werden genauso wie im Jahresabschluss behandelt (→ *Abschlussänderungen/ Durchbrechung der Stetigkeit*). Korrektur der Vorperiode, soweit (a) der Korrekturbetrag wesentlich ist, (b) eine unmittelbare Zuordnung zur Vorperiode gegeben ist und (c) der Korrekturbetrag in der Vorperiode nicht verlässlich geschätzt werden konnte, dh erst in der aktuellen Zwischenperiode bestimmbar ist.

IAS/IFRS	HGB
Unternehmens (jährlich, halb- oder vierteljährlich) darf die Höhe des Jahresergebnisses jedoch nicht beeinflussen. Um diese Zielsetzung zu erreichen, sind Bewertungen für Zwecke der Zwischenberichterstattung unterjährig auf einer vom Beginn des Geschäftsjahres an bis zum Zwischenberichtstermin fortgeführten Grundlage vorzunehmen (IAS 34.28, Appendix 3).	
Eine Abgrenzung von Erträgen, die durch saisonale Schwankungen oder konjunkturelle Einflüsse beeinflusst sind, darf nicht erfolgen, wenn ein Vorziehen oder eine Abgrenzung am Ende des Geschäftsjahres nicht angemessen wäre (IAS 34.37).	Es bestehen keine gesonderten gesetzlichen Vorschriften zu saisonal, konjunkturell oder gelegentlich erhaltenen Erträgen in Zwischenberichten.
Unregelmäßig anfallende Aufwendungen sind im Rahmen der Zwischenberichterstattung nur dann vorzuziehen oder abzugrenzen, wenn dies auch am Ende des Geschäftsjahres angemessen wäre (IAS 34.39).	Es bestehen keine gesonderten gesetzlichen Vorschriften zu unregelmäßig während des Geschäftsjahres anfallenden Aufwendungen in Zwischenberichten.
Die Verwendung von Schätzungen in den Zwischenberichten wird idR umfangreicher sein als in den Jahresabschlüssen. Trotzdem ist es erforderlich, dass die Informationen in der Zwischenberichterstattung sowohl verlässlich sind, als auch die Vermögens-, Finanz- und Ertragslage des Unternehmens angemessen widerspiegeln (IAS 34.41).	Es bestehen keine gesonderten gesetzlichen Vorschriften zur Verwendung von Schätzungen in Zwischenberichten.
Es gelten die Regelungen zur → *Anpassung bereits dargestellter Zwischenberichtsperioden*.	Stetigkeitswechsel in Zwischenperioden werden genauso wie im Jahresabschluss behandelt (→ *Abschlussänderungen/ Durchbrechung der Stetigkeit*).
Eine Änderung von Bilanzierungs- und Bewertungsmethoden ist mit Ausnahme von Übergangsregelungen, die von einem neuen IAS vorgeschrieben werden, darzustellen durch (IAS 34.43): (a) Anpassung der Abschlüsse früherer Zwischenberichtsperioden des aktuellen Geschäftsjahres und vergleichbarer Zwischenberichtsperioden früherer Geschäftsjahre, wenn das Unternehmen der benchmark methode nach IAS 8.49 (erfolgsneutrale retrospektive Anpassung; → *Abschlussänderungen/ Durchbrechung der Stetigkeit*) folgt oder	Änderungen der Bilanzierungs- oder Bewertungsmethoden werden genauso wie im Jahresabschluss behandelt (→ *Abschlussänderungen/ Durchbrechung der Stetigkeit*).

Kriterium	US-GAAP
Anpassung bereits dargestellter Zwischenberichtsperioden (Forts)	

IAS/IFRS	HGB
(b) Anpassung der Abschlüsse früherer Zwischenberichtsperioden des aktuellen Geschäftsjahres, wenn das Unternehmen der alternativ zulässigen Methode nach IAS 8.54 (erfolgswirksame retrospektive Anpassung; → *Abschlussänderungen/Durchbrechung der Stetigkeit*) folgt. In diesem Fall werden vergleichbare Zwischenberichtsperioden früherer Geschäftsjahre nicht angepasst. Das Improvements Project sieht vor, die alternativ zulässige Methode zukünftig nicht mehr zuzulassen (IAS 8.54–57 entfallen).	

Literaturhinweise

ACHLEITNER, Ann-Kristin/BEHR, Giorgio: International Accounting Standards, Ein Lehrbuch zur internationalen Rechnungslegung, 3. Aufl, München 2003.

ADLER/DÜRING/SCHMALTZ: Rechnungslegung nach internationalen Standards, Stuttgart 2002.

ARBEITSKREIS: »EXTERNE UNTERNEHMENSRECHNUNG« DER SCHMALENBACH-GESELLSCHAFT – DEUTSCHE GESELLSCHAFT FÜR BETRIEBSWIRTSCHAFT EV: Vereinbarkeit internationaler Konzernrechnungslegung mit handelsrechtlichen Grundsätzen, Empfehlungen des Arbeitskreises »Externe Unternehmensrechnung« der Schmalenbach-Gesellschaft – Deutsche Gesellschaft für Betriebswirtschaft eV, hrsg. von Walther Busse von Colbe und Thomas Seeberg, zfbf-Sonderheft 43, Düsseldorf 1999.

AUER, Kurt V. (Hrsg.): Die Umstellung der Rechnungslegung auf IAS/US-GAAP, Erfahrungsberichte, 3. Aufl, Wien 2002.

BAETGE, Jörg/DÖRNER, Dietrich/KLEEKÄMPER, Heinz/WOLLMERT, Peter: Rechnungslegung nach International Accounting Standards (IAS), Kommentar auf der Grundlage des deutschen Bilanzrechts, 2. Aufl, Stuttgart 2002.

BALLWIESER, Wolfgang (Hrsg.): US-amerikanische Rechnungslegung, 4. Aufl, Stuttgart 2000.

BAUKMANN, Dirk/MANDLER, Udo: International Accounting Standards, IAS und HGB im Konzernabschluß, 2. Aufl, München/Wien 1998.

BLOMEYER, Wolfgang/PEEMÖLLER, Volker H.: Internationale Rechnungslegung und Prüfung, Herne 2000.

BORN, Karl: Rechnungslegung international, Konzernabschlüsse nach IAS, US-GAAP, HGB und EG-Richtlinien, 4. Aufl, Stuttgart 2002.

BORN, Karl: Rechnungslegung nach IAS, US-GAAP und HGB im Vergleich, Stuttgart 2001.

BUCHOLZ, Rainer: Internationale Rechnungslegung, Die Vorschriften nach IAS, HGB und US- GAAP im Vergleich, 3. Aufl, Berlin 2003.

CASEY, Angelika/KUNZ, Detlef/PRACHNER, Gerhard: IAS – US-GAAP – HGB, Rechnungslegung im Vergleich, Wien 2002.

COENENBERG, Adolf: Jahresabschluß und Jahresabschlußanalyse, 19. Aufl, Landsberg am Lech 2003.

DUSEMOND, Michael/KESSLER, Harald: Rechnungslegung kompakt, 2. Aufl, München 2001.

EGGLOFF, Frank: Bilanzierung nach HGB, US-GAAP und IAS im Vergleich: Eine praxisorientierte Einführung, Wiesbaden 1999.

EPSTEIN, Barry J./MIRZA, Abbas A.: IAS 2003, Interpretation and Application of International Accounting Standards, Hoboken (NJ) 2003.

ERNST & YOUNG, IAS/US-GAAP Comparison, 2. Aufl., London 2002.

EUROPÄISCHE UNION (2002), Verordnung (EG) Nr. 1606/2002 des Europäischen Parlaments und des Rates vom 19. Juli 2002 betreffend die Anwendung internationaler Rechnungslegungsstandards, in: Abl. EG Nr. L 243/1-L 243/4.

FEDERMANN, Rudolph (Hrsg.): IAS- STUD, International Accounting Standards, Berlin 2002.

FINANCIAL ACCOUNTING STANDARDS BOARD: The IASC-U.S. Comparison Project: A Report on the Similarities and Differences between IASC Standards and U. S. GAAP, based on a study undertaken by the FASB Staff, edited by Carrie Bloomer, 2. Aufl, Norwalk, Conn, 1999

FÖRSCHLE, Gerhard/HOLLAND, Bettina/KRONER, Matthias: Internationale Rechnungslegung, US-GAAP, HGB und IAS, 6. Aufl, Bonn 2003.

HALLER, Axel: Die Grundlagen der externen Rechnungslegung in den USA, 4. Aufl, Stuttgart 1994.

HALLER, Axel/RAFFOURNIER, Bernard/WALTON, Peter: Unternehmenspublizität im internationalen Wettbewerb, Stuttgart 2000.

HAYN, Sven: Internationale Rechnungslegung. Ursachen, Wirkungen und Lösungsansätze zur Überwindung internationaler Rechnungslegungsdifferenzen, Stuttgart 1999.

HEUSER, Paul/THEILE, Carsten: IAS-Handbuch, Einzel- und Konzernabschluss, Köln 2003.

JEBENS, Carsten: IAS kompakt, Leitfaden für die Umstellung im Unternehmen, Stuttgart 2003.

KEITZ, Isabel von: Praxis der IASB- Rechnungslegung, Stuttgart 2003.

KEUN, Friedrich/ZILLICH, Kerstin: Internationalisierung der Rechnungslegung, IAS und US-GAAP im Wettbewerb, Wiesbaden 2000.

KIRSCH, Hanno: Konzernabschluß – unter Berücksichtigung von IAS, 3. Aufl, Aachen 2000.

KPMG Deutsche Treuhand-Gesellschaft (Hrsg): Internationale Accounting Standards, Eine Einführung in die Rechnungslegung nach den Grundsätzen des IASC, Stuttgart 1999.

KPMG Deutsche Treuhand-Gesellschaft (Hrsg.): Rechnungslegung nach US-amerikanischen Grundsätzen, Grundlagen der US-GAAP und SEC–Vorschriften, 3. Aufl, Düsseldorf, 2003.

KREMIN-BUCH, Beate: Internationale Rechnungslegung. Jahresabschluss nach HGB, IAS und US-GAAP, Grundlagen – Vergleich – Fallbeispiele, 3. Aufl, Wiesbaden 2002.

KÜTING, Karlheinz/LANGENBUCHER, Günther (Hrsg): Internationale Rechnungslegung, Festschrift für Claus-Peter Weber, Stuttgart 1999.

LÜDENBACH, Norbert: International Accounting Standards, Der Ratgeber zur erfolgreichen Umstellung von HGB auf IAS, 2. Aufl, Freiburg, Berlin, München 2003.

LÜDENBACH, Norbert: Haufe IAS-Kommentar, International Accounting Standards, Freiburg 2003.

NIEHUS, Rudolf J./THYLL, Alfred: Konzernabschluß nach US-GAAP – Grundlagen und Gegenüberstellungen mit den deutschen Vorschriften, 3. Aufl, Stuttgart 2003.

PELLENS, Bernhard: Internationale Rechnungslegung, 4. Aufl, Stuttgart 2001.

PRESTON, Douglas/CHILD Lincoln: International Standards on Auditing (ISAs), Internationale Prüfungsgrundsätze, Stuttgart 2002.

SCHARPF, Paul: Rechnungslegung von Financial Instruments nach IAS 39, Stuttgart 2001.

SCHILDBACH, Thomas: Der Konzernabschluß nach HGB, IAS und US-GAAP, 6. Aufl, München/ Wien 2001.

SCHILDBACH, Thomas: US-GAAP, Amerikanische Rechnungslegung und ihre Grundlagen, 2. Aufl, München 2002.

SELCHERT, Friedrich W./EBERHARDT, Martin: Internationale Rechnungslegung, Der Jahresabschluß nach HGB, IAS und US-GAAP, 3. Aufl, München/Wien 2003.

VIGELIUS, Christoph/HEIDORN, Thomas/CREMERS, Heinz: HGB, US-GAAP, IAS. Vergleich deutscher und internationaler Rechnungslegungsstandards, 2. Aufl, Frankfurt am Main 1998.

WAGENHOFER, Alfred: International Accounting Standards, 3. Aufl, Wien 2001.

WINKELJOHANN, Norbert: Praxishandbuch zur Umstellung auf die IAS-Rechnungslegung, Herne 2003.

Stichwortverzeichnis